L'INCENDIE DU REICHSTAG ET SES SUITES

Berlin, 27-28 février 1933

La première étape de la dictature nazie

Collection « Histoire, Textes, Sociétés »
dirigée par Monique Clavel-Lévêque et Laure Lévêque

Pour questionner l'inscription du sujet social dans l'histoire, cette collection accueille des recherches très largement ouvertes tant dans la diachronie que dans les champs du savoir.

L'objet affiché est d'explorer comment un ensemble de référents a pu structurer dans sa dynamique un rapport au monde. Dans la variété des sources – écrites ou orales –, elle se veut le lieu d'une enquête sur la mémoire, ses fondements, ses opérations de construction, ses refoulements aussi, ses modalités concrètes d'expression dans l'imaginaire, singulier ou collectif.

Déjà parus

Christiane Chaulet Achour et Anne-Marie Petitjean (coord.), *Codicille à la querelle des Anciens et des Modernes*, 2019.
Laure Lévêque, *Jules Verne. Un lanceur d'alerte dans le meilleur des mondes*, 2019.
Daniel Faivre, *La Bible ou le livre des plaisirs corrompus*, 2019.
René Nouailhat, *La leçon de Malicornay*, 2019.
Daniel Garrigue, *Le temps des gaullistes de gauche*, 2018.
Yves Ansel, *De l'enseignement de la littérature en crise*, 2018.
Laure Lévêque (dir.), *2000 ans de guerres en paix*, 2018.
Daniel Faivre (dir.), *Religion et violence. Regards croisés sur une dualité problématique*, 2018.
Marie-Claude L'Huillier et Anne Jollet (dir.), *Nation(s), mondialisation(s) : toute une histoire, Quatrièmes rencontres d'histoire critique,* 2017.
Monique Clavel-Lévêque, Laure Levêque*, Rome et l'histoire. Quand le mythe fait écran*, 2017.
Laure Lévêque, Philippe Bonfils, Yusuf Kocoglu, Thierry Santolini, Delphine van Hoorebeke (dir.), *Vulnérabilités, échanges et tensions dans l'espace méditerranéen, L'Amer Méditerranée,* 2017.
Maya Khaled, *L'écriture d'Amin Maalouf à la lisière de deux langues. Une approche pluridisciplinaire*, 2017.
Daniel Faivre, *De l'acte fondateur au mythe de fondation. Une approche pluridisciplinaire*, 2016.
Laure Lévêque, Philippe Bonfils, Yusuf Kocoglu, Thierry Santolini, Delphine van Hoorebeke, *Les échanges dans l'espace euro-méditerranéen. Formes et dynamiques*, 2016.

Didier CHAUVET

L'INCENDIE DU REICHSTAG ET SES SUITES

Berlin, 27-28 février 1933

La première étape de la dictature nazie

L'Harmattan

Du même auteur

Sur le nazisme

Sophie Scholl: une résistante allemande face au nazisme
L'Harmattan 2004 (collection Allemagne d'hier et d'aujourd'hui, dirigée par Thierry Feral).

Georg Elser et l'attentat du 8 novembre 1939 contre Hitler
L'Harmattan 2009 (collection Historiques, série Travaux, dirigée par Bruno Péquignot et Denis Rolland). Nouvelle édition en 2018

Le nazisme et les Juifs : caractères, méthodes et étapes de la politique nazie d'exclusion et d'extermination
L'Harmattan 2011 (collection Allemagne d'hier et d'aujourd'hui, dirigée par Thierry Feral)

Hitler et le putsch de la brasserie: Munich, 8/9 novembre 1923
L'Harmattan 2012 (collection Allemagne d'hier et d'aujourd'hui, dirigée par Thierry Feral)

La Rose blanche : des étudiants contre Hitler, dans Histoire du Christianisme magazine n° 64 de janvier 2013 (éditions CLD)

*Un camp de la mort nazi oublié en Biélorussie : Maly Trostenet*s
L'Harmattan 2015

Hitler et la Nuit des longs couteaux : la Sturmabteilung (SA) décapitée, 29 juin-2 juillet 1934,
L'Harmattan 2016 (collection Historiques, série Travaux, dirigée par Bruno Péquignot et Denis Rolland)

Les autodafés nazis : Mémoire du 10 mai 1933, L'Harmattan 2017 (collection Historiques, série Travaux, dirigée par Bruno Péquignot et Denis Rolland)

Irma Grese et le procès de Belsen : une surveillante SS des camps de concentration condamnée à mort, L'Harmattan 2017 (collection Historiques, série Travaux, dirigée par Bruno Péquignot et Denis Rolland)

Autres documentaires

Mary Jane Kelly: la dernière victime de Jack l'Éventreur,
L'Harmattan 2002 (collection Graveurs de mémoire)

Histoire du football allemand : 1888-2015, L'Harmattan 2015

Divers

Participation au film documentaire de Pascal Richter *L'attentat manqué contre Hitler : Georg Elser* dans la collection *Les grains de sable de l'histoire*, 2017

5-7, rue de l'Ecole-Polytechnique, 75005 Paris
http://www.editions-harmattan.fr

ISBN : 978-2-343-19207-9
EAN : 9782343192079

À Célina
À Benjamin
À Chloé
À Léo

« Avant qu'il n'arrive au pouvoir, j'ai considéré le national-socialisme avec du respect pour ses objectifs idéalistes, avec des réserves envers ses méthodes et les voyous que l'on trouvait parmi ses représentants, et dans l'espoir qu'il allait se métamorphoser. »

Lutz Schwerin von Krosigk, lettre à l'ancien chancelier Hans Luther, le 16 avril 1952 (Bundesarchiv Coblence, N 1276/23).

« Pour un observateur objectif, l'un des traits les plus extraordinaires de la situation est le fait que tant de personnes ayant une pensée rationnelle et étant réellement bien informées semblent avoir perdu leur équilibre et approuver activement des mesures et des politiques qu'elles condamnaient jusque-là comme fondamentalement dangereuses et mal fondées. »

George S. Messersmith, Consul général américain à Berlin, le 25 avril 1933.

« Les nationaux-socialistes sont actuellement très excités, mais ils se calmeront après les élections. »

Franz von Papen, vice-chancelier, au cardinal Michael von Faulhaber, le 1er mars 1933.

« Si le communisme l'emporte aujourd'hui, deux millions de personnes marcheront vers l'échafaud. »

Adolf Hitler devant le cercle du Hamburger Nationalklub von 1919, le 28 février 1926.

« L'incendie du Reichstag précipita l'installation du pouvoir illimité du national-socialisme en Allemagne. La dictature n'a pourtant jamais été la seule œuvre de ceux qui la voulaient, mais aussi celle des circonstances. »

Hans Mommsen, Le National-socialisme et la société allemande, p.178.

« Il faut écarter l'idée d'une intervention national-socialiste dans le déclenchement de l'incendie. Les dirigeants nationaux-socialistes, mais aussi leurs partenaires du DNVP, ne doutèrent pas que les communistes en aient été les instigateurs. Parce que précisément ils ne parvenaient pas vraiment à discerner les motifs politiques qu'ils voulaient attribuer aux communistes dans cet incendie. [...] Ils se prirent au piège de leur propre propagande et de la hantise du déchaînement d'une insurrection violente qu'elle avait sécrétée. Protéger l'Allemagne de la domination « marxiste » devint, pour eux, à la fois un moyen efficace de propagande et un élément central de leur identité politique. »

Hans Mommsen, Le National-socialisme et la société allemande, p. 175.

PRÉAMBULE

Après la brutale crise économique mondiale de 1929 qui provoqua en Allemagne une très grave crise sociale et une radicalisation politique – le chômage passant de 3,5 millions en 1930 à 5 773 000 en janvier 1933 –, Adolf Hitler et les nationaux-socialistes du NSDAP[1] gagnèrent peu à peu des positions – jusqu'à devenir incontournables – dans le débat politique allemand, après avoir connu une période de soubresauts et une traversée du désert suite à l'échec du putsch de la brasserie à Munich en novembre 1923[2]. Le NSDAP ne représentait en effet que 2,6 % des suffrages lors des élections au Reichstag en 1928, puis monta à 18,3 % en 1930, à 37,3 % en juillet 1932, reflua ensuite très légèrement à 33,1 % en novembre 1932 avant de remonter pour atteindre un pic de 43,9 % en mars 1933. Depuis juillet 1932, le NSDAP était nettement devenu la formation politique la plus puissante d'Allemagne en matière de suffrages, même avec le léger reflux de novembre 1932, détrônant les sociaux-démocrates du SPD[3]. Les multiples atermoiements des partis au pouvoir mêlés aux changements d'équipes gouvernementales qui jalonnèrent la République de Weimar (*Weimarer Republik*), notamment à partir de juin 1932, conduisirent à l'insatisfaction grandissante de la population. Finalement, après moult tergiversations, le président du Reich, Paul von Hindenburg, appela Hitler à la chancellerie le 30 janvier 1933. Hitler était le chef d'un parti devenu le point central du paysage politique allemand. La profonde division de la gauche entre le SPD et les communistes du KPD[4], l'affaiblissement d'autre part des libéraux du DDP[5], des nationaux-conservateurs du DNVP[6] et des libéraux-démocrates du DVP[7], ne permettaient qu'une très faible marge de manœuvre pour éviter Hitler. Le premier gouvernement Hitler fut un gouvernement de coalition entre les nationaux-socialistes et les nationaux-conservateurs. Le pouvoir de Hitler était alors encore fragile. L'incendie du Reichstag

---

[1] Nationalsozialistische Deutsche Arbeiter Partei – Parti national-socialiste des travailleurs allemands.

[2] Didier CHAUVET, *Hitler et le putsch de la brasserie : Munich 8/9 novembre 1923*, Paris, L'Harmattan 2012.

[3] Sozialdemokratische Partei Deutschlands – Parti social-démocrate d'Allemagne.

[4] Kommunistische Partei Deutschlands – Parti communiste d'Allemagne.

[5] Deutsche Demokratische Partei – Parti démocrate allemand.

[6] Deutschnationale Volkspartei – Parti national du peuple allemand.

[7] Deutsche Volkspartei – Parti populaire allemand.

(*Reichstagsbrand*) vint bouleverser la situation. Le décret « pour la protection du peuple et de l'État » (*Verordnung des Reichspräsidenten zum Schutz von Volk und Staat vom 28. Februar 1933*[8]) – signé par le président du Reich Paul von Hindenburg – qui suivit immédiatement l'incendie du Reichstag fut la première étape de la mise en place de la dictature nazie. Une étape décisive à bien des égards. Le processus d'installation et de consolidation de la dictature nazie peut être décrit en quatre étapes majeures :

- Le décret « pour la protection du peuple et de l'État » du 28 février 1933.
- La loi des pleins pouvoirs du 24 mars 1933[9], également connue sous le nom de loi d'habilitation ou sous sa dénomination officielle de loi du 24 mars 1933 de réparation de la détresse du peuple et du Reich (*Gesetz zur Behebung der Not von Volk und Reich vom 24. März 1933*), votée par le Reichstag dans des circonstances très particulières, qui donna à Adolf Hitler le droit de gouverner par décret, c'est-à-dire de promulguer des textes à portée législative sans approbation parlementaire.
- La Nuit des longs couteaux[10] (*Röhm-Putsch*) – 29 juin-2 juillet 1934 –, purge sanglante de l'aile sociale-révolutionnaire du NSDAP qui déboucha sur l'entente entre Hitler et la Reichswehr ainsi que sur la prédominance de la SS (*Schutzstaffel*) sur la SA (*Sturmabteilung*).
- Le cumul des fonctions et des pouvoirs de chancelier et de président du Reich pour Hitler, le 2 août 1934, avec la fusion des deux charges après la mort du président Hindenburg.

Il faut rajouter à ces quatre éléments, ce qui est d'une certaine façon paradoxal, les élections au Reichstag du 5 mars 1933, certes pluripartites, mais très largement entachées par la violence nazie et les atteintes à la Constitution, sur lesquelles Hitler s'appuya pour obtenir les pleins pouvoirs.

Ce livre s'attache à décrire et à analyser l'ensemble des éléments

---

[8] Communément appelé *Reichstagsbrandverordnung*.

[9] Rudolf MORSEY (dir.), *Das „Ermächtigungsgesetz" vom 24. März 1933. Quellen zur Geschichte und Interpretation des „Gesetzes zur Behebung der Not von Volk und Reich"*, Düsseldorf, Droste 1992.

[10] Didier CHAUVET, *Hitler et la Nuit des longs couteaux:la Sturmabteilung (SA) décapitée*, Paris, L'Harmattan 2016.

relatifs à l'incendie du Reichstag, notamment les conséquences qu'il engendra pour la société allemande. Les faits criminels, le décret « pour la protection du peuple et de l'État », la répression qui suivit l'incendie, les élections du 5 mars 1933, les réactions de la population et de l'étranger, la lutte à mort entre le NSDAP et le KPD, le procès de Leipzig et le « contre-procès » de Londres, le parcours des accusés, sont ici scrupuleusement étudiés et détaillés. La confrontation de très nombreuses sources, témoignages, documents, offre au lecteur un travail minutieux et objectif des phases majeures des événements liés à l'incendie. La controverse entre historiens – toujours vivace aujourd'hui – au sujet du ou des coupables de l'incendie du Reichstag, du degré d'implication de chacun, est également largement présentée et les arguments des différents bords sont longuement développés.

Au final, ce livre permet au lecteur de posséder une vue globale et précise de ces événements marquants afin de bénéficier de tous les éléments nécessaires à une réflexion aboutie.

I

1932-1933
SITUATION POLITIQUE DE L'ALLEMAGNE

La politique allemande fut marquée au printemps 1932 par l'élection présidentielle. Le chancelier Heinrich Brüning[11] ainsi que de nombreux députés de la « coalition de Weimar[12] » proposèrent entre le 7 et le 12 janvier 1932[13] une modification de la Constitution afin de prolonger le mandat du président Paul von Hindenburg, élu en 1925, sans recourir à une nouvelle élection populaire[14]. L'objectif était d'éviter une campagne électorale déstabilisante pour le pays avec à la clé un prévisible affrontement avec les nationaux-socialistes de Hitler[15], qui avaient fait une irruption très remarquée sur la scène politique allemande lors des élections de septembre 1930, passant alors de 810 127 suffrages (2,6 %) en mai 1928 à 6 379 672 suffrages (18,3 %), soit 15,7 % de hausse et 95 sièges supplémentaires remportés. Cette initiative conduite par Brüning se heurta surtout, sans aucune surprise à l'opposition du NSDAP, mais aussi à celle du DNVP. Le DNVP occupait une place particulière dans la sphère politique allemande, à la fois allié du NSDAP, mais guettant aussi ses faux pas. L'histoire du DNVP était riche et ce parti avait déjà changé de cap à plusieurs reprises dans le passé. Après la Première Guerre mondiale, les partis de droite se réformèrent. Le 24 novembre 1918, six partis signèrent l'appel à la création d'un nouveau parti de droite[16]. Le DNVP représentait les intérêts politiques et économiques des élites de l'Empire et bénéficiait du soutien de nombreux industriels, grands propriétaires terriens de l'est de l'Elbe, d'associations patriotiques militantes[17]. Le DNVP

[11] William PATCH, *Heinrich Brüning and The Dissolution of the Weimar Republic*, New York, Cambridge University Press 1998.

[12] A l'origine, la coalition de Weimar (*Weimarer Koalition*) était une coalition gouvernementale allemande réunissant sous la République de Weimar, le SPD, les catholiques du Zentrum et les libéraux centristes du DDP. Cette coalition fut parfois appelée *Volksblock*. Après 1922, les partis démocrates ne purent former des gouvernements qu'en intégrant des forces conservatrices, principalement le DVP et le BVP.

[13] Franz Von PAPEN, *Mémoires*, Paris, Flammarion 1953, p.106.

[14] Herbert HÖMIG, *Brüning – Kanzler in der Krise der Republik. Eine Weimarer Biografie*, Paderborn, Verlag Ferdinand Schöningh, 2000, ainsi que Volker ULLRICH, *Adolf Hitler une biographie, L'ascension 1889-1939*, Paris, Gallimard 2017, 2 vol, tome I, p.353.

[15] William PATCH, *Heinrich Brüning and The Dissolution of the Weimar Republic, opus cit.*, ainsi que Herbert HÖMIG, *Brüning – Kanzler in der Krise der Republik. Eine Weimarer Biografie, opus cit.*

[16] Stefan BREUER, *Anatomie de la Révolution conservatrice*, Paris, Éditions de la Maison des sciences de l'homme 1996.

[17] Heinrich WINKLER, *Histoire de l'Allemagne, XIXe-XXe siècle : le long chemin*

préconisait un retour à la monarchie et dénonçait le traité de Versailles et ses mesures de rétorsion[18]. Il ne soutenait pas au départ le système démocratique de Weimar, mais, à partir des années 1920, il participa aux gouvernements du Reich. Après la très cinglante défaite électorale de 1928 (30 sièges perdus) et l'accession d'Alfred Hugenberg à la présidence du parti, le DNVP s'orienta davantage à droite[19]. En effet, Hugenberg fit prendre à son parti une direction beaucoup plus radicale que celle suivie par son précédent dirigeant, le comte Kuno von Westarp. Hugenberg espérait utiliser le nationalisme radical pour en restaurer le succès, et à terme renverser la République de Weimar et restaurer un régime autoritaire[20]. Sous la direction de Hugenberg, le DNVP atténua le monarchisme qui l'avait caractérisé dans ses premières années, avant de l'abandonner complètement [21]. Le radicalisme de Hugenberg entraîna cependant une controverse dans le parti qui conduisit ses membres les plus conservateurs à le quitter pour fonder le Parti conservateur du peuple[22] (*Konservative Volkspartei*, KVP). Dans les dernières années de la République de Weimar, jusqu'à la désignation d'Adolf Hitler comme chancelier, Alfred Hugenberg et le DNVP collaborèrent avec le NSDAP dans leur opposition au premier et second cabinet Brüning notamment. Pourtant, Hugenberg choisit de soutenir Franz von Papen en 1932. Cette proximité lui fut bénéfique puisqu'il devint ensuite ministre de l'Économie, de l'Agriculture et de l'Alimentation dans le premier cabinet Hitler en 1933, tout en espérant, comme beaucoup, que celui-ci ne puisse rester longtemps au pouvoir[23]. Mais, la participation du DNVP aux différents gouvernements entraîna une chute électorale encore plus importante de ce parti au profit du NSDAP[24].

---

vers l'Occident, Paris, Fayard 2005.

[18] Hermann BECK, *The Fateful Alliance : German Conservatives and Nazis in 1933*, Oxford, Berghanhn Book 2009, p.42-43.

[19] Christian BAECHLER, *L'Allemagne de Weimar 1919-1933*, Paris, Fayard 2007 p.137-139.

[20] Stefan BREUER, *Anatomie de la Révolution conservatrice, opus cit.*

[21] *Ibid.*

[22] *Ibid.*

[23] *Ibid.* Le 27 juin 1933, Hugenberg fut contraint d'abandonner ses portefeuilles ministériels, et le lendemain, son parti fut dissous. À partir de la fin 1933, les nazis l'obligèrent à leur céder ses entreprises de médias. Après la guerre, il fut emprisonné par les Britanniques.

[24] Christian BAECHLER, *L'Allemagne de Weimar 1919-1933, opus cit.,p.137-139.*

Les arguments développés par Hitler pour justifier son refus de l'initiative du chancelier Brüning au sujet du mandat de Hindenburg étaient solides. Il s'opposa à cette initiative pour des « raisons morales intérieures, de politique étrangère et constitutionnelles [25] ». Hitler proposait en revanche de soutenir la candidature de Hindenburg si celui-ci se séparait de Brüning et décidait l'organisation de nouvelles élections au Reichstag et au Landtag de Prusse, à la suite de quoi le nouveau Reichstag élu prolongerait le mandat du président[26]. Des élections au Reichstag et au Landtag de Prusse que Hitler escomptait bien entendu remporter, compte tenu de la progression de ses idées dans l'opinion publique allemande. Le président Hindenburg avait appelé Brüning au poste de chancelier le 21 mars 1930. Brüning se déclarait alors prêt à gouverner sans le Reichstag où son gouvernement était minoritaire[27]. Il s'appuya sur les décrets-lois qui contribuèrent à affaiblir la Constitution et à donner un rôle de plus en plus dictatorial au président. L'article 48 de la Constitution permettait l'utilisation de ces décrets-lois. Il avait d'ailleurs déjà été utilisé par les chanceliers Wilhelm Marx [28] et Gustav Stresemann, mais de manière plus ponctuelle[29]. Le gouvernement Brüning était de ce fait surnommé le « gouvernement Hindenburg » (*Das Hindenburg-Kabinett*) dans la mesure où il était composé de ministres très proches du président, mais aussi bien entendu parce qu'il était très lié à ce dernier car il était minoritaire au Reichstag[30]. Après une courte réflexion et quelques consultations, le président Hindenburg rejeta la solution avancée par Hitler et de ce fait l'élection présidentielle fut finalement programmée. Après cette passe d'armes entre Hitler et Brüning, Joseph Goebbels, alors gauleiter31 de Berlin, député au Reichstag et membre très influent

---

[25] Walther HUBATSCH, *Hindenburg und der Staat*, Göttingen 1966, p.309.

[26] Otto MEISSNER, *Staatssekretär unter Ebert, Hindenburg, Hitler : Der Schicksalsweg des deutschen Volkes von 1918 - 1945, wie ich ihn erlebte,* Hambourg 1950, p. 216-217.

[27] Peter LONGERICH, *Die erste Republik : Dokumente zur Geschichte des Weimarer Staates*, Munich, Piper 1992.

[28] Il fut le chancelier de la République de Weimar qui demeura le plus longtemps en fonction.

[29] Peter LONGERICH, *Die erste Republik : Dokumente zur Geschichte des Weimarer Staates, opus cit.*

[30]Karl D. ERDMANN, *Die Weimarer Republik*, Munich, DTV 1992.

[31] La fonction de gauleiter fut créée en 1925, lorsque le NSDAP fut réorganisé après le putsch de Munich. En 1928, cette fonction devint un grade dans l'organisation paramilitaire nazie. Le gauleiter était à la fois responsable régional politique du

du NSDAP, écrivit à ce sujet : « La partie d'échecs pour le pouvoir commence. Elle durera peut-être toute l'année. Une partie que l'on jouera avec du rythme, de l'intelligence, mais aussi parfois avec du raffinement[32]. » De son côté, Hindenburg pouvait compter sur de nombreux alliés de conviction ou de circonstance ainsi que sur le « Comité Hindenburg » qui rassemblait des personnalités soutenant ardemment la candidature du président sortant pour sa réélection telles que l'écrivain Gerhart Hauptmann [33] et Carl Duisberg [34] du *Jungdeutscher Orden*[35], ou d'anciens ministres comme Otto Geßler[36] (DDP) et Gustav Noske[37] (SPD) notamment[38]. Les partis de la droite modérée et le Zentrum[39] (Centre) rejoignirent le mouvement en faveur

---

NSDAP et responsable administratif d'un Gau, subdivision territoriale de l'Allemagne nazie. La fonction de gauleiter permettait la mise en place d'un maillage territorial à l'échelle du Reich tout entier pendant la République de Weimar. Recrutés parmi des membres de longue date du NSDAP, ces fonctionnaires du parti dépendaient directement de Hitler et de la chancellerie du parti nazi.

[32] Joseph GOEBBELS, *Vom Kaiserhof zur reichskanzlei*, 7 janvier 1932, Zentralverlag der NSDAP Franz Eher Nachf.

[33] Auteur dramatique allemand, grand représentant du naturalisme, Gerhart Hauptmann reçut le prix Nobel de littérature en 1912 et le prix Goethe en 1932. Dans un autre registre, il figura sur la *Sonderliste* de la *Gottbegnadeten-Liste* (liste des bénis de Dieu). Cette liste fut établie par le ministère du Reich à l'Éducation du Peuple et à la Propagande et par Adolf Hitler en 1944 et qui, sur trente-six pages, rassemble les artistes les plus importants du régime nazi. Le nom de la liste provient de l'acte d'enregistrement de la liste par le Ministère du Reich.

[34] Chimiste et industriel, Carl Duisberg fit de Bayer l'un des piliers du complexe militaro-industriel allemand et compte au nombre des fondateurs du trust IG Farben.

[35] Organisation au recrutement social et à l'identité politique nettement bourgeoise. Voir Alexander KESSLER, *Der jungdeutsche Orden in den Jahren der Entscheidung*, Munich 1976.

[36] Membre du DDP, Otto Gessler fut maire de Ratisbonne de 1910 à 1914, maire de Nuremberg de 1913 à 1919 puis ministre de la Reconstruction de 1919 à 1921, ministre de l'Intérieur en 1925 et ministre de la Défense de 1920 à 1928.

[37] Membre du SPD, Gustav Noske fut ministre de la Défense de 1919 à 1920. Il est notamment connu pour son rôle central dans l'écrasement de la révolte spartakiste de Berlin.

[38] Eberhard KOLB (dir), *Die Weimarer Republik*, Oldenburg/Munich, Wissenschaftsverlag 2000.

[39] La Deutsche Zentrumspartei (en abrégé Zentrum, « Centre ») était un des principaux partis politiques de l'Empire allemand puis de la République de Weimar. Fondé en 1870, il représentait les idées des catholiques, minoritaires en Allemagne. Le parti fut refondé après la Seconde Guerre mondiale mais fut marginalisé par la CDU (Christlich demokratische Union Deutschlands, Union chrétienne-démocrate d'Allemagne) qui devint le principal parti de la démocratie chrétienne en Allemagne.

de Hindenburg un peu plus tard[40]. Le soutien probable du SPD à Hindenburg suscitait de vifs échanges entre les sociaux-démocrates, surnommés par Goebbels le « parti des déserteurs » (*Partei der Deserteure*), et les nationaux-socialistes. Ainsi, le 23 février 1932, premier jour d'une courte session du Reichstag, Goebbels provoqua un terrible chahut en dénonçant le soutien de Hindenburg par « la presse du bitume berlinois[41], par le parti des déserteurs ». Le soutien du SPD à Hindenburg était le matériau qu'attendait le NSDAP pour mettre en route une large campagne d'agitation. Goebbels poursuivit : « Hindenburg a abandonné la cause de ses anciens électeurs et s'est placé sans équivoque du côté de la social-démocratie [...] Dis-moi qui chante tes louanges, je te dirai qui tu es[42] ! » Au nom du SPD, Kurt Schumacher[43], grand mutilé de guerre lors du conflit mondial de 1914-1918, rétorqua que s'il y avait quelque chose à porter au crédit du national-socialisme c'était d'avoir réussi « pour la première fois dans l'histoire de la politique allemande l'entière mobilisation de la bêtise humaine[44] ». Le soutien officiel du SPD à Hindenburg intervint le 26 février par l'intermédiaire d'un appel du bureau directeur du parti : « Le 13 mars, à l'occasion du premier tour des élections présidentielles, le peuple allemand devrait décider de laisser Hindenburg à son poste ou de le voir remplacé par Hitler. Hitler à la place de Hindenburg, cela veut dire : chaos et panique en Allemagne et dans toute l'Europe, aggravation au plus haut point de la crise économique et de la misère du chômage, danger extrême de conflits sanglants au sein du peuple et avec l'étranger. Hitler à la place de Hindenburg, cela veut dire : victoire des éléments les plus réactionnaires de la bourgeoisie sur ses fractions les plus progressistes et sur la classe ouvrière, suppression de toutes les libertés civiles, de la presse, des organisations politiques, syndicales et culturelles, exploitation renforcée et esclavage salarié... Battez Hitler !

---

[40] Eberhard KOLB (dir), *Die Weimarer Republik, opus cit.*

[41] Terme employé par les nazis désignant la presse urbaine de gauche.

[42] Volker ULLRICH, *Adolf Hitler une biographie, opus cit.*, p.356-357.

[43] Député au Reichstag en 1930, Kurt Schumacher souhaitait un renouvellement de l'esprit et de l'organisation du SPD pour mieux combattre le nazisme. Il fut arrêté le 6 juillet 1933 et, après un séjour en prison, il fut interné au camp de Dachau. Il fut ensuite libéré le 16 mars 1943, en raison de son état de santé. Il fut le président du SPD juste après la Seconde Guerre mondiale, de 1946 à 1952.

[44] Ursula BÜTTNER, *Weimar – die überforderte Republik 1918–1933.* Beigefügt in *Gebhardt. Handbuch der deutschen Geschichte.* 10., völlig neu bearbeitete Auflage. Band 18: Wolfgang Benz (dir.): *20. Jahrhundert (1918–2000). Der Aufbruch in die Moderne. Das 20. Jahrhundert.* Klett-Cotta, Stuttgart 2010, p. 171–767.

Pour cela, votez Hindenburg[45] ! » Dans le même ordre d'idée, le chancelier Brüning acheva son dernier discours de la campagne électorale avant le premier tour par le slogan : « Il faut que Hindenburg l'emporte parce qu'il faut que l'Allemagne vive[46] ! » De l'autre côté de l'échiquier, les nazis entamèrent une campagne offensive et marquante. Dans son discours prononcé devant l'Industrie-Club à Düsseldorf, le 26 janvier 1932, Hitler affirma : « Le mouvement national-socialiste est la seule force capable d'empêcher que l'Allemagne ne sombre elle aussi dans le chaos bolchevique [...] Et quand on nous reproche notre intolérance, nous en faisons, nous, fièrement profession de foi – nous avons même pris la décision inexorable d'éliminer le marxisme en Allemagne jusqu'à sa dernière racine[47]. » Néanmoins, même si Goebbels lançait le 22 février au palais des sports de Berlin : « Hitler sera notre président du Reich[48] », Hitler ne pouvait pas se présenter à l'élection présidentielle, car il ne possédait pas la nationalité allemande. Ce fut fait quatre jours plus tard. En effet, en étant nommé fonctionnaire au Conseil du gouvernement (*Regierungsrat*) de la légation de Brunswick à Berlin (Office de la culture et de la topographie, *Landeskultur und Vermessungsamt*) – Land gouverné depuis 1930 par une coalition de nationaux-allemands et de nationaux-socialistes – il obtint automatiquement la nationalité allemande. Si le SPD soutenait Hindenburg, la droite bourgeoise refusa de soutenir Hitler et présenta son propre candidat, Theodor Duesterberg[49], chef adjoint du Stahlhelm. La campagne des nazis fut intense et surtout innovante. Goebbels enregistra par exemple un disque *Grammophon* qui fut reproduit et

[45]! Heinrich WINKLER, *Histoire de l'Allemagne, XIXe-XXe siècle : le long chemin vers l'Occident*, *opus cit.*, p.421 ainsi que Volker ULLRICH, *Adolf Hitler une biographie, opus cit.*, p.356.

[46] Gerhard SCHULZ, *Von Brüning zu Hitler. Der Wandel des politischen Systems in Deutschland 1930-1933,* Berlin/New York 1992.

[47] Discours de Hitler le 26 janvier 1932 devant 700 personnes à Düsseldorf cité in Volker ULLRICH, *Adolf Hitler une biographie, opus cit.*, p.351.

[48] Heinrich WINKLER, *Weimar 1918-1933. Die Geschichte der ersten deutschen Demokratie*, Munich, Beck 1993.

[49] Lieutenant-colonel de l'armée prussienne, Theodor Duesterberg démissionna pour protester contre le traité de Versailles et entra en politique. Il adhéra en 1919 au DNVP mais à la suite de désaccords avec la hiérarchie du parti il démissionna en 1923. Il rejoignit alors le Stahlhelm, Bund der Frontsoldaten (casque d'acier, Ligue des soldats du front), une organisation nationaliste et pro-monarchique, une des nombreuses organisations paramilitaires issues des corps francs apparus après la défaite allemande de 1918. Il en devint rapidement l'un des responsables avec Franz Seldte.

diffusé à 50 000 exemplaires[50]. Autre innovation, les soirs de chaque discours de Hitler, un film d'une dizaine de minutes présentant Hitler comme le futur sauveur et rédempteur du peuple allemand était diffusé sur les grandes places des villes où se tenait le meeting[51]. Quant aux affiches, elles privilégiaient des slogans courts et frappants comme : « À bas le système ! Le pouvoir au national-socialisme[52] ! » Entre le 1er et le 11 mars, Hitler tint des discours à Hambourg, Stettin, Breslau, Leipzig, Bad Blankenburg, Weimar, Francfort-sur-le-Main, Nuremberg, Stuttgart, Munich, Cologne, Dortmund et Hanovre. Toutes les salles étaient archicombles[53]. Le compte rendu de la réunion de Hambourg dans les colonnes du *Hamburger Tageblatt* revenait sur la ferveur populaire qui accompagnait Hitler : « Une foule aux milliers de têtes, une légion grise, hébétée, tourmentée [...] semble vouloir effacer ses larmes, son chagrin, ses soucis dans ce cri qui est à la fois un salut et un serment d'allégeance[54]. » Dans le même état d'esprit, l'article écrit par la *Schlesische Zeitung* à l'occasion de la venue de Hitler à Breslau où il prononça un discours devant cinquante-mille personnes[55] à la Jahrhunderthalle : « Ils sont venus de loin [...] de tous les coins de la Silésie, ils n'ont pas hésité à endurer des voyages de plusieurs heures dans les positions les plus inconfortables ou sur la capote d'un omnibus pour voir leur Führer [...] Heure après heure, les gens attendent, sans impatience, dans une ambiance de fête [...], des marchands ambulants se fraient un chemin dans la foule pour lui proposer fruits et rafraîchissements, des infirmiers et infirmières sont prêts à intervenir, c'est une image animée et bigarrée[56]. » Les discours enflammés de Hitler annonçaient tous qu'il s'agissait de « beaucoup plus que d'une candidature à l'élection présidentielle » et que le point central était de mettre à bas le « système » du 9 novembre[57] qui selon lui avait précipité

---

[50] Volker ULLRICH, *Adolf Hitler une biographie, opus cit.*, p.357.

[51] Gerhard PAUL, *Aufstand der Bilder. Die NS-Propaganda vor 1933*, Bonn 1990, p.95-96.

[52] *Ibid.*

[53] Volker ULLRICH, *Adolf Hitler une biographie, opus cit.*, p.358.

[54] *Hamburger Tageblatt,* 2 mars 1932, ainsi que *Hitler Reden und Proklamationen, 1932-1945-Kommentiert von einem Deutschen Zeitgenossen (Teil IV Untergang, Vierter Band, 1941-1945),* t4, 3, doc 32, p.153, note 1, Bolchazy-Carducci Publishers 2000.

[55] Volker ULLRICH, *Adolf Hitler une biographie, opus cit.*, p.358.

[56] *Schlesische Zeitung*, ainsi que *Hitler Reden, opus cit.*, t4, 3, doc 34, p.166, note 1.

[57] Hitler faisait référence à la révolution de novembre 1918 et à l'instauration de la République. Cf Pierre BOUÉ, *Révolution en Allemagne (1917-1923)*, Paris, Éditions

l'Allemagne dans le fossé : « Nous avons donc été les procureurs pendant treize ans [depuis l'Armistice de 1918], et voilà sans doute l'heure venue, mes compagnons d'ethnie, après treize ans, le 13 mars, date à laquelle nous allons pour la première fois porter un jugement sur ce qu'un camp a jusqu'ici démoli, et où nous allons devoir nous comporter en juges à l'égard de ce que l'autre camp a reconstruit en termes de valeurs internes de notre peuple [58]. » Hitler mena une campagne habile et qui préservait l'avenir, notamment par rapport à son adversaire le président Hindenburg. Hitler devait en effet veiller à conserver une relation acceptable avec Hindenburg en cas de défaite en raison des prérogatives liées à la fonction de président, à savoir la nomination du chancelier. Néanmoins, sans dépasser certaines limites, Hitler enfonça le clou sur les faiblesses de Hindenburg, notamment son âge, comme il le fit le 7 mars 1932 lors d'un discours prononcé à Nuremberg : « Vieil homme, tu ne portes plus l'avenir de l'Allemagne sur tes épaules, c'est à nous de le porter à présent, tu ne peux plus assumer la responsabilité à notre place, nous, la génération de la guerre, nous l'assumerons nous-mêmes. Ô vénérable vieil homme, tu ne peux plus couvrir aujourd'hui ceux que nous voulons anéantir[59]. Alors fais un pas de côté et libère le passage [60]. » Le soutien des sociaux-démocrates à Hindenburg fut aussi largement exploité par Hitler durant la campagne électorale : « Si je n'avais rien obtenu d'autre dans ma vie que de forcer ce parti [SPD] à se jeter aux pieds du feld-maréchal, ç'aurait déjà été un mérite historique [...] Ce parti a subi une belle mutation. Jadis parti du prolétariat révolutionnaire, il est aujourd'hui le parti prônant un gentil vote civique en faveur de ce feld-maréchal âgé de quatre-vingt-cinq ans, de cet homme qu'il hait[61]. »

Au soir du premier tour, il manquait 173 000 voix à Hindenburg pour décrocher la victoire. Le président sortant avait obtenu des résultats particulièrement favorables dans les bastions sociaux-démocrates et dans les régions où la proportion de catholiques était forte ; en revanche, dans les régions agricoles et évangéliques, où il s'était largement imposé sept ans auparavant, ses résultats étaient nettement inférieurs à la moyenne nationale[62]. Les résultats officiels

---

de Minuit 1971.

[58] *Hitler Reden, Schriften, Anordnungen*, tIV, 3, doc 32, p.153, note 1.

[59] Hitler emploie le mot *vernichten.*

[60] *Hitler Reden, opus cit.*, doc 39, p.191.

[61] *Ibid.*, tIV, doc 32, p.157.

[62] Heinrich WINKLER, *Weimar 1918-1933. Die Geschichte der ersten deutschen*

furent les suivants : Paul von Hindenburg 49,6 % (18 651 497 voix), Adolf Hitler 30,1 % (11 339 446 voix), Ernst Thälmann pour les communistes 13,2 % (4 983 341 voix), Theodor Duesterberg pour le DNVP et le Stahlhelm 6,8 % (2 557 729 voix) et Gustav Winter, représentant des victimes de l'inflation (*Inflationsgeschädigte*) 0,3 % (111 323 voix). Les nationaux-socialistes furent déçus du résultat, même si objectivement, il était attendu. Goebbels s'exclama dans son journal : « Nous sommes battus. Terribles perspectives ! [...] Nos camarades de parti sont déprimés et découragés. Il faut maintenant frapper un grand coup. Au téléphone avec Hitler [...] nous avions fixé des objectifs trop élevés[63]. » Après ce contretemps, Hitler s'adressa aux adhérents du NSDAP : « Nous sommes devenus aujourd'hui, sans contestation et de beaucoup, le parti le plus puissant d'Allemagne [...] Nous devons reprendre aussitôt et sous la forme la plus vive [...] l'offensive contre le front du Zentrum et des marxistes [...] pour accrocher la victoire à nos drapeaux[64]. » Du 3 au 9 avril 1932, Hitler sillonna l'Allemagne en avion pour la campagne électorale du second tour. Plus de vingt grandes manifestations électorales furent programmées. Au total, plus de 1,5 million de personnes entendirent et virent Hitler en quelques jours[65]. Ils étaient quasiment deux-cent-mille pour le discours de Berlin au Lutsgarten[66]. La campagne de Hitler affichait nombre d'accents de modernité et bénéficiait d'un assez large engouement de la jeunesse.

Les résultats du second tour redonnèrent du baume au cœur aux nationaux-socialistes. Le 10 avril 1932, Hindenburg fut élu président avec 53,1 % (19 359 983 voix) devant Hitler en net progrès à 36,8 % (13 418 517 voix) et Thälmann pour le KPD qui s'était maintenu et qui fermait la marche avec 10,1 % (3 706 759 voix). Cependant, cette victoire de Hindenburg révélait un soutien réel bien moindre que ce que les chiffres laissaient supposer de prime abord. Comme le souligne l'historien Heinrich Winkler : « La victoire de Hindenburg était avant tout le fruit de la politique de tolérance social-démocrate. Car telle était bien l'alternative posée par les élections présidentielles : hormis le feld-maréchal, personne n'était en mesure de rallier, au-delà des partisans

---

Demokratie, opus cit.

[63] Joseph GOEBBELS, *Journal 1923-1933*, entrée du 14 mars 1932, Paris, Tallandier 2007, p.639-640.

[64] *Hitler Reden, opus cit.*, tIV, 3, doc 47, p.223-225.

[65] Volker ULLRICH, *Adolf Hitler une biographie, opus cit.*, p.362.

[66] *Ibid.*

opiniâtres de la coalition de Weimar, d'importants éléments de la droite traditionnelle et de reléguer ainsi Hitler à la deuxième place[67]. » Cette « alliance » un peu bancale entre les adversaires d'hier aurait d'ailleurs fait dire à Hindenburg : « Quel âne j'ai été de m'être fait élire une deuxième fois[68]. » Pour Hitler, non seulement ce résultat était très honorable, mais il avait considérablement gonflé son nombre de voix entre les deux tours. Car, là où Hindenburg progressa de 708 486 voix, Hitler progressa de 2 079 071 voix. Une très large partie des électeurs de Duesterberg au premier tour s'étaient reportés sur la candidature de Hitler au second tour. Hitler résumait ainsi la situation : « Nous avons commencé petit, méprisés et moqués, et nous sommes peu à peu devenus le mouvement national-socialiste, et nous avons aujourd'hui plus de onze millions de personnes derrière nous [Hitler fait ici référence au premier tour], la plus grande organisation que l'Allemagne ait jamais vue, elle défile derrière nos drapeaux[69]. » Cette élection démontrait une nette poussée des nazis et le fait que plus d'un tiers de la population allemande souhaitait l'accession de Hitler à la tête du pays.

Le 24 avril 1932, dans la foulée de l'élection présidentielle, se déroulèrent plusieurs élections en Prusse, en Bavière, au Wurtemberg et en Anhalt, ainsi que des élections municipales à Hambourg. Des élections importantes puisque près des quatre cinquièmes du territoire allemand étaient concernés. En Prusse, le NSDAP obtint 36,3 % des voix, ce qui lui permit d'arriver en tête avec un gain de 156 sièges par rapport à 1928[70]. La coalition qui comprenait le SPD, le Zentrum et le Staatspartei perdit la majorité mais parvint à demeurer au pouvoir car le NSDAP était dans l'impossibilité de rassembler la majorité absolue indispensable pour être élu ministre-président. En Bavière, le NSDAP obtint 32,5 % des voix et talonna le BVP[71] au pouvoir à 0,1 %[72]. La progression des nationaux-socialistes était marquante : de 6,1 % à 32,5 %. Au Wurtemberg, le NSDAP obtint 26,4 % des voix, soit un gain

---

[67] Heinrich WINKLER, *Weimar 1918-1933. Die Geschichte der ersten deutschen Demokratie, opus cit.*

[68] Wolfram PYTA, *Hindenburg. Herrschaft zwischen Hohenzollern und Hitler,* Munich, Siedler 2007, p.683.

[69] *Hitler Reden, opus cit.*, tV, 1, doc 8, p.25-26.

[70] Jürgen FALTER et al., *Wahlen und Abstimmungen in der Weimar Republik. Materialen zum Wahlverhalten 1919-1933,* Munich 1986, p.89,91, 94, 101.

[71] Bayerische Volkspartei (BVP - Parti populaire bavarois).

[72] Jürgen FALTER et al., *Wahlen und Abstimmungen in der Weimar Republik. Materialen zum Wahlverhalten 1919-1933, opus cit.,* p.89,91, 94, 101.

de 24,6 %[73]. En Anhalt, le NSDAP arriva en tête avec 40,9 % des voix, décrochant ainsi son premier Premier ministre d'un État allemand[74]. Enfin, à Hambourg, le NSDAP obtint 31,2 % des voix, dépassant le SPD (30,2 %) dans son fief[75]. Là encore, le résultat du NSDAP était en très forte progression[76].

Insatisfait par la façon dont sa victoire à l'élection présidentielle fut acquise avec l'aide décisive de ses opposants habituels, Hindenburg rejeta la responsabilité de la situation sur le chancelier Brüning. Franz von Papen évoqua ces faits lors de son interrogatoire au procès de Nuremberg en 1946 : « Le maréchal Hindenburg avait eu une très grande confiance en Brüning ; mais il ne lui a pas pardonné de n'avoir pas réussi, au moment de la réélection de Hindenburg au poste de président du Reich en 1932, à gagner les partis de droite, partis qui en 1925 avaient élu Hindenburg pour la première fois. À cette époque, en effet, Hindenburg avait été élu malgré l'opposition passionnée du centre et de la gauche. Cette fois-ci, en 1932, il devait être élu précisément par les partis de gauche qui l'avaient combattu durement et malgré la droite. À ce vieux grand soldat de la guerre mondiale, on avait opposé un soldat inconnu du Stahlhelm. Il va sans dire que cela a beaucoup peiné le Feldmarschall[77]. » Hindenburg prit rapidement la décision de se séparer de Brüning à la première occasion, encouragé par son entourage et particulièrement par le général Kurt von Schleicher, ministre de la Défense, l'incontournable Otto Meissner[78] et son propre fils le colonel Oskar von Hindenburg[79]. Les relations entre le NSDAP et les partis de la coalition de Weimar se tendirent considérablement entre mars et avril 1932. Ainsi, le 17 mars, le ministre de l'Intérieur de Prusse, Carl Severing du SPD, décida de faire perquisitionner les sièges du NSDAP et de la SA en Prusse[80]. Le 13 avril, le président Hindenburg

---

[73] *Ibid.*
[74] *Ibid.*
[75] *Ibid.*
[76] *Ibid.*
[77] Minutes du procès de Nuremberg, tribunal militaire international, 155e journée, vendredi 14 juin 1946, audience de l'après-midi, interrogatoire de Franz von Papen par son avocat le Dr Egon Kubuschok.
[78] Otto Meissner portait aussi le surnom de « fils du président du Reich non prévu par la Constitution » (*der in der Verfassung nicht vorgesehene Sohn des Reichpräsidenten*).
[79] Ian KERSHAW, *Hitler,* Paris, Flammarion 1999, p.527-528 ainsi que Wolfram PYTA, *Hindenburg. Herrschaft zwischen Hohenzollern und Hitler, opus cit.*
[80] Volker ULLRICH, *Adolf Hitler une biographie, opus cit.*, p.367.

publia une ordonnance pour « la sécurisation de l'autorité de l'État » qui aboutit à la dissolution de l'ensemble des organisations de type militaire du NSDAP[81]. Cette mesure ne désarçonna pas le parti hitlérien qui avait été informé à l'avance de cette interdiction et qui prit les mesures nécessaires pour parer le plus possible le coup. Mais, la tension était à son comble. L'interdiction de la SA et les conséquences politiques qui s'ensuivirent agitèrent beaucoup les milieux gouvernementaux. Sous l'influence de Schleicher, notamment, selon une lettre de Meissner du 18 mai 1948 envoyée à l'ambassadeur de France André François-Poncet, Hindenburg désavoua Wilhelm Groener, ministre de l'Intérieur depuis octobre 1931 et ministre de la Défense depuis janvier 1928, à qui il imposa une démission[82] (le 9 mai 1932), démission suivie de celle de Brüning, puis de la création du cabinet Papen, lequel aurait aussi été suggéré par Schleicher[83]. L'interdiction des SA[84] (avril 1932) signa la rupture entre Schleicher et son ancien mentor et ami Groener. Finalement, le 30 mai 1932, le chancelier Brüning présenta sa démission au président Hindenburg en raison de l'échec de sa politique et de l'affaire de l'interdiction de la SA qui lui fit perdre le soutien du président[85]. Les mesures monétaires, notamment la politique de déflation, voulues par Brüning ne connurent en effet pas le succès escompté, ce qui entraîna une vive augmentation de la pauvreté et du chômage et renforça l'audience des partis extrémistes[86]. La politique menée par le chancelier était particulièrement dure pour la population au niveau économique, comme l'écrit l'historien et journaliste contemporain des faits, Sebastian Haffner : « Il [Brüning] mit l'économie allemande au bord de la faillite ; les banques fermèrent, le nombre de chômeurs atteignit six millions […] Tous les six mois environ, sortait un décret-loi qui

---

[81] Heinrich WINKLER, *Weimar 1918-1933. Die Geschichte der ersten deutschen Demokratie, opus cit.*, p.449-450, 454.

[82] Johannes HÜRTER, *Wilhelm Groener. Reichswehrminister am Ende der Weimarer Republik (1928–1932).* Oldenbourg, Munich 1993.

[83] Georges CASTELLAN, *Von Schleicher, von Papen et l'avènement de Hitler*, *Cahiers d'histoire de la guerre*, Presses Universitaires de France, no 1, janvier 1949, p. 15-39.

[84] La SA fut rétablie le 17 juin 1932.

[85] William PATCH, *Heinrich Brüning and The Dissolution of the Weimar Republic*, *opus cit.*, ainsi que Herbert HÖMIG, *Brüning – Kanzler in der Krise der Republik. Eine Weimarer Biografie, opus cit.*, et Heinrich WINKLER, *Weimar 1918-1933. Die Geschichte der ersten deutschen Demokratie, opus cit.*

[86] *Ibid.*

réduisait et réduisait encore les traitements, les retraites, les prestations sociales, et finit par réduire jusqu'aux salaires privés et aux intérêts [...] Et comme son existence politique était directement liée à sa lutte contre Hitler, et donc à l'existence de celui-ci, il ne devait en aucun cas l'anéantir [...] Il ne fallait pas que Hitler parvienne au pouvoir, mais il devait rester dangereux [...] Il y avait aussi les communistes avec leur dogme sectaire et les défaites qu'ils traînaient comme une comète sa queue [...] Quiconque se donnerait la peine d'étudier le système Brüning y trouverait des éléments qui font en fin de compte de ce mode de gouvernement [...] le modèle de ce qu'il est censé combattre[87]. » De tous les chanceliers de la République de Weimar, Brüning fut celui dont l'image fut la plus mouvante. En effet, certains prétendirent qu'il avait ébranlé les bases de la démocratie permettant ainsi, sans l'avoir recherché, l'ascension de Hitler. D'autres, par contre, voyaient en lui une alternative conservatrice au système parlementaire en déliquescence aussi bien qu'à la dictature nazie. Comme le souligne l'historien Heinrich Winkler : « Cette deuxième interprétation fait de la politique de Brüning, dans ses grandes lignes, une nécessité historique et considère que sa chute seule a engagé l'Allemagne sur le chemin menant à la catastrophe[88]. » La chute de Brüning fut une importante rupture historique. En effet, ce fut à compter du 31 mai 1932 la fin de la première période du régime présidentiel plutôt modéré et encore toléré par le Reichstag. Ensuite, s'ouvrit une deuxième période, particulièrement autoritaire et antiparlementaire.

S'adossant à des scores électoraux déjà très importants, Hitler et le NSDAP ne voulaient pas jouer un rôle de faire-valoir au sein du nouveau gouvernement. Cette option fut confirmée par Joseph Goebbels : « Nous restons dans l'opposition jusqu'à ce que nous obtenions l'intégralité du pouvoir pour agir intégralement. Je parle au téléphone avec Hitler qui partage totalement mon point de vue[89]. » Le 26 mai 1932, Franz von Papen fut contacté par Kurt von Schleicher, le ministre de la Défense du gouvernement bientôt démissionnaire afin d'occuper le poste de chancelier en remplacement de Brüning. Papen évoqua ce moment-là lors de son interrogatoire au procès de Nuremberg en 1946 : « Le 26 mai 1932, je me trouvais sur mes terres

---

[87] Sebastian HAFFNER, *Histoire d'un Allemand : souvenirs 1914-1933*, Actes Sud 2003, p.133-134.
[88] Heinrich WINKLER, *Histoire de l'Allemagne, XIXe-XXe siècle : le long chemin vers l'Occident, opus cit.*, p.425.
[89] Joseph GOEBBELS, *Journal 1923-1933, opus cit.*, entrée du 6 juin 1932, p.660.

dans la Sarre. Là, M. von Schleicher, le ministre de la Défense, me fit appeler et me pria de venir à Berlin. Le 27 au soir, j'arrive à Berlin ; le 28 je vais voir M. von Schleicher. M. von Schleicher me dit : "Il y a crise ministérielle, nous cherchons un chancelier." Il parle avec moi de diverses personnalités, enfin il me dit : "Le président du Reich voudrait que ce soit vous." Stupéfait, je réponds : "Comment, pourquoi ?" et demande le temps de réfléchir. Le lendemain, je discute de la chose avec mes amis. Le 30 je me rends à nouveau auprès de M. von Schleicher, et lui dis : "Je me suis décidé, je n'accepte pas le poste." M. von Schleicher me dit : "II n'y a rien à faire, le président du Reich le souhaite en tout état de cause." Je réponds à M. von Schleicher : "Le président du Reich se fait probablement une idée fausse des forces politiques que je pourrais lui rallier, en vue de la constitution de ce gouvernement. Il croit probablement que le Zentrum me soutiendrait dans ma politique. Il ne saurait en être question." Dans l'après-midi, ce même jour, je vais voir le chef du parti du Zentrum [Ludwig Kaas, depuis septembre 1928] ; je lui demande ce qu'il compte faire. Il me dit : "M. von Papen, n'acceptez pas ce poste car le parti entrerait immédiatement en opposition avec vous." Je lui réponds : "Je vous remercie, c'est bien ce que je pensais." Là-dessus, je demande audience à Hindenburg, je lui expose la situation. Hindenburg se lève et me dit : "Je ne vous ai pas appelé pour me gagner avec vous l'appui d'un parti politique quelconque, je vous ai appelé parce que j'entends former un cabinet d'hommes indépendants." Alors, il me rappela mes devoirs vis-à-vis de ma patrie, et comme je continuais à protester, il me dit : "Vous ne pouvez pas me laisser en plan, moi vieux soldat, lorsque j'ai besoin de vous." Et je répondis : "Dans ces conditions, je ne vous abandonnerai pas et j'accepte[90]." »

Le cabinet de Franz von Papen succéda donc au cabinet Brüning, mais pour une courte période. Papen avait la réputation d'être un homme ambitieux, sournois et superficiel[91]. Il fut exclu de son parti, le Zentrum, le 3 juin 1932, pour avoir favorisé la chute de Brüning. Ce nouveau cabinet était appelé cabinet des barons (*das Kabinett der Barone*) en raison de sa composition de sept aristocrates et six membres issus de la bourgeoisie. Papen rencontra Hitler pour la première fois le 9 juin 1932, à l'initiative du chancelier, afin de déterminer son état

---

[90] Minutes du procès de Nuremberg, tribunal militaire international, 155e journée, vendredi 14 juin 1946, audience de l'après-midi, interrogatoire de Franz von Papen par son avocat le Dr Egon Kubuschok.

[91] Joachim PETZOLD, *Franz von Papen. Ein deutsches Verhängnis*, Berlin 1995.

d'esprit, comme il l'évoqua dans ses mémoires : « Je voulais entendre sa version de son arrangement avec Schleicher et, en même temps, essayer de prévoir l'attitude que les nazis adopteraient envers mon cabinet [...] Manifestement, il était décidé à continuer ses efforts pour faire de son parti le groupe le plus puissant du pays, ce qui l'aurait automatiquement qualifié pour le poste de chancelier[92]. » L'équipe gouvernementale était totalement favorable aux intérêts des grands industriels [93] . Le programme économique de Papen et de son gouvernement était plutôt ambitieux et visait principalement à réduire un chômage devenu endémique. Papen présenta une partie de son programme de l'époque lors de son interrogatoire au procès de Nuremberg : « Le problème au centre de nos préoccupations était la question économique. La grande misère économique et le million et demi de jeunes chômeurs, les six à sept millions de chômeurs totaux, les douze à treize millions de chômeurs partiels, tous les efforts des prédécesseurs pour remédier à ces problèmes, avec des solutions purement gouvernementales, étaient absolument insuffisants. Cela grevait les finances et sans donner de résultats. Le but de mon Gouvernement fut de ce fait de mettre en jeu l'économie privée pour arriver à une solution de ces problèmes. Nous voulions remettre en mouvement l'appareil de production. Avec un budget de deux milliards deux cents millions de marks et en plus, au cours de l'année, arriver à occuper avec ce processus un million sept cent cinquante mille ouvriers. Un tel programme n'aurait pu être discuté avec les partis. Le but politique que nous poursuivions était, en même temps que la réorganisation de l'économie, d'obtenir la collaboration pratique du plus fort des partis d'opposition, à savoir le Parti national-socialiste. Tel était le problème principal de la politique intérieure allemande. Et il en résultait à la vérité qu'avec les gouvernements nationaux-socialistes de Thuringe, de Brunswick et d'Oldenbourg, on pouvait procéder à cette tentative sans risquer des menées révolutionnaires. Je pouvais donc espérer, grâce à mon programme national et social, obtenir l'acceptation du Reichstag[94]. » Mais, le principal problème du nouveau cabinet résidait là encore dans son absence totale de majorité favorable au Reichstag et les espérances de Papen demeuraient donc fragiles. Puis

---

[92]Franz von PAPEN, *Mémoires*, *opus cit.*, p. 122.

[93] Ursula BÜTTNER, *Weimar. Die überfordete Republik 1918-1933*, Stuttgart 2008.

[94] Minutes du procès de Nuremberg, tribunal militaire international, 155e journée, vendredi 14 juin 1946, audience de l'après-midi, interrogatoire de Franz von Papen par son avocat le Dr Egon Kubuschok.

survinrent les événements de l'été 1932. Papen engagea en juillet 1932, à la grande satisfaction des nazis, la suspension du gouvernement social-démocrate de Prusse[95]. Le 18 juillet, sans entente préalable avec les Länder, le gouvernement du Reich promulgua, suite à de nombreuses violences entre nazis et communistes, l'interdiction générale des rassemblements en plein air. Le 20 juillet, ce fut le célèbre « coup de force de Prusse » (*Preußenschlag*). En raison des désordres sanglants et d'informations inquiétantes relatives à des actions déstabilisatrices des communistes, et en s'appuyant sur l'article 48 de la Constitution, Papen se fit nommer par le président Hindenburg – qui ne manifesta aucune opposition – commissaire d'État pour la Prusse et il fut autorisé à relever les membres du ministère d'État prussien de leurs fonctions, à se charger personnellement des affaires courantes du ministre-président prussien et à confier à des commissaires du Reich la conduite des ministères prussiens[96]. Papen fit donc immédiatement relever de leurs fonctions le ministre-président Otto Braun et le ministre de l'Intérieur Carl Severing, tous les deux du SPD. Comme le souligne l'historien Ian Kershaw : « La destruction du bastion prussien sans coup férir fut l'œuvre des conservateurs, non pas des nazis. Mais elle servit de modèle à la prise de pouvoir dans les États plus de six mois avant que Hitler ne devînt chancelier[97]. » Severing contesta la décision devant la justice, mais Papen fit valoir l'état d'exception à Berlin et dans le Brandebourg, désormais sous le contrôle de la Reichswehr du général Gerd von Rundstedt qui n'était pas, il faut le souligner, proche des nazis[98]. Severing fut remplacé par le premier bourgmestre d'Essen, Franz Bracht, qui fit procéder à l'arrestation des hauts responsables policiers par les détachements de l'armée : le préfet de police Albert Grzesinski[99], le sous-préfet Bernhard Weiss[100] et le responsable de la

---

[95] Joachim PETZOLD, *Franz von Papen. Ein deutsches Verhängnis*, *opus cit.*

[96] Heinrich WINKLER, *Weimar 1918-1933. Die Geschichte der ersten deutschen Demokratie, opus cit.*

[97]Ian KERSHAW, *Hitler, opus cit.*

[98] Charles MESSENGER, *The last Prussian. A biography of field marshal Gerd von Rundstedt*. Londres/Oxford, Brassey's 1991.

[99] Thomas ALBRECHT, *Für eine wehrhafte Demokratie. Albert Grzesinski und die preußische Politik in der Weimarer Republik,* Bonn, Dietz 1999.

[100] Michael BERGER, *Dr. Bernhard Weiß. Sein Kampf für Demokratie und Rechtsstaat in der Weimarer Republik* in *Eisernes Kreuz – Doppeladler – Davidstern. Juden in deutschen und österreichisch-ungarischen Armeen. Der Militärdienst jüdischer Soldaten durch zwei Jahrhunderte,* Trafo, Berlin 2010.

Schutzpolizei[101], Magnus Heimannsberg. Le SPD et les syndicats décidèrent de ne rien entreprendre sur le terrain et de placer tous leurs efforts dans un recours devant les tribunaux administratifs[102]. Papen s'expliqua lors du procès de Nuremberg en 1946 sur les motivations et la situation qui l'avaient poussé à agir ainsi : « Mon attitude se justifiait par la nécessité de rétablir des conditions normales. J'avais reçu des informations relatives à une action concertée du service de police du ministère de l'Intérieur de Prusse et des communistes. La situation du gouvernement du Reich à Berlin doit être tout particulièrement prise en considération en l'occurrence, car je ne sais si le Tribunal connaît son statut constitutionnel. Le gouvernement du Reich à Berlin ne constituait pas un secteur jouissant de l'exterritorialité, comme Washington, DC, par exemple. Ce secteur était sous l'autorité de la Police d'État de Prusse. Ma propre surveillance et celle du chancelier du Reich étaient confiées à la police prussienne. En conséquence, si entre le ministère de la Police de Prusse et les communistes, il y avait collusion, la sécurité du gouvernement du Reich était mise en danger. Cette action contre le gouvernement de Prusse n'était en rien politique et nullement dirigée contre le socialisme ; il n'y eut pas non plus de nazification de la police républicaine comme l'a déclaré ici le témoin Severing. Les fonctionnaires, à l'exception de quelques hauts placés, restèrent tous en place. La situation, telle que je l'envisageais, je l'ai dépeinte le 20 juillet au soir dans une allocution radiophonique au peuple allemand[103]. » Papen donna d'autres éléments importants dans ses mémoires : « Ce même soir, je m'adressai par la radio à la nation allemande. J'expliquai d'abord que la modification, par la coalition de Weimar, du règlement de la diète prussienne avait rendu impossible l'élection du Premier ministre. Les deux partis de droite, les nationalistes et les nazis, disposaient de 47 % des sièges. Mais le refus du Zentrum de former une nouvelle coalition avec eux condamnait d'avance toute tentative d'obtenir une majorité. De ce fait, les communistes, avec seulement

---

[101] La Schutzpolizei (police de protection) est chargée de la sécurité publique dans les villes allemandes. Elle dépend de chaque Landespolizei. Ses membres populairement surnommés Schupo (comme l'ensemble de cette police) travaillèrent en uniforme vert pâle à partir de 1976.

[102] Ludwig BIEWER, *Der Preußenschlag vom 20. Juli 1932, Ursachen, Ereignisse, Folgen und Wertung.* in *Blätter für deutsche Landesgeschichte.* Jg. 119, 1983.

[103] Minutes du procès de Nuremberg, tribunal militaire international, 155e journée, vendredi 14 juin 1946, audience de l'après-midi, interrogatoire de Franz von Papen par son avocat le Dr Egon Kubuschok.

16 % des sièges, étaient devenus les arbitres de la situation, ce qui leur permettait de jouer un rôle prédominant en Prusse. Or, ils se proposaient de renverser l'État et la Constitution, but qu'ils cherchaient à atteindre en détruisant les valeurs religieuses, morales et culturelles de notre peuple. Leurs groupes terroristes avaient introduit l'assassinat et la violence dans les mœurs politiques [c'était également le cas des nazis]. Je déclarai que tout gouvernement avait le devoir de tracer une séparation nette entre les ennemis de l'État et les forces luttant pour l'avenir de l'Allemagne. La menace d'une alliance socialo-communiste nous avait mis dans l'obligation de prendre des mesures radicales[104]. »

De son côté, Joseph Goebbels relata les faits dans son journal en mettant en avant le manque de combativité du SPD et de ses syndicats : « Hier : tout se déroule selon le plan prévu. Bracht, commissaire du Reich. Severing refuse. État d'urgence à Berlin et dans le Brandebourg. Severing limogé. Grzesinski, Weiss et Heimannsberg incarcérés, puis libérés après leur démission. Tout est tranquille à Berlin. Le SPD et les syndicats à plat ventre. Ils ne font rien non plus. La Reichswehr apporte son soutien. Bravo. Les porcs ne sont plus au pouvoir. Mais il faut maintenant s'imposer. […] Puis retour de Röhm et Göring. Nous dressons des listes de tout ce que doit faire Bracht[105] […]. »

Papen se trouva rattrapé le 25 octobre 1932 par la Haute Cour de Leipzig qui donna son jugement sur le « coup d'État de Prusse ». Le tribunal fit savoir que le décret du président du Reich du 20 juillet 1932 se trouvait être constitutionnel dans la mesure où il faisait du chancelier le commissaire du Reich dans le Land de Prusse et lui donnait autorité pour retirer provisoirement aux ministres prussiens leurs pouvoirs et s'en charger personnellement[106]. Mais, la Haute Cour fit savoir également textuellement que cette autorisation ne pouvait « aller jusqu'à retirer au ministère d'État prussien et à ses membres la représentation du Land de Prusse au Reichsrat[107] ou face au Landtag,

---

[104] Franz von PAPEN, *Mémoires*, *opus cit.*, p. 141-142.

[105] Joseph GOEBBELS, *Journal* 1923-1933, *opus cit.*, entrée du 21 juillet 1932, p.668-669.

[106] Manfred GÖRTEMACKER (dir), *Otto Braun. Ein preußischer Demokrat,* Berlin, be.bra verlag 2014.

[107] Le Reichsrat était un organe constitutionnel du Reich allemand assurant la représentation des Länder et leur concours au processus législatif et à l'administration du Reich pendant la République de Weimar, de 1919 à 1934. Créé par la constitution de 1919, il remplaça le Bundesrat qui remplissait la même fonction sous l'Empire et qui fut aboli le 14 février 1934 par le régime nazi.

au Staatsrat ou à d'autres pays[108] ». Cette décision aboutissait au fait que la Haute Cour n'annulait pas le « dualisme Prusse-Reich ». Elle donnait plutôt raison une fois au plaignant, une fois au défendeur. L'autorité publique se trouvait donc partagée entre le gouvernement Braun, chargé de régler les affaires courantes, et le gouvernement du commissaire installé par le Reich. Celui-ci exerçait en vérité le pouvoir exécutif, alors que le premier conservait le droit de représenter la Prusse au Reichsrat. Sans avoir recouvré un pouvoir réel, le gouvernement Braun pouvait se féliciter que l'on n'ait pu prouver qu'il avait failli à sa tâche. Le gouvernement du Reich continua cependant d'exercer le contrôle sur les pouvoirs du plus grand État d'Allemagne, et notamment sur sa police, néanmoins placé devant l'obligation de reconnaître qu'il avait agi de manière anticonstitutionnelle en destituant le gouvernement prussien lors des événements du 20 juillet 1932. Ce verdict touchait aussi le président Hindenburg, car cette mesure avait bien entendu été prise en son nom.

Sachant parfaitement que le gouvernement Papen ne tenait qu'à un fil ténu, ne possédait pas d'assise et qu'il ne bénéficiait d'absolument aucun soutien populaire ni d'aucune légitimité électorale, le président Hindenburg rencontra Hitler, Hermann Göring et Ernst Röhm afin d'obtenir de la part des nazis une sorte de « trêve », une mise en retrait de leurs actions contre le gouvernement Papen[109]. Hitler posa alors fermement ses conditions : dissolution du Reichstag, organisation de nouvelles élections, rétablissement de l'autorisation de la SA et de la SS, possibilité pour le NSDAP d'utiliser les émissions radio[110]. Papen céda aux désirs de Hitler sur certains points. Cependant, la levée de l'interdiction de la SA provoqua une vive recrudescence de l'agitation politique et sociale qui obligea Papen à décider de mettre en place la loi martiale à Berlin. Mais, Papen et son équipe perdaient chaque jour un peu plus de leur crédit ainsi que tout soutien. Papen obtint finalement la dissolution du Reichstag, mais les possibilités de succès électoral étaient faméliques. Devant ce constat, il reprit alors des négociations avec les émissaires de Hitler[111]. L'Allemagne était alors en proie à une importante lutte d'influence entre le patronat et les

[108] Manfred GÖRTEMACKER (dir), *Otto Braun. Ein preußischer Demokrat,opus cit.*
[109] Kurt PATZOLD, Manfred WESSBECKER, *Geschichte der NSDAP 1920-1945*, Papyrossa, Cologne 1998.
[110] Peter LONGERICH, *Deutschland 1918-1933. Die Weimarer Republik*, Fackelträger, Hanovre 1995.
[111] Joachim PETZOLD, *Franz von Papen. Ein deutsches Verhängnis*, *opus cit.*

syndicats. Comme le souligne l'historien Joseph Rovan : « Une grande partie du patronat, fidèle à l'esprit de la Ligue contre la social-démocratie d'avant la guerre de 1914, voulait en finir avec le pouvoir direct ou indirect des socialistes et surtout avec les syndicats qui, appuyés sur les députés sociaux-démocrates, “se mêlaient de tout dans l'entreprise et dressaient les ouvriers contre leurs patrons”. Les industriels voulaient redevenir comme avant 1914 et, mieux encore, maîtres dans leur propre maison. Tous ces mécontents comptaient sur le maréchal [Hindenburg] et ses ministres pour sauver l'essentiel et rétablir un État fort. Hitler leur promettait de les débarrasser de la vermine syndicale. Mais Papen n'avait pas été nommé pour mener la guerre contre le syndicalisme ni pour livrer l'État à Hitler. Pour profiter des sympathies que son action (y compris le succès dans la négociation avec les Alliés sur les réparations où il engrangea le succès préparé par Brüning) et une première lente réduction du chômage pouvaient lui procurer, il obtint alors du maréchal un second décret de dissolution[112]. » Mais si Hindenburg éprouvait de la sympathie et du respect pour Papen, il ne crut cependant jamais véritablement à sa réussite à la tête du pays[113]. Ainsi, il déclara à Brüning lors d'une entrevue : « Nous avons enfin un gouvernement tel que je l'ai toujours souhaité ; mais j'ai une fois de plus été trompé. Ce chancelier [Papen] n'y arrivera jamais [...] Vous auriez dû rester, et tout serait resté dans l'ordre[114]. »

Au printemps 1932, Hitler rencontra le chef d'état-major Walter von Reichenau[115] qui servit durant la Première Guerre mondiale et se

---

[112] Joseph ROVAN, *Histoire de l'Allemagne : des origines à nos jours*, Paris, Seuil 1994.

[113] Wolfram PYTA, *Hindenburg. Herrschaft zwischen Hohenzollern und Hitler, opus cit.*

[114] Cité in *Informationen zur polistischen Bildung*, 109/110, p.38 : « *Wir haben jetzt ein Kabinett, wie ich es immer gerne gehabt hätte, aber ich bin wieder betrogen worden. Dieser Kanzler wird es niemals schaffen [...] Sie hätten bleiben sollen, und alles würde in Ordnung gewesen sein.* »

[115] Fils d'un général prussien, Walther von Reichenau s'engagea dans l'armée en 1902. En 1904, il devint officier dans le premier régiment d'artillerie. Pendant la Première Guerre mondiale, il servit sur le front ouest, obtint la Croix de fer et devint capitaine en 1918. Après la guerre, Reichenau fut officier d'état-major. À partir de 1931, il devint chef d'état-major au service de l'inspecteur des transmissions dans la Reichswehr et, plus tard, il servit en Prusse-Orientale avec le général Werner von Blomberg. Il adhéra au NSDAP en 1932. Lorsque Hitler arriva au pouvoir, Blomberg devint ministre de la Guerre et Reichenau fut placé à la tête du bureau ministériel,

trouva ensuite dans un corps franc (*Freikorps*) qui lutta en Silésie contre les Polonais. Les deux hommes conversèrent longuement et chacun trouva dans les paroles de l'autre des motifs d'intérêt[116]. Ainsi, Hitler se rendit compte que Reichenau ne repoussait pas son approche radicale, et que celui-ci trouvait avec le NSDAP les moyens de promouvoir un renouveau révolutionnaire vers lequel lui-même tendait[117]. La bonne entente entre les deux hommes ne se démentit pas par la suite et Reichenau œuvra largement à l'endoctrinement nazi au sein de la Reichswehr[118].

La campagne électorale de l'été 1932 fut la plus violente que l'Allemagne eût jamais vue. Toutes ces violences émanaient de la SA ou des groupes communistes[119]. Pendant la première quinzaine de juin, on nota trois morts en Prusse (deux nazis et un communiste) suite à des affrontements[120]. Pendant la seconde quinzaine de juin, soit après le retour officiel de la SA sur la scène politique, on totalisa dix-sept morts[121] (douze nazis et cinq communistes). Le mois de juillet fut encore plus terrible avec quatre-vingt-six morts dans les rues, presque équitablement répartis dans chaque camp, sans compter les centaines de blessés[122]. L'un des premiers points d'orgue de la lutte pour la domination dans la rue et pour l'essor de la propagande entre communistes et nazis fut la mort du SA Horst Wessel[123]. Wessel était un

---

agissant comme officier de liaison entre l'Armée et le parti nazi. Il joua un rôle de premier plan en agissant auprès de certains dirigeants nazis, dont Göring et Himmler, afin d'écarter du pouvoir Röhm et la SA pour que l'Armée appuie le régime nazi. En 1935, Reichenau fut promu au grade de Général et nommé commandant du *Wehrkreiss* VII à Munich.

116 Klaus-Jürgen MÜLLER, *Das Heer und Hitler Armee und nationalsozialistische Regime 1933-1940*, DVA, Stuttgart 1988, ainsi que du même auteur *Armee, Politik und Gesellschaft in Deutschland 1933–1945. Studien zum Verhältnis von Armee und NS-System.* 4. Auflage. Schöningh, Paderborn 1986.

117 *Ibid.*

118 *Ibid.*

119 Heinrich WINKLER, *Histoire de l'Allemagne, XIXe-XXe siècle : le long chemin vers l'Occident, opus cit.*, p.428.

120 Karl Dietrich BRACHER, Manfred FUNKE, Hans JACOBSEN, *Die Weimarer Republik 1918-1933. Politik. Wirtschaft. Gelleschaft*, Düsseldorf, Droste 1998.

121 *Ibid.*

122 *Ibid.*

123 Daniel SIEMENS, *Horst Wessel. Tod und Verklärung eines Nationalsozialisten*, Munich, Siedler, 2009 ainsi que Thomas OERTEL, *Horst Wessel – Untersuchung einer Legende*, Cologne, 1988.

jeune militant nazi berlinois de la fin des années 1920, fils de pasteur qui échoua lors de ses études universitaires et fut victime de déclassement. Il devint chauffeur et ouvrier, rejoignit le NSDAP en 1926 et s'engagea dans la SA dans le quartier de Bötzow[124]. Il se fit très rapidement remarquer pour son ardeur et sa motivation, notamment par Goebbels qu'il rencontra à plusieurs reprises[125]. En 1928, Wessel fut affecté à l'équipe de la SA de l'Alexanderplatz et, en 1929, il prit la direction de la SA-Sturm 5 qui agissait dans le quartier ouvrier de Friedrichshain[126]. Cette équipe se fit connaître par sa brutalité, mais également pour son prosélytisme parmi les ouvriers, notamment communistes[127]. Wessel fit parler de lui sans tarder autour de l'Alexanderplatz, le quartier de la prostitution et du crime qui était aussi un quartier prolétaire dominé par les communistes. Pour s'implanter, il n'hésita pas à hanter les tavernes et les bars louches pour faire de la propagande, recruter des voyous ou retourner des militants du KPD[128]. Il devint en peu de temps une figure détestée par les militants communistes[129]. Ce fut dans l'un de ces bars qu'il s'éprit d'une prostituée[130]. Pour vivre cette aventure, il quitta le domicile parental pour sous-louer une chambre chez une certaine Elisabeth Salm[131]. Quand Wessel décida que son amie vivrait dorénavant avec lui, les relations avec sa logeuse se tendirent en raison de différends concernant le loyer[132]. Au début de 1930, Elisabeth Salm voulait expulser Wessel de l'appartement mais elle ne savait pas comment y parvenir. Elle décida alors de se tourner vers les anciens camarades de son défunt mari, lui-même membre du KPD et du *Roter Frontkämpferbund*[133]. Les

---

[124] Aujourd'hui situé dans le district de Pankow-Prenzlauer Berg.
[125] Daniel SIEMENS, *Horst Wessel. Tod und Verklärung eines Nationalsozialisten, opus cit.*
[126] Peter LONGERICH, *Die braunen Bataillone. Geschichte der SA,* Munich, Beck 1989.
[127] Daniel SIEMENS, *Horst Wessel. Tod und Verklärung eines Nationalsozialisten, opus cit.*
[128] Yves MÜLLER, Reiner ZILKENAT (dir), *Bürgerkriegsarmee. Forschungen zur nationalsozialistischen Sturmabteilung (SA),* Francfort/Main, Lang 2013.
[129] Daniel SIEMENS, *Horst Wessel. Tod und Verklärung eines Nationalsozialisten, opus cit.*
[130] *Ibid.*
[131] *Ibid.*
[132] *Ibid.*
[133] Pour le *Rot Frontkämpferbund* voir Eve ROSENHAFT, *Beating the Fascists?: The German Communists and Political Violence 1929-1933*, Cambridge University Press 1983, ainsi que Pierre AYCOBERRY, *The Social History of the Third Reich, 1933–*

militants qu'elle rencontra sursautèrent au moment où elle donna le nom de son locataire indésirable. Wessel possédait alors une solide réputation de nazi accrocheur et persuasif. L'occasion de lui donner une leçon semblait idéale. Le 14 janvier 1930, un groupe de militants et sympathisants communistes se rendit donc à l'appartement d'Elisabeth Salm. Craignant que Wessel ne fût armé, ils avaient demandé à deux militants, qui étaient également connus pour être des membres du Milieu, Erwin Rückert et Albrecht Höhler, de les accompagner avec des armes[134]. Le groupe frappa à la porte de la chambre de Wessel qui s'y trouvait avec sa compagne et une amie. Attendant la visite d'un camarade de la SA, Wessel ouvrit sans prendre garde. Höhler lui tira alors une balle en plein visage[135]. Le jeune SA grièvement blessé fut transporté à l'hôpital où il mourut cinq semaines plus tard le 23 février[136]. Le KPD se retrouva alors dans une position difficile car il ne pouvait assumer ce meurtre qui avait peu à voir avec de la légitime défense. La situation était d'autant plus délicate que si la violence politique dans les lieux publics était devenue chose banale et acceptée, l'attaque contre Wessel était la première du genre à se dérouler dans un lieu privé. Cela apparaissait d'autant plus intolérable à la population que souvent, communistes et nazis étaient voisins de palier et qu'une trêve tacite sanctuarisait les habitations. Le désavouer publiquement signifiait *a contrario* que le parti ne contrôlait pas les initiatives militantes de sa base. La direction communiste berlinoise réunit le commando qui avait réalisé l'attaque pour le prévenir qu'elle ferait abattre celui qui voudrait parler de l'affaire[137]. La presse communiste affirma qu'il ne s'agissait que d'un règlement de comptes entre souteneurs et fit pression sur Höhler pour dire la même chose[138]. La mort de Horst Wessel, dont les funérailles furent l'occasion d'une formidable démonstration nazie organisée par Goebbels, n'entrava pas le développement du national-socialisme dans la capitale du Reich[139]. Elle attira au contraire de nouveaux adhérents pour qui Wessel

---

1945. New York, New Press 1998.

[134] Daniel SIEMENS, *Horst Wessel. Tod und Verklärung eines Nationalsozialisten, opus cit.*

[135] *Ibid.*

[136] Yves MÜLLER, Reiner ZILKENAT (dir), *Bürgerkriegsarmee. Forschungen zur nationalsozialistischen Sturmabteilung (SA), opus cit.*

[137] *Ibid.*

[138] Daniel SIEMENS, *Horst Wessel. Tod und Verklärung eines Nationalsozialisten, opus cit.*

[139] Peter LONGERICH, *Die braunen Bataillone. Geschichte der SA, opus cit.*

apparaissait comme un martyr. Le nombre de tavernes berlinoises contrôlées par les nazis, qui étaient autant de bases de départ que l'enjeu d'une lutte féroce avec les communistes, quintupla entre 1928 et 1931[140]. La SA dirigée par Walter Stennes comptait près de trois-mille membres dans la capitale. Le 10 septembre 1930, cent-mille personnes se trouvèrent réunies à l'extérieur du palais des sports de Berlin dans l'espoir d'entendre le discours prononcé par Hitler[141]. Quatre jours plus tard, le NSDAP, avec 18 % des voix aux élections législatives, devint le troisième parti de la capitale après les communistes et les sociaux-démocrates. Il rassemblait surtout dix fois plus de voix qu'en 1928. Le procès de l'assassinat de Wessel débuta le 23 septembre 1930 devant la cour pénale du district de Moabit à Berlin. Il connut dès son ouverture un fort engouement populaire et journalistique. Le grand nombre de prévenus, la présence de femmes, la forte politisation de l'affaire, tous ces éléments contribuèrent à cet intérêt public. Compte tenu des troubles attendus en provenance des communistes, le tribunal fit l'objet de mesures de protection particulières de la part de la police. Le nombre d'accusés s'élevait à dix-sept personnes : Albrecht Höhler, Erwin Rückert et Joseph Kandulski comparurent pour homicide volontaire. Tous trois étaient en détention provisoire. Elisabeth Salm, Max Jambrowski, Willi Jambrowski, Walter Jambrowski, Else Cohn et Walter Junek, à savoir tous ceux qui se trouvaient dans l'appartement ou devant le bâtiment au moment des faits comparurent pour complicité d'homicide volontaire. Les huit autres prévenus comparurent pour complicité dans le cadre de l'aide fournie à Höhler après les faits. Tous faisaient partie de la *Rote Hilfe* (Aide rouge). Les accusés furent défendus par cinq avocats mandatés par le KPD qui paya leurs honoraires[142]. Les débats durèrent cinq jours oscillant entre l'argumentaire sur le crime politique et la théorie du règlement de comptes par jalousie. Ils se conclurent par les condamnations suivantes : Höhler et Rückert furent condamnés à six ans de pénitencier plus un mois pour port d'arme illégal. Rückert fut condamné à la même peine en raison de son casier judiciaire plus lourd que celui de Höhler. Kandulski n'ayant pas d'antécédents judiciaires obtint la peine minimale pour complicité de meurtre soit cinq ans de

---

[140] *Ibid.*

[141] Yves MÜLLER, Reiner ZILKENAT (dir), *Bürgerkriegsarmee. Forschungen zur nationalsozialistischen Sturmabteilung (SA), opus cit.*

[142] Daniel SIEMENS, *Horst Wessel. Tod und Verklärung eines Nationalsozialisten, opus cit.*

pénitencier, et un mois supplémentaire pour le vol du revolver de Wessel. Max Jambrowski considéré comme le meneur de l'expédition fut condamné à deux ans de prison. Walter et Willi Jambrowski de même qu'Elisabeth Salm écopèrent d'un an et six mois de prison, Walter Junek et Else Cohn furent condamnés à un an de prison, Hermann Kupferstein, Theodor Will, Wilhelm Sander et Viktor Drewnitzki furent condamnés à quatre mois de prison. L'une des phrases figurant à la fin du verdict est essentielle et stipule qu'« il est attesté pour tous les prévenus condamnés, qu'ils ont agi par conviction politique », évacuant ainsi définitivement le mobile de la jalousie et de la rixe entre proxénètes[143]. Les communistes ne tirèrent aucun avantage de la mort de Wessel puisque le KPD refusa d'endosser sa responsabilité et de faire des tueurs des héros antifascistes. Les autorités prirent au contraire prétexte de la mort de Wessel pour redoubler la répression contre les organisations communistes dont le *Roter Frontkämpferbund* qui continua à fonctionner de manière clandestine comme une élite militaire[144]. De nouvelles formations se développèrent également pour encadrer les militants, comme l'*Antifaschistische Junge Garde* fondée en juillet 1929 mais qui se trouva rapidement décimée par la répression policière[145]. À partir d'avril 1931, les communistes lancèrent une campagne contre le réseau nazi des tavernes qui s'infiltrait de plus en plus profondément dans les quartiers ouvriers[146]. Les patrons de ces tavernes avaient toujours mis leurs établissements à la disposition des réunions communistes ou sociales-démocrates. Les auditoires étaient autant de consommateurs, mais avec la crise les clients se faisaient plus rares et ceux qui se rendaient aux réunions politiques dépensaient moins. Des patrons répondirent donc favorablement aux sollicitations des nazis qui, en échange d'une clientèle régulière et solvable car appointée par le parti, demandèrent à utiliser les tavernes comme des casernes pour les SA, des bases brunes en territoire rouge[147]. Pour les communistes, la fermeture de ces

---

[143] Heinz KNOBLOCH. *Der arme Epstein. Wie der Tod an Horst Wessel kam*, éd. Christoph Links, Linksdruck GmbH 1993.

[144] Eve ROSENHAFT, *Beating the Fascists?: The German Communists and Political Violence 1929-1933*, *opus cit.*

[145] Hermann WEBER, *Die Wandlung des deutschen Kommunismus - die Stalinisierung der KPD in der Weimarer Republik*, 2 vol., Francfort/Main 1969.

[146] Klaus KINNER, *Der deutsche Kommunismus. Selbstverständnis und Realität*. vol 1: *Die Weimarer Zeit*. Dietz, Berlin 1999.

[147] Peter LONGERICH, *Die braunen Bataillone. Geschichte der SA*, *opus cit.*

tavernes devint un objectif tactique essentiel.

Le 9 septembre à Kreuzberg, une attaque coûta la vie à une sentinelle nazie, mais ce fut au mois d'octobre que les communistes lancèrent une vaste offensive sur le quartier de Neukölln, contre les tavernes tenues par les nazis[148]. Ces attaques étaient bien préparées et perpétrées par de petits groupes qui agissaient comme des commandos. Elles se déroulaient selon un schéma que résume bien l'action organisée le 15 octobre 1931 contre une taverne de la Richardstrasse[149]. Les militants des organisations antifascistes dirigées par les communistes convoquèrent une manifestation de masse à environ un kilomètre de la taverne dans le but de détourner l'attention de la police[150]. Durant ce temps, un petit groupe armé placé sous l'autorité d'un dirigeant local du KPD s'avança vers la taverne. Dans la rue, entre trente et cinquante personnes s'approchèrent de l'objectif et crièrent : « À bas le fascisme » et entonnèrent l'Internationale[151]. Quand le patron de la taverne et les SA sortirent dans la rue, le cortège s'arrêta et un coup de feu fut tiré[152]. Quatre à cinq hommes tirèrent alors une vingtaine de coups de feu tandis que la foule de manifestants se dispersait et que les tireurs prenaient la fuite[153]. L'action fut apparemment un succès puisque le patron fut tué et la taverne fermée. En octobre et novembre 1931, ces attaques coûtèrent la vie à quatorze nazis contre six communistes, ce dont se félicitèrent les dirigeants communistes berlinois[154]. Mais, trois mois après sa fermeture, la taverne de la Richardstrasse ouvrit à nouveau ses portes et la police arrêta vingt-deux personnes impliquées dans son attaque. Les manifestations du KPD contre ces tavernes furent aussi de plus en plus soigneusement visées par les SA et la police[155]. Les communistes étaient alors en infériorité numérique tandis que les tavernes nazies prospéraient. Les actions des combattants rouges ne

---

148 Hermann WEBER, *Die Wandlung des deutschen Kommunismus - die Stalinisierung der KPD in der Weimarer Republik, opus cit.*

149 Klaus-Michael MALLMANN, *Kommunisten in der Weimarer Republik. Sozialgeschichte einer revolutionären Bewegung*. Wissenschaftliche Buchgesellschaft, Darmstadt 1996.

150 Allan MERSON, *Kommunistischer Widerstand in Nazideutschland. Vorw. Peter Gingold*. Pahl-Rugenstein Verlag, Bonn 1999.

151 *Ibid.*

152 *Ibid.*

153 *Ibid.*

154 Hermann WEBER, *Die Wandlung des deutschen Kommunismus - die Stalinisierung der KPD in der Weimarer Republik, opus cit.*

155 Peter LONGERICH, *Die braunen Bataillone. Geschichte der SA, opus cit.*

firent pas non plus l'unanimité au sein de la direction du KPD et leur utilité ainsi que les méthodes de lutte employées firent l'objet de vifs débats[156]. À l'été 1931, la situation du KPD était des plus précaires puisqu'à la limite de la légalité, surtout après le meurtre de deux responsables de la police berlinoise dans le cadre de la campagne pour le référendum demandant la dissolution du gouvernement prussien social-démocrate[157]. La police porta alors des coups de plus en plus rudes au KPD et l'activisme antinazi ne pouvait qu'inciter un peu plus le gouvernement à jeter les communistes dans une illégalité que refusait la direction. À la suite de rencontres à Moscou entre les dirigeants communistes allemands et ceux du Komintern, le KPD adopta la résolution du 30 novembre 1931 qui faisait la distinction dans la lutte contre les nazis entre les actions de masse encouragées et la terreur individuelle qui était fortement condamnée[158]. La direction craignait en effet que la spontanéité qu'entraînait cette dernière ne finisse par nuire à la discipline militante. La résolution provoqua une rupture au sein du mouvement communiste ainsi qu'au sein de la direction[159]. Heinz Neumann[160] y était hostile. Pour lui, les actions des groupes locaux n'avaient pas besoin de recevoir l'accord des organes centraux pour être efficaces. Un système de commandement trop centralisé ne pouvait en outre que freiner les actions défensives dans les quartiers ouvriers contre les attaques nazies. Neumann fut néanmoins mis en minorité puis évincé de la direction[161]. Mais plus grave fut la rupture qui se produisit avec les militants de base qui affrontaient les SA dans la rue et qui accusèrent de lâcheté et de trahison les dirigeants[162]. Surtout, la résolution ne mit pas fin aux actes d'indiscipline et les groupes de combat locaux posèrent dorénavant un problème politique délicat. Pris dans l'engrenage de la logique œil pour œil contre les nazis, ils développèrent des comportements proches de ceux des gangs, basés sur la défense d'un territoire par la violence[163]. Le KPD en vint donc,

[156] Hermann WEBER, *Die Wandlung des deutschen Kommunismus - die Stalinisierung der KPD in der Weimarer Republik, opus cit.*
[157] *Ibid.*
[158] Bert HOPPE, *In Stalins Gefolgschaft. Moskau und die KPD 1928–1933.* Oldenbourg, Munich 2007.
[159] *Ibid.*
[160] Journaliste, mari de Margarete Buber-Neumann.
[161] Hermann WEBER, *Die Wandlung des deutschen Kommunismus - die Stalinisierung der KPD in der Weimarer Republik, opus cit.*
[162] *Ibid.*
[163] *Ibid.*

contrairement au marxisme orthodoxe, à exercer son hégémonie non sur les usines, mais sur les marges des quartiers populaires. À côté du militant modèle (le jeune ouvrier politisé), gravitait autour des organisations communistes un lumpenprolétariat[164] qui flirtait avec la délinquance. Des bandes de jeunes existaient depuis longtemps dans les grandes villes allemandes, mais, avec la crise de 1929, ils tendaient à se politiser et rejoignirent en particulier des formations paramilitaires, nazies ou communistes[165]. Ce mélange explosif qui sortait de cette rencontre fut condamné par la direction communiste d'autant qu'elle cherchait alors à séduire les ouvriers acquis au nazisme[166]. Les dirigeants communistes étaient en effet conscients que les nazis avaient brisé le monopole de la contestation ouvrière qu'ils possédaient jusqu'alors. Là où la violence ne donnait pas de résultats probants, le KPD changea donc de tactique et Berlin devint un champ d'application privilégié. Le 1er novembre 1931, la direction communiste de la région de Berlin-Brandebourg salua les « travailleurs nationaux-socialistes » et les partisans ouvriers des nazis qui combattaient honnêtement le capitalisme[167]. Les communistes reconnaissaient ainsi que les nazis avaient réussi à s'implanter dans la classe ouvrière berlinoise, contestant leur monopole sur ce terrain. La SA ouvrit en effet des soupes populaires et à Noël les militants nazis au chômage étaient invités à passer les fêtes chez les militants qui possédaient un emploi[168]. En 1932, le NSDAP fit une percée décisive à Berlin puisqu'il comptait près de quarante-mille membres[169]. En mars, il avait réussi à réunir quatre-vingt-mille personnes dans le parc du Lustgarten[170]. Le 4 avril, deux-cent-mille personnes avaient assisté à un meeting en plein air de Hitler[171]. L'influence des nazis progressait, y compris dans les entreprises. En novembre 1932, les nazis organisèrent avec les communistes la fameuse grève contre la réduction des salaires des

---

[164] Le lumpenprolétariat (« prolétariat en haillons ») est un terme marxiste, parfois traduit « sous-prolétariat », désignant les « éléments déclassés, voyous, mendiants, voleurs, etc. » du prolétariat.

[165] Peter LONGERICH, *Die braunen Bataillone. Geschichte der SA, Munich, opus cit.*

[166] Hermann WEBER, *Die Wandlung des deutschen Kommunismus - die Stalinisierung der KPD in der Weimarer Republik, opus cit.*

[167] *Ibid.*

[168] Peter LONGERICH, *Die braunen Bataillone. Geschichte der SA, opus cit.*

[169] *Ibid.*

[170] Martin BROSZAT, *Die Machtergreifung. Der Aufstieg der NSDAP und die Zerstörung der Weimarer Republik,* Munich, Deutscher Taschenbuch-Verlag 1994.

[171] *Ibid.*

employés des transports publics berlinois[172]. Des piquets de grève communs virent même le jour[173]. Cette action renforça l'implantation nazie dans les quartiers ouvriers de la capitale[174]. Cette année-là, la SA sous les ordres de Heinrich von Helldorf regroupait à Berlin plus de seize-mille membres[175]. Après une interdiction d'avril à juillet 1932, la SA, sûre d'elle-même, installa à nouveau la violence dans les rues, contribuant à l'aggravation de la crise politique que vécut l'Allemagne à l'hiver 1932-1933. Malgré les détours et tournants de la ligne officielle, largement dictée par Moscou, les militants communistes continuèrent pour certains à vouloir tenir, par la force, la rue[176]. Ils organisèrent pour cela des formations militaires de taille variable. Les *Rote Betriebswehren* avaient pour domaine privilégié les entreprises tandis que la rue était celui du *Kampfbund gegen der Faschismus*[177] où se retrouvaient d'ailleurs des anciens du RFB. Cette organisation ayant connu son apogée au début de l'année 1931 déclina par la suite et le flambeau fut repris par l'*Antifaschistische Aktion*[178] qui vit le jour à Berlin le 12 juillet 1932. Ces groupes poursuivirent le combat jusqu'en janvier 1933. Quand les SA fêtèrent l'arrivée de Hitler à la chancellerie par des défilés aux flambeaux, les groupes communistes menèrent la résistance notamment dans les quartiers ouvriers. Une fusillade à Charlottenburg causa par exemple la mort d'un policier et d'un SA[179]. Mais ce n'était là que des actes isolés. Le degré de violence de la persécution nazie, les arrestations arbitraires et l'ouverture des camps de concentration entraînèrent rapidement la disparition des résidus des groupes de combat communistes.

Les nouvelles élections du 31 juillet 1932 permirent au NSDAP de progresser significativement et de récolter 37,3 % des voix. Le parti hitlérien pouvait maintenant briguer très clairement le pouvoir. Le

---

[172] Klaus Rainer ROHL, *Nähe zum Gegner. Kommunisten und Nationalsozialisten im Berliner BVG-Streik von 1932,* Francfort/Main, Campus Verlag 1994.
[173] *Ibid.*
[174] *Ibid.*
[175] Peter LONGERICH, *Die braunen Bataillone. Geschichte der SA, opus cit.*
[176] Hermann WEBER, *Die Wandlung des deutschen Kommunismus - die Stalinisierung der KPD in der Weimarer Republik, opus cit.*
[177] Friedbert MÜHLDORFER, *Kampfbund gegen den Faschismus, 1930–1933.*, in *Historisches Lexikon Bayerns.*
[178] Eve ROSENHAFT, *Beating the Fascists? The German Communists and Political Violence 1929-1933, opus cit.*
[179] Heinrich WINKLER, *Weimar 1918-1933. Die Geschichte der ersten deutschen Demokratie*, *opus cit.*

6 août, après de multiples discussions avec Goebbels, Hitler rencontra en secret le général von Schleicher à Fürstenberg, au nord de Berlin[180]. Hitler demanda la chancellerie pour lui-même, le ministère de l'Intérieur pour Wilhelm Frick, l'Air pour Hermann Göring, le ministère de l'Éducation du peuple pour Joseph Goebbels et le Travail pour Gregor Strasser[181]. Mais, au bout du compte, Hindenburg rejeta en bloc les vœux de Hitler, toujours peu disposé à confier les rênes de l'Allemagne à un homme pour lequel, à ce moment-là, il n'éprouvait aucune confiance et dont il doutait de la capacité à gouverner[182]. Le 13 août, Hitler rencontra à nouveau Schleicher en compagnie de Röhm et de Frick[183]. Ensuite, il rencontra Papen qui lui apprit que le président Hindenburg n'envisageait toujours pas de le nommer chancelier mais Hitler n'imaginait pas à ce moment-là que la situation était figée dans l'esprit de Hindenburg[184]. Alors, Papen, constamment à l'affût de nouvelles solutions pour rebondir, proposa à Hitler, sans y être formellement autorisé, le poste de vice-chancelier[185]. Papen alla même plus loin en annonçant à Hitler qu'il se désisterait en sa faveur après une période de collaboration fructueuse et lorsque Hindenburg aurait confiance en lui[186]. Hitler ne voulut rien entendre et repoussa l'offre de Papen. Pour lui, c'était la chancellerie ou rien. Hitler rencontra Hindenburg dans l'après-midi en présence de Papen, Otto Meissner, Röhm et Frick[187]. Cette rencontre se solda par un échec retentissant pour Hitler, certainement le plus terrible de sa carrière politique avec l'échec du putsch de la brasserie à Munich en 1923. D'après les notes de Meissner, Hindenburg prononça un « non » clair et résolu au moment où Hitler demanda la chancellerie[188] : « devant Dieu, devant sa conscience et sa patrie, il ne pouvait prendre la responsabilité de confier l'intégralité du pouvoir gouvernemental à un seul parti et moins encore à un parti qui s'oppose à tous ceux qui ne pensent comme lui. S'y

---

[180] Ian KERSHAW, *Hitler, opus cit.*

[181] Joseph GOEBBELS, *Journal 1923-1933, opus cit.*, entrée du 7 août 1932.

[182] Ian KERSHAW, *Hitler, opus cit.*

[183] Eberhard KOLB (dir), *Die Weimarer Republik, opus cit.*

[184] Heinrich WINKLER, *Histoire de l'Allemagne, XIXe-XXe siècle : le long chemin vers l'Occident, opus cit.*, p.429.

[185] Joachim PETZOLD, *Franz von Papen. Ein deutsches Verhängnis*, *opus cit.*

[186] Heinrich WINKLER, *Histoire de l'Allemagne, XIXe-XXe siècle : le long chemin vers l'Occident, opus cit.*, p.429.

[187] Otto MEISSNER, *Staatssekretär unter Ebert, Hindenburg, Hitler : Der Schicksalsweg des deutschen Volkes von 1918 - 1945, wie ich ihn erlebte, opus cit.*

[188] *Ibid.*

ajoutait toute une série d'autres raisons qu'il ne souhaitait pas exposer dans le détail, telles que le risque d'une aggravation des troubles, l'effet sur l'étranger, etc.[189]. » Un communiqué officiel très bref fut publié pour annoncer que le président Hindenburg avait refusé de confier le poste de chancelier à Hitler car « en toute conscience et en raison de ses devoirs à l'égard de la patrie, il ne pouvait prendre la responsabilité de remettre exclusivement au mouvement national-socialiste l'intégralité du pouvoir de l'État, un pouvoir que celui-ci avait l'intention d'employer avec partialité [190] ». Selon des documents officiels, Meissner déclara : « Hindenburg a déclaré qu'en raison de la situation tendue, il ne pouvait, en toute conscience, transmettre le pouvoir à un nouveau parti tel que le Parti national-socialiste qui n'avait pas la majorité et qui était intolérant, bruyant et indiscipliné[191]. » Hitler sortit furieux de son entrevue avec Hindenburg et il s'en prit vivement à Papen et à Meissner pour ne pas l'avoir averti que la religion de celui-ci était faite[192]. Il annonça aux deux hommes « qu'en tout état de cause l'avenir conduirait inéluctablement à la solution qu'il avait proposée, ou à la chute du président du Reich. Le gouvernement se trouverait en fâcheuse posture : l'opposition serait très vive et il n'était pas responsable de ce qui pourrait advenir[193] ». Comme aucune majorité cohérente ne se dégageait du scrutin de l'été, Papen demanda à Hindenburg une nouvelle dissolution, mais des événements particuliers vinrent alors troubler le jeu. Le gouvernement Papen fut en effet mis en minorité au Reichstag le 12 septembre 1932 par 513 voix contre seulement 32 voix en sa faveur, avant même que la dissolution ne fût présentée. Ce vote possède une histoire particulière sur laquelle il convient de revenir afin d'éclairer sur les méthodes des nazis. Papen revint sur ces événements lors du procès de Nuremberg en 1946 : « Le nouveau Reichstag se réunit conformément à la Constitution. Mon Gouvernement, comme je l'ai expliqué, ne pouvait pas obtenir de majorité, et un autre Gouvernement sans Hitler était impossible. C'est

---

[189] *Ibid.*

[190] Wolfram PYTA, *Hindenburg. Herrschaft zwischen Hohenzollern und Hitler, opus cit.*

[191] Procès de Nuremberg, Livre de documents n°11 (a), p.43, document GB-495, n° PS-3309.

[192] Otto MEISSNER, *Staatssekretär unter Ebert, Hindenburg, Hitler : Der Schicksalsweg des deutschen Volkes von 1918 - 1945, wie ich ihn erlebte, opus cit.*

[193] Karl-Dietrich BRACHER, *Die Aufösung der Weimarer Republik: eine Studie zum Problem des Machtverfalls in der Demokratie,* Düsseldorf, Droste 1984.

pourquoi mes espoirs étaient bien justifiés de voir le Reichstag accorder à mon Gouvernement un délai pendant lequel il pourrait faire ses preuves, d'autant plus que j'avais présenté au Parlement un programme économique d'envergure décisif. Mais c'est alors que se place un épisode inattendu, inouï, une sorte de prostitution du Parlement allemand. Monsieur Göring, président du Reichstag allemand, donna la parole à la députée communiste Clara Zetkin qui attaqua à fond mon Gouvernement. Lorsque, en ma qualité de chancelier responsable de ce Gouvernement, je demandai la parole pour rendre compte de mes intentions, on me la refusa et le président du Reichstag fit procéder au vote d'une motion de défiance, déposée par les communistes, les socialistes et les nationaux-socialistes. Cette motion présentée de concert par les trois partis cités, montrait bien à la vérité ce qui devait arriver à l'Allemagne toutes les fois que ces trois partis gouverneraient ensemble, et montrait aussi à quel point il était nécessaire que j'essaie de ne pas repousser les nationaux-socialistes vers la gauche, mais de les attirer dans mon Gouvernement. J'étais forcé de poser sur la table l'ordre de dissolution du Reichstag et de m'éloigner[194]. » Papen revint sur les faits dans ses mémoires en soulignant le rôle joué par Göring : « La tradition parlementaire imposait à Göring de donner d'abord la parole au chef du gouvernement, puis, de mettre aux voix nos plans et propositions. Ce jour-là, il abandonna même cette règle élémentaire de la procédure démocratique[195]. »

Papen prononça également à cette occasion un important discours à la radio dont voici quelques extraits marquants : « Outre la reconstruction de l'économie, la tâche principale du gouvernement du Reich sera la transformation de la vie de l'État. Il s'agit aujourd'hui de se rendre compte clairement que nous nous trouvons au tournant spirituel d'une époque, au tournant spirituel du siècle libéral, et il s'agit de comprendre aussi clairement que c'est le devoir suprême de la politique d'État d'appeler la nation à en tirer les conséquences qui en découlent pour la reformation de notre vie d'État. Comme dernier des États européens, l'Allemagne, après l'effondrement de l'année 1918, a édifié sa vie d'État sur les doctrines d'une démocratie purement formelle. Quatorze ans ont passé depuis [...] et nous ont montré que l'édifice d'urgence de Weimar comporte des défauts de construction,

---

[194] Minutes du procès de Nuremberg, tribunal militaire international, 155e journée, vendredi 14 juin 1946, audience de l'après-midi, interrogatoire de Franz von Papen par son avocat le Dr Egon Kubuschok.

[195] Franz von PAPEN, *Mémoires, opus cit.*, p.152.

qui constituent des menaces vitales pour la structure étatique du Reich et des Länder dans des points décisifs. […] La sortie de la décomposition actuelle de notre vie d'État et le passage à une situation saine porteuse d'avenir, ne peuvent nous être apportés que par l'établissement d'une conduite nationale de l'État véritablement impartiale, une conduite de l'État qui s'élève au-dessus de tout règne de partis comme havre intouchable de la justice, qui soit appuyée sur la puissance et l'autorité du président du Reich élu par le peuple. […] Des méthodes moscovites n'ont pas de place en Allemagne. Une nation qui se trouve engagée dans la lutte pour son existence, doit retrouver la voie vers la loi de la raison politique, qui ne peut voir sa base que dans le propre bien-être national ; et si les messieurs du NSDAP pensent devoir ressortir les accessoires déjà quelque peu poussiéreux de la lutte de classes socialiste d'années du passé, [...] si, en somme, ils pensent devoir retourner aux méthodes de la lutte de classes qu'ils abhorrent pourtant, alors je crains qu'ils vivent une déception amère puisque dans cette méthode de lutte le marxisme de toute tendance leur est largement supérieur. Mais ce faisant – et c'est là l'essentiel – ils fausseront leur objectif et le briseront, leur objectif d'unir la nation pour la nation, sur une base nationale. Ils se placeront eux-mêmes en contradiction avec la grande réalisation de leur passé, au cours duquel ils ont fait regagner l'honneur aux idées nationales au sein du peuple allemand. L'État doit être conscient des fondements spirituels et religieux sur lesquels il repose. La neutralité culturelle est une aberration pour lui. Toute l'autorité de l'État et toute fonction officielle a son origine en Dieu, même si le porteur de la fonction est choisi par le peuple. [...] Ce n'est pas aux partis, mais à la famille et aux communautés religieuses que la Constitution confère le droit à l'éducation. Non pas des conceptions du monde privées mais les vérités éternelles de la foi chrétienne doivent être les fondements pour l'éducation de la nation. […] En cela le gouvernement du Reich se considère comme l'exécuteur d'une volonté nationale, qui peut-être n'a pas encore trouvé ses retombées auprès de quelques partis, mais qui correspond à la volonté véritable et authentique du peuple. Le gouvernement du Reich pense qu'il violerait son devoir envers la nation, s'il reculait devant son travail, pour céder la place à une quelconque combinaison de politique de partis, dont la durée est aussi incertaine que la coïncidence de leurs intentions et la faisabilité de leurs plans[196] […]. »

---

[196] www.bundesarchiv.de/aktenreichskanzlei/1919-1933/.../index.html

Bien entendu, Goebbels relata toutes ces péripéties dans son journal en se délectant des détails savoureux : « À 3 heures, séance plénière au Reichstag. Papen apparaît très sûr de la victoire. Torgler propose de voter tout de suite sur la motion de défiance et sur l'abrogation de l'ordonnance d'urgence. Pas d'opposition. Frick décide une demi-heure de pause. Chez Göring : le Zentrum veut une décision à la majorité des voix, pour que les deux points soient repoussés. Je m'y oppose aussitôt. Nous avons ainsi deux avantages : Papen ne fait pas de discours et il va obtenir une motion de défiance massive. Position adoptée par les nôtres. Je vais avec Frick trouver Hitler, qui attend dans le palais du président du Reichstag. Il se range aussitôt à mon avis. [...] Reprise de la séance. Le Zentrum est rapidement mis au courant. Estomaqué au-delà de toute mesure. Papen, avec la serviette rouge. Göring fait aussitôt passer au vote. Ne laisse même pas dire un mot à Papen, qui dépose le décret de dissolution sur la table de l'Assemblée. Écumant de rage. Et il récolte son vote de censure [...]. La plus honteuse défaite que l'on puisse imaginer. Le Reichstag est dissous. Pagaille sans remède. Les chefs de partis, chez Göring. Tout le monde paraît consterné. Nous seuls nous réjouissons. Nous allons nous battre. C'est là que nous sommes les plus forts[197] [...]. »

De nouvelles élections se déroulèrent donc le 6 novembre 1932. Ces élections furent un échec relatif pour Hitler et le NSDAP puisque le parti enregistra une perte de 4,2 % des voix et de 34 sièges de députés, tout en demeurant largement le parti le plus représenté. Ne pouvant réunir les conditions nécessaires pour gouverner, Papen présenta sa démission le 17 novembre. Il décrivit lors du procès de Nuremberg en 1946 en répondant aux questions de son avocat Egon Kubuschok, toute la chronologie qui suivit sa démission, mais également les différentes possibilités qui s'offraient alors à Hindenburg, notamment sur le point central du viol ou non de la Constitution et les différentes approches des événements entre Papen et Schleicher : « Ma démission donna à nouveau au président du Reich la possibilité d'essayer d'entreprendre la formation d'une nouvelle majorité parlementaire. Il l'a tenté immédiatement. Le 18 novembre, il recevait les chefs de partis, depuis la droite jusqu'au centre et, le 19, Hitler. Le thème de ces négociations était le suivant : comment arriver à former un gouvernement de majorité parlementaire ? Il chargea Hitler

---

[197] Joseph GOEBBELS, *Journal* 1923-1933, *opus cit.*, entrée du 13 septembre 1932, p. 681-682.

de former un gouvernement de majorité. Hitler serait donc chancelier. Le 23 novembre, Göring remet la réponse de Hitler à Hindenburg. Cette réponse est ainsi conçue : “Hitler ne peut pas assumer la charge de créer un gouvernement de majorité parlementaire.” Le 24, Hindenburg reçoit Monseigneur Kaas, chef du Zentrum, qui constate que Hitler n'a même pas essayé d'établir s'il était possible de former un gouvernement de majorité. Mais Monseigneur Kaas promet au président du Reich d'essayer, une fois encore, de former un gouvernement de majorité. Le 25, il annonce à Hindenburg que sa tentative est restée sans résultat. Le chef de la fraction national-socialiste, à ce moment-là M. Frick, lui aurait déclaré que le Parti n'était pas intéressé à de telles négociations. Le résultat final : la formation d'un gouvernement de majorité avec Hitler était impossible.
Dr Kubuschok : Y avait-il d'autres possibilités de coalition ?
Papen : Justement non. Il n'y avait que la possibilité d'un cabinet comme j'en avais formé un, ou la constitution d'un gouvernement de majorité.
Dr Kubuschok : Très bien. En ce qui concerne ces pourparlers, je renvoie au document n° 2, pages 14 et 15. *(Au témoin)* Après l'échec des pourparlers entre le président du Reich et les chefs de partis, le 1er décembre, eut lieu un entretien chez le président du Reich, entre le général von Schleicher et vous-même. Cette rencontre est particulièrement importante pour l'évolution ultérieure de la situation politique, et empreinte d'un caractère historique manifeste. Je vous prie, par conséquent, de donner les plus amples détails sur cette entrevue.
Papen : Le Feldmarschall priait le général von Schleicher et moi-même de venir le trouver le 1er décembre pour un entretien. Je fais remarquer qu'entre M. von Schleicher et moi, il n'y avait eu au préalable aucun entretien sur les chances de pouvoir former un nouveau gouvernement. M. von Hindenburg nous a demandé de lui faire connaître notre avis. Voici ce que j'ai déclaré : “La tentative d'intégrer le mouvement nazi dans le gouvernement présidentiel de Hindenburg a échoué à deux reprises. Hitler décline également la formation d'un gouvernement de majorité. D'un autre côté, il pratique une politique d'opposition des plus violentes et s'efforce de faire rapporter par le Reichstag toutes les ordonnances prises par mon gouvernement. Si donc il n'est pas possible de former un gouvernement parlementaire ou de faire participer Hitler à notre gouvernement, à un gouvernement présidentiel, sans en faire un chancelier, il en résulte une situation d'exception qui demande des mesures exceptionnelles. Je propose la mise en vacances du Parlement

pour plusieurs mois, et l'élaboration immédiate d'un projet de réforme de la Constitution, en vue de soumettre ultérieurement cette réforme au Reichstag ou à une assemblée nationale. Cette proposition implique une violation de la Constitution. J'insiste sur le fait que je sais combien un grand soldat, un homme d'État, est attaché à la valeur d'un serment, mais je crois justifiée en conscience cette violation de la Constitution, étant donné la situation exceptionnelle. La Constitution allemande ne prévoit en effet aucun moyen de remédier à une telle situation." Après quoi, M. von Schleicher prit la parole pour dire : "Monsieur le Feldmarschall, j'ai un plan qui vous épargnerait la violation du serment que vous avez prêté à la Constitution, pour autant que vous soyez prêt à me confier le Gouvernement, à moi, von Schleicher. J'espère pouvoir constituer une majorité parlementaire au sein du Reichstag et cela, en provoquant une scission dans le mouvement national-socialiste." Pendant la discussion de ce plan, je remarquai qu'il me paraissait très douteux que l'on pût provoquer la scission du Parti, qui avait prêté serment à Hitler, et je rappelai au Feldmarschall qu'il devait se libérer de ces fragiles majorités parlementaires, et cela grâce à une réforme de base. Ces propositions étaient jetées par-dessus bord avec le projet Schleicher. La solution de Schleicher était provisoire, et très discutable au surplus.

Dr Kubuschok : Quelle a été la décision du président du Reich ?

Papen : La décision du Feldmarschall fut peut-être celle qu'il prit le plus difficilement de sa longue carrière. Sans autre justification il me dit : "Je me décide pour la solution préconisée par M. von Papen et je vous demande d'entamer immédiatement des négociations en vue de la formation d'un gouvernement à qui je puisse confier la tâche impliquée par votre projet." L'entretien était terminé.

Dr Kubuschok : Et que fit alors M. von Schleicher ?

Papen : Je n'ai échangé que très peu de mots avec M. von Schleicher, et j'ai essayé de l'amener à se rallier à la décision prise par le président du Reich. M. von Schleicher s'y refusa. Puis, j'entamai le soir même avec plusieurs de mes ministres des négociations en vue de la formation du nouveau gouvernement. Ces ministres me dirent : "Le plan est excellent, mais M. von Schleicher nous a déclaré qu'il y aura une guerre civile, et s'il y a une guerre civile, la Reichswehr ne sera pas en mesure de maintenir la paix dans le pays." C'est alors que j'ai interrompu les pourparlers. J'ai réuni le cabinet le lendemain matin, lui ai décrit la situation, et fait part de la décision de Hindenburg. Et je priai M. von Schleicher de dire dès lors au cabinet pourquoi il estimait qu'il y aurait une guerre civile, et pourquoi la Reichswehr ne serait pas en mesure de maintenir l'ordre dans le pays. M. von Schleicher fit venir un de ses officiers de l'État-Major général qui déclara au cabinet que ce cas avait été examiné sur le plan pratique et sur le plan théorique, et qu'il s'était avéré que la Reichswehr et la police n'étaient pas en mesure de maintenir l'ordre dans le pays. Je déclarai alors à ces messieurs : "C'est là une situation nouvelle dont je dois rendre compte à M. le Président du Reich." Je me rendis chez Hindenburg et lui rendis compte de la chose. M. von Hindenburg, profondément ému par cette déclaration, me dit : "Je suis un vieil homme et je ne peux pas supporter l'idée d'une quelconque guerre civile dans mon pays. Si M. von Schleicher est de cet avis, alors, à mon grand regret, je me vois obligé de retirer le mandat dont je vous avais chargé hier au soir." C'est ainsi que M. von Schleicher fut nommé chancelier, en raison des prévisions dont il avait fait part au président du Reich au cours de l'entretien[198]. »

Face à cette nouvelle situation, Hindenburg appela donc finalement le général von Schleicher à la chancellerie le 2 décembre. Il fut le dernier chancelier de la République de Weimar avant l'arrivée de Hitler aux affaires. Schleicher qui n'était pas un démocrate se rendait néanmoins parfaitement compte que l'Allemagne ne reviendrait jamais à la monarchie d'avant-guerre. Son action fut de très courte durée. Il essaya de mettre en pratique une politique différente de celle de Papen à l'endroit des nationaux-socialistes. Dans un premier temps, il s'attela à diviser le NSDAP en jouant la carte de Gregor Strasser auquel il proposa un poste de ministre[199]. Strasser se montra très intéressé par la proposition du nouveau chancelier, mais il y renonça au tout dernier moment, notamment en raison de la virulence des menaces proférées par Goebbels[200]. Mais, ne se désarmant pas pour autant, Schleicher envisagea alors d'interdire simultanément le NSDAP et le KPD, de suspendre *sine die* le Reichstag et de mettre en place une dictature militaire soutenue par un syndicat unique[201]. Il voulait réunir les syndicats chrétiens et socialistes, en dehors des formations politiques,

---

[198] Minutes du procès de Nuremberg, tribunal militaire international, 155e journée, vendredi 14 juin 1946, audience de l'après-midi, interrogatoire de Franz von Papen par son avocat le Dr Egon Kubuschok.

[199] Heinrich WINKLER, *Histoire de l'Allemagne, XIXe-XXe siècle : le long chemin vers l'Occident, opus cit.,* p.446.

[200] Claude DAVID, *Hitler et le nazisme*, Paris, PUF 1979.

[201] Heinrich WINKLER, *Histoire de l'Allemagne, XIXe-XXe siècle : le long chemin vers l'Occident, opus cit.,* p.446-450.

au sein d'une dictature du socialisme-national [202]. Beaucoup de dirigeants syndicalistes hésitèrent[203]. Mais sous la pression du SPD, les responsables du ADGB (*Allgemeine Deutsche Gewerkschaftsbund,* Confédération générale syndicale allemande) repoussèrent finalement le projet proposé par Schleicher. Cette guerre frontale avec les nazis voulue par Schleicher était susceptible de déboucher sur une guerre civile mais avait l'appui d'une large partie de la Reichswehr, à l'exception d'officiers proches du NSDAP comme le général Werner von Blomberg[204]. Cependant, les idées de Schleicher se heurtèrent aussi au souci de la légalité qui animait le président Hindenburg à ce moment-là, ainsi qu'aux agissements de Papen qui œuvra largement en coulisses à l'échec du chancelier et de ses plans[205]. Afin d'avoir un peu de marge de manœuvre, Schleicher demanda à Hindenburg le décret de dissolution du Reichstag, mais celui-ci refusa ce qu'il avait accordé à Papen malgré les arguments pertinents développés par le chancelier[206].

Après l'échec des entretiens entre Schleicher et Strasser, Papen et Hitler se rencontrèrent le 4 janvier 1933 vers midi à Cologne, dans l'appartement du riche banquier Kurt von Schröder, avec la bénédiction de Hindenburg[207]. Il s'agissait de préparer d'ores et déjà l'après-Schleicher et d'élaborer une première ossature d'un nouveau gouvernement, même si Papen avança plus tard que cet entretien n'avait pas porté sur ces points[208]. Papen essaya de convaincre Hitler de s'engager dans une voie de collaboration avec le gouvernement[209]. Selon l'historien Heinrich Winkler : « L'hypothèse selon laquelle Hitler ne se serait pas opposé catégoriquement à une solution intérimaire sous la direction nominale de Papen à la chancellerie est confirmée par les informations que l'ancien chef de gouvernement laissa transpirer confidentiellement au cours des journées suivantes[210]. » Lorsqu'il

---

[202] Joseph ROVAN, *Histoire de l'Allemagne, opus cit.*

[203] Henry A. TURNER, *Hitlers weg zur Macht. Der Januar 1933*, Munich 1996, p.225.

[204] Kristin A. SCHÄFER, *Werner von Blomberg – Hitlers erster Feldmarschall : Eine Biographie*, Paderborn, Schöningh, 2006 ainsi que Claude DAVID, *Hitler et le nazisme*, *opus cit.*

[205] Peter LONGERICH, *Deutschland 1918-1933. Die Weimarer Republik*, *opus cit.*

[206] *Ibid.*

[207] Peter LONGERICH, *Himmler,* Paris, éditions Héloïse d'Ormesson 2010.

[208] Minutes du procès de Nuremberg, tribunal militaire international, 155e journée, vendredi 14 juin 1946, audience de l'après-midi, interrogatoire de Franz von Papen par son avocat le Dr Egon Kubuschok.

[209] Franz von PAPEN, *Mémoires*, *opus cit.*, p.168.

[210] Heinrich WINKLER, *Histoire de l'Allemagne, XIXe-XXe siècle : le long chemin*

apprit l'existence de ce rendez-vous entre Papen et Hitler, le chancelier Schleicher fit part de sa colère, notamment au président du BVP, Fritz Schäffer[211], qu'il reçut le 10 janvier 1933[212]. C'était pour lui des manigances pour se rapprocher de Hindenburg[213]. Le 7 janvier, reprend Winkler : « Quand Papen rencontra à Dortmund les grands industriels Gustav Krupp, Hermann Rausch, Fritz Springorum et Albert Vögler pour les informer de ce qui s'était passé à Cologne, il leur donna l'impression que Hitler accepterait un simple rôle "d'associé" dans un cabinet dominé par les forces conservatrices[214]. » Une telle solution convenait parfaitement à l'aile droite de l'industrie lourde[215]. Si Papen obtenait la réalisation de cette solution, il pouvait alors se trouver assuré du soutien de plusieurs grands patrons influents, même si Krupp n'était pas dans cette optique, pas plus que le *Reichsverband der Deutschen Industrie* dont il était le président[216] [217]. En effet, malgré quelques réserves à l'égard de Schleicher, cette confédération ne voyait aucune raison d'échanger le gouvernement en place contre un cabinet dont on pouvait redouter qu'il n'aggravât encore l'agitation politique au sein de la population[218]. Le 14 janvier, Hindenburg reçut Hugenberg pour discuter de la possibilité d'une participation gouvernementale des partis modérés et de droite[219]. Le 16 janvier, Schleicher s'entretint avec Ludwig Kaas, chef du Zentrum, pour échanger autour d'une situation

---

vers l'Occident, opus cit.

211 Membre de l'Union chrétienne-sociale en Bavière (Christlich-soziale union in Bayern, CSU), Fritz Schäffer a été le premier Ministre-président du Land de Bavière après la Seconde Guerre mondiale, puis le premier ministre fédéral des Finances d'Allemagne de l'Ouest, entre 1949 et 1957. Il a ensuite occupé pendant quatre ans le poste de ministre fédéral de la Justice.

212 Volker ULLRICH, *Adolf Hitler une biographie, opus cit.*, p.1050.

213 *Ibid.*

214 Heinrich WINKLER, *Histoire de l'Allemagne, XIXe-XXe siècle : le long chemin vers l'Occident, opus cit.*

215 Reinhard NEEBE, *Großindustrie, Staat und NSDAP 1930-1933: Paul Silverberg und der Reichsverbandder Deutschen Industriein der Krise der Weimarer Republik*, Göttingen,Vandenhoeck & Ruprecht 1981.

216 Gustav Krupp fut le président du *Reichsverband der Deutschen Industrie* de 1931 à 1934.Cf Norbert MÜHLEN, *L'incroyable famille Krupp*, Paris, Buchet-Chastel 1961.

217 Reinhard NEEBE, *Großindustrie, Staat und NSDAP 1930-1933: Paul Silverberg und der Reichsverbandder Deutschen Industriein der Krise der Weimarer Republik, opus cit.*

218 *Ibid.*

219 Heinrich WINKLER, *Weimar 1918-1933. Die Geschichte der ersten deutschen Demokratie*, *opus cit.*

générale de plus en plus difficile pour le gouvernement. Schleicher avait acté que sa tentative de rapprochement avec Gregor Strasser était un échec. Comme le souligna Otto Meissner : « Lorsqu'il apparut clairement que Hitler ne voulait pas entrer dans le cabinet Schleicher, et que Schleicher, de son côté, était incapable de provoquer une scission dans le Parti national-socialiste comme il avait espéré le faire avec l'aide de Gregor Strasser, la politique pour laquelle Schleicher avait été nommé chancelier connut la faillite. Schleicher savait parfaitement que Hitler lui en voulait particulièrement et qu'il n'accepterait jamais de coopérer avec lui. C'est pourquoi il changea d'avis et décida de lutter contre les nazis, ce qui signifiait qu'il voulait dès lors poursuivre la politique à laquelle il s'était opposé de façon très forte quelques semaines auparavant, lorsque Papen la lui avait suggérée[220]. » Le 18 janvier, Papen et Hitler se rencontrèrent à nouveau, cette fois dans la villa berlinoise de Joachim von Ribbentrop[221], futur ambassadeur puis ministre de Hitler[222]. Ernst Röhm et Heinrich Himmler étaient également présents. Hitler demanda à cette occasion le poste de chancelier que Papen n'était pas prêt à lui accorder[223]. Finalement, Papen changea d'avis quelques jours plus tard et fit tout pour influencer le choix du président Hindenburg[224]. Le 20 janvier, le comité de direction du Reichstag décida d'ajourner du 23 au 31 janvier l'ouverture de la session parlementaire. La situation était très tendue et beaucoup comprirent alors que Schleicher avait définitivement cessé de croire à l'éclatement du NSDAP et à l'option Strasser. Le 22 janvier, sans que Schleicher fût mis au courant, Hindenburg chargea Papen de négocier avec Hitler la nomination de ce dernier au poste de chancelier[225]. Papen donna dans ses mémoires le détail de cette rencontre : « Le Président [Hindenburg], inquiet de voir Schleicher engagé dans une impasse, me conseilla de sonder les intentions des nationaux-socialistes. Je devais faire preuve de dispositions conciliantes, et m'informer des conditions auxquelles, le cas échéant, Hitler accepterait de participer au gouvernement. [...] Hitler déclara

---

[220] Procès de Nuremberg, Livre de documents n°11 (a), p.43, document GB-495, n° PS-3309.
[221] Henry TURNER, *Hitlers weg zur Macht. Der Januar 1933*, Munich, Beck 1997.
[222] Michael BLOCH, *Ribbentrop*, Paris, Perrin, coll. « Tempus » (no 366), 2011.
[223] Henry TURNER, *Hitlers weg zur Macht. Der Januar 1933, opus cit.*
[224] Joachim PETZOLD, *Franz von Papen. Ein deutsches Verhängnis*, *opus cit.*
[225] Friedrich-Karl von PLEHWE, *Reichskanzler Kurt von Schleicher. Weimars letze Chance gegen Hitler*, Berlin, Ullstein 1990.

carrément qu'il ne saurait être question pour lui d'entrer dans le cabinet Schleicher[226]. » Le 23 janvier, Schleicher demanda à Hindenburg de déclarer l'état d'urgence[227]. En effet, il l'informa que l'éclatement du NSDAP qu'il recherchait avait échoué. De ce fait, la formation d'un cabinet majoritaire et qui ne serait pas présidé par Hitler était impossible. Dans ces conditions, il ne restait plus qu'à proclamer l'état d'urgence et à dissoudre le Reichstag[228]. Mais Hindenburg n'était plus disposé à soutenir Schleicher[229]. Ne voyant aucune possibilité crédible se profiler pour poursuivre sereinement son action, Schleicher déclara devant ses ministres qu'à ses yeux la solution Hitler serait en fin de compte moins dangereuse que la solution Papen ou Hugenberg car « ayant contre elle la volonté virulente des larges masses, elle pourrait [la solution Papen] entraîner rapidement une crise de l'État et de la présidence du Reich [230] ». Comme le souligne l'historien Hans Mommsen : « Devant l'échec imminent du cabinet Schleicher, on craignait plus que tout le retour à ce parlementarisme dont le dépassement était le seul point d'accord des partis bourgeois. À cet égard, l'intrigue de Papen reflète la volonté politique de groupes importants de la couche supérieure allemande. Certains milieux industriels sortirent de leur réserve, d'autant qu'ils désapprouvaient la politique sociale du général-chancelier [Schleicher]. En ce qui concerne les objectifs [...] l'accord semblait se faire sur l'écrasement du Parti communiste ainsi que sur l'isolement et la neutralisation des socialistes démocratiques que l'on s'était depuis longtemps habitué à regrouper d'un seul souffle avec les communistes, sous l'étiquette de partis marxistes [231] . » Finalement, le 28 janvier, Schleicher annonça laconiquement sur les ondes radio qu'il quittait son poste de chancelier et « recommandait » la personne de Hitler pour lui succéder[232]. Mais

---

[226] Franz von PAPEN, *Mémoires*, *opus cit.*, p.174.

[227] Friedrich-Karl von PLEHWE, *Reichskanzler Kurt von Schleicher. Weimars letze Chance gegen Hitler*, *opus cit.*

[228] Franz von PAPEN, *Mémoires*, *opus cit.*, p.175.

[229] Heinrich WINKLER, *Weimar 1918-1933. Die Geschichte der ersten deutschen Demokratie*, *opus cit.*

[230] Akten der Reichkanzlei. Das Kabinett Schleicher. 3 Dezember 1932 bis 23. Januar 1933, Anton GOLECKI (ed), Boppard am Rhein 1986.

[231] Hans MOMMSEN, *L'échec de la République de Weimar* in *Le National-Socialisme et la société allemande,* Paris, Editions de la Maison des sciences de l'homme 1997, p.45-46.

[232] Friedrich-Karl von PLEHWE, *Reichskanzler Kurt von Schleicher. Weimars letze Chance gegen Hitler, opus cit.*

auparavant, Schleicher avait tenté un dernier coup pour garder la main avec l'aide d'un article retentissant du *Tägliche Rundschau*, journal proche de Schleicher, qui écrivit qu'un cabinet Papen muni de pouvoirs dictatoriaux menacerait la position même du président Hindenburg. Comme le relata Papen : « Selon cet article, Schleicher allait incessamment se rendre auprès du maréchal afin de lui demander formellement l'autorisation de dissoudre le Reichstag. En cas de refus, le cabinet démissionnerait. Hindenburg serait alors obligé d'assumer seul la responsabilité des événements qui en résulteraient[233]. » À partir de là, trois possibilités se dessinaient : une coalition des nazis et du Zentrum, complètement inimaginable compte tenu des fortes objections de ce dernier ; un cabinet du Front de Harzburg, mais qui s'avérait alors compliqué car Hugenberg ne souhaitait pas voir Hitler occuper le poste de chancelier ; ou alors, un cabinet dictatorial avec Papen à sa tête, avec le soutien des conservateurs. Cette dernière possibilité était la plus redoutée par Schleicher. Mais, la dernière manœuvre de ce dernier ne convainquit pas Hindenburg. À ce moment-là, pour Papen, il n'existait plus guère de solutions : « La situation, après le 23 janvier, présentait deux possibilités : ou bien la violation de la Constitution et guerre civile, ou alors un gouvernement dirigé par Hitler [...] Il n'était pas question de savoir si Hitler était meilleur ou pire qu'un autre. Nous étions obligés de le prendre[234]. » La rivalité exacerbée entre Papen et Schleicher permit incontestablement à Hitler d'avancer ses pions. Après d'intenses négociations menées entre les dirigeants nazis et l'entourage de Hindenburg qui aboutirent à un compromis, le président accepta de limoger Schleicher et de nommer Hitler chancelier[235]. Il ne s'agissait pas là d'un accident de parcours malencontreux. Ainsi, l'historien Ian Kershaw écrit à juste titre : « Hindenburg lui-même et ceux qui étaient en position de l'influencer étaient si occupés à chercher une solution à droite qu'ils ne prirent pas la peine d'envisager une issue parlementaire[236]. » Cependant, cette issue parlementaire était très incertaine et sans doute éphémère, mais il est vrai qu'elle ne fut pas tentée. Kershaw poursuit : « L'accession de Hitler au pouvoir n'était

---

[233] Franz von PAPEN, *Mémoires*, *opus cit.*, p.176.

[234] Minutes du procès de Nuremberg, tribunal militaire international, 157e journée, mardi 18 juin 1946, audience de l'après-midi, interrogatoire de Franz von Papen par le procureur britannique Sir David Maxwell-Fyfe.

[235] Friedrich-Karl von PLEHWE, *Reichskanzler Kurt von Schleicher. Weimars letze Chance gegen Hitler, opus cit.*

[236] Ian KERSHAW, *Hitler, opus cit.*

aucunement inéluctable. Hindenburg eût-il concédé à Schleicher la dissolution qu'il avait si volontiers accordée à Papen et décidé une prorogation au-delà des soixante jours prévus par la Constitution, que la nomination de Hitler à la chancellerie aurait sans doute pu être évitée[237]. » Une question se pose cependant : peut-on promouvoir et défendre la démocratie et les urnes et rejeter les aspirations populaires librement et légalement exprimées par le vote lorsqu'elles ne nous conviennent pas ? Le peuple allemand avait placé depuis plusieurs mois le NSDAP en tête de tous les scrutins électoraux nationaux, et il n'était donc pas illogique qu'à un moment elle fût placée en position d'exercer le pouvoir. Cela peut paraître paradoxal, mais la formation du gouvernement Hitler correspondait bien plus aux règles parlementaires que celle des gouvernements précédents de Papen et Schleicher. Hindenburg et son équipe n'avaient pas nommé Hitler au poste de chancelier dans le but de satisfaire la démocratie, c'est une évidence, mais cet élément de réflexion méritait d'être abordé. De plus, dans le cas présent, une sécurité semblait avoir été prise puisque le NSDAP n'était pas majoritaire au niveau du nombre de ministres dans le premier gouvernement Hitler, comme nous le verrons plus loin.

Hindenburg avait chargé Papen de s'assurer des mesures de garantie à la nomination de Hitler et de la formation de ce gouvernement sur lesquelles il afficha une grande intransigeance[238] : 1) un nombre très restreint de ministres issus des nationaux-socialistes ; 2) les postes économiques les plus importants devaient se retrouver entre les mains d'hommes qui n'appartenaient pas au NSDAP ; 3) dans la mesure du possible, il était préférable que des techniciens fussent choisis ; 4) le chancelier Hitler et le vice-chancelier Papen devaient présenter en commun leurs rapports à Hindenburg, afin d'éviter que Hitler ne prît une influence personnelle trop grande sur lui ; 5) Papen devait s'efforcer de former un bloc parlementaire susceptible de contrebalancer les résultats politiques obtenus par le NSDAP ; 6) Hindenburg se réservait le choix du ministre des Affaires étrangères (von Neurath) et du ministre de la Défense (von Blomberg)[239].

---

[237] *Ibid.*

[238] Pour le détail complet des journées qui précédèrent la nomination de Hitler et le choix de la composition du gouvernement, voir : Franz von PAPEN, *Mémoires, opus cit.*, pp. 178-181.

[239] Minutes du procès de Nuremberg, tribunal militaire international, 156e journée, lundi 17 juin 1946, audience du matin, interrogatoire de Franz von Papen par son avocat le Dr Egon Kubuschok.

Le lundi 30 janvier 1933, peu après midi, les membres du futur cabinet Hitler pénétrèrent chez le président Hindenburg, agacés d'avoir attendu fort longtemps avant d'être introduits. La réunion fut de courte durée et s'acheva sur cette phrase de Hindenburg en réponse aux propos de Hitler : « Et maintenant, messieurs, Dieu vous accompagne[240]. » Göring déclara lors de son interrogatoire au procès de Nuremberg en 1946 : « Nous ne voulions pas le gouvernement pour le pouvoir lui-même, mais nous voulions le gouvernement et le pouvoir pour libérer l'Allemagne et la rendre plus grande. Nous ne voulions plus laisser cela au seul jeu du hasard, des élections et des majorités parlementaires, mais nous voulions mener à bien cette tâche pour laquelle nous considérions que nous avions été appelés[241]. » Lors de la préparation du texte de la première déclaration gouvernementale à destination de l'opinion publique, Papen réussit à imposer la phrase suivante : « Le gouvernement reconnaît le fondement chrétien de l'existence morale de l'individu. Il considère que la famille, unité de base de la nation, a tout spécialement droit à la protection de l'État. » Le renfort de la structure fédérale tout en protégeant le pouvoir central, la poursuite de l'égalité des droits au sein de la communauté des nations, l'appel à une réduction générale des armements et la consolidation de la paix, étaient les autres éléments principaux mis en avant par la coalition gouvernementale[242]. Au niveau économique et social, le gouvernement déclarait aussi : « Le grave problème de la réorganisation de notre économie sera résolu grâce à deux vastes plans de quatre ans. » Ce programme gouvernemental comprenait également le maintien des Länder, le maintien du système juridique et de l'inamovibilité des juges, la préparation d'une réforme de la Constitution, la garantie des droits des Églises chrétiennes, la suppression de la lutte des classes par la solution des problèmes sociaux, le rétablissement d'une véritable communauté nationale[243]... Dans le but de faire face à l'incroyable dynamisme du NSDAP, Papen essaya d'organiser un large rassemblement du

---

[240] Ian KERSHAW, *Hitler, opus cit.*, p.603.

[241] Minutes du procès de Nuremberg, tribunal militaire international, 80e journée, mercredi 13 mars 1946, audience de l'après-midi, interrogatoire d'Hermann Göring par son avocat le Dr Stahmer.

[242] Franz von PAPEN, *Mémoires, opus cit.*, p.196.

[243] Minutes du procès de Nuremberg, tribunal militaire international, 156e journée, lundi 17 juin 1946, audience du matin, interrogatoire de Franz von Papen par son avocat le Dr Egon Kubuschok.

conservatisme allemand[244]. Il tenta de convaincre ses partenaires éventuels de bien prendre conscience qu'il ne s'agissait pas seulement d'un énième changement de gouvernement mais de quelque chose de beaucoup plus profond. Papen chercha à réduire l'éparpillement du corps électoral et à mettre en place un puissant groupe d'opposition aux nazis conformément à la demande de Hindenburg, mais aussi selon sa vision personnelle de la situation politique et de l'avenir encore incertain mais dont plusieurs contours se profilaient déjà. Il échoua face à l'inertie des partis, à leurs intérêts particuliers et à leur absence de vision, notamment vis-à-vis de la jeunesse[245].

Dès le 31 janvier 1933, le président Hindenburg accepta d'accorder à son nouveau chancelier ce qu'il avait abruptement refusé au précédent quatre semaines auparavant seulement : la dissolution du Reichstag. Hugenberg s'éleva contre ce choix. Il était en effet farouchement opposé à la tenue de nouvelles élections, car il savait que son parti disparaîtrait peu ou prou au cours de ce scrutin[246]. Malgré l'objection du DNVP, de nouvelles élections furent programmées au 5 mars. Le 1er février, le président Hindenburg signa donc comme convenu le décret de dissolution du Reichstag[247]. Dès le lendemain, Göring procéda à trois jours d'interdiction de parution en Prusse pour le journal social-démocrate *Vorwärts* et une trentaine d'autres titres furent également frappés[248].

Le 8 février, Hitler déclara à son gouvernement : « Les cinq prochaines années doivent être consacrées à restaurer la capacité de défense du peuple allemand [...] Cette idée doit toujours et partout être placée au premier plan[249]. » Le lendemain, Hitler surenchérit : « Des milliards sont nécessaires pour le réarmement de l'Allemagne. L'avenir de l'Allemagne dépend exclusivement de la reconstruction des forces armées. Toutes les autres dépenses doivent être subordonnées au

---

244 Franz von PAPEN, *Mémoires, opus cit.*, p.196.
245 *Ibid.*
246 Minutes du procès de Nuremberg, tribunal militaire international, 84e journée, lundi 18 mars1946, audience de l'après-midi, interrogatoire d'Hermann Göring par le procureur en chef pour les États-Unis, Robert Jackson.
247 Christian BAECHLER, *L'Allemagne de Weimar. 1919-1933*, *opus cit.*, p.406.
248 Nico JASSIES, *Marinus van der Lubbe et l'incendie du Reichstag*, Paris, Editions Antisociales 2004, p.29.
249 Akten der Reichskanzlei. Die Regierung Hitler 1933/34, Karl-Heinz MINUTH (ed), Boppard am Rhein 1983, p.50-51.

réarmement[250]. » La Reichswehr ne pouvait que se réjouir des propos et des projets de Hitler. Le choix du nouveau chancelier d'accorder la priorité à la Reichswehr fut la base de l'entente entre Hitler et l'armée et il fut, malgré quelques épisodes d'incompréhensions et d'escarmouches, l'un des fondements majeurs du régime hitlérien. Selon l'analyse de Ian Kershaw : « Quant aux chefs des armées, leurs intérêts étaient servis parce qu'ils étaient attachés, de leur point de vue, à un prête-nom capable de nationaliser les masses et de rendre à l'armée la position de force qui lui revenait légitimement au sein de l'État. Ce qu'ils n'avaient pas prévu, c'est que, en l'espace de cinq ans, l'élite traditionnelle du corps des officiers serait transformée en simple élite fonctionnelle, servant un maître politique qui l'entraînerait dans un territoire inconnu[251]. »

Le premier cabinet Hitler ne comprenait pas une majorité de ministres issus du NSDAP, nous l'avons vu, mais seulement deux ministres compagnons de route de Hitler : Wilhelm Frick, ministre de l'Intérieur, et Hermann Göring, ministre sans portefeuille (un ministre sans portefeuille est un ministre sans responsabilités ou administrations spécifiques). À ces deux hommes vint ensuite s'ajouter Joseph Goebbels, le 11 mars, nommé au ministère de l'Éducation du peuple et de la Propagande, tout nouvellement créé. Nous analyserons plus loin les conditions de cette nomination de Goebbels. Les autres postes ministériels étaient occupés par des conservateurs, avec notamment Franz von Papen comme vice-chancelier : Werner von Blomberg (conservateur indépendant), ministre de la Défense, Paul Freiherr[252] von Eltz-Rübenach (conservateur indépendant), ministre des Postes et des Transports, Franz Gürtner (DNVP), ministre de la Justice, Alfred Hugenberg (DNVP), ministre de l'Économie et de l'Agriculture, Lutz Schwerin von Krosigk (conservateur indépendant), ministre des Finances, Konstantin von Neurath (conservateur indépendant), ministre des Affaires étrangères, Franz Seldte (Stahlhelm), ministre du Travail. Il faut souligner que Franz Seldte et Konstantin von Neurath rejoignirent plus tard les rangs du NSDAP : avril 1933 pour Seldte, 1937 pour von Neurath. La composition de ce gouvernement était censée rassurer ceux qu'inquiétait la puissance du NSDAP, mais il est évident que les nazis ne se sentirent pas tenus en laisse par cet état de

---

250 *Ibid.*, p.66.

251 Ian KERSHAW, *Hitler, opus cit.*

252 *Freiherr* est un titre de noblesse, pouvant se traduire par baron, et non une partie d'un nom de famille.

fait et qu'ils purent agir à leur guise sans trop de difficultés, malgré l'ambition de Papen « d'acculer Hitler dans un coin de la pièce et le faire couiner[253] ». L'élément décisif fut que Hindenburg se laissa persuader, notamment par Papen et ses conseillers, de la nécessité absolue de nommer Hitler et de l'encadrer fermement dans un gouvernement de concentration nationale de droite, et ainsi de le rendre plus docile. Mais, comme l'écrit justement Volker Ullrich : « Un élément non dépourvu d'importance, dans l'acte final du drame, fut que les représentants des hobereaux de la Prusse utilisèrent leur accès privilégié au président du Reich pour pousser à ce que l'on confie la chancellerie à Hitler. Ce faisant, ils méconnurent, tout comme le fit la majorité conservatrice [...], la propension et la capacité du président du NSDAP à échapper à tout contrôle politique et à mettre en œuvre sa prétention absolue au pouvoir[254]. » Une irrésistible dynamique était désormais sur les rails[255]. Ils imaginaient tous qu'avec Hitler à leurs côtés, ils pourraient mieux séduire les masses tout en maîtrisant le chef du NSDAP. Mais, comme le relève l'historien Veit Valentin : « L'histoire de Hitler, c'est l'histoire de ceux qui l'ont sous-estimé[256]. » En effet, non seulement les conservateurs ne prirent pas assez en compte le véritable potentiel de Hitler, mais, la gauche allemande dans son ensemble le sous-estima également très largement, comme nous le verrons plus loin.

Selon la note de Lutz Schwerin von Krosigk pour une émission de la BBC consacrée à l'histoire allemande : « Dans les premiers temps, Hitler semblait être un homme avec lequel il était possible de s'entendre. Il était très poli ; quand on discutait de problèmes au Conseil, il s'en tenait au sujet, il n'apportait pas de contradiction et n'interférait pas dans le travail des ministres[257]. » Cette version est plutôt confirmée par Papen : « De tous les membres non nazis du cabinet, j'étais probablement celui qui avait le plus grand nombre d'entretiens avec lui [Hitler]. Nous parlions de nos divergences idéologiques plus que des problèmes politiques courants, et à ces occasions, je trouvais sa conversation parfaitement normale. Enclin à d'interminables monologues, il acceptait cependant la contradiction et

---

[253] Johann CHAPOUTOT, Christian INGRAO, *Hitler,* Paris, PUF 2018, p.109.
[254] Volker ULLRICH, *Adolf Hitler une biographie, opus cit.*, p.452.
[255] Johann CHAPOUTOT, Christian INGRAO, *Hitler, opus cit.,* p.111.
[256] Veit VALENTIN, *Geschichte der Deutschen*, Cologne, Kiepenhauer & Witsch, 1999, p.593.
[257] BA Coblence, N 1276/37.

ne se formalisait nullement de mes interruptions. [...] Son pouvoir de persuasion s'étendait même au Président dont les soupçons initiaux firent bientôt place à un sentiment de confiance. Dès le mois d'avril, Hindenburg me demanda de renoncer à assister à ses entrevues avec le chancelier, une mesure de précaution dont nous avions convenu en janvier. Hitler, m'expliqua-t-il, considérait ma présence comme un affront à sa dignité. De même, Hindenburg accepta qu'un article de la loi des pleins pouvoirs privât la présidence d'une prérogative fondamentale, la rédaction des textes législatifs. Le transfert de ce droit au Conseil des ministres entraîna une diminution notable de l'influence exercée jusqu'alors par le vieux maréchal, et, partant, de la mienne, puisque, à présent, Hitler pouvait le voir en dehors de moi[258]. »
Néanmoins, malgré une situation politique favorable, Hitler ne détenait pas alors un pouvoir absolu. En tant que chancelier, il n'avait pas autorité sur la Reichswehr qui dépendait de l'autorité du président du Reich. Toutefois, de nombreux officiers se montrèrent enclins à apporter un large soutien à Hitler dont les idées sur la conscription, sur une politique étrangère davantage tournée vers l'offensive, sur une augmentation des effectifs militaires en dépit des termes du traité de Versailles, plaisaient beaucoup dans les milieux militaires, même si, parallèlement, une forte opposition demeurait, surtout dans les milieux de la noblesse[259]. Lors d'un discours confidentiel prononcé par Hitler le 3 février 1933 devant les commandants de l'armée et de la marine au domicile du chef de la direction de l'armée de terre, le général Kurt von Hammerstein-Equord, il détailla son programme de gouvernement : « Extirpation radicale du marxisme [...] Gouvernement rigoureusement autoritaire. Élimination de la gangrène de la démocratie [...] Édification de la Wehrmacht, condition essentielle pour toucher au but : reconquête du pouvoir politique. Rétablissement du service militaire obligatoire [...] Que faire du pouvoir politique, une fois conquis ? [...] Peut-être lutte pour obtenir de nouvelles possibilités

---

[258] Franz von PAPEN, *Mémoires, opus cit.*, p.193.
[259] Peter LONGERICH, *Hitler, Biographie,* Munich, Siedler 2015.

d'exportation, peut-être – mieux encore – conquête d'un nouveau *Lebensraum*[260]à l'Est et germanisation impitoyable de celui-ci[261]. »

Pour certains journaux, Hitler paraissait incapable de rester à son poste de chancelier davantage que quelques semaines. Il allait être à leur sens inévitablement victime des mêmes manœuvres que celles qu'il mena avec quelques autres contre Brüning, Papen et Schleicher. Son entente avec Papen et Hugenberg était jugée éphémère. Mais, ces mêmes journaux se posaient aussi les questions suivantes : quel mal Hitler allait-il faire avant de quitter le pouvoir ? Et s'il refusait de laisser sa place, comment allait-on s'y prendre pour le déloger ? D'autres journaux affirmaient que Papen et Hugenberg s'étaient montrés habiles en phagocytant Hitler au sein d'un gouvernement dans lequel les nazis étaient minoritaires, mais ils avaient peut-être aussi été bien imprudents, soulignaient quelques éditorialistes. Papen avoua plus tard à ce sujet : « Nous avions sous-estimé l'insatiable soif de pouvoir de Hitler, et nous ne nous rendions pas compte du fait qu'elle ne pouvait être combattue qu'en employant ses propres méthodes. De plus, toute notre formation et tout notre état d'esprit nous empêchaient de prévoir les conséquences de ces méthodes[262]. » Certes, mais comme le souligne justement Thierry Feral : « En premier lieu, il convient de bien insister sur le fait que, contrairement à une antienne qui a la vie dure, les nazis n'ont pas "pris le pouvoir" (*Machtergreifung*) le 30 janvier 1933. Certes accréditée *a posteriori* par les forces conventionnelles de droite et les milieux d'affaires qui y virent un moyen commode de nier leur propre responsabilité dans l'accession de Hitler à la chancellerie et pour se refaire une virginité, cette notion revient en effet à négliger que jusqu'au 27 juin 1933 le gouvernement allemand fut un gouvernement de coalition du NSDAP, du DNVP et de quelques monarchistes. Tous étaient d'accord pour éliminer les communistes, puis les socialistes et les syndicats, et ce avec la bénédiction du président Hindenburg, lequel donnera jusqu'à la fin sa caution à l'instauration de l'État total[263]. » Un

---

[260] Le *Lebensraum* (de l'allemand *Raum* = espace, et *Leben* = vie), ou « espace vital », est un concept géopolitique créé par des théoriciens géographes allemands au 19e siècle et dévoyé par la suite par les milieux impérialistes allemands et le nazisme. Lié au darwinisme social, il renvoie à l'idée de territoire suffisant pour, dans un premier temps, assurer la survie, notamment culturelle, d'un peuple et, dans un deuxième temps, favoriser sa croissance via l'influence territoriale.

[261] Heinrich WINKLER, *Histoire de l'Allemagne, XIXe-XXe siècle : le long chemin vers l'Occident, opus cit.*, p.475.

[262] Franz von PAPEN, *Memoirs*, Londres, EP. Dutton 1953.

[263] Thierry FERAL, *Le National-socialisme*, Paris, Ellipses 1999, p.33.

grand nombre de personnes de gauche se firent au départ une idée faussée sur le nouveau gouvernement et ne furent pas visionnaires en la circonstance. Ainsi, l'opinion selon laquelle « avec le cabinet Hitler-Papen-Hugenberg, c'est le Front de Harzburg[264] qui a ressuscité » était répandue au sein du SPD[265]. Les parlementaires du SPD déclarèrent dans un appel du 30 janvier 1933 qu'ils mettaient en garde les militants contre toute « démarche indisciplinée[266] ». Ils voulaient mener la lutte « sur le terrain de la Constitution[267] ». Il n'est évidemment pas condamnable de respecter les règles et d'attendre des faits avant de réagir, mais en la circonstance le temps de réaction disponible fut réduit au minimum par les nazis et le SPD ne l'anticipa pas suffisamment. Pour le KPD, comme le souligne Volker Ullrich : « Il appela certes à la grève générale "contre la dictature fasciste des Hitler, Hugenberg, Papen", mais l'appel à former un front défensif commun ne rencontra pas beaucoup d'écho chez des sociaux-démocrates qui ne pouvaient tout de même pas oublier que peu avant, les communistes les traitaient encore de "socialo-fascistes[268]". » Nous reviendrons plus loin sur cette lutte farouche entre sociaux-démocrates et communistes. Mais, la perception des événements du 30 janvier 1933 ne revêtait pas l'importance acquise plus tard par ce jour particulier avec le recul historique. Pour l'ambassadeur de France en Allemagne, André François-Poncet, l'arrivée de Hitler à la chancellerie lui fit entrevoir de sérieux doutes qui se confirmèrent pour lui dès mars-avril 1933 : « On garantissait qu'au sein du gouvernement les nationaux-allemands [...] tiendraient tête à Hitler [...] Six semaines plus tard, force est de constater que toutes ces digues censées retenir le mouvement hitlérien ont été balayées à la première vague[269]. »

---

[264] Le 11 octobre 1931 se déroula à Bad Harzburg une vaste manifestation de la droite nationaliste qui vit se réunir Hitler, Hugenberg, Seldte, Class, Schacht et von Seeckt avec leurs partisans respectifs. Cette réunion déboucha sur un Programme de Harzburg qui exigeait le renvoi du chancelier Brüning, la tenue de nouvelles élections, le départ du président SPD du Conseil de Prusse (Braun).

[265] Josef et Ruth BECKER (ed), *Hitlers Machtergreifung. Dokumente vom Machtantritt Hitlers 30 Januar 1933 bis zur Besiegelung des Einparteienstaats 14 Juli 1933*, Munich, DTV Verlag 1983.

[266] *Ibid.*

[267] *Ibid.*

[268] Volker ULLRICH, *Adolf Hitler une biographie, opus cit.*, p.447.

[269] François-Poncet cité d'après BECKER, *Hitlers Machtergreifung. Dokumente vom Machtantritt Hitlers 30 Januar 1933 bis zur Besiegelung des Einparteienstaats 14 Juli 1933, opus cit.*

Les communistes qui représentaient l'autre bloc extrémiste et violent de la République de Weimar bénéficièrent également au niveau électoral de la crise économique de 1929 et des soubresauts sociaux et politiques qui s'ensuivirent. Pour les marxistes, la crise était celle du capitalisme. Le KPD en tira d'autant plus avantage que la crise frappa violemment l'Allemagne dont le système économique, sous perfusion des capitaux américains, s'effondra complètement. Le KPD avait obtenu 10 % des voix en 1920. Malgré une percée à 12,5 % au lendemain des événements de 1923, il ne parvint pas ensuite à se hisser plus haut. Mais la catastrophe économique de 1929-1930 relança vivement sa progression. Ainsi, les communistes atteignirent 13 % en 1930, puis 14,5 % en juillet 1932 et 16,9 % en novembre 1932. Au premier tour de l'élection présidentielle de 1932, Ernst Thälmann, le candidat communiste et homme de confiance de Joseph Staline[270], obtint 13,2 % des voix, soit 4 983 341 suffrages. Fidèle à la ligne choisie par Staline, le KPD concentra ses forces et ses attaques contre la République de Weimar et le SPD. Ce choix conduisit les communistes à mener des actions parallèles à celles des nazis dans l'objectif de renverser le régime en place. Additionnés, les résultats électoraux des deux partis leur donnaient une large possibilité de blocage au Reichstag. En juillet 1932, les communistes soutinrent la motion qui provoqua la dissolution du Reichstag. Mais ce choix l'éloigna considérablement du SPD, ce qui, à terme, fit le jeu des nazis.

Entre 1919 et 1933, le centre de gravité du Komintern[271] fut l'Allemagne. Le KPD était une section de l'Internationale communiste. Les Soviétiques considéraient l'Allemagne comme le « pionnier de la révolution prolétarienne[272] ». Jusqu'en 1923, l'objectif du Komintern en Allemagne était clair : la victoire révolutionnaire. Mais, à partir de 1924, les changements politiques en URSS et en Allemagne modifièrent cette vision et orientèrent le Komintern et le KPD vers d'autres rivages. Le Komintern, pensé lors de sa formation comme délié de toute attache nationale, se changea en instrument au service de

---

[270] Ruth FISCHER, *Stalin and German Communism.* Cambridge, Massachusetts, Harvard University Press, 1948.

[271] Abréviation de Kom [mounnistitcheski] Intern [acional], Internationale communiste, nom donné par les communistes russes à la IIIe Internationale. Dissous en 1943, le Komintern fut remplacé en 1947 et jusqu'en 1956 par le Kominform, contraction en russe de Bureau d'information des partis communistes et ouvriers.

[272] Edward H. CARR, *La révolution bolchevik*, 3 vol., Paris, Ed. de Minuit 1974, t.3, p.374.

l'URSS[273]. Les dirigeants de la République de Weimar reprochèrent tout au long de ces années l'ingérence soviétique dans la politique allemande par le biais du KPD [274]. Lors du putsch de Kapp en mars 1920[275], les communistes refusèrent de soutenir une lutte menée par les syndicats proches du SPD, estimant que les circonstances n'étaient pas favorables pour prendre le pouvoir après l'échec des putschistes. Cette passivité du KPD exacerba encore un peu plus les antagonismes et provoqua une scission de la gauche qui aboutit les 4 et 5 avril 1920 à la formation du KAPD [276] (*Kommunistische Arbeiterpartei Deutschlands*, Parti communiste ouvrier d'Allemagne). La bolchevisation du Parti communiste pouvait se traduire par une greffe bolchevique sur le corps allemand dans la mesure où elle était la tentative d'organiser le parti allemand en un organe communiste dépendant du Parti communiste russe par son mode d'organisation, ses mots d'ordre et ses objectifs[277]. Si cette bolchevisation était déjà en cours avec l'adhésion de chaque parti communiste aux vingt-et-une conditions décidées au deuxième congrès de l'Internationale, ses effets furent nettement perceptibles à partir de 1924. Il est nécessaire de préciser également que le KPD dépendait financièrement de l'Internationale communiste pour ses activités légales et illégales[278].

---

[273] David PRIESTAND, *Red Flag: A History of Communism*, New York, Grove Press 2009.

[274] Hermann WEBER, *Die Wandlung des deutschen Kommunismus. Die Stalinisierung der KPD in der Weimarer Republik.* 2 vols. Francfort/Main, Europäische Verlagsanstalt 1969.

[275] Le putsch de Kapp est le coup d'État réalisé par une coalition de militaires et de politiciens menés par Wolfgang Kapp. Ils refusaient le traité de Versailles et essayèrent de renverser la République de Weimar. Les militaires putschistes marchèrent sur Berlin dans la nuit du 12 au 13 mars 1920 et prirent le pouvoir. Les syndicats et le parti social-démocrate USPD réagirent vivement et une grève générale d'une ampleur considérable paralysa le pays. Dès lors, les putschistes n'étaient plus en position de force et renoncèrent le 17 mars. Voir Didier CHAUVET, *Hitler et le putsch de la brasserie: Munich 8/9 novembre 1923, opus cit.*, dans lequel le putsch de Kapp est longuement abordé.

[276] Hans Manfred BOCK, *Syndikalismus und Linkskommunismus von 1918-1923. Zur Geschichte und Soziologie der Freien Arbeiter-Union Deutschlands (Syndikalisten), der Allgemeinen Arbeiter-Union Deutschlands und der Kommunistischen Arbeiter-Partei Deutschlands*, Meisenheim/Glan, Anton-Hain Verlag 1969.

[277] Richard LÖWENTHAL, *The Bolchevisation of the Spartacus league*, Londres, Chatto and Windus, Saint-Anthony Papers n°9 International Communism par David FOOTMAN, Carbondale, Southern Illinois University Press 1969, p.24.

[278] Hans Manfred BOCK, *Syndikalismus und Linkskommunismus von 1918-1923. Zur Geschichte und Soziologie der Freien Arbeiter-Union Deutschlands (Syndikalisten),*

Selon l'historien Hermann Weber, ces « subventions » étaient de cent-cinquante-mille marks par mois pour l'ensemble des régions[279]. En 1927, le Komintern versa, toujours selon les travaux de Weber, 2,8 millions de marks à l'ensemble des sections internationales[280]. Le KPD recevait, en raison de son importance, les « subventions » les plus conséquentes et ce furent ces subsides qui lui permirent en grande partie de fonctionner et plus particulièrement en ce qui concernait l'appareil secret : le service des courriers, l'appareil militaire, de destruction, etc. [281] . Cette dépendance matérielle contribua à forger un lien idéologique marqué entre l'organisation soviétique et le parti allemand.

Sous la pression constante de Staline, le KPD prit systématiquement pour cible la social-démocratie [282] . Comme le souligne l'historienne Constance Micalef : « Entre 1929 et 1933, les tactiques alternent entre des attaques contre les membres du Parti social-démocrate et les nazis [...] La politique menée par les sociaux-démocrates, même différente, n'aurait rien changé et les associations de nazis et de communistes lors de la grève de novembre 1932 dans les transports berlinois [283] par exemple sont la conséquence directe de l'instrumentalisation du KPD comme section du Komintern. Ainsi lors de la conférence du KPD, du 15 au 18 octobre 1932, Thälmann insiste sur la véracité des dires de Staline quant à la gémellité des sociaux-démocrates et des nazis. De fait, toute démocratisation à l'intérieur du Parti communiste allemand avait disparu et son fonctionnement se résumait à une immense dictature bureaucratique[284]. » Ernst Thälmann pensait au même titre que les dirigeants de l'URSS que l'accession au pouvoir des nazis ne représentait pas un réel danger car, pour eux, il était évident que ces derniers poursuivraient la politique d'alliance avec

---

der Allgemeinen Arbeiter-Union Deutschlands und der Kommunistischen Arbeiter-Partei Deutschlands, opus cit., ainsi que Ben FOWKES, *Communism in Germany under the Weimar Republic,* Londres, Palgrave McMillan 1984.

279 Hermann WEBER, *Die Wandlung des deutschen Kommunismus. Die Stalinisierung der KPD in der Weimarer Republik, opus cit,* p.308-309.

280 *Ibid.*

281 *Ibid.*

282 Thomas WEINGARTNER, *Stalin und der Aufstieg Hitlers. Die Deutschlandpolitik der Sowjetunion und der Kommunistischen Internationale 1929 - 1934*, Berlin, De Gruyter 1970.

283 Klaus Rainer ROHL, *Nähe zum Gegner. Kommunisten und Nationalsozialisten im Berliner BVG-Streik von 1932, opus cit.*

284 Constance MICALEF, *Le KPD et le Comintern (1919-1933)* in Bulletin n°20, automne 2004, Université Paris 1 Panthéon-Sorbonne.

eux au détriment de l'Occident et des défenseurs du traité de Versailles[285]. Cette version est confirmée par l'historien du socialisme Jacques Droz : « Ils [les communistes allemands] considèrent les sociaux-démocrates comme leur principal ennemi, et vont même jusqu'à leur préférer les nazis, dont les excès pensent-ils provoqueront la guerre civile puis la dictature du prolétariat [...] Dans ces conditions, il est évident que la collaboration entre les deux partis de gauche, qui aurait été indispensable pour résister à la terreur nazie, ne peut s'organiser. En novembre 1931, la *Rote Fahne* [286], l'organe communiste, ose écrire : "le fascisme de Brüning n'est pas meilleur que celui de Hitler... C'est contre la social-démocratie que nous menons le combat principal[287]". » La lutte farouche contre la social-démocratie fut particulièrement mise en avant lors de l'élection présidentielle de 1932. Ernst Thälmann, le candidat du KPD plafonna à 13,2 % des voix mais il se maintint au second tour avec Hindenburg et Hitler, ce qui n'avait aucun sens mis à part d'aller à l'encontre du SPD qui soutenait Hindenburg. Mais, fidèle à une directive de Staline datant de novembre 1931 rappelant que le « coup principal de la classe ouvrière » devait être porté contre la social-démocratie, le KPD souligna l'objectif majeur de la « candidature de lutte du camarade Thälmann » : il s'agissait de « révéler clairement le caractère du SPD, aile modérée du fascisme et frère jumeau du fascisme hitlérien[288] ». Thälmann chuta à 10,2 % au second tour. Mais, il existait bien certaines passerelles entre le NSDAP et le KPD, comme le souligne l'historien Thierry Wolton : « À cette époque, s'opère une sorte de symbiose entre les communistes et les nazis avec des allers-retours significatifs entre les deux partis[289]. »

---

[285] *Ibid.*

[286] *Die Rote Fahne* (*Le Drapeau rouge*) était un journal communiste allemand fondé le 9 novembre 1918 par Karl Liebknecht et Rosa Luxemburg à Berlin pour exprimer les idées de la Ligue spartakiste. Il devint l'organe central du Parti communiste d'Allemagne (KPD) dès sa création, le 1er janvier 1919. Jouant un rôle important pendant la République de Weimar, la *Rote Fahne* fut interdite lors de l'arrivée au pouvoir de Hitler mais continua à paraître illégalement jusqu'à la Seconde Guerre mondiale.

[287] Jacques DROZ, *Le Socialisme démocratique 1864-1960,* Paris, Armand Colin 1968.

[288] Ossip FLECHTHEIM, *Die Kommunistische Partei Deutschlands in der Weimarer Republik,* Offenbach Bollwerk-Verlag Karl Drott 1969, ainsi que Thilo GABELMANN, *Thälmann ist niemals gefallen ? Eine Legende stirbt,* Berlin, Verlag Das Neue Berlin 1996.

[289] Thierry WOLTON, *Rouge-brun, le mal du siècle*, Paris, Jean-Claude Lattès 1999, p.99.

Dans le même ordre d'idée, Walter Ulbricht, futur dirigeant de la RDA, écrivit dans la *Rote Fahne* en novembre 1932 : « Les membres prolétariens du NSDAP sont entrés dans les rangs du front uni du prolétariat[290]. »

En décembre 1931, le KPD refusa catégoriquement de participer au Front de fer (*Eiserne Front*) républicain contre le Front de Harzburg nationaliste[291]. Le Front de fer était une association du *Reichsbanner Schwarz-Rot-Gold*[292], de l'*Allgemeiner Deutscher Gewerkschaftsbund* (ADG), de l'*Allgemeiner freier Angestelltenbund* (*Afa-Bund*), du SPD et du *Arbeiter-Turn-und Sportbund* (ATSB). Le Front de fer fut fondé le 16 décembre 1931 à l'initiative du *Reichsbanner Schwarz-Rot-Gold*, afin de pouvoir faire un contrepoids à la fusion des mouvements nationalistes réunis dans le Front de Harzburg. Le Front de fer se dota d'un symbole à trois flèches qui répondait à la croix gammée nazie. Originellement, les trois flèches étaient représentées dans un cercle (cercle antifasciste), fait pour recouvrir les svastiskas nazies. La direction politique de l'union défensive revint au président du SPD Otto Wels, la direction technique au président du Reichsbanner Karl Höltermann. Ce dernier déclara avec un très vif enthousiasme lors de la formation du Front de fer : « L'année 1932 sera notre année, l'année de la victoire de la République sur ses adversaires. Pas un seul jour, ni une heure de plus nous ne nous voulons rester sur la défensive. On attaque ! L'attaque sur toute la ligne ! Nous devons faire partie de l'offensive générale. Aujourd'hui, nous appelons ! Demain nous frappons [293]! » Mais le Front de fer ne réussit pas à développer une organisation solide, malgré de nombreux événements de sensibilisation du public et des marches de masse. Trotski dénonçait l'alliance avec des républicains bourgeois, sans force réelle derrière eux mais avec l'effet politique de diluer la force de classe des travailleurs sociaux-démocrates : « Le "Front de fer" est à l'origine le bloc qu'ont constitué les organisations syndicales sociales-démocrates, puissantes par leurs effectifs, avec les

---

[290] Walter ULBRICHT, *Lettre ouverte aux électeurs ouvriers de la NSDAP* in *Die Rote Fahne* du 1er novembre 1932 cité par Thierry WOLTON, *Rouge-brun, opus cit.*, p.101.

[291] Hermann WEBER, *Die Wandlung des deutschen Kommunismus. Die Stalinisierung der KPD in der Weimarer Republik, opus cit*

[292] Le Reichsbanner était une organisation paramilitaire et militante fondée le 24 février 1924 et composée des membres des partis de la coalition de Weimar pour défendre la République face aux partis extrémistes.

[293]! Helga GOTSCHLICH, *Zwischen Kampf und Kapitulation. Zur Geschichte des Reichsbanners Schwarz-Rot-Gold*, Berlin 1987.

groupes impuissants des “républicains” bourgeois, qui ont perdu tout appui dans le peuple et toute assurance. Si les cadavres ne valent rien pour la lutte, ils sont assez bons pour empêcher les vivants de se battre[294]. » Et il pointait du doigt l’absence de détermination du SPD : « En cas de danger réel, la social-démocratie place ses espoirs non pas dans le “Front de fer” mais dans la police prussienne [295] . » L’enthousiasme chuta brutalement après les capitulations du SPD : aucune réaction lors du *Preußenschlag* le 20 juillet 1932 (von Papen fit renvoyer les ministres socialistes du gouvernement de Prusse) puis lors du durcissement du régime bonapartiste de Papen, qui bafouait déjà la « légalité républicaine ». Le Front de fer cessa d’exister le 2 mai 1933 en même temps que la dissolution des syndicats et la répression du mouvement ouvrier après l’arrivée des nazis au pouvoir. Ernst Thälmann qualifiait pour sa part le Front de fer « d’organisation terroriste du social-fascisme ». Le Front de fer était un front populaire pour défendre la République de Weimar contre toute menace, d’extrême droite ou d’extrême gauche, et ce n’était donc pas un front unique ouvrier. D’autres catégories sociales le composaient également. Mais, selon Trotski, le KPD a commis une grave erreur sectaire en dénonçant en bloc cette initiative comme « social-fasciste » au lieu d’interpeller le SPD pour former un front antifasciste basé sur la lutte des classes. Le KPD forma par la suite sa propre organisation, l’Action antifasciste, qui se prétendait large, mais ne regroupait que les ouvriers révolutionnaires. En juillet 1932, ce fut au tour du SPD de rejeter la proposition du front commun avancée par le KPD suite au coup de force de Papen en Prusse. À nouveau, en janvier 1933, les communistes proposèrent de lancer une grève générale contre la nomination de Hitler comme chancelier, mais le SPD n’y répondit pas favorablement, préférant attendre de voir l’évolution concrète des événements, comme nous l’avons vu précédemment. De nombreux historiens relèvent également une attitude ambivalente à la base du KPD. En effet, de violents combats de rue opposèrent les nazis et les communistes durant des années, mais une partie de la base prolétarienne oscillait régulièrement entre le KPD et le NSDAP. D’ailleurs, les communistes essayèrent à de nombreuses reprises de séduire la gauche du parti nazi. Mais, l’objectif principal était de plaire à Moscou et d’agir dans le sens voulu par les Soviétiques. Ainsi, écrit Constance Micalef : « La révolution demeure loin de ses

[294] Leon TROTSKI, *La révolution allemande et la bureaucratie stalinienne*, 1932.
[295] *Ibid.*

préoccupations [Staline] et le KPD ne devait servir qu'à protéger l'URSS menacée par l'Ouest [296]. » Il est nécessaire de préciser également que le sentiment largement partagé par les militants communistes était que s'ils parvenaient au pouvoir, les nazis détruiraient la social-démocratie allemande avant de rapidement s'effondrer eux-mêmes. Ainsi, le slogan : « Après Hitler, ce sera notre tour [297] ! » fleurissait dans toutes les réunions communistes. Globalement, les communistes rejetèrent la montée en puissance des nazis sur les sociaux-démocrates et se défaussèrent sur leurs ennemis jurés à gauche. En avril 1933, lors du présidium de l'exécutif international, Fritz Heckert, cofondateur de la Ligue spartakiste et l'un des fonctionnaires principaux de l'Internationale communiste, affirma que la politique communiste avait toujours été juste et que l'échec était à imputer aux sociaux-démocrates[298]. Pour conclure, laissons la parole à Constance Micalef qui livre une analyse d'une grande justesse : « La bolchevisation du KPD qui prend le nom de stalinisation (à partir de l'élimination de Grigori Zinoviev[299] en 1926), provoqua la défaite du mouvement ouvrier allemand dont elle était pourtant en partie l'héritière. Cette défaite signifiait à terme la faillite de l'Internationale communiste qui en 1933 n'était plus qu'un instrument au service de la politique extérieure soviétique [300]. » L'historien Jacques Droz développe pour sa part l'argument de la responsabilité directe et principale des communistes dans l'essor du nazisme : « De cette évolution qui aboutissait à l'effondrement des deux grands partis de la gauche allemande, c'est incontestablement le Parti communiste allemand qui porte la plus lourde responsabilité. En dénonçant la social-démocratie, et non le nazisme, comme l'ennemi à abattre, il avait certes contribué à assouvir les haines personnelles de Staline, mais il avait fait preuve d'une servilité et d'une cécité dont l'histoire doit lui demander des comptes[301]. » Ce point de vue fut déjà en partie développé en

---

[296] Constance MICALEF, *Le KPD et le Comintern (1919-1933), opus cit.*

[297] *Ibid.*

[298] Bert HOPPE in *Stalins Gefolgschaft. Moskau und die KPD 1928–1933, opus cit.*

[299] Membre du Politburo du Parti bolchévik et président du soviet de Leningrad, Gregori Zinoviev s'associa dans un premier temps avec Lev Kamenev et Joseph Staline pour former une troïka qui marginalisa Léon Trotski avant de se rapprocher, au milieu des années 1920, de ce dernier. Zinoviev fut finalement éliminé au début des Grandes Purges mises en œuvre par Staline : condamné à mort lors du premier procès de Moscou, il fut exécuté le lendemain du jugement, le 25 août 1936.

[300] Constance MICALEF, *Le KPD et le Comintern (1919-1933), opus cit.*

[301] Jacques DROZ, *Le Socialisme démocratique 1864-1960, opus cit.*

décembre 1931 par Boris Souvarine, l'un des leaders du Parti communiste français (PCF), exclu en 1924, qui écrivit, soulignant les fractures à l'intérieur des milieux communistes : « La défaite du faux communisme est acquise avant tout combat. Un parti asservi n'a jamais fait de révolution. Mais, en particulier, ce parti qui a renié l'enseignement de ses fondateurs Rosa Luxemburg et Karl Liebknecht, qui s'est fait l'instrument docile de la bureaucratie soviétique, qui a [...] favorisé l'élection de Hindenburg [...] qui récemment encore soutenait l'initiative plébiscite des nationaux-socialistes [...], incapable de réaliser avec l'ensemble de la classe ouvrière une action commune contre le danger nazi, il ne saura que laisser son élite se sacrifier trop tard[302]. » Il est évident que l'essor du nazisme a aussi été favorisé par la peur du communisme au sein des classes bourgeoises, peur attisée par l'ensemble des partis de droite, mais aussi directement par la situation en URSS et par la façon dont les communistes se comportaient au pouvoir. La mouvance des objectifs des communistes avant l'accession au pouvoir de Hitler puis dans les jours et les semaines qui suivirent cette accession est frappante. D'un côté la remise à plus tard de la lutte active de la classe ouvrière et d'un autre côté l'amoncellement de matériel dans les sections appelant à la résistance armée[303]. Et au bout du compte, pas grand-chose ou presque. Léon Trotski[304] écrivit dans une préface offensive à la lettre ouverte de la militante allemande Maria Reese[305], le 17 novembre 1933, toute la réprobation qui était la sienne face à la politique et aux actions menées par le KPD et le Komintern : « Dans sa "Lettre ouverte" publiée par le journal *Unser Wort*, Maria Reese a dit la dure et amère vérité sur le parti

---

[302] Boris SOUVARINE, *La Critique sociale*, n°4, 1931-1934, Paris, La Différence 1983 p.147.

[303] Procès de Leipzig, 45e et 46e Sitzungstag (jour de session) ainsi que les souvenirs de Maria Reese, BA Coblence, KL. Erw. 379-4.

[304] Léon Trotski fut un farouche opposant à ce qu'il désignait comme la bureaucratisation du parti et du régime et à Staline qui le fit chasser du gouvernement en1924 et aussi du Parti communiste en 1927, obligeant Trotski à l'exil en Asie centrale avant de le bannir d'URSS en1929. Trotski décida alors d'organiser ses partisans, qui se réunirent en 1938 au sein de la Quatrième Internationale. Il fut assassiné en 1940 sur le territoire mexicain par un agent du NKVD sur ordre de Staline. Cf Jean-Jacques MARIE, *Trotsky : Révolutionnaire sans frontières*, Paris, Payot, 2006.

[305] Maria Reese était professeur, écrivain et journaliste. Elle fut élue au Reichstag entre 1928 et 1933. Ses souvenirs de même que ses livres contiennent une critique très sévère de la propagande révolutionnaire irresponsable du KPD jointe à sa passivité de fait. Elle dénonça également vivement les mensonges propagés par le *Livre brun* de Willi Münzenberg et combattit les positions du Komintern.

auquel elle appartenait encore récemment. L'agence allemande de la bureaucratie du Komintern n'a rien compris, n'a rien prévu, n'a rien préparé. Elle a remplacé le travail révolutionnaire par des phrases creuses et des rodomontades. Elle a trompé les ouvriers et le parti année après année. Le Comité central a trompé même son propre appareil. Des gens qui occupaient dans le parti des postes responsables, comme Torgler, le chef de la fraction parlementaire, ou Maria Reese elle-même, députée au Reichstag, ont cru honnêtement jusqu'au dernier moment que le Comité central avait ses plans, qu'il avait préparé les forces nécessaires pour se battre, que le Komintern savait où il conduisait les travailleurs allemands. Avec la prise du pouvoir par Hitler et particulièrement avec l'incendie du Reichstag par les agents de Göring, les illusions révolutionnaires des meilleurs éléments du parti ont été réduites en poussière. Le Comité central a laissé le parti à la dérive, sans direction, sans mots d'ordre, sans même d'explications ; il n'y a pas de précédent d'une trahison semblable des dirigeants dans l'histoire de la lutte révolutionnaire. Il n'est pas difficile d'imaginer le sombre désespoir des masses ainsi trahies ni l'effroyable désarroi de l'appareil du parti[306]. » Un tel avis nous est également fourni par Franz Jung, écrivain et ancien dirigeant du KAPD dont il était l'un des fondateurs qui écrit dans ses mémoires : « Entrée dans l'illégalité bien avant l'incendie du Reichstag, la direction [du KPD] avait éclaté en d'innombrables appareils spéciaux, également illégaux et clandestins. Ceux-ci provoquèrent une énorme confusion avec leurs mots d'ordre opposés, pour ou contre une résistance ouverte […] Attention aux provocations ! Il y a des espions dans nos rangs ! : quiconque exprimait sa mauvaise humeur devant l'inaction de la direction était *a priori* soupçonné et chacun était le mouchard de l'autre[307]. »

D'autres historiens préfèrent insister sur les responsabilités des sociaux-démocrates, comme Gilbert Badia qui écrit que « c'est l'écrasement de la révolution [1918-1919] qui a rendu possible le développement ultérieur du national-socialisme[308] ».

Présenté comme un idéal d'émancipation, de fraternité

---

[306] Léon TROTSKI, *Préface à la lettre ouverte de Maria Reese, La Vérité, 17 novembre 1933.*

[307] Franz JUNG, *Le Scarabée-torpille : considérations sur une grande époque,* Ludd 1993, p.493-494.

[308] Gilbert BADIA, *Les Spartakistes. 1918 : l'Allemagne en révolution*, Paris, collection archives, Julliard, 1966, p. 277.

universelle, partout où le communisme conquit le pouvoir ce fut l'inverse qui se produisit. La discrimination systématique de groupes sociaux ou nationaux entiers, le recours aux déportations de masse, aux camps de travail inhumains, aux massacres gigantesques. Comme le souligne le *Livre noir du communisme* : « Dépassant les crimes individuels, les massacres ponctuels, circonstanciels, les régimes communistes ont, pour asseoir leur pouvoir, érigé le crime de masse en véritable système de gouvernement. Aucune des expériences communistes un moment populaires en Occident n'a échappé à cette loi[309]. » Nous renvoyons volontiers le lecteur à ce volumineux et remarquable ouvrage qui permet d'obtenir une analyse fouillée et objective du communisme et de dresser en détail le bilan de ses actions. Avant de clore ce chapitre, examinons le témoignage de Nyeste, résistant hongrois qui fut emprisonné dans les geôles nazies avant de connaître celles des communistes : « La différence entre la police secrète communiste et celle des nazis – je suis l'un des heureux élus à avoir pu faire l'expérience des deux – ne réside pas dans leur niveau de brutalité et de cruauté. La salle de torture d'une geôle nazie était la même que celle d'une geôle communiste. La différence est ailleurs. Si les nazis vous arrêtaient comme dissident politique, ils voulaient généralement connaître vos activités, vos amis, vos plans [...] Les communistes ne s'encombraient pas de ça. Ils savaient déjà, en vous arrêtant, quel genre de confession vous alliez signer. Mais pas vous. Je n'imaginais absolument pas que j'allais devenir un "espion américain[310]". »

Entre les terribles dangers du nazisme et du communisme, l'Allemagne fit, sans recul, son choix au printemps de l'année 1933. D'un diable à l'autre, elle choisit le nazisme. L'incendie du Reichstag et sa manipulation politique furent des éléments majeurs qui la conduisirent à faire ce choix.

---

[309] *Livre noir du communisme : crimes, terreur, répression*, Paris, Robert Laffont 1997.

[310] Jacques RUPNIK, *L'Autre Europe. Crise et fin du communisme*, Paris, Odile Jacob 1990, p.147.

II

L'INCENDIE DU REICHSTAG, LE DÉCRET POUR LA PROTECTION DU PEUPLE ET DE L'ÉTAT ET LA LOI DES PLEINS POUVOIRS

Le 27 février 1933, Ernst Hanfstaengl ne se rendit pas comme prévu initialement chez Joseph Goebbels pour dîner avec lui et Hitler en raison d'une forte fièvre qui l'obligeait à garder la chambre[311]. Enthousiasmé par les discours de Hitler, Hanfstaengl s'introduisit auprès de lui dès le début des années 1920 et l'invita à sa demeure. Hitler accepta volontiers et les deux hommes finirent par se lier assez étroitement. C'est ainsi qu'en 1922, Hanfstaengl rejoignit l'entourage nazi sans pourtant devenir un cacique du parti dont il ne deviendra membre qu'en 1931. Hanfstaengl demeura donc toute la soirée dans cette pièce mise à sa disposition dans la résidence officielle d'Hermann Göring, à proximité du Reichstag à Berlin. Vers le milieu de la soirée, des cris provenant de la rue attirèrent son attention. Il quitta son lit, se rendit jusqu'à la fenêtre et vit le Reichstag, situé près de la porte de Brandebourg, en proie aux flammes. Paniqué, Hanfstaengl décida de joindre par téléphone Hitler qui était toujours en train de dîner chez Goebbels[312]. Il se rua sur l'appareil et attendit fébrilement d'avoir Goebbels à l'autre bout de la ligne. Hanfstaengl essaya de le convaincre de lui passer immédiatement Hitler. Lorsque Goebbels lui demanda la raison de son appel tardif, Hanfstaengl lui lâcha brusquement : « Dites-lui que le Reichstag brûle[313] ! » Incrédule, Goebbels lui intima de cesser cette « élucubration[314] » et refusa de déranger Hitler. Mais, après une courte réflexion, Goebbels décida de faire vérifier par ses services l'étonnante information fournie par Hanfstaengl[315] et il envoya le gauleiter Karl Hanke afin de rendre compte de la réalité des événements[316]. Hanke était devenu en 1932 l'assistant personnel (*Adjutant*) et conseiller (*Referent*) de Goebbels[317]. Lorsque la véracité des paroles de Hanfstaengl fut établie par Hanke, Goebbels avertit Hitler des événements et ils se rendirent séance tenante devant le Reichstag[318]. Selon l'historien Ralf Georg Reuth, la surprise de

---

[311] Ernst HANFSTAENGL, *Zwischen Weissem und Braunen Haus. Memoiren eines polistischen Aussenseiters*, Munich, Piper 1970, p.294-295.
[312] *Ibid.*
[313] Ian KERSHAW, *Hitler, opus cit.*, p.649.
[314] *Ibid.*
[315] Ernst HANFSTAENGL, *Zwischen Weissem und Braunen Haus. Memoiren eines polistischen Aussenseiters, opus cit.*
[316] Sefton DELMER, *Die Deutschen und Ich*, Hambourg, Nanen 1962, p.188.
[317] Samuel MITCHAM Jr., *Rommel's Lieutenants: The Men Who Served the Desert Fox*, France, 1940, Stackpole Books 2008, p. 43-44.
[318] Ian KERSHAW, *Hitler, opus cit.*, p.649.

Goebbels devant l'incendie du Reichstag n'était pas feinte[319]. Il ajoute qu'étant donné qu'à cette date les grands industriels avaient accepté de financer la campagne électorale du NSDAP, il n'avait donc nul besoin de monter une provocation pour faire croire que l'insurrection communiste tant annoncée venait d'être déclenchée [320]. Nous reviendrons plus loin longuement sur cet aspect des événements. Devant le Reichstag en feu, Hitler et Goebbels rejoignirent Göring, déjà présent, qui était particulièrement agité, « dans tous ses états[321] » (*ganz groß in Fahrt*). Peu de temps après, le vice-chancelier Papen se rendit également sur les lieux du brasier après avoir ramené chez lui le président Hindenburg avec qui il passait la soirée[322]. Les deux hommes dînaient ensemble au *Herrenklub* de la Vosstrasse. Papen écrivit : « Soudain, nous remarquâmes derrière les vitres une immense lueur rouge, et nous entendîmes des cris dans la rue. Un des serveurs se précipita vers moi et me chuchota : "Le Reichstag est en feu." Je le répétai au président. Il se leva, et de la fenêtre nous pûmes voir le dôme du Reichstag qui semblait illuminé par des projecteurs. De temps en temps, des flammes jaillissaient et un tourbillon de fumée dissimulait les contours du bâtiment[323]. »

Vers 21 heures, selon les aveux précis de l'intéressé (nous y reviendrons longuement dans les chapitres suivants), Marinus van der Lubbe, jeune maçon néerlandais né à Leyde, s'introduisit seul dans le Reichstag[324]. Il essaya de mettre le feu au mobilier du restaurant, mais devant l'échec de l'opération il gagna la salle des débats où il parvint à enflammer rapidement les tentures puis les boiseries[325]. Van der Lubbe se rendit ensuite dans plusieurs autres salles du Reichstag où il tenta d'allumer de nouveaux foyers d'incendie[326]. Peu à peu, sous l'effet de la chaleur croissante, la coupole qui surmontait la salle des débats explosa et créa un très important appel d'air qui permit au feu de prendre une ampleur considérable avec un apport d'oxygène

---

319 Ralf Georg REUTH, *Goebbels*, Munich/Zurich 1990, p.262.
320 *Ibid.*
321 Ian KERSHAW, *Hitler, opus cit.*, p.649.
322 Franz von PAPEN, *Memoires*, *opus cit.*
323 William L. SHIRER, *Le IIIe Reich : des origines à la chute*, Paris, Presses de la cité 1990, p.64.
324 Richard J. EVANS, *Le Troisième Reich : L'avènement*, Paris, Flammarion 2009, p.401.
325 *Ibid.*
326 *Ibid.*

maximal[327]. Le feu était si violent que le dôme en proie aux flammes était visible de tous les points de la ville. Le Reichstag était un quadrilatère de cent-quarante mètres de long sur cent mètres de large qui se dressait au milieu de la ville. La coupole qui surplombait le tout toisait la rue à soixante-quinze mètres de hauteur. Les pompiers ne réussirent à circonscrire l'incendie que vers minuit, après trois heures de travail acharné. Les Berlinois s'étaient rassemblés en masse près de la porte de Brandebourg pour assister anxieusement au désastre. La nouvelle de cet incendie fit rapidement le tour du pays tout entier. La destruction entière de la salle des débats rendit cet événement encore plus marquant et spectaculaire aux yeux de la population. Le feu endommagea également des couloirs et fit des dégâts peu importants dans d'autres pièces au gré de l'avancée de van der Lubbe, mais au final ce fut dans la salle des débats que l'incendie provoqua des dégâts considérables. Pourtant, l'alarme avait été donnée assez rapidement. Voyons la chronologie des événements. À 20 h 25 l'homme chargé de l'extinction des lumières avait fait sa ronde et n'avait constaté aucune présence dans le bâtiment[328]. Aux alentours de 21 heures, l'étudiant en théologie Hans Flöter qui longeait à pied le Reichstag pour regagner son domicile après avoir longuement étudié à la Bibliothèque nationale (*Staatsbibliothek*) entendit des bruits de verre brisé[329]. Il prévint immédiatement l'agent de police Karl Buwert à 21 h 05[330]. Un autre témoin, Werner Thaler, typographe au journal *Völkischer Beobachter*, croisa l'agent Buwert à son tour et constata avec lui la présence d'une silhouette qui courait à l'intérieur du bâtiment[331]. Quasiment simultanément, un autre témoin entra au commissariat de la porte de Brandebourg et cria à la cantonade : « Le Reichstag brûle[332] ! » Le lieutenant de police Emil Lateit et les agents Gräning et Losigkeit foncèrent alors vers le bâtiment[333]. L'inspecteur Alexander Scranowitz

---

[327] *Ibid.*

[328] Gilbert BADIA, *Feu au Reichstag! L'acte de naissance du régime nazi*, Paris, Editions Sociales 1983, p.29.

[329] Jacques DELARUE, *Histoire de la Gestapo,* Paris, Fayard 2011, p.31 ainsi que Benjamin CARTER HETT, *Burning the Reichstag. An investigation into the Third Reich's enduring mystery*, Oxford University Press, Oxford 2014.

[330] Fritz TOBIAS, *Der Reichstagsbrand. Legende und Wirklichkeit,* Grote, Rastatt/Baden 1962.

[331] *Ibid.*

[332] Benjamin CARTER HETT, *Burning the Reichstag. An investigation into the Third Reich's enduring mystery, opus cit.*

[333] Fritz TOBIAS, *Der Reichstagsbrand. Legende und Wirklichkeit, opus cit.*, ainsi

chargé de la surveillance des lieux leur ouvrit les portes[334]. Ils constatèrent de petits foyers au niveau des rideaux, puis pénétrèrent dans la salle des séances[335]. Là, le spectacle était différent avec des flammes de bien plus grande importance[336]. Les pompiers furent prévenus sans tarder et arrivèrent prestement devant le Reichstag[337]. En effet, les pompiers de garde situés au 128 de la Linienstrasse furent avertis par téléphone à 21 h 14 et furent sur les lieux du sinistre à 21 h 18[338]. La première voiture des pompiers se présenta devant le portail nord (portail V) et un homme qui ne fut jamais identifié leur indiqua que le feu se trouvait du côté est[339]. Mais les pompiers trouvèrent les deux entrées fermées à clé[340], ce qui n'avait rien de surprenant étant donné que le bâtiment était fermé à cette heure-là. Ils firent alors le tour du bâtiment et virent côté ouest un reflet rougeâtre sur les vitres de l'étage[341]. À ce moment, ils déployèrent l'échelle et entreprirent de briser les vitres mais sans succès dans un premier temps[342]. Ils durent se résoudre à utiliser une hache pour faire voler en éclat le verre des vitres et ils s'introduisirent à l'intérieur de la salle du restaurant[343]. L'un des pompiers, Fritz Polchow raconta la suite des événements : « Dans cette pièce, il devait y avoir de la lumière car je me souviens d'y avoir constaté un grand désordre. Des chaises renversées, des armoires ouvertes d'où on avait manifestement tiré en hâte du linge de table[344]. » Pendant ce temps, d'autres unités de pompiers arrivèrent sur place[345]. Peu après, un pompier ouvrit la porte

---

que Benjamin CARTER HETT, *Burning the Reichstag. An investigation into the Third Reich's enduring mystery, opus cit.*

[334] *Ibid.*

[335] Gilbert BADIA, *Feu au Reichstag ! L'acte de naissance du régime nazi, opus cit.*, p.40.

[336] *Ibid.*

[337] *Ibid.*, p.29.

[338] Walther HOFER (dir), *Der Reichstagsbrand. Eine wissenschaftliche Dokumentation*, 2 vol., Berlin, Ahriman Verlag 1992.

[339] Gilbert BADIA, *Feu au Reichstag ! L'acte de naissance du régime nazi, opus cit.*, p.27.

[340] *Ibid.*

[341] *Ibid.*

[342] *Ibid.*

[343] *Ibid.*

[344] Walther HOFER (dir), *Der Reichstagsbrand. Eine wissenschaftliche Dokumentation, opus cit.*

[345] *Ibid.*

de la grande salle des séances et se retrouva face à de la fumée[346]. La chaleur était si suffocante que les pompiers durent reculer. Des poutrelles de fer se tordirent sous l'effet de l'intense chaleur, tout était embrasé et la coupole de verre finit par exploser[347]. Quinze grosses lances à incendie furent nécessaires pour éteindre le feu[348]. Peu après l'arrivée des pompiers, une scène surréaliste s'offrit au regard de tous : dans la salle Bismarck, situé au nord de l'édifice, un homme jaillit, torse nu, ruisselant de sueur, l'air égaré, avec un regard halluciné[349]. Selon le rapport de la police, cet homme essaya de s'enfuir avant que les policiers ne parvinssent finalement à l'immobiliser au sein même de la salle Bismarck[350]. Il n'était plus vêtu que de son pantalon. Il avoua un peu plus tard, sans y être contraint, qu'il avait agi seul et de son propre chef et qu'il avait utilisé ses vêtements (manteau, chemise) pour en faire des chiffons avec lesquels il avait allumé plusieurs feux à l'intérieur du Reichstag, notamment pour s'éclairer[351]. Il s'était servi aussi de son manteau pour enflammer les tentures de la salle des séances[352]. Cet homme, Marinus van der Lubbe, était arrivé à Berlin le 18 février 1933 en provenance des Pays-Bas [353]. Ancien membre des Jeunesses communistes, en rupture de ban depuis plusieurs mois du Parti communiste des Pays-Bas [354] (*Communistische Partij Nederland,*

---

[346] Hans MOMMSEN, *L'incendie du Reichstag et ses conséquences politiques* in *Le national-socialisme et la société allemande*, Paris, éditions de la Maison des sciences de l'Homme 1997, p.101.

[347] Gilbert BADIA, *Feu au Reichstag ! L'acte de naissance du régime nazi, opus cit.*, p.27.

[348] *Ibid.*

[349] Jacques DELARUE, *Histoire de la Gestapo, opus cit.*, p.31.

[350] Fritz TOBIAS, *Der Reichstagsbrand. Legende und Wirklichkeit, opus cit.*

[351] *Ibid.*, ainsi que Walther HOFER (dir), *Der Reichstagsbrand. Eine wissenschaftliche Dokumentation, opus cit.* et Benjamin CARTER HETT, *Burning the Reichstag. An investigation into the Third Reich's enduring mystery, opus cit.*, et *Protokoll der Vernehmung Lubbes am 1. März 1933* (procès-verbal d'interrogatoire de van der Lubbe).

[352] Protokoll der Vernehmung Lubbes am 1. März 1933 (procès-verbal d'interrogatoire de van der Lubbe).

[353] Walther HOFER (dir), *Der Reichstagsbrand. Eine wissenschaftliche Dokumentation, opus cit.,* ainsi que Nico JASSIES, *Marinus van der Lubbe et l'incendie du Reichstag*, *opus cit.*, p.31.

[354] Le Parti fut créé en 1909 sous le nom de Parti social-démocrate (*Sociaal-Democratische Partij*, SDP), par des militants du Parti social-démocrate des ouvriers qui s'étaient rassemblés autour du journal *De Tribune* (d'où leur appellation de « tribunistes »). Le SDP était mené par David Wijnkoop et Herman Gorter. Le *Sociaal-Democratische Partij* s'opposa à la Première Guerre mondiale, puis en 1918

CPN), il était proche des milieux anarchistes et des milieux conseillistes[355] (le parcours et la personnalité de van der Lubbe sont développés dans les chapitres suivants). Son arrestation fut effectuée dans la salle Bismarck par l'inspecteur Scranowitz et l'agent Poeschel[356]. De la propagande communiste fut retrouvée sur lui, ainsi qu'un passeport néerlandais (n° 31896) délivré le 13 mars 1931 par la préfecture de Police de Leyde aux Pays-Bas[357]. Van der Lubbe revendiqua immédiatement son geste qui était selon lui un geste de protestation et d'appel à la mobilisation[358]. Ses mains étaient noircies par le feu[359]. Van der Lubbe fut immédiatement questionné par la police après son arrestation, malgré son fort état d'excitation. Les fonctionnaires de police Helmut Heisig[360] et Walter Zirpins[361] qui procédèrent aux premiers interrogatoires de van der Lubbe et recueillirent ses déclarations furent rapidement convaincus qu'il avait agi seul[362]. Le commissaire Heisig attesta formellement que van der

se renomma Parti communiste de Hollande. Le Parti adhéra à l'Internationale communiste après sa création en 1919. Les partisans du communisme de conseils quittèrent le Parti en 1920, certains créant en 1921 le Parti communiste ouvrier des Pays-Bas. Le Parti fut interdit en 1940 par les nazis, et poursuivit ses activités clandestinement en participant notamment à la résistance intérieure.

[355] Walther HOFER (dir), *Der Reichstagsbrand. Eine wissenschaftliche Dokumentation, opus cit.*

[356] Gilbert BADIA, *Feu au Reichstag ! L'acte de naissance du régime nazi, opus cit.*, p.29.

[357] Fritz TOBIAS, *Der Reichstagsbrand. Legende und Wirklichkeit, opus cit.*

[358] Ian KERSHAW, *Hitler, opus cit.*, p.650.

[359] Gilbert BADIA, *Feu au Reichstag ! L'acte de naissance du régime nazi, opus cit.*, p.31.

[360] Quelques mois après l'arrivée au pouvoir des nazis, Heisig fut l'un des premiers fonctionnaires à avoir été transféré à la Gestapo au printemps 1933. La raison en était peut-être sa connaissance de Rudolf Diels, le premier chef de la Gestapo et ancien collègue de Heisig au département AI. En février-mars 1933, Heisig fut aux côtés de Rudolf Braschwitz, Reinhold Heller et Walter Zirpins, l'un des quatre membres de la commission spéciale créée par Hermann Göring pour enquêter sur l'incendie du Reichstag. Il adhéra au NSDAP en mai 1933.

[361] Fin mars ou début avril 1933, Zirpins fut intégré à la Gestapo, mais il en fut exfiltré le 23 mai 1933 à l'instigation de Rudolf Diels. Selon des informations de source inconnue, donc invérifiable, Zirpins aurait été accusé début mai 1933 par le chef du département de la police du ministère de l'Intérieur de la Prusse, Kurt Daluege, d'avoir employé un espion juif. Cf Walther HOFER, *Der Reichstagsbrand : Eine wissenschaftliche Dokumentation.*

[362] Fritz TOBIAS, *Der Reichstagsbrand. Legende und Wirklichkeit, opus cit.*, ainsi que Hans MOMMSEN, *L'incendie du Reichstag et ses conséquences politiques* in *Le national-socialisme et la société allemande, opus cit.*, p. 112, et Hans MOMMSEN,

Lubbe avait bien prononcé les mots marquants de « fanal » et de « signal » pour enclencher une insurrection ouvrière [363]. Heisig et Levetzow en déduisirent alors qu'il parlait d'un large soulèvement communiste[364]. Les différents interrogatoires de van der Lubbe, mais aussi l'examen des lieux et diverses autres vérifications furent consignés dans le procès-verbal de la police judiciaire du 3 mars 1933. Il est notamment écrit : « La question de savoir si van der Lubbe a accompli cet acte seul devrait pouvoir recevoir sans hésitation une réponse affirmative [365]. » Göring arriva devant le Reichstag vers 21 h 30, peu après le déclenchement de l'alarme de degré dix décidé par les pompiers [366]. La réaction de surprise de Göring face à cet incendie fut confirmée par plusieurs témoins, comme son ordonnance F. M. Jacoby : « Le jour de l'incendie [...], j'étais alors le seul officier d'ordonnance, j'ai porté la nouvelle. J'ai alors été convaincu, et je le suis toujours, que sa surprise était réelle [367]. » Le secrétaire d'État Ludwig Grauert qui se trouvait avec Göring lorsque Jacoby transmit l'information releva la même surprise chez Göring[368]. L'historien Fritz Tobias précise également : « La réaction de Göring fut si claire et convaincante que Grauert, ni à ce moment ni par la suite, n'eut le moindre doute sur l'authenticité de la surprise de Göring [369]. » Le conseiller Reinhold Galle, directeur du Reichstag, s'entretint avec Göring devant le bâtiment en flammes et Grauert recueillit à la volée quelques informations sur les événements en cours [370]. Néanmoins, Göring, d'abord intéressé et désolé par la destruction des tapisseries de grande valeur du bâtiment[371], fut ensuite promptement gagné par l'idée

---

Van der Lubbe Weg in den Reichstag – der Ablauf der Ereignisse in Uwe BACKES et al., *Reichstagbrand. Aufklärung einer historischen Legende,* Munich/Zurich, Piper 1986, p.44-47.

[363] Procès de Leipzig, 2e Sitzungstag (jour de session), p.71 et suivantes.

[364] Hans MOMMSEN, *L'incendie du Reichstag et ses conséquences politiques* in *Le national-socialisme et la société allemande, opus cit.*, p. 146.

[365] Fritz TOBIAS, *Der Reichstagsbrand. Legende und Wirklichkeit, opus cit.*, p.609, annexe 5.

[366] Hans MOMMSEN, *L'incendie du Reichstag et ses conséquences politiques* in *Le national-socialisme et la société allemande, opus cit.,* p. 140.

[367] Déclaration de F.M. Jacoby, 16 février 1961 in Archives Tobias.

[368] Déclaration de Ludwig Grauert, 3 octobre 1957 in Archives Tobias.

[369] Fritz TOBIAS, *Der Reichstagsbrand. Legende und Wirklichkeit, opus cit.*, p.108.

[370] Hans MOMMSEN, *L'incendie du Reichstag et ses conséquences politiques* in *Le national-socialisme et la société allemande, opus cit.*, p.140.

[371] Ian KERSHAW, *Hitler, opus cit.*, p.650, ainsi que Hans MOMMSEN, *L'incendie du Reichstag et ses conséquences politiques* in *Le national-socialisme et la société*

d'un complot communiste, notamment lorsque Grauert lui transmit les présomptions qui pesaient sur les députés communistes Ernst Torgler et Wilhelm Koenen, les derniers politiques à avoir quitté le Reichstag. Par ailleurs, selon Grauert, dès que le mot « incendiaires » fut prononcé, Göring pensa immédiatement à la responsabilité du KPD[372]. Göring déclara en effet à ce sujet devant le tribunal lors du procès de Leipzig : « Lorsque, après m'être arrêté à la chaîne du portier, j'entendis le mot "incendie volontaire" (*Brandstiftung*), ce fut comme si le rideau tombait tout d'une pièce et je voyais clairement la pièce devant mes yeux. À ce moment-là où le mot "incendie volontaire" tomba, je le sus : le coupable, c'est le Parti communiste, il a mis le feu au Reichstag[373]. »

Pour Goebbels également, les communistes étaient derrière cet incendie et il s'agissait d'une « ultime tentative pour semer la confusion par le feu et la terreur afin de s'emparer du pouvoir à la faveur de la panique générale[374] ». Comme le souligne Ian Kershaw, chez les dirigeants nazis, comme chez les membres non nazis du gouvernement national, avait grandi la peur d'un coup de force des communistes avant les élections du 5 mars[375]. Quelques jours auparavant, une perquisition s'était déroulée au siège berlinois du KPD, la *Karl-Liebknecht-Haus*, sous les ordres de l'amiral en retraite Magnus von Levetzow, nommé par Göring[376]. Suite à cette perquisition, Göring déclara à la presse que la police avait découvert au siège du KPD de nombreux documents inquiétants qui semblaient démontrer l'imminence d'actions communistes d'envergure contre des dirigeants politiques, des bâtiments officiels et même des agressions contre des épouses de personnalités[377]. Il faut également noter qu'à Altona, faubourg ouvrier de Hambourg, la police trouva dans les locaux du KPD soixante-dix mitrailleuses, quatre-cents fusils et plus de deux-mille revolvers[378].

---

allemande, opus cit., p. 139.

[372] Procès de Leipzig, déclaration de Ludwig Grauert, confirmée par la déposition de Hermann Göring devant le tribunal, 31e Sitzungstag (jour de session), p.104 et suivantes.

[373] Procès de Leipzig, déposition de Hermann Göring devant le tribunal, 31e Sitzungstag (jour de session), p. 94.

[374] Joseph GOEBBELS, *Vom Kaiserhof zur Reichskanzlei*, Munich 1934, p.269-270 (27 février 1933), ainsi que *Tagebuch Joseph Goebbels*, I, 2, p.383.

[375] Ian KERSHAW, *Hitler, opus cit.*, p.649.

[376] *Ibid.*

[377] *Ibid,* p.650.

[378] Jacques BENOIST-MECHIN, *Histoire de l'armée allemande*, t 1, p.651-652 cité in Henry BOGDAN, *Histoire de l'Allemagne de la Germanie à nos jours*, Paris, Perrin

Toute cette documentation trouvée à Berlin avait été saisie et Göring annonça que tout serait publié et porté à la connaissance des citoyens[379]. Mais ces documents ne furent jamais rendus publics[380]. Depuis plusieurs semaines déjà, les nazis mettaient en garde l'opinion publique au sujet des complots communistes et d'un très fort risque d'une tentative de révolution communiste. Cette campagne devint au fil des jours un véritable leitmotiv rabâché avec une force sans cesse croissante, proche de l'hystérie[381]. D'une certaine manière, ces peurs révélaient le prolongement de la hantise d'une grève générale fomentée par le KPD sur lequel la Reichswehr avait envisagé une action qui avait été un des éléments de la chute de Papen durant l'hiver 1932[382]. Trois jours après la fameuse perquisition au siège du KPD, Göring annonça que cinquante-mille membres de la SA et de la SS étaient désormais engagés comme auxiliaires de police afin de conjurer la menace révolutionnaire communiste[383]. Ces auxiliaires étaient munis d'un simple brassard blanc. Göring leur laissa totale liberté pour remplir leur mission de surveillance et de répression : « Au cours du combat électoral, la police doit employer toutes mesures de force […] et faire usage de ses armes à feu sans en craindre les conséquences […] À partir de maintenant, toute balle tirée du pistolet d'un policier est une balle tirée par moi. Si l'on appelle cela du meurtre, eh bien, c'est moi qui l'ai commis[384]. » Évidemment, suite à de tels propos des dérapages se produisirent[385].

Göring lança à tous les nouveaux arrivants sur les lieux de l'incendie : « C'est le début de l'insurrection communiste, nous allons frapper maintenant ! Il n'y a pas une minute à perdre[386]. » L'excitation

---

2003, p.375.

[379] Karl BRACHER, *Die nazionalsozialistische Machtergreifung*, Francfort/Berlin/Vienne, Ullstein 1974, vol.1, p.123-124.

[380] *Ibid.*

[381] Heinrich WINKLER, *Histoire de l'Allemagne, XIXe-XXe siècle : le long chemin vers l'Occident, opus cit.*, p.475.

[382] Ian KERSHAW, *Hitler, opus cit.*, p.650.

[383] François KERSAUDY, *Herman Göring*, Paris, Perrin 2009, p.143 et Johann CHAPOUTOT, Christian INGRAO, *Hitler, opus cit.*, p.111-112.

[384] *Ibid.*

[385] Richard J. EVANS, *Le Troisième Reich : L'avènement, opus cit.*, p.424-429.

[386] Rudolf DIELS, *Lucifer ante portas: von Severing bis Heydrich*, 1950, p.194. Les propos de Göring sont globalement confirmés par Sefton Delmer : Sefton DELMER, *Die Deutschen und ich*, Nannen 1962, p.190.

de Göring contamina tous les officiels présents sur place et fit l'effet d'une traînée de poudre. Cette version du complot communiste mise en avant par Göring provenait de la jonction de deux faits essentiels dont l'un se révéla finalement erroné tandis que l'autre relevait d'une interprétation sujette à caution[387]. Tout d'abord, les premiers avis des pompiers, policiers, fonctionnaires et différents témoins qui intervinrent et qui, impressionnés par l'ampleur de l'incendie et la rapidité de sa propagation estimèrent dans l'instant, sans aucun recul et en proie à de vives émotions, qu'un homme seul ne pouvait en être le responsable[388]. Toutes les personnes présentes sur place cette nuit-là ignoraient que compte tenu de sa grande hauteur et des appels d'air dont bénéficia le feu – hormis les pompiers probablement –, la salle des débats devint une imposante cheminée qui permit à l'incendie de prendre des proportions gigantesques [389]. De ces proportions phénoménales, des déclarations erronées jaillirent dans la bouche de certains témoins, comme celle de l'inspecteur Alexander Scranowitz qui estima que six à huit personnes avaient participé à la mise à feu du Reichstag[390]. Ces affirmations erronées allaient bien entendu contribuer très largement à orienter les conclusions des experts et des différents intervenants[391]. Cette thèse de plusieurs incendiaires fut le centre de l'argumentation des nazis contre les communistes, mais également celui des communistes contre les nazis[392]. Elle devint vérité absolue et fut intouchable [393]. Elle se propagea même jusqu'aux experts qui travaillèrent sur le dossier (nous y reviendrons dans les chapitres suivants) et qui partirent du seul postulat d'un groupe d'incendiaires sans même rechercher si la thèse d'un seul incendiaire était crédible ou non[394]. Ensuite, vinrent s'ajouter les témoignages – dès les minutes qui suivirent l'arrivée de Göring – relatifs au départ du Reichstag juste

---

[387] Hans MOMMSEN, *L'incendie du Reichstag et ses conséquences politiques* in *Le national-socialisme et la société allemande, opus cit.*

[388] *Ibid.*

[389] *Ibid.*, p.112.

[390] Fritz TOBIAS, *Der Reichstagsbrand. Legende und Wirklichkeit, opus cit.*, p.295 et suivantes ; dossier Sack, vol. I, p.27 et suivantes.

[391] Hans MOMMSEN, *L'incendie du Reichstag et ses conséquences politiques* in *Le national-socialisme et la société allemande, opus cit.*, p.112.

[392] Fritz TOBIAS, *Der Reichstagsbrand. Legende und Wirklichkeit, opus cit.*,

[393] Hans MOMMSEN, *L'incendie du Reichstag et ses conséquences politiques* in *Le national-socialisme et la société allemande, opus cit.*

[394] *Ibid.*, ainsi que Fritz TOBIAS, *Der Reichstagsbrand. Legende und Wirklichkeit, opus cit.*,

avant le déclenchement de l'incendie des députés communistes Ernst Torgler et Wilhelm Koenen [395] . À cela s'ajouta la propagande communiste retrouvée sur van der Lubbe. Ces instants cruciaux déterminèrent la suite de l'affaire de l'incendie du Reichstag. Tout se joua en effet durant ces quelques minutes et tout le reste en découla. Le témoignage de Martin Sommerfeldt[396], chef du service de presse de Göring, confirma le calme affiché par Göring dans un premier temps : « Entouré d'officiers de pompiers et de police, il [Göring] se tenait au milieu du hall d'entrée enfumé, [...] j'avais l'impression que cet incendie l'avait affecté, mais qu'il n'y attachait pas une importance exagérée. Avec calme et concision, il m'a chargé de recueillir auprès des pompiers et des policiers engagés dans l'action toutes informations sur les causes et les effets de l'incendie, et de lui soumettre ensuite un rapport au ministère pour publication officielle[397]. » Peu après, tout bascula et l'histoire s'emballa. Les communistes étaient déjà depuis longtemps pour les nazis l'ennemi à abattre, nous l'avons vu, et Göring le confirma lors du procès de Nuremberg en 1946 : « Quiconque s'était occupé un tant soit peu de la situation allemande, que ce soit à l'étranger ou à l'intérieur, savait très bien qu'il ne pouvait subsister le moindre doute sur le fait que nous devions, aussi vite que possible, en finir avec le Parti communiste. C'était une conséquence absolument nécessaire ; ce parti devait être interdit. Nous étions convaincus que si le Parti communiste, qui était le plus fort après le nôtre, avait obtenu le pouvoir, il n'aurait certainement pas pris de nationaux-socialistes dans son cabinet, ni ne les aurait tolérés nulle part. Nous savions que nous aurions été éliminés d'une manière complètement différente[398]. »

Pour sa part, Hitler fut sur place vers 22 h 30, soit environ une heure après Göring[399]. Il fut accueilli par Göring devant la salle des pas

---

[395] Gilbert BADIA, *Feu au Reichstag ! L'acte de naissance du régime nazi, opus cit.*

[396] Martin Sommerfeldt fut nommé le 17 février 1933 au Conseil supérieur du bureau de presse alors dirigé par Herbert von Bose (1893-1934) au ministère d'État prussien. Avant même l'arrivée au pouvoir des nationaux-socialistes, il publia une biographie populaire du président du Reichstag, Hermann Göring. Ensuite, Bose travailla pour Papen et Sommerfeldt fut alors nommé nouveau chef du bureau de presse du ministère de Prusse. En tant que chef de la presse de Göring, il écrivit une autre biographie du politicien nazi en 1933. En mai 1934, Sommerfeldt fut transféré dans un autre service.

[397] François KERSAUDY, *Hermann Göring, opus cit.*, p.144.

[398] Minutes du procès de Nuremberg, tribunal militaire international, 80e journée, mercredi 13 mars 1946, audience de l'après-midi, interrogatoire d'Hermann Göring par son avocat le Dr Stahmer.

[399] Walther HOFER (dir), *Der Reichstagsbrand. Eine wissenschaftliche*

perdus, derrière le portail II[400]. Hitler était accompagné de Goebbels, mais aussi de Sepp Dietrich, chef de la garde personnelle de Hitler, de Karl Ernst, officier de la SA et de Heinrich Hoffmann, le photographe officiel de Hitler[401]. Le fils du Kaiser, August-Wilhelm[402], arriva ensuite. Un très grand nombre de journalistes furent aussi rapidement sur les lieux de l'incendie, mais seul le journaliste anglais Sefton Delmer qui accompagnait Adolf Hitler pendant la campagne électorale en cours fut autorisé à pénétrer à l'intérieur du bâtiment[403]. Dans un premier temps, Hitler sembla douter que l'incendie fût l'œuvre des communistes[404]. Mais, finalement, il se laissa persuader de désigner à son tour un complot communiste[405]. Göring lui communiqua rapidement la présence des deux députés communistes présents dans le Reichstag très peu de temps avant le début de l'incendie[406]. Göring persistait dans sa version du complot communiste prélude au large soulèvement tant redouté[407]. Hitler demanda à Göring si les autres édifices publics de la capitale étaient bien gardés[408]. Göring répondit alors : « J'ai pris toutes les mesures de sécurité nécessaires. Toute la police est en état d'alerte. Nous sommes parés[409]. » De même, Göring avait immédiatement fait renforcer les contrôles dans les aéroports, les

---

Dokumentation, opus cit., ainsi que Ian KERSHAW, *Hitler, opus cit.*, p.650.

[400] Hans MOMMSEN, *L'incendie du Reichstag et ses conséquences politiques* in *Le national-socialisme et la société allemande, opus cit.,* p.141.

[401] Ian KERSHAW, *Hitler, opus cit.*, p.650

[402] Auguste-Guillaume de Hohenzollern. En 1933, August-Wilhelm de Prusse était député au Reichstag, en tant que membre du NSDAP. Le prince allemand était un nazi convaincu, faisant des discours et écrivant des articles servant le nazisme. En 1934, lors de l'affaire Ernst Röhm, il fut mis à l'écart, puis il fut nommé SA *Obergruppenführer* en juin 1939, mais perdit les faveurs de Hitler.

[403] François DELPLA, *Le terrorisme des puissants : de l'incendie du Reichstag à la nuit des longs couteaux* in *Guerre et Histoire*, n°7, septembre 2002 « un siècle de terrorisme ». L'article est aussi disponible en ligne sur le site de l'auteur. www.delpla.org

[404] Sefton DELMER, *Trail Sinister, an autobiography*, Londres, MacDonald, 1961, p.187-189.

[405] Ian KERSHAW, *Hitler, opus cit.*, p.650

[406] Hans MOMMSEN, *Van der Lubbe Weg in den Reichstag – der Ablauf der Ereignisse, opus cit.,* p.47-48 ainsi que Hans MOMMSEN, *L'incendie du Reichstag et ses conséquences politiques* in *Le national-socialisme et la société allemande, opus cit.,* p.384.

[407] *Ibid.*, ainsi que Rudolf DIELS, *Lucifer ante Portas, opus cit.*, p.194.

[408] Sefton DELMER, *Trail Sinister, an autobiography*, *opus cit.*, p.187-189.

[409] *Ibid.*

gares et aux frontières de l'Allemagne[410]. Le journaliste anglais Sefton Delmer présent sur les lieux récolta alors une confidence d'Alfred Rosenberg[411], l'idéologue nazi : « J'espère seulement que nos gens n'ont rien à voir là-dedans. Ce serait vraiment la sottise dont certains seraient capables[412]. » Le même Delmer précisa : « Je suis convaincu que Hitler ne jouait pas la comédie. Göring et lui-même redoutaient un coup d'État communiste[413]. » Et Rudolf Diels, chef de la police politique berlinoise confirma : « L'explosion de colère de Hitler n'était pas jouée[414]. » Diels joua un rôle non négligeable dans cette affaire. Il arriva sur place en même temps que Heinrich Schnitzler[415]. Il obtint quelques informations sur la situation, apprit l'arrestation de van der Lubbe et décida d'assister au premier interrogatoire du supposé incendiaire[416]. Il fut même l'un des principaux interrogateurs de Marinus van der Lubbe. Diels n'était pas spécialement proche des nazis à la base. Il rejoignit le ministère de l'Intérieur prussien en 1930. En 1932, il fut promu conseiller dans la police politique prussienne – « section IA » – pour lutter à la fois contre les nazis et les communistes[417]. Quand Hitler accéda au pouvoir, Diels était à la tête de la police politique prussienne à Berlin. Lorsque Göring devint ministre-président de Prusse le 11 avril 1933, il fut impressionné par le travail de Diels et conforté par son récent engagement dans le parti nazi. Dès avril, il le nomma à la tête de la nouvelle section de la police prussienne chargée des crimes politiques, le « département 1A », rapidement renommée Gestapo (*Geheime Staatspolizei* ou police secrète d'État). Diels attira rapidement l'attention des rivaux politiques de Göring : Heinrich Himmler, le chef de la SS, et Reinhard Heydrich, son fidèle et efficace adjoint, qui avaient pour objectif de prendre progressivement le contrôle de l'appareil policier allemand. Ainsi, Himmler révoqua Diels le 1er avril 1934 et le remplaça rapidement par Heydrich. En outre, Himmler et Heydrich inscrivirent Diels sur la liste des personnes à assassiner lors de la Nuit des longs couteaux à la fin juin 1934 : Diels

---

410 Nico JASSIES, *Marinus van der Lubbe et l'incendie du Reichstag, opus cit.*, p.39.
411 Ernst PIPER, *Alfred Rosenberg. Hitlers Chiefideologe*, Munich, Pantheon, 2007.
412 Sefton DELMER, *Die Deutschen und Ich, opus cit.*, p.188.
413 Sefton DELMER, *Trail Sinister, an autobiography*, *opus cit.*, p.187-189.
414 Rudolf DIELS, *Lucifer ante Portas, opus cit.*
415 Hans MOMMSEN, *L'incendie du Reichstag et ses conséquences politiques* in *Le national-socialisme et la société allemande, opus cit.*, p.140.
416 Rudolf DIELS, *Lucifer ante Portas, opus cit.*, p.192 ainsi que Fritz TOBIAS, *Der Reichstagsbrand. Legende und Wirklichkeit, opus cit.*, p.66.
417 Ewan BUTLER, Gordon YOUNG, *Göring tel qu'il fut*, Paris, Fayard 1952, p. 143.

n'échappa à la mort que grâce à l'intervention de Göring, son protecteur[418].

Le vice-chancelier Papen fut accueilli dans un couloir gravement endommagé par Göring qui lui lança : « Ça ne peut être qu'un attentat contre le nouveau gouvernement[419]. » Papen approuva l'affirmation de Göring[420], puis il engagea ensuite la conversation avec Hitler qui déclara : « C'est un signe de Dieu, monsieur le vice-chancelier. Si cet incendie, comme je le crois est l'œuvre des communistes, nous devons bien entendu exterminer cette peste meurtrière avec une poigne de fer[421] ! » Papen était convaincu que le feu était une démonstration politique[422]. Nous l'avons vu, Goebbels se rangea également à cet avis et ajouta dans son journal : « Le feu est parti de trente foyers différents. Allumés par la Commune. Göring complètement furieux. Hitler est en rage[423]. » Les alliés conservateurs des nazis réagirent globalement de la même manière. Ainsi, lorsque le ministre des Finances, Schwerin von Krosigk, qui participait ce soir-là à un dîner donné à l'ambassade de France, apprit les événements il s'exclama au plus grand étonnement de tous : « Dieu soit loué[424] ! » Schwerin von Krosigk avait visiblement envie d'en découdre avec les communistes. Plus tard, Hitler fut informé par Rudolf Diels des premières conclusions de l'interrogatoire de van der Lubbe[425]. La police s'orientait vers l'action esseulée d'un homme « détraqué[426] » (*einen Verrückten*). Hitler, passablement énervé, lui répondit vertement que c'était une action préparée depuis longtemps[427]. Le chancelier n'était plus alors en mesure d'écouter le rapport de Diels[428]. Hitler hurla qu'il fallait pendre immédiatement les députés

---

[418] Didier CHAUVET, *Hitler et la Nuit des longs couteaux :la Sturmabteilung (SA) décapitée, opus cit.*

[419] Franz von PAPEN, *Mémoires, opus cit.*, p. 198.

[420] *Ibid.*

[421] Hans MOMMSEN, *L'incendie du Reichstag et ses conséquences politiques* in *Le national-socialisme et la société allemande, opus cit.,* p.384, ainsi que Sefton DELMER, *Trail Sinister, an autobiography*, *opus cit.*, p.189.

[422] Franz von PAPEN, *Mémoires, opus cit.*, p. 198.

[423] Joseph GOEBBELS, *Journal 1933-1939, opus cit.*, entrée du 28 février 1933.

[424] André FRANCOIS-PONCET, *Souvenirs d'une ambassade à Berlin, septembre 1931-octobre 1938*, Paris, Flammarion 1946, p.92.

[425] Rudolf DIELS, *Lucifer ante Portas, opus cit*, p.193.

[426] Thomas RAITHEL, Irène STRENGE, *Die Reichstagbrandverordnung. Grundlegüng der Diktatur mit Instrumenten des Weimarer*. Ausnahnezustands Vierteljahrshefte fur Zeitgeschichte 2000, p.413-460.

[427] Ian KERSHAW, *Hitler, opus cit.*, p.651.

[428] Rudolf DIELS, *Lucifer ante Portas, opus cit.*, p.193.

communistes et se montrer également implacables envers les sociaux-démocrates et le Reichsbanner de la coalition de Weimar[429]. Hitler bascula cette nuit-là d'une ligne plutôt pseudo-légaliste qui se voulait modérée pour l'extérieur à une attitude faite d'actes beaucoup plus totalitaires. Selon Diels, qui avait croisé Hitler et sa suite dans une tribune qui donnait sur la salle des débats, Hitler s'écria dans le détail : « Maintenant, il n'y a plus de pitié, quiconque se met en travers de notre chemin sera abattu [...] Tout permanent communiste sera exécuté sur place. Il faut que les députés communistes soient pendus d'ici la fin de cette nuit. Il faut arrêter tous ceux qui sont alliés aux communistes. Envers les sociaux-démocrates et le Reichsbanner aussi, à partir de maintenant, il n'y aura plus de clémence[430]. » À l'origine, Diels était persuadé que van der Lubbe était bel et bien le seul incendiaire[431]. Puis, au fur et à mesure, il se laissa lui aussi gagner par le fameux complot communiste. Il entreprit lui-même une enquête « scientifique », et il fut souvent questionné après la guerre à ce sujet[432] : « Ce qui m'intéressa très tôt dans l'affaire, ce fut la naissance et le développement du phénomène de propagande qui fit des nazis les incendiaires, en tant que contribution à la "théorie de la rumeur créatrice de l'histoire[433]"... » Martin Sommerfeldt fit état dans une note du 23 septembre 1955[434] qu'au début 1943, Diels aurait évoqué cent membres de la SA assassinés qui, sous les ordres de Goebbels, auraient participé à l'incendie du Reichstag. Cependant, tout cela est fort peu crédible au regard de l'ensemble des éléments de l'affaire et entre en contradiction complète avec ce que Diels déclara précédemment sur cette affaire. Rapidement, Göring interdit à Diels de se mêler de l'enquête[435]. Dans une déclaration faite en 1946, Diels affirma : « Je n'avais rien à voir avec l'incendie du Reichstag, et lorsque j'ai voulu intervenir dans

---

[429] Rudolf DIELS, *Lucifer ante Portas, opus cit.,* p.194-195 ainsi que Hans MOMMSEN, *L'incendie du Reichstag et ses conséquences politiques* in *Le national-socialisme et la société allemande, opus cit,* p.362, 385 et note 143, et Fritz TOBIAS, *Der Reichstagsbrand. Legende und Wirklichkeit, opus cit.,* p.112.

[430] Rudolf DIELS, *Lucifer ante Portas, opus cit.,* p.193-194, ainsi que Fritz TOBIAS, *Der Reichstagsbrand. Legende und Wirklichkeit, opus cit.,* p.94 et suivantes et p.624.

[431] Hans MOMMSEN, *L'incendie du Reichstag et ses conséquences politiques* in *Le national-socialisme et la société allemande, opus cit,* p.102.

[432] *Ibid.*

[433] IfZ Zeugenschrifttum Reichstagsbrand A-7, lettre de Diels du 6 juin 1955.

[434] IfZ Zeugenschrifttum Reichstagsbrand A-7.

[435] Hans MOMMSEN, *L'incendie du Reichstag et ses conséquences politiques* in *Le national-socialisme et la société allemande, opus cit,* p.118.

l'enquête, Göring m'a explicitement interdit de le faire, car le bureau du procureur en était exclusivement responsable[436]. » Il confirma sa déclaration dans son livre : « Göring a utilisé les commissaires Heller, Braschwitz, Zirpins et Heisig comme groupe spécial chargé de l'enquête. Je n'étais pas autorisé à donner des instructions à ces fonctionnaires. Ils étaient automatiquement devenus des "agents auxiliaires de la *Reichsanwaltschaft*" (barreau impérial) avec le début de l'enquête. Göring s'est entretenu personnellement et fréquemment avec ces fonctionnaires et le procureur en chef[437]. » Le compte rendu de Diels pour la nuit de l'incendie est corroboré par la description des faits de Schnitzler, présent lui aussi à ce moment-là : « Diels a qualifié de "surexcitée" et d'"incontrôlée" la première conversation dans le Reichstag en feu, au cours de laquelle les nationaux-socialistes prirent ou plutôt proclamèrent les premières mesures sans les avoir réfléchies ni clairement mûries. Hitler finit par sortir d'une sorte de catalepsie pour se lancer dans une interminable et furieuse diatribe contre les "sous-hommes communistes". Pour lui, il n'était même plus nécessaire de disposer de l'ombre d'une preuve et qu'en "mettant le feu de façon sacrilège à un monument allemand, les communistes avaient allumé le signal de l'action de masse qu'ils avaient annoncée à grand fracas". Hitler avait sérieusement exigé de pendre tous les députés communistes[438]. » La similitude entre les versions de Diels et Schnitzler infirme l'hypothèse selon laquelle les arrestations n'auraient été décidées qu'au cours de la réunion au ministère de l'Intérieur de Prusse[439].

Peu après, une brève réunion d'urgence qui s'acheva vers 23 heures fut organisée au domicile de Göring[440]. Les principaux dirigeants du pays étaient présents : Hitler, Göring, Goebbels, Frick, Papen, Herbert von Bismarck, secrétaire d'État au ministère de l'Intérieur prussien, et les principaux chefs de la police tels l'amiral Magnus von Levetzow, préfet de police de Berlin, Ludwig Grauert, un intime de Göring, directeur au ministère, Kurt Daluege, SS et général

---

436 Archives fédérales de Coblence, Z 42 IV / 1960.

437 Rudolf DIELS, *Lucifer ante Portas, opus cit.*

438 Heinrich Schnitzler, 1949, f.2, in Hans MOMMSEN, *L'incendie du Reichstag et ses conséquences politiques* in *Le national-socialisme et la société allemande, opus cit,* p.143.

439 *Ibid.*, p.143.

440 Ian KERSHAW, *Hitler, opus cit.*, p.651.

de la police prussienne, le maire de Berlin Heinrich Sahm[441] et Heinrich von Helldorf, chef de la SA de Berlin[442]. Hitler était toujours dans un état proche de l'hystérie[443]. Finalement, Göring transmit en suivant à Diels une multitude d'instructions et notamment la mise en alerte maximale de la police et de ses auxiliaires, l'arrestation massive des communistes et des sociaux-démocrates ainsi que l'autorisation d'user des armes sans retenue si nécessaire pour parvenir aux résultats escomptés[444]. Cependant, l'ordre donné par Göring d'arrêter tous les fonctionnaires sociaux-démocrates fut omis lors de la transmission du télex[445]. À 23 h 15, Hitler dirigea une réunion montée à la hâte au sein du ministère de l'Intérieur prussien[446]. L'ordre du jour était les conséquences pour la sécurité de la Prusse. Au cours de cette réunion, une proposition d'un décret d'urgence pour la Prusse pour réprimer de manière plus sévère les incendies volontaires et les actes terroristes fut faite par Ludwig Grauert, farouchement convaincu de l'implication des communistes dans l'incendie du Reichstag[447]. Grauert mit d'ailleurs immédiatement en cause les députés communistes Ernst Torgler et

---

[441] Heinrich Sahm devint bourgmestre-gouverneur de Berlin le 14 avril 1931, et en même temps, il fut président de la Deutscher Städtetag (Association des villes allemandes). Sous la pression de plus en plus forte des nazis, il essaya de conserver la démocratie puis collabora en devenant membre du NSDAP en novembre 1933 et exclut les communistes. En 1935, le NSDAP l'accusa d'avoir fait des achats chez des commerçants juifs mais ce procès fut finalement abrogé à la demande expresse de Hitler. Le 18 décembre 1935, Sahm démissionna puis fut nommé le 11 mai 1936 ambassadeur d'Allemagne à Oslo. Il fut ensuite rappelé en 1939 par le ministre des Affaires étrangères Joachim von Ribbentrop. Cf Joachim LILLA, *Der Preußische Staatsrat 1921–1933. Ein biographisches Handbuch.* Mit einer Dokumentation der im „Dritten Reich" berufenen Staatsräte. Droste Verlag, Düsseldorf 2005, p. 234-235., ainsi que Heinrich SPRENGER, *Heinrich Sahm: Kommunalpolitiker und Staatsmann,*1969.

[442] Ian KERSHAW, *Hitler, opus cit.*, p.651, ainsi que Rudolf DIELS, *Lucifer ante Portas, opus cit.,* p.194 et Fritz TOBIAS, *Der Reichstagsbrand. Legende und Wirklichkeit, opus cit.*, p.112.

[443] *Ibid.*(Kershaw)

[444] Rudolf DIELS, *Lucifer ante Portas, opus cit.,* p.195 et Hans MOMMSEN, *L'incendie du Reichstag et ses conséquences politiques* in *Le national-socialisme et la société allemande, opus cit.,*p.362 et 386.

[445] Ian KERSHAW, *Hitler, opus cit.*, p.1012.

[446] *Ibid.,* p.651, ainsi que Hans MOMMSEN, *L'incendie du Reichstag et ses conséquences politiques* in *Le national-socialisme et la société allemande, opus cit.,* p.148.

[447] Hans MOMMSEN, *L'incendie du Reichstag et ses conséquences politiques* in *Le national-socialisme et la société allemande, opus cit.,*p. 389-390.

Wilhelm Koenen qui quittèrent en dernier le Reichstag, sur la base des témoignages des employés Wilhelm Hornemann et Robert Kohls qui attestèrent les faits[448]. La mise en cause de Torgler et Koenen s'étoffa aussi sur la base des témoignages des députés nazis Berthold Karwahne, Kurt Frey et du nazi autrichien Stefan Kroyer qui affirmèrent quelques jours après l'incendie avoir vu Torgler en compagnie de van der Lubbe avant le 27 février 1933[449]. Or, ces témoignages étaient complètement faux[450]. Ces députés nazis avaient décidé de dénoncer Torgler après avoir entendu à la radio que Torgler et Koenen avaient quitté « furtivement » le Reichstag peu avant l'incendie[451]. Ils voulaient ainsi donner davantage d'épaisseur à l'accusation. Göring évoqua le contenu de cette réunion au ministère de l'Intérieur prussien lors de son témoignage devant le tribunal de Leipzig pour le procès de l'incendie du Reichstag : « Nous y avons à nouveau discuté de toute la situation. Il a été décidé sans hésitation que je suspendrais [...] mes réunions électorales. Car il est clair que je ne puis quitter Berlin dans une telle atmosphère[452]. » Selon le témoignage de l'officier de police judiciaire Reinhold Heller[453], cette réunion permit d'ordonner officiellement les arrestations décidées auparavant à la hâte et de délimiter le champ d'action[454]. Les mandats d'arrêt furent reproduits dans les toutes premières heures du 28 février 1933, comme

---

[448] Déclaration de Ludwig Grauert du 3 octobre 1957 (Archives Tobias), Cf Fritz TOBIAS, *Der Reichstagsbrand. Legende und Wirklichkeit, opus cit.*, p.110. Voir aussi sur le témoignage de Wilhelm Hornemann : Gilbert BADIA, *Feu au Reichstag ! opus cit.*, p.138.

[449] Hans MOMMSEN, *L'incendie du Reichstag et ses conséquences politiques* in *Le national-socialisme et la société allemande, opus cit.*,p. 114.

[450] Fritz TOBIAS, *Der Reichstagsbrand. Legende und Wirklichkeit, opus cit.*, p.294.

[451] *Ibid.*, ainsi que Procès de Leipzig, 24e Sitzungstag (jour de session) p.164 et suivantes, 25e Sitzungstag (jour de session), p.242 et suivantes.

[452] Procès de Leipzig, 31e Sitzungstag (jour de session), p.106.

[453] Reinhold Heller fut intégré à la Gestapo au printemps 1933 par l'intermédiaire de Rudolf Diels. Les deux hommes se connaissaient déjà grâce à leur travail commun dans la division IA, et cette connaissance fut probablement la raison de la nomination de Heller à la Gestapo. En tant qu'expert du marxisme et de ses réseaux, Heller joua un rôle important en éliminant ces réseaux et en démantelant leurs structures organisées. En février 1933, Heller fut l'un des responsables de l'action et de l'occupation du siège des communistes à Berlin. Il fut choisit par Göring avec Rudolf Braschwitz, Helmut Heisig et Walter Zirpins au sein de la commission spéciale d'enquête sur l'incendie du Reichstag. Il adhéra au NSDAP en mai 1933. Cf Gerhard PAUL, Klaus-Michael MALLMANN (dir.), *Die Gestapo. Mythos und Realität.* Darmstadt, Primus-Verlag 1996.

[454] Procès de Leipzig, 46e Sitzungstag (jour de session), p.60 et suivantes.

le démontre l'ordre d'écrou contre Ernst Torgler[455]. Suite à sa première proposition, Ludwig Grauert revint à la charge et se fit plus précis. Il proposa pour faire entrer les arrestations dans un cadre légal de publier une « ordonnance d'exception contre les incendies et autres actes de terreur[456] ». Mais la proposition de Grauert ne visait que la Prusse à ce moment-là[457], nous l'avons vu plus haut.

Une fois la réunion achevée, Hitler se rendit en compagnie de Goebbels au siège de la rédaction berlinoise du journal nazi *Völkischer Beobachter*[458] (*L'Observateur populaire*). La chaîne d'impression qui était lancée fut alors arrêtée afin de changer la une du journal[459]. L'édition destinée au sud de l'Allemagne était déjà en cours d'acheminement, mais il était encore temps de modifier celle de Berlin et du nord de l'Allemagne[460]. Hitler et Goebbels décidèrent d'écrire pour la une du journal un éditorial offensif et accusateur[461]. Ce texte fut

---

455 Hans MOMMSEN, *L'incendie du Reichstag et ses conséquences politiques* in *Le national-socialisme et la société allemande, opus cit.*, p.148 (Archives Tobias). L'ordre d'écrou est un acte par lequel, en exécution d'une décision judiciaire (ordonnance de placement en détention provisoire, jugement ou arrêt de condamnation, mandats de dépôt ou d'arrêt, mandat d'amener s'il doit être suivi d'une incarcération), les magistrats ordonnent à un établissement pénitentiaire de procéder à votre écrou.

456 *Idid.* Déclaration de Ludwig Grauert du 3 octobre 1957 (Archives Tobias).

457 *Idid.*

458 Le *Völkischer Beobachter* fut l'organe de presse officiel du NSDAP de 1920 à 1945. Paru à l'origine sous le titre : *Münchener Beobachter* (*L'Observateur de Munich*), le journal devint le *Völkischer Beobachter* en 1919. En grandes difficultés financières, l'hebdomadaire fut racheté en décembre 1920 par le NSDAP à travers l'acquisition du *Franz-Eher-Verlag*, une maison d'édition dont dépendait le journal, et grâce à des fonds de l'armée fournis par l'officier Franz von Epp. Hitler en fit l'organe officiel du Parti. La gestion du journal fut placée sous la responsabilité contrôlée de Max Amann, intime de Hitler et trésorier du parti, qui dirigea ensuite la Chambre de la presse du Reich (*Reichspressekammer*). Dietrich Eckart dirigea la rédaction du journal jusqu'à son décès en 1923. Alfred Rosenberg (1923-1938), puis Wilhelm Weiss (1938-1945), lui succédèrent. À partir du 8 février 1923, le journal devint un quotidien. Après le putsch de la Brasserie, le 8 novembre 1923, il cessa de paraître jusqu'au 26 février 1925. Le journal disparut définitivement à la fin avril 1945, quelques jours avant la capitulation allemande.

459 Hans MOMMSEN, *L'incendie du Reichstag et ses conséquences politiques* in *Le national-socialisme et la société allemande, opus cit.*, p.149 ainsi que Joseph GOEBBELS, *Vom Kaiserhof zur Reichskanzlei*, *opus cit.*, p.270.

460 *Ibid.*

461 Joseph GOEBBELS, *Vom Kaiserhof zur Reichskanzlei, opus cit.*, p.270 et *Tagebuch Joseph Goebbels, I, 2, p.383,* ainsi que Hans MOMMSEN, *L'incendie du Reichstag et ses conséquences politiques in Le national-socialisme et la société*

rédigé dans le feu de l'action, sans bien entendu ni recul ni préparation[462] : « Cet incendie volontaire est le monstrueux acte de terrorisme du bolchevisme en Allemagne. Parmi les centaines de kilogrammes de documents sur l'activité dévastatrice [des communistes] qui sont tombés entre les mains de la police lors de la perquisition effectuée au *Karl-Liebknecht-Haus* [siège du KPD à Berlin], se trouvent des instructions pour le déclenchement de la terreur communiste selon le modèle bolchevique[463] [...]. »

Mais les nazis ne furent pas les seuls à croire à un début de soulèvement communiste. Ainsi, aux Pays-Bas, lorsque l'information sur l'incendie du Reichstag commença à circuler, plusieurs scènes de liesse se produisirent à Amsterdam dans les milieux communistes où l'on croyait fermement à la naissance de l'insurrection de la classe ouvrière[464].

À une heure du matin, Martin Sommerfeldt pénétra dans le bureau de Göring afin de lui remettre le rapport qu'il lui avait demandé de lui fournir devant le Reichstag en flammes. Göring en prit connaissance et entièrement plongé dans son obsession du grand soir communiste lança vertement à Sommerfeldt qu'il lui interdisait d'imaginer que les événements se fussent produits autrement : « C'est de la merde, ça ! C'est un rapport de police [...] mais pas un communiqué politique[465]. » Après quoi, il se saisit d'un crayon de couleur de grande dimension et entreprit de modifier à sa guise le texte en multipliant tous les chiffres par dix, avant de dicter le texte amplement retouché à une secrétaire[466]. Il faut préciser que Goebbels transmit de nombreuses informations à l'*Amtliches Depeschenbüro* (agence de presse officielle) et que Göring ne voulait pas être en retrait en publiant un texte trop fade[467]. Sommerfeldt rassembla également plus tard tout un dossier pour Göring avec les avis des pompiers,

---

allemande, opus cit., p.390.

462 *Ibid.*

463 *Völkischer Beobachter,* 28 février 1933.

464 Nico JASSIES, *Marinus van der Lubbe et l'incendie du Reichstag, opus cit.*, p.39-40.

465 François KERSAUDY, *Hermann Göring, opus cit.*, p.144.

466 *Ibid.*

467 Martin SOMMERFELDT, *Ich war dabei. Die Verschwörung der Dämonen 1933–1939. Ein Augenzeugenbericht,* Darmstadt, Drei Quellen 1949, p. 31. Cf compte-rendu du Wolffs Telegraphisches Bureau, WTB, du 28 février 1933, 2e édition du matin in Fritz TOBIAS, *Der Reichstagsbrand. Legende und Wirklichkeit, opus cit.,* annexe 14.

policiers et de Heinrich Schnitzler[468], subordonné de Diels, qui ne contredisait pas le rapport de la police du 3 mars 1933. Sommerfeldt laissait ouverte la question sur d'éventuels complices tant cette option était envahissante, mais il n'y croyait pas[469].

Heinrich Schnitzler diffusa l'ordre aux stations radio de la police de procéder immédiatement à l'arrestation des députés communistes au Reichstag, mais également dans les Landtag[470]. Il précisa de plus d'arrêter de la même façon les conseillers municipaux communistes, l'ensemble des permanents et d'interdire la presse communiste[471]. Peu avant, le ministère de l'Intérieur de Prusse avait donné par radio la consigne particulière aux autorités policières du secteur ouest de saisir tous les tracts et publications du KPD et du SPD[472]. Il était demandé aussi de mettre en alerte locale les permanences de police, de rappeler la police auxiliaire et de procéder à « une opération de perquisition complète et par surprise chez tous les permanents communistes[473] ». Göring expliqua devant le tribunal de Leipzig lors du procès de l'incendie du Reichstag, qu'il avait dans un premier temps envisagé de ne s'appuyer que sur la SA et la SS pour mener ces actions contre les communistes, mais que, finalement, il avait opté également pour la mobilisation des forces classiques : « Tout d'abord, je ne pouvais pas laisser totalement de côté le nouvel État et, avec lui, tout ce corps de fonctionnaires que je voulais reconstruire, refondre, emplir d'un esprit nouveau ; je ne pouvais le laisser de côté dans cette tâche où il devait être engagé pour la première fois comme organe d'État pour le maintien d'un nouvel État. Cela n'aurait pu qu'ébranler dès le départ la confiance du corps des fonctionnaires en sa nouvelle direction[474]. » Et, de fait, la SA ne prit qu'une part relativement minime aux arrestations qui se

---

[468] Schnitzler est apparu à sa propre demande sous le nom de Wilhelm Schneider dans les livres de Diels et Tobias, Cf Hans MOMMSEN, *National Socialism and German Society*, p. 168. Pour l'historien Walther Hofer, Schnitzler n'est pas un témoin digne de confiance alors que Mommsen et Tobias sont beaucoup plus nuancés.

[469] Martin SOMMERFELDT, *Ich war dabei. Die Verschwörung der Dämonen 1933–1939. Ein Augenzeugenbericht, opus cit.*, p. 25 et suivantes.

[470] Hans MOMMSEN, *L'incendie du Reichstag et ses conséquences politiques* in *Le national-socialisme et la société allemande, opus cit.*, p.145.

[471] *Ibid.*

[472] StA. Oldenburg, Best. 205, Staatspolizei [Schutz, Ordnungspolizei, Aktenband Geheim und « persönliches » du 1er janvier au 29 mars 1933].

[473] *Ibid.*

[474] Procès de Leipzig, 31e Sitzungstag (jour de session), pp. 34-40, p.43, p.52.

déroulèrent à Berlin même et dans sa périphérie[475]. Göring s'expliqua lors du procès de Nuremberg en 1946 sur les changements que les nazis apportèrent dans la police mais aussi dans l'administration après leur arrivée au pouvoir et plus particulièrement après les élections du 5 mars 1933 : « Comme il est de coutume dans d'autres pays, lorsqu'une nouvelle répartition des forces a lieu entre les partis politiques, nous avons dû changer les titulaires des différentes fonctions principales. À côté des ministres, il y avait principalement – je prends la Prusse comme exemple – les présidents des provinces, les présidents des districts administratifs, les présidents de police, les conseillers généraux et je crois également que les directeurs ministériels et les procureurs généraux étaient des fonctionnaires politiques. Voilà donc tracé en gros le cercle des postes qui furent occupés à l'occasion du revirement politique et qui avaient autrefois été partagés entre les partis de la majorité. Mais, à l'inverse de ce qui s'est passé dans d'autres pays, nous ne sommes pas descendus jusqu'au facteur. Nous avons opéré ces mutations et ces changements, mais uniquement dans les fonctions importantes. Malgré cela, nous avons d'abord fait très peu de choses en ce sens. En premier lieu, j'ai prié M. von Papen et ai exigé de lui qu'il me laissât le poste de président des ministres de Prusse, car du fait qu'il n'avait pas de parti derrière lui, il ne pouvait guère entreprendre ces mutations ; il n'y avait que moi ou l'un de nous qui pût y procéder. Nous sommes tout de suite tombés d'accord. À la suite de cela, j'installai des nationaux-socialistes dans une partie, relativement faible, des postes de président des provinces de Prusse. J'ai été très généreux et pendant quelques semaines j'ai même laissé des sociaux-démocrates en fonction. J'occupai quelques postes importants de provinces avec des personnalités catholiques qui étaient plus près du parti du centre que nous. Mais lentement et peu à peu, au cours des années, il ne pouvait naturellement pas en être autrement, ces fonctions furent occupées par des nationaux-socialistes, pour autant qu'il s'agissait des présidents généraux, qui correspondaient déjà au cadre des Gaue politiques. Jusqu'à la fin, les chefs de districts restèrent pour partie nationaux-socialistes, pour partie simples fonctionnaires. La même remarque vaut pour les conseillers généraux. Quant aux présidents de police, je voudrais expliquer au Tribunal qu'ils n'avaient tout d'abord rien à voir avec la Gestapo. Le président de police était, dans les grandes

---

475 Hans MOMMSEN, *L'incendie du Reichstag et ses conséquences politiques* in *Le national-socialisme et la société allemande, opus cit.*, p.155.

villes, ce qu'était le conseiller général à la campagne, du moins en partie. Jusqu'à la prise du pouvoir, ces postes de présidents de police ont été occupés par des membres des partis les plus importants. Je trouvais donc des sociaux-démocrates en fonction qui, avec la meilleure volonté, n'auraient pu continuer indéfiniment à rester nos adversaires : c'eût été absurde ; j'ai dû faire occuper ces postes en partie par des nationaux-socialistes, mais en partie également par des gens qui n'avaient rien à voir avec notre Parti. Je rappelle que le poste le plus important de la police de tout le Reich, celui de Berlin, était occupé par l'amiral von Levetzow qui n'appartenait pas au Parti[476]. »

Le SPD se trouva mêlé aux événements par le fait principalement qu'au tout début les enquêteurs ne parvinrent pas à déterminer suffisamment clairement si van der Lubbe avait des contacts avec les milieux sociaux-démocrates[477]. En effet, les relations entre van der Lubbe et les milieux ouvriers purent laisser penser au début qu'il avait aussi des relations avec des personnes encartées au SPD[478]. Finalement, la situation fut clarifiée par un démenti du juge d'instruction à la presse le 22 mars 1933[479]. Néanmoins, sans attendre le démenti du juge d'instruction qui écartait la responsabilité du SPD, les journaux qui n'étaient pas nationaux-socialistes rejetèrent la culpabilité du SPD, ce qui démontre bien entendu qu'à ce moment-là la presse n'était pas encore entièrement sous la coupe nazie[480]. L'article du *Frankfurter Zeitung* du 1er mars est à ce sujet très significatif : « Il n'est que trop compréhensible que, dans une campagne électorale qui consiste essentiellement à maintenir vivante la fiction d'un "front marxiste" commun, où la formule national-socialiste de "vermine criminelle" associe social-démocratie et KPD, des alliances défensives apparaissent spontanément dans les masses ouvrières[481]. » L'éditorial s'achève en rejetant totalement la participation, d'une façon ou d'une autre, du SPD

---

476 Minutes du procès de Nuremberg, tribunal militaire international, 80e journée, mercredi 13 mars 1946, audience de l'après-midi, interrogatoire d'Hermann Göring par son avocat le Dr Stahmer.

477 Wolffs Telegraphisches Bureau, WTB, 28 février 1933 in Fritz TOBIAS, *Der Reichstagsbrand. Legende und Wirklichkeit, opus cit.*, p. 633, annexe 14, ainsi que Procès de Leipzig, 2e Sitzungstag (jour de session), p.61.

478 Procès de Leipzig, déposition du commissaire Heisig, 2e Sitzungstag (jour de session), p.61, ainsi que la déposition d 'Hermann Göring, 31e Sitzungstag (jour de session), p.104.

479 Fritz TOBIAS, *Der Reichstagsbrand. Legende und Wirklichkeit, opus cit.*, p. 112.

480 *Frankfurter Zeitung* du 1er mars 1933, éditorial.

481 *Ibid.*

à l'incendie du Reichstag[482].

Incontestablement, suite aux diverses réunions de crise, nous n'étions pas là en pleine manipulation d'une action préparée, calculée, longuement mise au point par les nazis. Rien de tel, ce qui accrédite bien la véritable surprise des nazis face à cet incendie. Comme le souligne justement l'historien Hans Mommsen : « On ne se trouvait pas en présence de politiciens calculateurs, cyniques et avides de pouvoir, qui ne se mettaient en scène que pour un public. Il ne semble donc pas qu'ils aient clairement saisi ce qui se passait et qu'ils s'en soient servis avec *maestria* pour leurs propres fins. Hitler et Göring étaient visiblement tout à fait hors d'état de prendre connaissance des véritables causes de l'incendie, et il serait erroné de dire qu'ils ne voulaient pas en prendre connaissance. [...] Il est absolument impossible de rendre compte par des catégories normales des explosions de haine et de rage de Hitler, qui aboutirent à son exigence insensée de pendre immédiatement tous les députés communistes[483]. »

Le 28 février 1933 au matin, Wilhelm Frick[484] présenta un projet de décret « pour la protection du peuple et de l'État. » Avocat à Kaiserslautern, Frick n'adhéra au NSDAP qu'en 1925, mais il s'était déjà, lors du putsch de la brasserie en 1923, et alors qu'il était fonctionnaire de la police de cette ville, rangé aux côtés de Hitler[485]. Il avait été condamné de ce fait en 1924 puis amnistié en 1925[486]. Élu membre du Reichstag en 1924, il devint Reichsleiter[487], en sa qualité de chef du groupe national-socialiste de cette assemblée[488]. Spécialiste

---

[482] *Ibid.*

[483] Hans MOMMSEN, *L'incendie du Reichstag et ses conséquences politiques* in *Le national-socialisme et la société allemande, opus cit.*, p.145-146.

[484] Wilhelm Frick fut condamné à la peine de mort par pendaison par le tribunal militaire international de Nuremberg en 1946 et exécuté.

[485] Günter NELIBA, *Wilhelm Frick: Der Legalist des Unrechtsstaates.* Schöningh, Paderborn u. a. 1992.

[486] *Ibid.*

[487] Reichsleiter (« gouverneur du Reich »), était le deuxième grade politique le plus élevé du parti nazi, après celui de Führer uniquement. Le titre de Reichsleiter était également un rang paramilitaire, et le grade le plus élevé de toutes les organisations nazies. Les Reichsleiter ne rendaient compte qu'à Adolf Hitler, et en recevaient des ordres pour le domaine dont chacun était responsable. L'assemblée des dix-huit Reichsleiter constituait le Reichsleitung du parti nazi, qui siégeait initialement à la Braunes Haus (« maison brune ») de Munich. Certains Reichsleiter étaient également membres du gouvernement du Troisième Reich et sept d'entre eux avaient également le rang de SS-Obergruppenführer, c'est-à-dire général dans la SS.

[488] Günter NELIBA, *Wilhelm Frick: Der Legalist des Unrechtsstaates, opus cit.*

reconnu des questions administratives, il fit donc partie du premier gouvernement de Hitler, au titre de ministre de l'Intérieur du IIIe Reich. Par ces fonctions qui le plaçaient au centre de toute l'administration interne de l'Allemagne, il devint ministre de l'Intérieur de Prusse, directeur des élections du Reich, plénipotentiaire général à l'Administration, ainsi que membre du Conseil de défense du Reich, du Conseil des ministres pour la défense du Reich[489]. Antisémite fanatique, Frick prépara, signa et fit appliquer un grand nombre de lois destinées à éliminer les Juifs de la vie sociale et de l'économie allemandes[490]. Son œuvre législative fut à la base des décrets de Nuremberg en 1935[491]. Le texte proposé par Frick après l'incendie du Reichstag étendait les mesures d'urgence à tout le pays, permettant de la sorte au ministre de l'Intérieur du Reich d'intervenir partout selon son bon vouloir, soumettant ainsi les Länder[492]. Il était évident que si les autorités du Reich voulaient agir partout dans le pays avec force et efficacité contre les communistes, il était indispensable de simplifier la coopération des polices des Länder. La République de Weimar se retrouva bloquée dans son combat contre l'extrême gauche et l'extrême droite par l'absence d'un exécutif commun à l'ensemble du pays pour la police, et par le fait que le procureur général était dans l'impossibilité légale d'intervenir directement et devait s'en remettre aux procureurs des Länder[493]. Les nazis voulaient échapper à ce piège. Papen s'opposa à cette mesure, mais il n'emporta pas la décision finale[494]. En vérité, les nazis n'intervinrent globalement dans les Länder qu'après les élections du 5 mars 1933[495]. L'article 2 de l'ordonnance sur l'intervention du

---

489 *Ibid.*
490 *Ibid.*
491 *Ibid.*
492 Hans MOMMSEN, *Van der Lubbe Weg in den Reichstag – der Ablauf der Ereignisse, opus cit.*, p.51.
493 Gotthard JASPER, *Der Schutz der Republik*, JCB Mohr 1963, p.162 ainsi que Hans BUCHHEIM, *Die organisatorische Entwicklung der Politischen Polizei in Deutschland in den Jahren 1933 und 1934* in Gutachten des Instituts für Zeitgeschichte, Munich 1958, p.197 et suivantes.
494 Kurt HÄNTZSCHEL, *Die politischen Notverordnungen zum Schutz von Volk und Staat vom 28. Februar 1933, gegen Verrat am deutschen Volke und hochverräterische Umtriebe vom 28. Februar 1933, zum Schutze des deutschen Volkes vom 4. Februar 1933, zur Erhaltung des inneren Friedens vom 19. Dezember 1932, über die Auflösung der kommunistischen Gottlosenorganisationen vom 3. Mai 1932, mit den Ausführungsbestimmungen des Reichs und der Länder*. Berlin: Stilke, 1933 Reichsbibliothek n°115.
495 Fritz TOBIAS, *Der Reichstagsbrand. Legende und Wirklichkeit, opus cit.*

gouvernement dans les Länder fut largement influencé par Göring qui voulait agir à Hambourg notamment contre la « pépinière du communisme[496] ». Pour aboutir à son texte, Frick s'inspira largement des projets d'état d'urgence préparés au moment du « coup de force » de Franz von Papen en Prusse pendant l'été 1932[497]. Cependant, une différence notable existait entre les deux formules, à savoir que Frick prévoyait de remettre le pouvoir exécutif aux mains du ministre de l'Intérieur du Reich et non pas aux mains de la Reichswehr comme la version de 1932 l'envisageait[498]. La raison première de cette différence était de ne pas compromettre les élections de mars auxquelles Hitler tenait absolument, par la mise en place d'un état d'urgence militaire[499]. Le *Frankfurter Zeitung* s'alarmait déjà de la tenue pour la première fois d'une campagne électorale en état d'urgence[500]. Le choix de maintenir coûte que coûte les élections du 5 mars est largement confirmé par la lecture de la presse[501]. Ainsi, le 1er mars, le *Völkischer Beobachter* publia un communiqué de presse en ce sens intitulé *L'avant-coureur du bolchevisme* (*Das Fanal des Bolschewismus*) dont voici un extrait : « Comme nous l'avons dit, Adolf Hitler a déclaré, alors qu'il était sur les lieux de l'incendie, que les élections se tiendront de toute façon le 5 mars. Le gouvernement prendra les mesures nécessaires à la répression et à l'écrasement de ce terrible danger qui menace non seulement l'Allemagne, mais l'Europe entière[502]. » Hitler proposa même, avant que le choix ne se fît sur l'opéra Kroll (*Die Krolloper*), de réunir le Reichstag au château de Potsdam[503] afin qu'il puisse siéger au plus vite et voter les pleins pouvoirs en suivant. Le choix se porta finalement sur l'opéra pour des raisons pratiques car il était à la fois bien placé dans la ville et suffisamment vaste pour abriter l'institution. L'ultime séance du Reichstag s'y déroula le 26 avril 1942[504]. Le bâtiment fut gravement endommagé à la suite d'un bombardement allié

---

[496] Hans MOMMSEN, *L'incendie du Reichstag et ses conséquences politiques* in *Le national-socialisme et la société allemande, opus cit.*, p.161.

[497] Günter NELIBA, *Wilhelm Frick: Der Legalist des Unrechtsstaates, opus cit.*

[498] *Ibid.*

[499] Ian KERSHAW, *Hitler, opus cit.*, p.652.

[500] *Frankfurter Zeitung* du 1er mars 1933, éditorial.

[501] Cf *Frankfurter Zeitung, Brauschweiger Neueste Nachrichten, General-Anzeiger* etc.

[502] *Völkischer Beobachter* du 1er mars 1933.

[503] Fritz TOBIAS, *Der Reichstagsbrand. Legende und Wirklichkeit, opus cit.*, p. 623.

[504] Thomas WIEKE, *Vom Etablissement zur Oper. Die Geschichte der Kroll-Oper.* Berlin, Haude&Spener 1993.

le 22 novembre 1943, et ses ruines furent démolies en mars 1951[505].

Le décret proposé par Frick fut le dernier sujet débattu ce jour-là lors du Conseil des ministres[506]. Auparavant, plusieurs ministres avaient demandé à Göring pourquoi l'incendie du Reichstag n'était suivi nulle part dans le pays par d'autres tentatives de soulèvement du KPD[507]. Göring ne fut pas décontenancé par la question et présenta à tous un télégramme reçu pendant la nuit[508]. Il lui avait été adressé par le chef de la police d'Essen et faisait état, selon des informations fournies par le commissaire Günther Braschwitz, d'un brusque changement d'orientation du Komintern qui avait décidé de se lancer dans le terrorisme, ou plutôt d'acculer le KPD à une action d'envergure qui ne pouvait que se rapprocher du terrorisme[509]. Le procès-verbal du Conseil des ministres indique : « Le ministre [Göring] pense que l'incendie a été décidé parce que Moscou avait menacé les communistes allemands de leur couper les vivres s'ils ne tentaient pas un grand coup pour empêcher les élections[510]. » Göring poursuivit : « Les communistes ont mis sur pied des équipes de sabotage, des groupes spéciaux chargés d'incendier les maisons d'habitation, de piller les magasins, d'empoisonner la nourriture des cantines, d'assassiner les femmes et les enfants des ministres, d'enlever différentes personnalités politiques[511]. »

Finalement, dans la version définitive du texte du décret, ce fut au gouvernement du Reich et non pas au seul ministre de l'Intérieur du Reich que revint le pouvoir d'intervenir dans les Länder[512]. Le texte suspendait *sine die* et brutalement la liberté d'expression, d'association, de la presse, le caractère privé des communications postales, téléphoniques. Les libertés individuelles prévues par la Constitution de Weimar étaient jetées aux oubliettes en quelques lignes, de même que l'autonomie des Länder à la faveur de ce nouveau droit donné au gouvernement du Reich d'agir pour y dicter son pouvoir[513].

---

505 *Ibid.*

506 Günter NELIBA, *Wilhelm Frick: Der Legalist des Unrechtsstaates, opus cit.*

507 Akten der Reichskanzlei. Die Regierung Hitler, partie I : 1933/34, t1 : 30. Januar bis 30. April 1933, Karl-Heinz MINUTH (ed), Boppard am Rhein 1983.

508 *Ibid.*

509 *Ibid.*

510 *Ibid.*

511 *Ibid.*

512 Ian KERSHAW, *Hitler, opus cit.*, p.652.

513 Reichsgesetzblatt, RGBl, 1933, I, n°17, p.83 ainsi que Ian KERSHAW, *Hitler, opus cit.*, p.652.

Voici le détail du décret « pour la protection du peuple et de l'État » ratifié par le président Hindenburg sans aucune retouche :

« Ordonnance du président du Reich du 28 février 1933 pour la protection du peuple et de l'État[514].
En vertu de l'article 48, al. 2, de la Constitution, il est ordonné ce qui suit en vue de prévenir les actes de violence communistes menaçant la sécurité de l'État :
Article premier :
Les articles 114, 115, 117, 118, 123, 124 et 153 de la Constitution du Reich cessent, jusqu'à nouvel ordre, d'être en vigueur. En conséquence, seront valables les restrictions de la liberté personnelle, du droit de libre opinion – y compris la liberté de la presse – du droit d'association et de réunion, les immixtions dans le secret des lettres, de la poste, du télégraphe et du téléphone ; les visites domiciliaires, saisies, restrictions de la propriété, même au-delà des limites jusqu'alors fixées par la loi.
Article 2 :
Lorsque, dans un Land, les mesures propres à rétablir l'ordre et la sécurité publique n'auront pas été prises, le gouvernement du Reich pourra, dans cette mesure, assumer provisoirement les attributions de l'autorité supérieure de ce Land.
Article 3 :
Les autorités des Länder et des communes devront dans le cadre de leur compétence exécuter les instructions du gouvernement du Reich prescrites en vertu de l'article 2.
Article 4 :
Quiconque aura contrevenu, ou provoqué à contrevenir aux ordonnances prises soit par les autorités supérieures des Länder ou les autorités placées sous leurs ordres, soit par le gouvernement du Reich conformément à l'article 2, sera puni, dans la mesure où le délit ne tombe sous le coup d'une peine plus élevée d'un mois de prison au minimum ou d'une amende de 150 à 15 000 marks.
Quiconque, en contrevenant comme il est dit ci-dessus, aura provoqué un danger commun pour la vie humaine, sera puni de détention et, en cas de circonstances atténuantes de six mois de prison au minimum ; si la contravention a entraîné mort d'homme, il sera puni de mort ou, en cas de circonstances atténuantes, d'une peine de détention pendant deux

---

514 Le *Reichstagsbrandverordnung* ou, sous sa dénomination officielle, *Verordnung des Reichspräsidenten zum Schutz von Volk und Staat vom 28. Februar 1933.*

ans au moins ; la confiscation de ses biens pourra en outre être prononcée.
Quiconque aura provoqué à contrevenir (al. 2) de manière à créer un danger public sera puni de détention ; en cas de circonstances atténuantes la peine sera de trois mois de prison au minimum.
Article 5 :
Seront punis de mort, les crimes pour lesquels le Code pénal prévoit un emprisonnement à vie, sur la base des paragraphes 81 (haute trahison), 229 (production de substances vénéneuses), 307 (incendie volontaire), 311 (explosion), 312 (inondation), 315, al. 2 (sabotage de voie ferrée), 324 (empoisonnement menaçant la santé publique) du Code.
Sont également passibles de la peine de mort ou, sauf si des peines plus sévères sont déjà prévues, d'un emprisonnement à vie ou d'une peine de prison n'excédant pas quinze ans :
1. Quiconque entreprend l'assassinat du président du Reich, d'un membre ou d'un commissaire du gouvernement du Reich ou d'un État du Reich, provoque cet assassinat, accepte de le commettre ou la proposition de le commettre, ou participe avec d'autres à une conspiration à cet effet ;
2. Quiconque commet, avec armes, ou coopère délibérément et intentionnellement avec des personnes en armes, les crimes prévus par les §§ 115, deuxième alinéa (graves émeutes) et 125, deuxième alinéa (grave mise en danger de la paix publique) du Code criminel ;
3. Quiconque commet un enlèvement, tel que défini au § 239 du Code pénal, dans l'intention d'utiliser la personne enlevée comme otage dans le cadre d'un combat politique.
Article 6 :
Cette ordonnance entre en vigueur au jour de sa promulgation.
Berlin, le 28 février 1933.
Le président du Reich von Hindenburg
Le chancelier du Reich Adolf Hitler
Le ministre de l'Intérieur Frick
Le ministre de la Justice Dr Gürtner[515]. »

Le décret ouvrait donc la voie aux arrestations arbitraires et légalisait celles effectuées la nuit précédente sur lesquelles nous nous pencherons plus loin. Ce décret créait, nous l'avons vu, de nouvelles

---

[515] *Verordnung des Reichspräsidenten zum Schutz von Volk und Staat. Vom 28. Februar 1933.* Voir le texte en allemand dans les annexes de ce livre.

possibilités d'intervention contre les Länder récalcitrants, mais aussi introduisait la peine de mort pour toute une série de délits terroristes, dont celui d'incendie criminel. Ce décret promulgué en vertu de l'article 48 de la Constitution entraînait la liquidation pure et simple de l'État de droit en Allemagne avec l'appui du président Hindenburg. Ce décret fut la première disposition législative ouvrant la voie à l'établissement du pouvoir total des nazis, même si, sur l'instant, les alliés du NSDAP ne le perçurent pas ou très insuffisamment. Autre élément important à ne pas négliger, ce décret ne fut accompagné d'aucune circulaire d'application par le gouvernement [516]. Cette omission permit une large liberté d'interprétation que les nazis, notamment Göring, mirent à profit[517]. Les Länder qui n'étaient pas encore sous le contrôle du NSDAP se limitèrent généralement à interdire la presse communiste, les manifestations et les réunions communistes et à arrêter quelques dirigeants du KPD[518]. En revanche, en Prusse, les arrestations sommaires des membres et sympathisants du KPD furent extrêmement nombreuses[519]. Dans son livre, l'historien Ernst Fraenkel qualifia ce décret de véritable « acte de notoriété constitutionnel du Troisième Reich[520] » et Helmut Krausnick de « loi fondamentale du Troisième Reich[521] ». Mais la précipitation, le manque de coordination et la fébrilité entourèrent la mise au point de l'ordonnance sur l'incendie du Reichstag. Ainsi, comme le démontre l'historien Hans Mommsen : « Ce qui le caractérisait [le projet d'ordonnance] était que ses auteurs n'avaient pas eu l'idée de modifier "l'ordonnance contre la trahison du peuple allemand et les entreprises de haute trahison[522]" décrétée le matin du 27 février par le cabinet et soumise le lendemain à la signature du président du Reich, alors qu'elle était en partie déjà applicable à la situation à laquelle on pensait avoir affaire : celle d'un incendie volontaire provoqué par les communistes.

---

[516] Thierry FERAL, *Justice et nazisme*, Paris, L'Harmattan, coll. « Allemagne d'hier et d'aujourd'hui » 1997.

[517] Heinrich WINKLER, *Histoire de l'Allemagne, XIXe-XXe siècle : le long chemin vers l'Occident, opus cit.*, p.475.

[518] Peter LONGERICH, *Deutschland 1918-1933. Die Weimarer Republik, opus cit.*

[519] Peter LONGERICH, *Die braunen Bataillone. Geschichte der SA, opus cit.*

[520] Ernst FRAENKEL, *Der Doppelstaat. Recht und Justiz im « Dritten Reich »,* Francfort/Main, 1974, p.26.

[521] Helmut KRAUSNICK, *Stationen der Gleichschaltung* in *Der Weg in die Diktatur 1918 bis 1933*, Munich 1962, p.183.

[522] Rédigée le 28 février 1933 et publiée le 1er mars 1933, RGBl., I, 1933, p.84 et suivantes.

Cela traduit l'improvisation au milieu de laquelle naquit l'ordonnance […], et s'explique […] par le fait que les initiateurs de l'autre ordonnance n'avaient pas été informés des travaux préparatoires de celle-ci[523]. » Il est difficile de savoir comment le principe d'abrogation des droits fondamentaux constitutionnels prima sur une « simple » restriction de ces mêmes droits comme il était de « tradition » jusqu'alors pour les crises précédentes[524]. On peut supposer que cette décision apparut comme la seule capable de réprimer totalement l'organisation communiste et ses permanents. On s'approcha ainsi, par l'article premier, d'un état d'urgence militaire comme l'écrivit le *Frankfurter Zeitung*[525]. Mais l'adoption de l'ordonnance instaurait un état d'urgence civil au lieu de l'état d'urgence militaire qui avait la préférence des conservateurs[526]. Elle donnait au gouvernement du Reich la totalité des pouvoirs qui revenaient habituellement au commandement suprême dans le cas d'une dictature militaire, ne se situant en deçà de cette dernière que pour l'instauration de commissaires du Reich dans les Länder, qui restait subordonnée à des conditions tout à fait hypothétiques. Selon Hans Mommsen : « Sa mise en œuvre immédiate fut obtenue en arguant qu'elle représentait un moindre mal par rapport à un état d'urgence militaire[527]. » Hitler ne céda pas aux demandes d'abrogation rapide de l'ordonnance[528]. Konstantin von Neurath, ministre des Affaires étrangères, avait pourtant solennellement déclaré à Sir Horace Rumbold, ambassadeur de Grande-Bretagne à Berlin de 1928 à 1933, que selon lui : « Il n'était pas possible de maintenir un tel état d'exception sur une certaine durée[529]. » Il est impossible de déterminer avec une absolue certitude qui se chargea de la rédaction proprement dite du projet d'ordonnance. Les noms de Werner Hoche, conseiller au ministre de l'Intérieur qui écrivit l'ordonnance du 4 février 1933 sur « la protection de la nation

---

523 Hans MOMMSEN, *L'incendie du Reichstag et ses conséquences politiques* in *Le national-socialisme et la société allemande, opus cit.*, p.160.
524 Heinrich WINKLER, *Weimar 1918-1933. Die Geschichte der ersten deutschen Demokratie, opus cit.*
525 *Frankfurter Zeitung* du 1er mars 1933.
526 Heinrich WINKLER, *Weimar 1918-1933. Die Geschichte der ersten deutschen Demokratie, opus cit.*
527 Hans MOMMSEN, *L'incendie du Reichstag et ses conséquences politiques* in *Le national-socialisme et la société allemande, opus cit.*, p.170.
528 Ian KERSHAW, *Hitler, opus cit.*, p.652.
529 Documents on British Foreign Policy, DBFP.

allemande[530] », restreignant les libertés de la presse, de parole et de réunion, de Hans Lammers et Georg Kaisenberg sont toutefois cités le plus souvent. Frick déclara que, dans un premier temps, il avait envisagé de « modifier l'ordonnance sur la protection du peuple allemand du 4 février[531] », mais il avait finalement renoncé et opté pour une autre solution.

L'ordonnance était aussi très proche du projet d'ordonnance du *Planspiel Ott* (stratégie Ott), du nom du général Eugen Ott, encadré par la Reichswehr et le ministère de l'Intérieur du Reich, qui lui-même reprenait l'ordonnance du 20 juillet 1932[532].

Wilhelm Frick joua un grand rôle dans l'apport législatif et répressif au sujet de l'incendie du Reichstag, mais également à de multiples autres occasions tout au long de son action. Frick est un personnage globalement méconnu du grand public, alors qu'il occupait de très importantes fonctions et que de ses décisions découlèrent beaucoup d'éléments importants pendant la période nazie, comme le souligna justement le Dr Robert Kempner[533], substitut du procureur général américain lors du procès de Nuremberg en 1946 : « Messieurs, le dossier d'audience et les documents concernant l'accusé Frick ont été remis au Tribunal et à la Défense. Le dossier d'audience préparé par mon collègue Karl Lachmann renferme des preuves détaillées contre l'accusé Wilhelm Frick. Ce sont des documents originaux et des décrets. [...] C'est dans le domaine de l'administration que l'accusé Frick participa d'une façon importante au complot nazi. Il fut le cerveau administratif qui inventa cet appareil étatique mis au service du nazisme et qui l'orienta vers la guerre d'agression. Au cours de sa participation active au complot nazi de 1923 à 1945, l'accusé Frick occupa un certain nombre de postes importants. Le document PS-2978, qui a déjà été déposé sous la cote USA-8, en donne la liste. L'original a été signé par

---

[530] Le président Hindenburg autorisa le pouvoir à interdire des journaux ou des rassemblements sous prétexte qu'ils diffusaient de fausses nouvelles nuisant aux intérêts de l'État ou diffamaient les autorités et les fonctionnaires. *Juristische Wochenschrift* 1933, n°8, p. 506.

[531] Actes de la chancellerie du Reich, gouvernement Hitler, I : 1933/1934, vol. 1, Boppard am Rhein 1983, p.130, réunion du cabinet du 28 février 1933 au matin.

[532] Fritz ARNDT, « Vorbereitungen der Reichswehr für militärischen Ausnahmestand », *Zeitschrift für Militägeschichte* 1965, n°4, pp.195-203.

[533] Dirk PÖPPMANN, *"Jeder Prozess ist politisch." Eine politische Biografie über Robert M.W. Kempner*, Thèse, [Bochum], 2004 / 2005, ainsi que *Gegen Barbarei. Essays Robert M. W. Kempner zu Ehren.* Hgg. Rainer Eisfeld & Ingo Müller. Athenäum, Francfort/Main 1989.

l'accusé Frick le 14 novembre 1945. Je ne redonnerai pas la liste de ces postes, le Tribunal les connaît. Frick participa au complot en aidant les nazis dans leur marche au pouvoir. Fonctionnaire de la police au Gouvernement bavarois, il trahit ce gouvernement en participant au putsch du Bürgerbräukeller, le 8 novembre 1923. Frick fut accusé et jugé en même temps que Hitler pour haute trahison. Le rôle qu'il joua dans ce putsch est décrit dans le procès-verbal de ces débats, intitulé *Le procès de Hitler devant le Tribunal du peuple de Munich,* publié à Munich en 1924. Je demande au Tribunal d'accorder valeur probatoire à ce procès-verbal relatant ces événements. Hitler manifesta sa reconnaissance envers Frick en parlant de lui dans *Mein Kampf.* Seuls, deux autres accusés partagent cet honneur : Hess et Streicher. Je demande au Tribunal de considérer comme preuve cette mention dont Hitler honora l'accusé (*Mein Kampf,* édition allemande 1933, page 403). [...] Lorsque Hitler accéda au pouvoir, le 30 janvier 1933, Frick reçut un poste important dans le nouveau régime : il fut nommé ministre de l'Intérieur du Reich. En cette qualité, il fut chargé de l'établissement du contrôle totalitaire sur l'Allemagne, condition indispensable à la préparation de la guerre d'agression. Frick assuma la responsabilité de la réalisation d'une grande partie du programme des conspirateurs nazis dans le domaine de l'administration et de la législation. Il me faut expliquer brièvement le rôle important du m<<<<inistère de l'Intérieur dans l'État nazi pour montrer la contribution apportée par Frick au complot. Je dépose comme preuve de l'étendue de la compétence de Frick en tant que ministre de l'Intérieur le document PS-3475 (USA-710). C'est une partie du *Manuel officiel allemand à l'usage des fonctionnaires de l'administration,* daté de 1943. Je demande au Tribunal d'accorder valeur probatoire aux passages de ce document décrivant les fonctions de l'accusé. Les noms des hommes qui, selon ce document, travaillèrent sous la direction de Frick – et j'insiste sur ce point ; sous la direction de Frick – sont significatifs. On les trouvera à la page 1 de la traduction anglaise. Nous trouvons, parmi les subordonnés de Frick, le ministre de la Santé du Reich, le Dr Leonardo Conti ; le Reichsführer SS et chef de la police allemande, Heinrich Himmler, et le chef du service du travail Konstantin Hierl. Ce document nous montre Frick à la base de trois des importants piliers de l'État nazi : le service de santé nazi, le système de la police nazie, et le service du travail nazi. On peut se faire une idée de l'immense variété des activités de Frick en tant que ministre de l'Intérieur du Reich, en lisant l'énumération de ses fonctions dans les pages suivantes du manuel. Il

tranchait en dernier ressort les questions constitutionnelles et les projets de loi. L'administration gouvernementale et la défense civile étaient de sa compétence et il était enfin l'arbitre de toutes les questions concernant la race et l'état civil. Le manuel énumère également les services du ministère chargés des problèmes administratifs des territoires occupés et annexés, de l'ordre nouveau au Sud-Est, du protectorat de Bohême-Moravie, et de l'ordre nouveau à l'Est. Il détenait l'autorité suprême dans le domaine du personnel civil, en matière de nominations, de délais, de promotions et de renvois. L'accusé Frick utilisa ses pouvoirs étendus de ministre de l'Intérieur du Reich pour favoriser la cause du complot nazi. Afin d'atteindre ce but, Frick fit des projets de loi, signa des lois et des décrets supprimant l'indépendance des gouvernements allemands et interdisant tous les partis politiques en Allemagne autres que le parti nazi. En 1933 et en 1934, c'est-à-dire pendant les deux premières années du régime nazi, Frick signa environ 235 lois ou décrets. Ils sont tous publiés dans le *Reichsgesetzblatt*[534]. J'aimerais mentionner brièvement quelques-uns d'entre eux, parmi les plus importants, telle la loi du 14 juillet 1933, interdisant tous les partis politiques autres que le parti nazi : *Reichsgesetzblatt* 1933, partie I, page 479, document PS-1388 (a) ; puis la loi du 1er décembre 1933, établissant l'unité du Parti et de l'État : *Reichsgesetzblatt* 1933, partie I, page 1016, document PS-1395 ; la loi du 30 janvier 1934, transférant au Reich la souveraineté de l'État allemand : *Reichsgesetzblatt* 1934, partie I, page 75, document PS-3068 ; l'acte municipal allemand du 30 janvier 1935, qui donnait au ministère de l'Intérieur de Frick l'autorité de nommer et de renvoyer tous les maires des municipalités en Allemagne : *Reichsgesetzblatt* 1935, partie I, page 49, document PS-2008 ; et, enfin, l'acte nazi du 7 avril 1933, décrétant que tous les fonctionnaires devaient être des gens de confiance, selon les définitions nazies et remplir les exigences

---

[534] La *Reichsgesetzblatt* (RGBl.) était le bulletin législatif du Reich allemand ; elle était publiée à Berlin, de 1871 à 1922 par le ministère de la Justice du Reich, puis de 1922 à 1945 par le ministère de l'Intérieur du Reich. Elle a pris la succession de la *Bundesgesetzblatt des Norddeutschen Bundes*, publiée du 2 août 1867 au 20 janvier 1871 par la Confédération de l'Allemagne du Nord. À partir de 1922, elle fut divisée en deux publications. La partie II contenait les traités et accords internationaux, les lois de budget, et les textes concernant les transports ferroviaires ou maritimes, la Reichsbank et les affaires intérieures du Reichstag. Les autres textes étaient publiés dans la partie I. Elle cessa de paraître après la dernière édition de la partie I le 11 avril 1945. La *Bundesgesetzblatt* de la République fédérale d'Allemagne lui succéda en 1949.

raciales nazies : *Reichsgesetzblatt* 1933, partie I, page 175, document PS-1397. Une catégorie des activités de Frick mérite cependant une mention spéciale : c'est celle qui concerne la suppression de l'opposition par la terreur policière camouflée sous une apparence de légalité. Je me réfère, à ce sujet, au livre : *Le Dr Wilhelm Frick et son ministère*. C'est notre document PS-3119, que je dépose sous le n° USA-711. Ce livre a été écrit par le secrétaire et complice de Frick, Hans Pfundtner, afin de faire connaître la contribution éternelle de Frick à la création d'un empire nazi destiné à durer mille ans. Je cite brièvement la page 4, paragraphe 4, de la traduction anglaise : "Alors que le marxisme était écrasé en Prusse par la main de fer du Premier ministre de Prusse, Hermann Göring, et qu'une gigantesque campagne de propagande était déclenchée pour les élections au Reichstag du 5 mars 1933, le Dr Frick préparait la prise complète du pouvoir dans tous les États du Reich. D'un seul coup, l'opposition politique disparut. La ligne du Main s'effaça dès ce moment ; une seule volonté et un seul commandement régnèrent dans le Reich allemand." Comment cela put-il se faire ? Le 28 février, le lendemain de l'incendie du Reichstag, les droits civils en Allemagne furent abolis. Ce décret fut publié dans le *Reichsgesetzblatt* de 1933, page 83. Une traduction anglaise figure au livre de documents sous le n° PS-1390. Je le mentionne maintenant, car il porte la signature de Frick, ministre de l'Intérieur du Reich. Il fut publié au lendemain de l'incendie du Reichstag et déclare que la suspension des droits civils est considérée comme une mesure de défense contre les actes de violence communistes qui pourraient mettre l'État en danger. Au moment de la publication de ce décret, le Gouvernement nazi annonça qu'une enquête approfondie avait prouvé que les communistes avaient mis le feu au Reichstag. Je n'ai pas l'intention d'entrer dans la controverse pour savoir qui a mis le feu au Reichstag, mais je voudrais prouver que la déclaration officielle nazie, suivant laquelle les communistes étaient responsables de l'incendie, fut publiée sans aucune enquête et que le préambule du décret, qui portait la signature de Frick, n'était qu'un subterfuge. Je dépose comme preuve un très court extrait d'un interrogatoire de l'accusé Göring, daté du 13 octobre 1945, document PS-3593 (USA-712). J'aimerais en lire la brève partie suivante qui commence à la page 4 :

"**Ma question à Göring :** Comment avez-vous pu dire à votre agent de presse, une heure après le début de l'incendie du Reichstag, que c'étaient les communistes qui avaient mis le feu, alors que vous n'aviez pas fait d'enquête ?

Réponse de Göring : Est-ce que l'agent de presse a dit cela à l'époque ?
Ma réponse : Oui, il a rapporté vos paroles.
Göring : C'est possible ; lorsque je suis arrivé au Reichstag, le Führer et sa suite étaient déjà là. Je n'en étais pas sûr à ce moment-là, mais c'était leur opinion que les communistes avaient mis le feu. [Ici Göring ment ou alors ses souvenirs ne sont plus vivaces, mais il était bel et bien sur place avant l'arrivée de Hitler ; note de l'auteur]
Question : Mais vous étiez, en un sens, le personnage officiel le plus haut placé d'après la loi. Daluege était votre subordonné. Si vous vous reportez maintenant à cet événement en faisant abstraction de l'état d'excitation qui existait à ce moment, ne croyez-vous pas qu'il était trop tôt pour dire que les communistes avaient mis le feu ?
Réponse : Oui ; c'est possible, mais le Führer le voulait ainsi.
Question : Pourquoi le Führer voulut-il déclarer immédiatement que les communistes avaient mis le feu ?
Réponse : Il en était convaincu.
Question : Suis-je dans le vrai lorsque je dis qu'il en était convaincu, sans en avoir aucune preuve au moment où il parlait ?
Réponse : C'est vrai, mais il faut considérer qu'à ce moment-là les activités des communistes étaient extrêmement importantes et que notre nouveau gouvernement n'était pas sûr de sa position. […]"
Frick signa le décret abolissant les droits civils le lendemain de l'incendie, sous prétexte d'un danger communiste. D'autre part, ce danger communiste n'était qu'un vain mot, vide de sens, qui finit par mener à la Deuxième Guerre mondiale. L'accusé Frick a non seulement aboli les libertés civiles à l'intérieur de l'Allemagne, mais il est aussi devenu l'organisateur de l'énorme réseau policier du Reich nazi... Je puis dire en passant qu'il n'y avait pas dans le Reich à ce moment-là de système de police unifié. Chaque État allemand avait ses propres forces de police. Je demande au Tribunal d'accorder valeur probatoire au décret du 17 juin 1936, signé par Frick et publié dans le *Reichsgesetzblatt* de 1936, page 487. Une traduction anglaise de ce décret figure au livre de documents sous le numéro PS-2073. Le paragraphe 1 de ce décret est le suivant : "En vue de l'unification des fonctions de police dans le Reich, un chef de la police allemande est nommé au ministère allemand de l'Intérieur ; il assumera la direction et la conduite de toutes les affaires de police..." Nous apprenons au paragraphe 2 que ce furent l'accusé Frick et Hitler, les signataires de ce décret, qui nommèrent Himmler chef de la police allemande. Le paragraphe 2 de la section II de ce décret stipule que Himmler était, et

je cite : "subordonné personnellement et directement au ministre de l'Intérieur du Reich et au ministre de l'Intérieur de Prusse" ; Frick assumait naturellement ces deux fonctions[535] […]. »

Il s'agit là d'un tableau très précis, parfaitement éloquent brossé par Robert Kempner, et très utile pour la compréhension des événements étudiés dans ce livre.

Pour Göring, tel qu'il s'en expliqua lors du procès de Nuremberg, la loi de protection du peuple et de l'État était un élément important dans l'arsenal répressif dont disposait le gouvernement : « On promulgua la loi sur la protection du peuple et de l'État : cette loi était absolument nécessaire. Dans les années qui précédèrent, on avait interdit beaucoup de choses qui avaient l'apparence d'une activité nationale : mais il était permis de diminuer d'une façon insensée le peuple allemand, l'histoire allemande, l'État allemand et tous les symboles qui étaient sacrés pour un patriote et qui n'étaient protégés d'aucune façon[536]. »

Le 28 février 1933, à 11 h 30, la presse nationale et étrangère, qui attendait devant le bâtiment du Reichstag en rangs serrés, fut autorisée à pénétrer à l'intérieur et fut conduite par les pompiers et la police vers la salle des débats[537]. L'effet dévastateur de l'incendie était terrible. Les journalistes purent voir que la salle plénière n'était plus qu'un amas de décombres encore fumants538. Ce spectacle de désolation était la meilleure propagande possible pour les nazis.

À l'issue du Conseil des ministres du 28 février 1933, Hitler avait retrouvé son calme et analysa froidement la situation. Pour lui, « le moment psychologiquement opportun de l'épreuve de force [avec le KPD] était là[539].» Et il trouvait inutile d'attendre plus longtemps et de s'entraver de « considérations juridiques pour mener ce combat à son

535 Minutes du procès de Nuremberg, tribunal militaire international, 35e journée, mercredi 16 janvier 1946, audience de l'après-midi, intervention du docteur Robert Kempner, accusateur lors du procès.

536 Minutes du procès de Nuremberg, tribunal militaire international, 80e journée, mercredi 13 mars 1946, audience de l'après-midi, interrogatoire d'Hermann Göring par son avocat le Dr Stahmer.

537 *Frankfurter Zeitung* le 28 février 1933.

538 *Ibid.*

539 Ian KERSHAW, *Hitler, opus cit.*, p.653, ainsi que Actes de la chancellerie du Reich, gouvernement Hitler 1933-1938, I : 1933/1934, vol. I, Boppard um Rhein 1983, p.128.

terme et en sortir victorieux[540] ». Il convient de préciser ici que les paroles de Hitler sur les « considérations juridiques » n'avaient pas un rapport direct avec les actions de la SA et de la SS à l'encontre des communistes en général, mais avec le fait de procéder à l'arrestation de députés en théorie protégés par la loi relative à l'immunité parlementaire[541]. Les ministres conservateurs furent complètement dépassés et incapables de contrôler les nazis. À vrai dire, certains d'entre eux partageaient totalement le choix de Hitler d'engager une lutte farouche contre les communistes et cautionnaient l'option de frapper vite et fort[542]. Dans cette optique de décapiter les forces adverses, Göring expliqua clairement, dans un discours tenu le 3 mars 1933 à Francfort-sur-le-Main, quel usage il comptait faire de cette nouvelle liberté d'action permise par le décret : les mesures qu'il avait ordonnées ne seraient pas « affectées par je ne sais quelles objections juives[543]. [...] En l'occurrence, je n'ai pas à faire preuve d'équité, ici, j'ai uniquement à détruire et à éliminer, rien de plus[544] ! »

En fin de journée du 28 février, un nouveau communiqué officiel fut publié par les autorités : « L'enquête a démontré que sept personnes au moins ont participé au transport des matières inflammables dans le Reichstag, tandis qu'il a fallu au moins dix hommes pour mettre le feu en même temps dans l'immense bâtiment. Un soupçon grave pèse sur les députés du Parti communiste qui, ces derniers temps, ont fréquenté très souvent et à diverses occasions le bâtiment du Reichstag. L'enquête a en outre établi que trois témoins oculaires ont vu, quelques heures avant l'incendie, le Hollandais [Marinus van der Lubbe] arrêté en compagnie des députés Torgler et Koenen dans les couloirs du Reichstag. Toute erreur de la part de ces témoins est exclue, ne serait-ce qu'en raison de la silhouette de l'incendiaire[545]. » À la lecture de ce communiqué officiel, on peut constater que les autorités nazies étaient définitivement engluées dans cette thèse d'intervenants multiples née des premières réactions impulsives sur place la veille. La présence des

---

540 *Ibid.,* ainsi que Fritz TOBIAS, *Der Reichstagsbrand. Legende und Wirklichkeit, opus cit.*, p.623 et Hans MOMMSEN*, L'incendie du Reichstag et ses conséquences politiques* in *Le national-socialisme et la société allemande, opus cit,* p.159.

541 *Ibid.*

542 Peter LONGERICH, *Deutschland 1918-1933. Die Weimarer Republik, opus cit.*

543 Josef BECKER, Ruth BECKER (dir.), *Hitlers Machtergreifung. Dokumente vom Machtantritt Hitlers 30. Januar 1933 bis zur Besiegelung des Einparteienstaates 14. Juli 1933*, dtv, 2. vol., Munich 1992, p.117.

544 *Ibid.*

545 Gilbert BADIA, *Feu au Reichstag! opus cit.,* p.42.

matières inflammables dont il est question dans le communiqué et sur lesquelles des experts travaillèrent dans l'optique du procès ne fut jamais prouvée, et nous verrons plus loin qu'une analyse approfondie des rapports des experts démontre de nombreuses incohérences ainsi qu'une orientation unique de leurs travaux visant à accréditer la présence de plusieurs complices à l'intérieur du Reichstag[546]. Comme le soulignent Yves Pagès et Charles Reeve au sujet du rôle central des experts : « Mais les spécialistes persistent à supposer qu'outre les petits foyers allumés par le jeune Hollandais, la salle des séances avait été aspergée au préalable d'essence ou d'autres matières inflammables par une deuxième équipe d'au moins sept comparses. Cette réinterprétation théorique des faits qui, lors du procès, a servi d'argument majeur aux tenants des thèses conspirationnistes des deux camps [nazis et communistes], demeure aujourd'hui le seul élément de preuve invoqué par ceux qui continuent à inscrire l'acte de Marinus van der Lubbe dans la logique d'un complot[547]. » Un élément de « preuve » complètement discrédité, comme nous le verrons plus loin. Au sujet des témoignages dont le communiqué fait part et sur lesquels il insiste lourdement, ils étaient en fait complètement faux, car ni Torgler ni Koenen ne rencontrèrent jamais Marinus van der Lubbe avant l'incendie, pas plus au Reichstag que dans un autre lieu[548]. Ils ne se rencontrèrent pour la première fois qu'au moment des interrogatoires de van der Lubbe pour Torgler et jamais pour Koenen qui était passé dans la clandestinité[549]. Toutefois, il ne fut pas possible d'affirmer si ces témoignages avaient été montés de toutes pièces par les nazis ou si les témoins avaient agi ainsi de leur propre initiative.

Dès le lendemain de l'incendie, deux thèses symétriques s'affrontèrent, notamment dans la presse étrangère. Ainsi, le *Daily Herald* britannique écrivit : « D'un côté, on affirme que les nazis ont

---

[546] Fritz TOBIAS, *Der Reichstagsbrand. Legende und Wirklichkeit, opus cit.,*ainsi que Nico JASSIES, *Marinus van der Lubbe et l'incendie du Reichstag, opus cit.*, p.55 qui écrit que ces experts inventent tout ce qui était susceptible de faire pencher la balance dans le sens du complot communiste. Mais, également que : « Ces experts satisfont non seulement le procureur général et la Cour, mais aussi les staliniens, qui n'opposent de réserve qu'à propos de l'identité des commanditaires [...] »

[547] *Carnets de route de l'incendiaire du Reichstag*, documents traduits du néerlandais, présentés et annotés par Yves Pagès et Charles Reeve, Verticales 2003, p.71.

[548] Fritz TOBIAS, *Der Reichstagsbrand. Legende und Wirklichkeit, opus cit.*

[549] *Ibid.,* ainsi que Protokoll der Vernehmung Lubbes am 28. Februar 1933 (procès-verbal d'interrogatoire de van der Lubbe).

mis le feu. D'autres disent que les communistes sont responsables[550]. » Bien entendu, le communiqué officiel initial publié par le ministère de l'Intérieur fut reproduit dans l'ensemble de la presse : « L'incendie du Reichstag devait être le signal de la guerre civile. […] Pour parer à ce monstrueux péril, le ministre Göring a pris les mesures les plus rigoureuses. […] Deux mandats d'arrêt ont été lancés contre deux députés connus sur lesquels pèsent de sérieux soupçons de complicité. Il est question de placer les autres députés communistes et les permanents du KPD en état d'arrestation[551]. » La veille, la radio diffusait en boucle « l'information » selon laquelle les communistes étaient les auteurs de l'incendie du Reichstag. Pour sa part, le journal français *Le Figaro* relata ainsi les événements survenus à Berlin : « Comme il était à prévoir, l'arrivée au pouvoir de Hitler et de son parti, les mesures draconiennes qu'il a prises contre les agitateurs révolutionnaires, l'intention qu'il a manifestée d'entreprendre une lutte à mort contre le marxisme, ont exaspéré toute la lie internationale. Les terroristes sont passés aux actes. Ils ont commencé par incendier le palais du Reichstag ; d'autres attentats sont prévus. L'enquête, dont on ne connaît pas encore les résultats, révélera sans doute les véritables origines de cet acte criminel auquel l'influence de Moscou ne doit pas être étrangère, et l'on peut s'attendre à des répressions particulièrement rudes. "Avec un poing de fer", a déclaré cette nuit Hitler. […] Le feu a éclaté à 21 heures. En peu de temps, l'ensemble du bâtiment était en flammes. […] Très rapidement, tous les abords du palais parlementaire ont été barrés par la police, et les pompiers de Berlin, alertés, se sont rendus sur les lieux […] Plusieurs milliers de personnes, massées dans les quartiers environnants et principalement devant la porte de Brandebourg, suivaient anxieusement les progrès de l'incendie qui prenait des proportions de plus en plus grandes. Le feu semblait s'être déclaré simultanément dans les quatre ailes du palais. On aurait reconnu dès le début vingt ou trente foyers alimentés à l'aide de bidons d'essence. Il est donc prouvé que l'incendie est dû à la malveillance. Les autorités ont tout de suite été convaincues qu'elles se trouvaient en présence d'un acte de terrorisme des communistes qui ont sans doute voulu se venger de l'occupation du siège central de leur parti par la police de M. Göring. Comme le bâtiment est à peu près désert après la fermeture des bureaux administratifs, on a admis que les incendiaires

---

[550] *Daily Herald* du 28 février 1933.
[551] *Völkischer Beobachter* du 28 février 1933.

avaient eu tout le temps voulu pour préparer leur forfait. Le palais était fermé quand le feu a été découvert et les premières équipes de pompiers qui sont arrivées ont dû enfoncer la porte d'entrée pour pénétrer à l'intérieur. Le chancelier Hitler, le vice-chancelier von Papen, l'amiral von Levetzow, préfet de police de Berlin, et le premier bourgmestre étaient parmi les premières personnalités présentes sur les lieux. [...] Une information publiée dans la nuit par l'agence Wolff a annoncé que des mesures très énergiques allaient être prises contre les communistes. La note que l'on peut considérer comme officielle disait qu'il fallait s'attendre à de nouveaux actes terroristes au cours des jours qui vont suivre. Et l'on apprenait en même temps que dans la nuit de samedi à dimanche une tentative criminelle avait été perpétrée pour mettre le feu à l'ancien palais impérial de Berlin [voir chapitre III]. La police avait alors, paraît-il, acquis immédiatement la preuve qu'elle se trouvait en présence d'un attentat commis par les extrémistes de gauche. En ce qui concerne le Reichstag, d'après un premier rapport de la police, un individu arrêté a été trouvé possesseur d'un passeport hollandais et d'une pièce d'identité émanant du Parti communiste hollandais. Amené au poste de police [...] il aurait aussitôt fait des aveux.

Au cours de sa visite dans le Reichstag incendié, le chancelier Hitler aurait déclaré : "C'est un présage céleste, nous exterminerons cette racaille avec un poing de fer." Le gouvernement de Prusse s'est réuni d'urgence, sous la présidence du vice-chancelier von Papen, pour envisager les mesures rendues nécessaires par l'attentat communiste. Aucune décision n'a été prise encore, mais on peut admettre dès maintenant que des mesures draconiennes seront décidées contre le mouvement communiste en Allemagne. On s'attend même à son interdiction immédiate[552] [...]. »

On peut constater à la lecture de cet article qu'il comporte des approximations et beaucoup de réponses hâtives. Mais, il fut écrit sans recul et avec peu d'éléments en main sinon ceux donnés par la propagande nazie. Il possède néanmoins une grande valeur historique qui permet d'analyser l'état d'esprit d'une partie de la presse et de la société conservatrice européenne de l'époque ainsi que de voir le crédit qui était encore accordé aux déclarations des nazis.

Pour le quotidien communiste français *L'Humanité*, la version des faits était bien entendu diamétralement opposée mais en aucun cas plus crédible. Le titre proclamait à la une : « C'est un policier qui a mis

---

[552] *Le Figaro* du 28 février 1933.

le feu[553] ! » avec, en sous-titre : « Van der Lubbe, l'incendiaire du Reichstag, a agi sur ordre de Hitler[554]. » Le quotidien communiste précisait : « Il [van der Lubbe] avait été démasqué, voici deux ans, comme agent provocateur par le Parti communiste hollandais. Il n'y a pas le moindre doute sur le fait que les nazis veulent ainsi instaurer la terreur fasciste[555]. » *L'Humanité* annonçait aussi dans ses pages l'arrestation du secrétaire général du KPD, Ernst Thälmann, et de cent-trente militants[556], alors que Thälmann ne fut arrêté que plus tard. Les informations mensongères colportées par le quotidien communiste sont aussi à l'image de la société des années 1930. Blanc ou noir. Aucune nuance. Violente. Et peu importaient les mensonges éhontés si on pouvait faire avancer la cause idéologique ou faire un tir de barrage à l'ennemi.

Pour le quotidien socialiste français *Le Populaire*, sous la plume toujours très incisive de Léon Blum, la culpabilité de l'incendie était à rejeter sur les nazis eux-mêmes : « L'incendie n'est pas un acte terroriste communiste, mais de provocation raciste. [...] Si un doute avait pu subsister sur l'origine, la culpabilité, la signification réelle, comment n'être pas convaincu par les mesures d'exploitation que le gouvernement raciste a décrétées dès le premier moment[557]. » Si l'exploitation nazie était indéniable, sur quels éléments Blum étayait-il son propos pour affirmer d'ores et déjà avec force une culpabilité des nazis ?

Le journal communiste néerlandais *De Tribune* écrivit pour sa part : « Il est établi que ce van der Lubbe a été exclu de notre mouvement à la suite d'actions provocatrices ; qu'il a constamment attaqué le Parti et sa politique, enfin qu'il a été employé par le gouvernement de Hitler pour cette provocation inouïe[558]. » Le journal concentra ses tirs sur van der Lubbe : « Une vanité exagérée, un esprit aventureux et un penchant pour le vagabondage étaient les caractéristiques de sa personnalité. Il y a environ deux ans, c'est en démissionnant qu'il s'est soustrait à l'exclusion, rendue inévitable par

---

553 *L'Humanité* du 1er mars 1933.
554 *Ibid.*
555 *Ibid.*
556 *Ibid.*
557 *Le Populaire* du 1er mars 1933.
558 Nico JASSIES, *Marinus van der Lubbe et l'incendie du Reichstag, opus cit.*, p. 41-42.

ses continuelles infractions à la discipline[559]. » Dans un autre numéro, *De Tribune* affirma même : « [...] dès 1932, en Bavière, il s'est confirmé que l'incendiaire van der Lubbe était un membre du parti nazi[560]. » La tonalité fut un peu similaire dans les colonnes d'autres journaux néerlandais ou néerlandophones, comme le *Het Volk (Le Peuple)* qui écrivit que van der Lubbe « était déjà fasciste en Hollande[561] ».

Pour le journal du Parti communiste russe, la *Pravda* (*Vérité*), les nazis étaient bien entendu à la manœuvre : « Ce ne sont pas les communistes mais les fascistes qui avaient besoin de cet incendie. Pour réaliser le pogrome qu'ils projetaient, les fascistes n'ont pas hésité à transformer le Reichstag en brasier[562]. »

Quant aux diplomaties étrangères, elles furent loin d'être convaincues par les arguments développés par le gouvernement allemand. Comme l'écrivit l'ambassadeur français André François-Poncet : « Autant l'incendie est directement contraire à l'intérêt des communistes, autant il est manifestement favorable à celui du gouvernement. La plupart de mes collègues et des journalistes français et anglo-saxons sont d'accord pour écarter la version officielle et regarder comme plausible l'hypothèse d'une machination nazie[563]. » Cette opinion était partagée également par le diplomate allemand Ulrich von Hassell[564], qui, selon sa fille Fey von Hassell, réagit de la façon suivante : « Tout le monde est alarmé par la nouvelle de l'incendie du Reichstag. Les nazis accusent les communistes... Mon père est presque convaincu que l'incendie a été déclenché par les nazis eux-mêmes[565]. »

Dès les premières heures qui suivirent l'incendie, des camions de la SA foncèrent dans les rues de Berlin et des grandes villes allemandes

---

559 *Ibid.*

560 *Ibid.*

561 *Ibid.*, p.43.

562 *Pravda* du 1er mars 1933.

563 André FRANCOIS-PONCET, *Souvenirs d'une ambassade, opus cit.*

564 Ulrich von Hassell fut un farouche opposant au nazisme. Il occupa notamment les fonctions d'ambassadeur d'Allemagne à Rome de 1932 à 1938. Il participa à l'opération Walkyrie du 20 juillet 1944. A la suite de l'échec de l'attentat contre Hitler, il fut arrêté, jugé expéditivement et exécuté le 8 septembre 1944 dans la prison de Berlin-Plotzensee. Voir : *Journal d'un conjuré 1938-1944*, Paris, 1996. Papiers et notes rassemblés et publiés par son fils, Hans Dieter, après 1945.

565 Fey von HASSELL, *Les jours sombres : le destin extraordinaire d'une Allemande antinazie,* Paris, Denoël 1999, p. 28.

à la recherche des dirigeants et militants communistes[566]. Les SA qui agissaient en tant qu'auxiliaires de police envahirent les domiciles des permanents du KPD, rassemblèrent les personnes et les placèrent en prison où un grand nombre fut torturé[567]. Certains furent même assassinés[568]. La police disposait de listes établies depuis plusieurs mois par Carl Severing, ministre de l'Intérieur social-démocrate de Prusse jusqu'en 1932, que les nazis avaient remises à jour[569]. Plus de quatre-mille permanents du KPD furent arrêtés dans la première nuit[570]. L'immunité parlementaire ne protégeait plus les députés. Des sociaux-démocrates et des libéraux furent également placés en détention[571]. Trois jours après l'incendie, la police arrêta Ernst Thälmann, le chef du KPD, dans un appartement clandestin de Berlin-Charlottenburg, suite à une dénonciation[572]. Le même sort fut réservé à plusieurs collaborateurs de Thälmann, notamment Werner Hirsch, le rédacteur en chef de la *Rote Fahne*[573]. L'étau se resserra aussi autour de nombreux intellectuels proches des milieux communistes et sociaux-démocrates. Ainsi, Carl von Ossietzky[574], éditeur de la *Weltbühne* (*La Scène mondiale*)[575], fut

---

[566] Hans-Norbert BURKERT, Klaus MATUSSEK, Wolfgang WIPPERMANN, *Machtergreifung Berlin 1933*, Berlin, éditions Hentrich 1982, p.65.

[567] *Ibid.*

[568] *Ibid.*, ainsi que Ian KERSHAW, *Hitler, opus cit.*, p.653.

[569] Klaus NEUMANN, *Carl Severing. Von der Armenschule ins Ministeramt.* Landschaftsverband Westfalen-Lippe, Münster 1991, ainsi que Procès de Leipzig, 31e Sitzungstag (jour de session), p.81 et suivantes.

[570] Hans-Norbert BURKERT, Klaus MATUSSEK, Wolfgang WIPPERMANN, *Machtergreifung Berlin 1933, opus cit.*

[571] Hans BUCHHEIM, Hans-Adolf JACOBSEN, Helmut KRAUSNICK, Martin BROSZAT, *Anatomie des SS-Staates*, 2 vol., Fribourg-en-Brigsau, DTV 1999, vol.2, p.20.

[572] Heinrich-August WINKLER, *Histoire de l'Allemagne XIXe-XXe siècle : le long chemin vers l'Occident, opus cit.*, p.476.

[573] *Ibid.*, ainsi que Ossip K. FLECHTHEIM, *Die KPD in der Weimarer Republik, opus cit.*

[574] En tant qu'éditeur du magazine *Die Weltbühne*, Carl von Ossietzky fut condamné en 1931 pour haute trahison pour avoir publié des informations sur le réarmement clandestin de l'Allemagne. Ossietzky obtint en 1936 le Prix Nobel de la Paix au titre de l'année 1935 pour ses publications. Cf Kurt BUCK, *Carl von Ossietzky im Konzentrationslager,* in *DIZ-Nachrichten.* Aktionskomitee für ein Dokumentations- und Informationszentrum Emslandlager e.V., Papenburg 2009.

[575] *Die Weltbühne* était un magazine hebdomadaire consacré à l'art, à la littérature, à la politique et à l'économie, qui est paru de 1905 à 1933. Cf Joachim BERGMANN, *Die Schaubühne – Die Weltbühne 1905–1933, Bibliographie und Register mit Annotationen.* Saur, Munich 1991.

placé en internement administratif à Spandau dès le 28 février, de même que les écrivains Erich Mühsam et Ludwig Renn, le « reporter engagé », ou encore Egon Erwin Kisch, le sexologue Max Hodmann, l'avocat Hans Litten[576]. Mais les communistes surent aussi réagir rapidement et comme l'écrivit Sir Horace Rumbold, ambassadeur de Grande-Bretagne à Berlin, à destination des autorités anglaises : « Bien que des chefs communistes aient été arrêtés, on me dit de source sûre que l'organisation s'est repliée et qu'elle est intacte, mais qu'aucune instruction de résistance armée n'a été donnée aux membres du parti[577]. » Intacte, c'est néanmoins un bien grand mot. Car, même si la répression nazie connut des failles et des ratés, même si l'organisation communiste s'était préparée à cette clandestinité, le KPD fut quand même vivement touché par les arrestations et la saisie de matériel. À Hambourg, les arrestations ne commencèrent véritablement qu'à la suite du changement du préfet de police[578]. Dans les Länder de Brunswick, Mecklenburg, Oldenburg, les mesures de répression furent promptes[579]. Dans la province du Rhin et en Westphalie, huit-cent-cinquante à mille-deux-cents personnes furent arrêtées dès le 28 février 1933 au matin ou à la mi-journée, puis les arrestations se déroulèrent ensuite plus lentement[580]. En Prusse, nulle tergiversation, les arrestations ne connurent aucun temps de retard[581]. Mais les preuves sur le terrain d'un soulèvement communiste étaient plutôt maigres, à l'image du constat fait par la direction de la police de Nuremberg pour qui : « [...] on ne dispose pas de points concrets permettant d'établir une relation directe entre l'incendie volontaire du Reichstag et de telles intentions[582] [une prise violente du pouvoir]. » Les nazis avaient globalement surestimé la puissance d'action des communistes, sans doute trompés par la propagande et les rodomontades du KPD. Mais, il n'est pas évident, par manque de matériau fiable, de juger précisément de l'activité communiste en Allemagne après l'accession de Hitler à la

[576] Heinrich-August WINKLER, *Histoire de l'Allemagne XIXe-XXe siècle : le long chemin vers l'Occident, opus cit.*, p.476.
[577] DBFP, Seconde Série, vol. IV, n°253, p.438, 2 mars 1933.
[578] Procès de Leipzig, 47e Sitzungstag (jour de session), p.94 et suivantes, déposition du commissaire Will.
[579] *Völkischer Beobachter* du 3 mars 1933.
[580] *Ibid.*
[581] *Ibid.*
[582] Dossier Sack I, pp. 343 et suivantes in Hans MOMMSEN, *L'incendie du Reichstag et ses conséquences politiques* in *Le national-socialisme et la société allemande, opus cit*, p.154.

chancellerie[583]. La police judiciaire, qui n'était pas encore aux mains des nazis à cette période, avait-elle aussi tendance, pour les mêmes raisons, à surestimer la puissance d'action des communistes. Ainsi, un rapport du 14 mars 1933 annonce : « Les communistes ne s'engagent pas seulement pragmatiquement dans la préparation du soulèvement armé destiné à renverser la Constitution, mais ils veulent aussi passer des revendications et des principes de leur programme à une exécution pratique[584]. »

Contrairement aux arrestations à grande échelle des communistes, les autorités nazies se montrèrent plus sélectives en matière de détention des sociaux-démocrates et des responsables syndicaux et se concentrèrent sur les plus éminents[585]. Rudolf Diels chiffrait à vingt-mille pour la seule Prusse le nombre de communistes soumis à des mesures « d'internement administratif » au cours du mois de mars 1933 et détenus dans des camps de concentration pour la plupart[586]. Le nombre grimpa à vingt-cinq-mille en avril[587]. Dans les premiers jours de ces arrestations, les prisonniers furent enfermés dans les préfectures de police, dans les sièges de la SA, dans des cours d'usines désaffectées qui furent réquisitionnées dans ce but, parfois dans des gymnases, avant d'être transférés dans des camps de concentration, par exemple à Oranienburg [588] pour les personnes

---

583 Quelques éléments disponibles néanmoins : BA Coblence, dossiers du Reichssicherheitshauptamt, R 58.

584 Rapport transmis par la Nachrichtensammelstelle (dépôt central d'informations) le 19 avril 1933, BA R 58/ I -718, ainsi que Procès de Leipzig, 46e Sitzungstag (jour de session), p.61, le témoignage de Reinhold Heller.

585 Nikolaus WACHSMANN, *KL une histoire des camps de concentration nazis,* Paris, Gallimard 2017, p.947.

586 Heinrich-August WINKLER, *Histoire de l'Allemagne XIXe-XXe siècle : le long chemin vers l'Occident, opus cit.,* p.477.

587 Hans BUCHHEIM, Hans-Adolf JACOBSEN, Helmut KRAUSNICK, Martin BROSZAT, *Anatomie des SS-Staates, opus cit.*

588 Le camp de concentration d'Oranienbourg a été édifié en février 1933 au milieu de la ville d'Oranienbourg (Brandebourg) sur l'emplacement d'une ancienne brasserie fréquentée par les SA ; il ouvrit le 21 mars, soit un jour après Dachau. Il s'agissait d'un des tout premiers camps de concentration nazis. Jusqu'à sa fermeture en juillet 1934, trois mille hommes et trois femmes y furent enfermés. Au moins seize prisonniers y furent tués par les gardes, parmi lesquels l'écrivain et anarchiste Erich Mühsam, le 9 juillet 1934. À partir de 1936, un autre camp fut édifié près d'Oranienburg : le camp de Sachsenhausen. Cf Nikolaus WACHSMANN, *KL une histoire des camps de concentration nazis, opus cit.*

arrêtées à Berlin et dans sa périphérie[589]. À la fin du mois de juillet 1933, alors que la terreur exercée par la SA et la SS était déjà arrivée à son terme, on comptait dans l'ensemble du Reich, selon les indications officielles vingt-sept-mille internés administratifs[590] ; en Prusse, ils étaient encore quinze-mille[591]. Mais les effectifs des camps « sauvages[592] » dont certains existaient encore à cette époque n'étaient pas inclus dans ces chiffres. Le nombre moyen journalier de détenus dans les prisons allemandes passa de soixante-trois-mille environ en 1932 à quatre-vingt-quinze-mille en 1933, quoique tous les nouveaux prisonniers n'eussent pas été des opposants politiques[593]. Pour les fêtes de Noël 1933, Göring ordonna la libération des cas jugés les moins dangereux ou ceux dont les nazis avaient l'impression qu'ils s'étaient « adaptés » à leur situation nouvelle. Environ trois à cinq-mille prisonniers furent concernés par cette mesure d'élargissement selon le régime nazi[594]. D'autres libérations survinrent en novembre 1934, avec cette fois la libération d'environ mille à deux-mille prisonniers en Prusse, toujours selon le régime nazi[595].

Lors du procès de Nuremberg en 1946, Hermann Göring fut interrogé longuement au sujet des arrestations qui suivirent l'incendie du Reichstag. Göring apporta alors un certain nombre de précisions significatives, notamment sur la chronologie initiale que les nazis souhaitaient suivre vis-à-vis des députés et des permanents communistes. Il répondit dans un premier temps à ce sujet à la question du Dr Otto Stahmer[596], son avocat : « Je pris la décision d'arrêter par

---

[589] Gilbert BADIA, *Feu au Reichstag ! opus cit.*, p.44.

[590] Heinrich-August WINKLER, *Histoire de l'Allemagne XIXe-XXe siècle : le long chemin vers l'Occident, opus cit.*, p.477.

[591] *Ibid.*

[592] Didier CHAUVET, *Irma Grese et le procès de Belsen : une surveillante SS condamnée à mort*, Paris, L'Harmattan 2017.

[593] Nikolaus WACHSMANN, *KL une histoire des camps de concentration nazis, opus cit.*, p.947.

[594] Minutes du procès de Nuremberg, tribunal militaire international, 80e journée, mercredi 13 mars 1946, audience de l'après-midi, interrogatoire d'Hermann Göring par son avocat le Dr Stahmer.

[595] Minutes du procès de Nuremberg, tribunal militaire international, 80e journée, mercredi 13 mars 1946, audience de l'après-midi, interrogatoire d'Hermann Göring par son avocat le Dr Stahmer.

[596] Le petit-fils d'Otto Stahmer a fait don aux Archives fédérales de Coblence des dossiers de Stahmer pour le procès de Nuremberg, accompagnés d'autres archives. Au

surprise les fonctionnaires et chefs communistes. Je fis dresser une liste et je savais qu'en n'arrêtant que les plus importants et les plus dangereux, cela représenterait quand même plusieurs milliers, car il n'était pas seulement nécessaire de saisir les fonctionnaires du parti, mais également ceux des formations du Front rouge, car les communistes avaient également des associations affiliées. Ces arrestations eurent lieu pour des raisons de nécessité et de sécurité de notre État. Il s'agissait d'éliminer un danger. Pour cela, une seule possibilité : celle de l'arrestation de protection. Peu importe si on avait déjà prouvé que ces personnes étaient coupables d'une action de haute trahison ou s'il fallait seulement s'y attendre de leur part. Il fallait la prévenir par cette arrestation de protection. Tout cela n'avait rien de nouveau et ce n'était pas une invention national-socialiste. De semblables mesures d'arrestations de protection étaient pratiquées auparavant dans l'ancien Reich, en partie contre les communistes et en partie contre nous, les nationaux-socialistes. Les prisons n'étaient pas à notre disposition dans ce but et je voudrais insister sur le fait qu'il s'agissait là d'un acte politique de défense en vue de la protection de l'État. C'est pourquoi je prétendais que ces hommes devaient être internés dans des camps – on proposa un ou deux camps à ce moment – parce que je ne pouvais pas savoir combien de temps cette arrestation s'avérerait nécessaire. J'ignorais aussi le nombre des intéressés susceptibles d'être découverts au cours des actions entreprises contre le Parti communiste. Lors de l'occupation de la *Karl-Liebknecht-Haus*, nous avions trouvé tellement d'armes, de matériel et de préparatifs pour une guerre civile, que nous ne pouvions pas encore prévoir les conséquences du développement. J'ai déjà indiqué – et c'est naturel – qu'en ces périodes de tension politique, comme il en existait une entre les deux ailes extrémistes en Allemagne, et au moment où l'âpreté de l'opposition politique entraînait des combats de rue continuels, que la situation pour les internés ne serait en tout cas pas très agréable. J'avais donné des instructions pour que la surveillance fût faite, autant que possible, par les forces de police. Si elles ne devaient pas suffire, des forces auxiliaires devaient alors être demandées[597]. »

Et Göring revint sur le sujet cinq jours plus tard en répondant cette fois-ci aux questions du procureur américain Robert Jackson :

---

total 92 dossiers pour 31 volumes (N 1583).

[597] Minutes du procès de Nuremberg, tribunal militaire international, 80e journée, mercredi 13 mars 1946, audience de l'après-midi, interrogatoire d'Hermann Göring par son avocat le Dr Stahmer.

« **M. Jackson :** Maintenant, en relatant l'accession du Parti au pouvoir, vous avez omis certains faits tels que l'incendie du Reichstag, le 27 février 1933. Il y eut une épuration importante à la suite de cet événement, n'est-ce pas, au cours de laquelle un grand nombre de personnes furent arrêtées et exécutées ?
Göring : Je ne connais aucun cas d'exécution du fait de l'incendie du Reichstag, à l'exception de l'incendiaire, van der Lubbe, qui fut condamné par un tribunal. Les autres accusés furent acquittés au cours du procès. Contrairement à l'opinion que vous avez formulée jusqu'ici par erreur, M. Thälmann [chef du KPD] ne fut pas accusé. Il s'agissait du député communiste Torgler. Il fut acquitté, de même que le Bulgare Dimitrov. Il y eut relativement peu d'arrestations en rapport avec l'incendie du Reichstag. Celles que vous attribuez à l'incendie du Reichstag sont en réalité des arrestations de fonctionnaires communistes. J'ai répété à plusieurs reprises et désire une fois de plus insister sur le fait que ces gens furent arrêtés pour de tout autres raisons et indépendamment des mesures prises à la suite de l'incendie du Reichstag. Au contraire cet incendie ne fit que précipiter leur arrestation et les projets que nous avions préparés avec beaucoup de soin ; un certain nombre de fonctionnaires purent ainsi échapper à ces mesures [notamment Wilhelm Pieck[598] et Walter Ulbricht[599]].
M. Jackson : Autrement dit, vous aviez déjà préparé des listes de communistes au moment de l'incendie du Reichstag, avec les noms des personnes qui devaient être arrêtées ?
Göring : Les listes des fonctionnaires communistes qui devaient être

---

598 Wilhelm Pieck assura l'intérim à la direction du KPD après l'arrestation d'Ernst Thälmann. À la mi-mai 1933, il émigra en France et constitua avec Franz Dahlem et Wilhelm Florin la direction du KPD à l'étranger (*Auslandsleitung*). Pieck devint en 1949 et jusqu'à sa mort en 1960, le premier chef d'État de la République démocratique allemande. Il fut le seul dirigeant de la RDA à porter le titre de président de la République. Cf Rolf BADSTÜBNER, Wilfried LOTH (dir.), *Wilhelm Pieck. Aufzeichnungen zur Deutschlandpolitik 1945–1953,* Akademie, Berlin 1994, ainsi que Andreas MALYCHA, Peter Jochen WINTERS, *Die SED. Geschichte einer deutschen Partei,* Munich, C.H. Beck 2009.

599 Walter Ulbricht poursuivit son action au sein du KPD de Berlin dans la clandestinité à partir du 7 février 1933. Recherché, il émigra alors à Paris, puis à Prague, puis enfin à Moscou en 1938, où il obtint la nationalité soviétique. Lors du Pacte germano-soviétique, il dénonça ses anciens camarades du KPD à la Gestapo, gage de « bonne volonté » de Moscou vis-à-vis de son nouvel allié. En 1960, après la mort de Wilhelm Pieck, il devint président du conseil national de défense et président du nouveau conseil d'État de la RDA. Cf Mario FRANK, *Walter Ulbricht. Eine deutsche Biografie,* Berlin, Siedler-Verlag 2001.

arrêtés étaient, pour la plupart, prêtes depuis longtemps. C'était tout à fait en dehors de la question de l'incendie du Reichstag.
M. Jackson : Ces arrestations furent mises à exécution aussitôt après l'incendie du Reichstag ?
Göring : Contrairement à mon intention de reporter ces mesures à quelques jours afin que tout se déroulât selon le programme établi et qu'il n'y eût aucune fausse manœuvre, le Führer exprima la nuit même son désir de procéder immédiatement à ces arrestations. Ce qui eut l'inconvénient, comme je l'ai mentionné, de précipiter les événements.
M. Jackson : Vous avez rencontré le Führer sur les lieux de l'incendie, n'est-ce pas ?
Göring : C'est exact.
M. Jackson : Et vous avez décidé, sur place, d'arrêter tous les communistes dont vous aviez préparé la liste ?
Göring : Je répète encore une fois que leur arrestation avait été décidée depuis plusieurs jours ; ils furent simplement arrêtés cette nuit-là. Personnellement, j'aurais préféré attendre encore quelques jours, conformément au plan prévu. Cela aurait évité l'évasion de certains personnages importants.
M. Jackson : Et, le lendemain matin, on présenta au président von Hindenburg le décret qui abolissait les clauses de la Constitution dont on a parlé ici, n'est-ce pas ?
Göring : Oui, je le crois[600]. »

Göring confirma lors du procès de Nuremberg ce qu'il avait déclaré lors du procès de l'incendie du Reichstag à Leipzig. Il avait ressenti cet incendie comme un « bouleversement complet[601] » de son « plan si merveilleusement préparé[602] » en vue de l'arrestation des communistes. Cet événement fut « gênant, extrêmement gênant[603] » et il s'était retrouvé tel « un maréchal qui veut passer à l'exécution d'un grand plan de bataille et qu'une manœuvre impulsive de son adversaire oblige à procéder de tout autre façon, à redéployer ses troupes et à adopter une position de combat[604] ». Göring poursuivit devant le

---

[600] Minutes du procès de Nuremberg, tribunal militaire international, 84e journée, lundi 18 mars1946, audience de l'après-midi, interrogatoire d'Hermann Göring par le procureur en chef pour les États-Unis, Robert Jackson.
[601] Procès de Leipzig, 31e Sitzungstag (jour de session), p.86 et suivantes.
[602] *Ibid.*
[603] *Ibid.*
[604] *Ibid.*

tribunal de Nuremberg en expliquant pourquoi et comment il avait créé la Gestapo qui devint l'un des rouages essentiels de la répression exercée par le régime nazi : « Je savais – ce qui fut confirmé plus tard – que la Maison des communistes à Berlin, le *Liebknecht-Haus*, était extrêmement fortifiée et contenait beaucoup d'armes. Nous avons également découvert, à ce moment, des relations entre la Représentation commerciale russe et le Parti communiste d'Allemagne. Bien que j'aie d'un coup arrêté des milliers de fonctionnaires communistes, afin de parer dès le début au danger immédiat, le danger lui-même n'était en aucune façon conjuré. Il fallait agir contre le réseau des associations secrètes et les tenir constamment en observation ; pour cela il fallait qu'une police fût spécialisée. Le Parti social-démocrate d'Allemagne, du moins en ce qui concernait ses membres, ne me semblait pas, de loin, aussi dangereux ; mais, évidemment, il était formé d'adversaires absolus de notre nouvel État. Certains de ses fonctionnaires étaient plus radicaux que d'autres. Les radicaux étaient également surveillés. Tandis que beaucoup d'anciens ministres ou hauts fonctionnaires sociaux-démocrates étaient simplement révoqués et obtenaient une pension de retraite, sans avoir jamais été inquiétés, il y avait d'autres fonctionnaires du Parti social-démocrate qu'il fallait surveiller très étroitement. C'est ainsi que la Police secrète d'État a été créée par mes soins, d'abord en Prusse, car les autres États n'étaient pas sous mon contrôle à cette époque[605]. »

Göring était déterminé depuis le début à mener une lutte implacable contre les communistes. Mais l'incendie du Reichstag avait bel et bien bouleversé ses plans : « Leurs antécédents étaient si lourds, leurs crimes si terribles que j'étais déterminé à entreprendre sans plus attendre la plus impitoyable guerre d'extermination contre ce fléau, en usant de tous les moyens à ma disposition. J'ai même déclaré, lors du procès de l'incendie du Reichstag, que l'incendie, qui m'a forcé à prendre si rapidement des mesures, était pour moi extrêmement inopportun, dès lors qu'il me contraignait à agir plus vite que je ne l'avais prévu et à frapper avant que j'aie achevé l'ensemble des préparatifs[606]. »

---

[605] Minutes du procès de Nuremberg, tribunal militaire international, 80e journée, mercredi 13 mars 1946, audience de l'après-midi, interrogatoire d'Hermann Göring par son avocat le Dr Stahmer.

[606] Hermann GÖRING, *Aufbau einer Nation,* p.93-94 in Joachim FEST, *Hitler*, Harmondsworth 1974, p.789.

Au-delà des arrestations des communistes et des sociaux-démocrates, on assista aussi à des débordements contre d'autres parties de la population. Comme le souligne l'historien Heinrich August Winkler, la « révolution nationale[607] » déborda largement de la mise sous l'éteignoir des communistes : « À Breslau [Wrocław], la SA organisa une opération coup de poing contre les avocats et les juges juifs, dans bien des lieux, des médecins fonctionnaires juifs furent destitués, tandis que les théâtres, les cabarets, les bijouteries, les magasins de vêtements, les banques et les entrepôts juifs étaient saccagés[608]. » Les débordements étaient tels que Hitler lui-même fut contraint d'intervenir pour ramener un calme relatif. Il lança, le 10 mars 1933, l'appel suivant : « Mes camarades, veillez à ce que l'histoire ne puisse établir aucune comparaison entre la révolution nationale et la révolution des Spartakistes[609] à sac à dos de 1918. Au reste, ne vous laissez pas détourner une seule seconde de notre consigne : destruction du marxisme[610]. » De nombreux observateurs étrangers se demandèrent pourquoi à ce stade, le gouvernement n'interdisait pas purement et simplement le KPD ? Car, comme le souligne l'historien Gilbert Badia : « Ce fut bien l'un des paradoxes de ces élections du 5 mars 1933. Les communistes étaient hors la loi, accusés des pires crimes. Leur presse, leur propagande, leurs réunions étaient interdites et... l'Imprimerie nationale imprimait leurs bulletins qui furent [...] expédiés dans les bureaux de vote[611]. » La décision de ne pas interdire le KPD fut évidemment prise au plus haut sommet de l'État par Hitler qui ne jugea pas nécessaire de procéder tout de suite à sa complète interdiction. Il déclara en effet à ses ministres le jour de son accession au pouvoir qu'il « craignait qu'une éventuelle interdiction du KPD n'ait pour conséquence de sévères affrontements en politique intérieure et ne

[607] Globalement la prise du pouvoir par les nazis.
[608] Heinrich-August WINKLER, *Histoire de l'Allemagne XIXe-XXe siècle : le long chemin vers l'Occident, opus cit.*, p.477.
[609] Frange dissidente des sociaux-démocrates avec à sa tête Rosa Luxemburg et Karl Liebknecht, la Ligue spartakiste (*Spartakus Bund*) provoqua en janvier 1919 une insurrection à Berlin. Le groupe avait déjà joué un rôle important lors de la révolution de 1918 mais la tournure ouvertement communiste des événements de janvier fit réagir sèchement le nouveau gouvernement. L'armée fut envoyée dans la ville pour écraser la révolte qui se termina le 15 janvier par l'assassinat de ses deux principaux instigateurs.
[610] Heinrich-August WINKLER, *Histoire de l'Allemagne XIXe-XXe siècle : le long chemin vers l'Occident, opus cit.*, p.477.
[611] Gilbert BADIA, *Feu au Reichstag ! opus cit.*, p.44.

déclenche, éventuellement, la grève générale[612] ». Hitler ne changea pas d'avis malgré l'incendie du Reichstag. Cette mesure se révélait d'autre part tout à fait symbolique, rien d'autre. Hitler qui avait connu l'interdiction de son parti quelques années auparavant, savait bien ce que ce type de mesure avait d'illusoire. L'interdiction d'un parti n'anéantissait pas un mouvement[613]. Il semblait évident à ses yeux qu'il était « purement et simplement impossible d'interdire les six millions de personnes qui soutenaient le KPD. On pouvait tout de même peut-être obtenir une majorité en faveur du nouveau gouvernement du Reich lors des élections qui suivraient la dissolution du Reichstag[614] ». Hitler ne voulait pas non plus gonfler le score du SPD par l'apport d'un certain nombre de voix communistes. De même, Hitler ne voulait pas entendre l'idée d'un élargissement de la coalition gouvernementale de droite par l'apport du Zentrum[615].

Afin de donner de la consistance à la théorie du complot communiste qui s'enlisait passablement, les autorités décidèrent à partir du 3 mars 1933 d'afficher dans toutes les villes d'Allemagne les photos de van der Lubbe prises par la police, mais également de les faire publier par la presse[616]. Le but était d'obtenir des informations sur les complices du jeune incendiaire. Une forte récompense de vingt-mille marks était prévue pour celui qui ferait significativement avancer l'enquête par ses révélations[617]. De même, un communiqué du *Wolffs Telegraphisches Bureau* (WTB) [618] rendit compte de certaines

---

[612] Conseil des ministres du 30 janvier 1933 ; Akten der Reichskanzlei. Die Regierung Hitler, partie I : 1933/34, t1 : 30. Januar bis 30. April 1933, Karl-Heinz MINUTH (ed), Boppard am Rhein 1983, N°1, p. 1-4.

[613] Didier CHAUVET, *Hitler et le putsch de la brasserie : Munich, 8/9 novembre 1923*, Paris, L'Harmattan 2012.

[614] Conseil des ministres du 30 janvier 1933 ; Akten der Reichskanzlei. Die Regierung Hitler, partie I : 1933/34, t1 : 30. Januar bis 30. April 1933, Karl-Heinz MINUTH (ed), Boppard am Rhein 1983, N°1, p. 1-4.

[615] Volker ULLRICH, *Adolf Hitler une biographie, opus cit.*, p. 497.

[616] Nico JASSIES, *Marinus van der Lubbe et l'incendie du Reichstag, opus cit.*, p.54.

[617] *Ibid.*

[618] Le WTB était avant la Première Guerre mondiale l'une des plus grandes entreprises de ce type et disposait d'agences et de représentants individuels dans le monde entier, de qui il recevait des informations et à qui il les livrait. Rien qu'en Allemagne, 300 personnes étaient employées. Le 1er janvier 1934, Goebbels fit confiance à Alfred-Ingemar Berndt pour nationaliser le WTB et appartenir à l'Union de télégraphie du groupe Hugenberg (Telegraphen-Union, TU). Bernhard Wolff (1811-1879), rédacteur en chef de la *Vossiche Zeitung* et fondateur de la *National Zeitung* (1848-1938) fonda

informations que les autorités néerlandaises avaient transmises à la justice allemande et qui apportaient de l'eau au moulin de la participation communiste : « Le 22 décembre 1932, Lubbe prit encore part à une réunion des chauffeurs de taxi grévistes à La Haye et y tint un long discours communiste. Cette communication de la police hollandaise, extrêmement importante, montre que l'incendie du Reichstag est bien un attentat terroriste organisé par les communistes[619]. »

L'incendie du Reichstag revint au programme du Conseil des ministres le 7 mars 1933 au sujet du choix de s'orienter ou non vers un procès public. Le texte du procès-verbal officiel précise : « Le ministre de l'Intérieur [Frick] en vint alors à parler de l'incendie du Reichstag et de la punition des coupables. Il expliqua qu'il était nécessaire et urgent de pendre van der Lubbe immédiatement sur la Königsplatz[620]. Certes, le Code ne prévoyait qu'une peine d'emprisonnement pour le délit d'incendie volontaire, mais il devait être possible de décider la peine de mort par pendaison pour un crime aussi horrible. Le principe *nulla poena sine lege*[621] ne devait pas avoir valeur absolue. D'ailleurs, les professeurs Nagler, von Weber et Detker avaient déjà établi un rapport allant dans ce sens. Sur quoi, le ministre de l'Intérieur exposa le contenu

---

cette entreprise qui fut l'une des premières agences de presse en Europe. Cf Rudolf STÖBER, *Deutsche Pressegeschichte. Von den Anfängen bis zur Gegenwart*. 2., überarbeitete Auflage, Constance, UVK-Verlags-Gesellschaft 2005.

[619] *Carnets de route de l'incendiaire du Reichstag, opus cit.*, p.233, note 2.

[620] Hans MOMMSEN, *L'incendie du Reichstag et ses conséquences politiques* in *Le national-socialisme et la société allemande, opus cit,* p.117. La place a été créée en 1735 environ et a été utilisée comme terrain de parade. Au cours de la République de Weimar, la place a été nommée *Platz der Republik* pour commémorer l'abolition de la monarchie. Quand les nazis prirent le pouvoir en 1933, la place fut renommée « Place royale ». Dans le cadre d'un plan grandiose pour créer un Welthauptstadt Germania, la colonne de la victoire a été agrandie et déplacée à son emplacement actuel en 1939. En 1948, la place revint au nom *Platz der Republik.* Après la réunification allemande en 1990, la place a retrouvé sa position d'une importance capitale à Berlin.

[621] En droit pénal, le principe de légalité des délits et des peines dispose qu'on ne peut être condamné pénalement qu'en vertu d'un texte pénal précis et clair (en latin, *Nullum crimen, nulla pœna sine lege,* c'est-à-dire « [il n'y a] aucun crime, aucune peine, sans loi »). Ce principe a été notamment développé par le pénaliste italien Cesare Beccaria au XVIIIe siècle. On y associe généralement les principes de non-rétroactivité de la loi pénale plus sévère et de rétroactivité de la loi pénale moins sévère.

du rapport. Le chancelier du Reich souligna qu'à son avis également il était d'une nécessité impérieuse de pendre van der Lubbe. Il était absolument certain que c'était ce qu'attendait l'opinion publique. Il ne pouvait reconnaître de validité à la doctrine "le droit c'est le droit" si la conséquence en était la disparition de l'État allemand[622]. » Göring précisa ensuite que l'incendie du Reichstag avait été annoncé à l'avance en quatre endroits distincts et que van der Lubbe avait déjà été condamné dans le passé par la justice de son pays[623]. De son côté, le secrétaire d'État Franz Schlegelberger [624], qui représentait ponctuellement le ministre de la Justice, abonda dans le sens de Hitler en déclarant également que le droit devait s'adapter aux circonstances[625]. Mais, pour Otto Meissner, secrétaire d'État à la présidence de la République, il lui semblait que Hindenburg aurait des scrupules si une demande en grâce se retrouvait sur son bureau[626]. Néanmoins, à titre personnel, Meissner jugeait que « la population exigeait à juste titre un châtiment exemplaire de van der Lubbe[627] ». Finalement, il fut décidé que Hitler s'entretiendrait de ce sujet avec Hindenburg[628]. L'incendie du Reichstag revint à nouveau au menu des débats du Conseil des ministres le 24 mars 1933 avec une nouvelle offensive de Frick qui était toujours « d'avis que la peine de mort doit

---

[622] Conseil des ministres du 7 mars 1933 ; Akten der Reichskanzlei. Die Regierung Hitler, partie I : 1933/34, t1 : 30. Januar bis 30. April 1933, *opus cit.*

[623] *Ibid.*

[624] Franz Schlegelberger fut nommé en octobre 1931 secrétaire d'État auprès du ministre du Reich à la Justice Curt Joël (1865-1945). Il adhéra en 1938 au NSDAP. À la mort de Franz Gürtner, ministre du Reich à la Justice, il le remplaça à ce poste de 1941 jusqu'en août 1942, à la nomination d'Otto Thierack. Pendant son mandat, le nombre des condamnations à mort grimpa rapidement. Il rédigea avec Roland Freisler la « *Polen-strafrechtsverordnung* », une disposition pénale d'exception dirigée contre les Polonais. Il écrivit le 5 avril 1942 une lettre à Hans Lammers, chef de la chancellerie du Reich, sur la Solution finale de la question juive, lettre dans laquelle il approuvait que les Juifs et descendants de mariages mixtes du premier degré fussent exterminés mais défendait l'idée que les descendants de mariages mixtes du second degré fussent stérilisés. Si ces derniers refusaient la stérilisation, ils devaient être traités comme les premiers et déportés dans le cadre de la Solution finale. Il fut condamné en 1947 à la prison à vie pour participation à des crimes de guerre et crimes contre l'humanité. Il fut gracié et libéré en 1950 pour raisons médicales puis s'installa à Flensbourg, jusqu'à sa mort, le 14 décembre 1970.

[625] Conseil des ministres du 7 mars 1933 ; Akten der Reichskanzlei. Die Regierung Hitler, partie I : 1933/34, t1 : 30. Januar bis 30. April 1933, *opus cit.*

[626] *Ibid.*

[627] *Ibid.*

[628] *Ibid.*

être appliquée à van der Lubbe et qu'il doit être pendu publiquement dans les plus brefs délais[629] ». Mais, à nouveau, Meissner mit en avant les éventuelles réticences de Hindenburg[630]. Au bout du compte, Hitler décida de ne pas aller plus loin tout en précisant : « Peut-être sera-t-il possible, plus tard, de prendre la décision de pendre publiquement les condamnés et d'exécuter ce châtiment[631]. » Le Conseil des ministres adopta alors un projet de loi en deux articles dont l'un stipulait clairement que la peine de mort prévue par le décret du 28 février 1933 « vaut également pour des actes commis entre le 31 janvier et le 28 février 1933 », ce qui fit de cette loi une loi rétroactive[632].

Le 9 mars 1933, un nouveau rebondissement majeur vint bousculer le cours de l'enquête sur l'incendie du Reichstag. En effet, trois ressortissants bulgares, dont un membre de la direction du Komintern, qui avaient gagné clandestinement Berlin pour le compte des Affaires politiques du Komintern, furent arrêtés par la police dans la brasserie Bayernhof où ils étaient attablés[633]. Ces trois hommes étaient Georgi Dimitrov, Blagoï Popov et Vassil Tanev. Dimitrov était incontestablement un gros poisson du communisme international prit dans les filets nazis. Immédiatement, ces trois hommes devinrent la clé de voûte de l'accusation des nazis d'un complot communiste d'envergure contre l'État et le gouvernement allemand[634]. Avec eux, figurait aussi au rang des accusés le député communiste Ernst Torgler, autre personnage important car chef du groupe communiste au Reichstag, qui fut placé en détention quelques heures après l'incendie après s'être volontairement constitué prisonnier afin de plaider son innocence[635]. Son collègue, Wilhelm Koenen[636] qui l'accompagnait

---

[629] Conseil des ministres du 24 mars 1933 ; Akten der Reichskanzlei. Die Regierung Hitler, partie I : 1933/34, t1 : 30. Januar bis 30. April 1933, *opus cit.*

[630] *Ibid.*

[631] *Ibid.*

[632] *Ibid.*

[633] Walther HOFER (dir), *Der Reichstagsbrand. Eine wissenschaftliche Dokumentation, opus cit,* ainsi que Sven Felix KELLERHOFF, *Reichstagsbrand. Die Karriere eines Kriminalfalls. be.bra, Berlin 2008.*

[634] *Ibid.*

[635] *Ibid.*

[636] Entre 1946 et 1949, Wilhelm Koenen fut élu au Landtag de Saxe. De 1949 à sa mort, il fut membre de la Chambre du Peuple et chef du Secrétariat. En mai 1953, il fut accusé d' « un manque de vigilance » et fut réprimandé par la direction du SED. En 1955, il devint le président de la *Interparlamentarischen Gruppe* (groupe

lorsqu'ils sortirent du Reichstag à 20 h 30 avant le début de l'incendie, ne se rendit pas pour sa part aux autorités et préféra entrer dans la clandestinité avant d'émigrer à l'étranger, d'abord en Sarre puis en France, en Tchécoslovaquie, en Angleterre et enfin au Canada[637]. Avec Marinus van der Lubbe, ces quatre hommes interpellés s'assirent sur le banc des accusés pour le procès de l'incendie du Reichstag qui fait l'objet du chapitre suivant de ce livre.

Globalement, la population allemande sous l'emprise de l'intense propagande nazie, mais aussi en raison d'un très fort rejet du communisme pour une large partie, réagit favorablement à la répression anticommuniste entreprise par le pouvoir. Répression et « nettoyage de la société » qui avaient déjà commencé des semaines auparavant en Prusse, mais de manière moins prononcée cependant. En effet, Göring, ministre de l'Intérieur de Prusse, avait procédé à l'« épuration » de la police et de l'administration prussienne de ceux qui demeuraient en poste après le « coup de force » de Papen, le 20 juillet 1932[638]. Quatorze préfets de police dans les villes majeures de Prusse, de même que plusieurs gouverneurs délégués (*Oberpräsident*) et préfets (*Regierungspräsident*) de l'État de Prusse à l'intérieur des provinces furent placés à la retraite dès février 1933 et remplacés par des hommes favorables aux nazis[639]. Ce qui fit écrire à Goebbels : « Göring fait le ménage. Nous creusons progressivement notre trou dans l'administration[640]. » En outre, le 22 février, Göring décida la fameuse constitution d'une police auxiliaire composée des « groupements nationaux » (SA, SS, Stahlhelm) – dont nous avons parlé précédemment – censée lutter contre « les exactions croissantes de l'extrême gauche, et en particulier des communistes[641] ».

Un rapport en provenance d'un district rural catholique de Haute-Bavière illustre cette réaction positive de la population à la « purge » anti-gauche en Prusse, avant même le grand aiguillon aux préjugés contre la gauche qu'allait constituer l'incendie du Reichstag : « Hitler

---

interparlementaire) de la République démocratique allemande (RDA). Il fut décoré en 1956 de l'Ordre de Karl Marx.

[637] Zeitungsartikel über Wilhelm Koenen in der Pressemappe 20. Jahrhundert der Deutschen Zentralbibliothek für Wirtschaftswissenschaften (ZBW).

[638] Guido KNOPP, *Göring. Eine Karriere.* Goldmann, Munich 2007.

[639] Volker ULLRICH, *Adolf Hitler une biographie, opus cit.*, p. 503.

[640] *Tagebuch Joseph Goebbels*, partie I, t2, p.130, 16 février 1933.

[641] Martin BROSZAT, *L'État hitlérien. L'origine et l'évolution des structures du Troisième Reich*, Paris, Fayard 1985, p.118.

a fait un joli nettoyage en Prusse. Il jette dehors les parasites et pique-assiettes qui vivent aux crochets du peuple. Il devrait continuer en Bavière aussi, en particulier à Munich, y mener une purge du même genre. […] Si Hitler continue à travailler comme il l'a fait jusqu'à présent, il aura la confiance de la grande majorité du peuple allemand aux législatives[642]. » Il y avait déjà ici des signes clairs d'un phénomène qui allait devenir manifeste, du moins aux yeux de certains observateurs étrangers, au lendemain immédiat de l'incendie du Reichstag : les mesures draconiennes prises par le gouvernement suscitèrent peu de critiques et bon nombre de réactions favorables chez la plupart des Allemands de la classe moyenne et dans la population rurale. L'attaque contre les communistes fut perçue, pour citer un rapport assez représentatif, comme « un acte de libération depuis longtemps nécessaire[643] ». Ceux qui comprirent la portée à long terme du décret « pour la protection du peuple et de l'État » furent rares. Au contraire, cet accueil favorable qui se dégagea impulsa un élan nouveau à la popularité de Hitler juste avant des élections cruciales[644] – comme le fit dans d'autres circonstances l'attentat manqué du 8 novembre 1939 contre le Führer à Munich perpétré par le menuisier Georg Elser[645]. Si une part des citoyens allemands, même hors des rangs de la gauche, était déjà prête à croire à la responsabilité des nazis dans l'incendie du Reichstag, la majorité des citoyens soutint incontestablement la répression policière contre les communistes. Cette majorité pensait que cette option de prendre le problème du « péril rouge » à la racine était incontournable et donc nécessaire « dans l'intérêt national[646] ». Hitler ne pouvait que bénéficier massivement de cette paranoïa anticommuniste qui débordait largement du NSDAP et qui fut augmentée encore par le soutien ouvert que Moscou apporta au KPD.

---

[642] St AM, LRA 76 887, GS Anzing, 25 février 1933 (Staatsarchiv).

[643] GStA, MA 106677, RPv OF/MF, 5 mars 1933 ; voir aussi GstA, MA 106682, RpvS, 4 mars 1933.

[644] GstA, MA 106672, RPPvNB/OP, 5 mars 1933 qui indique expressément que « l'action radicale contre les fauteurs de trouble » donna satisfaction à la « population alarmée » et fit grimper le vote en faveur des nazis aux élections législatives du 5 mars 1933.

[645] Didier CHAUVET, *Georg Elser et l'attentat du 8 novembre 1939 contre Hitler*, Paris, L'Harmattan 2018.

[646] Afin de mieux cerner le niveau atteint par la fièvre anticommuniste après l'incendie du Reichstag, voir l'éditorial du *Miesbacher Anzeiger* du 2 mars 1933 cité par Ian KERSHAW, *L'opinion allemande sous le nazisme. Bavière 1933-1945*, Paris, ed CNRS 1995, p.126-127.

Comme le souligne l'historien Sebastian Haffner, les communistes furent aussi les prisonniers de leur propre tactique : « L'aspect le plus intéressant de l'incendie du Reichstag fut peut-être que tout le monde ou presque, admit la thèse de la culpabilité communiste. [...] C'était la faute des communistes eux-mêmes. Au cours des dernières années, leur parti était devenu de plus en plus puissant, ils n'avaient cessé de brandir leur "détermination", et en fait personne ne les croyait capables de se laisser interdire et exterminer sans défense. [...] Le mythe nazi du putsch communiste déjoué tomba sur un terrain de crédulité préparé par les communistes eux-mêmes[647]. » Pour confirmer ces éléments, il est évident que selon l'analyse de Ian Kershaw : « Pour la majorité de la population, l'euphorie nationale des semaines qui ont suivi les élections de mars, concentrée sur Hitler, n'a été assombrie par aucune inquiétude devant la vague de répression et de terreur déchaînée simultanément contre ceux qui ne souhaitaient pas appartenir à la nouvelle "communauté de peuple". Les arrestations massives de communistes et autres "ennemis de l'État" qui ont eu lieu en mars dans toute l'Allemagne ont suscité la même approbation populaire que l'agression policière contre la gauche en Prusse et les mesures implacables qui avaient suivi l'incendie du Reichstag[648]. » En effet, on peut constater en parcourant un rapport de Basse-Bavière que la population se montrait globalement très satisfaite « que les agitateurs communistes aient été, pour la plupart, mis hors d'état de nuire[649] ».

Pour la Reichswehr, la répression contre les communistes n'était pas du tout un problème. Le général Reichenau l'avait déjà annoncé lors des événements de Prusse et la Reichswehr calqua son attitude sur celle qui avait été la sienne à l'époque : « Force est de reconnaître que nous sommes en pleine révolution. Ce qui est pourri dans l'État doit être éliminé, et cela ne peut se faire qu'à travers la terreur. Le Parti [le NSDAP] sera implacable contre le marxisme. La tâche des forces armées : se tenir au repos. Aucun soutien si les persécutés cherchent refuge auprès des troupes[650]. »

Le 3 mars 1933, Göring publia une directive pour la police

[647] Sebastian HAFFNER, *Histoire d'un Allemand. Souvenirs 1914-1933*, Actes Sud 2003, p.181-182.

[648] Ian KERSHAW, *Le Mythe Hitler,* Paris, Flammarion 2006.

[649] GStA, MA 106672, RPvNB/OP, 5 avril 1933 ainsi que GStA, MA 106682, RPvS, 22 mars 1933.

[650] Klaus-Jürgen MÜLLER, *Das Heer und Hitler. Armee und nationalsozialistische Regime 1933-1940, opus cit.*

prussienne selon laquelle, en plus des droits constitutionnels, « toutes les autres restrictions sur les actions de la police imposées par les lois du Reich et du Land » étaient abolies « pour autant que cela soit nécessaire [...] à l'application des objectifs du décret[651] ». Il déclara par la suite : « dans l'esprit des buts et des objectifs du décret, les mesures supplémentaires [...] viseront les communistes dans un premier temps, mais aussi ceux qui collaborent avec les communistes et leurs buts criminels. [...] Je voudrais préciser que toute mesure utile à l'encontre des membres ou des établissements autres que ceux des partis communistes, anarchistes ou sociaux-démocrates ne se justifient au sens du décret [...] que s'ils servent à défendre contre les activités communistes dans leur acceptation la plus large[652]. » Göring se rendit vite compte que son analyse à chaud de la situation – le complot communiste – était erronée, mais il ne pouvait plus faire marche arrière. L'historien Hans Mommsen avance pour sa part qu'il n'était absolument pas capable d'autocritique et qu'il rejeta avec entêtement son erreur[653]. Son avis évolua certainement en présence de divers éléments, mais il ne fit jamais réellement, clairement, état de ses doutes[654]. L'inspecteur de police Rudolf Braschwitz[655] apporta aussi un certain éclairage en évoquant la scène suivante : « Environ huit jours après l'incendie, je fus convoqué devant [...] Göring. Étaient présents à mon arrivée [...] Diels et Heller. Ils me dirent qu'ils sortaient d'une entrevue avec Göring, au cours de laquelle Göring leur avait fait part de sa conviction que van der Lubbe ne pouvait avoir agi seul. Il me fit également part de ce point de vue. Tandis qu'il parlait, je ne sais quelle manifestation remonta, et Göring se dirigea vers la fenêtre avec moi en disant que "le peuple, là-dessous", ne croyait sûrement pas que van der Lubbe avait agi seul, et que lui-même ne voyait pas comment il l'en convaincrait[656]. »

La veille des élections, dont la campagne électorale fut marquée par une violence inouïe de la part de la SA qui envahit des réunions

---

[651] Guido KNOPP, *Göring. Eine Karriere, opus cit.*

[652] *Ibid.*

[653] Hans MOMMSEN, *L'incendie du Reichstag et ses conséquences politiques in Le national-socialisme et la société allemande, opus cit,* p.118.

[654] Rudolf DIELS, *Lucifer ante portas, opus cit.*, p. 202 et suivantes.

[655] Rudolf Braschwitz adhéra au NSDAP en mai 1933.

[656] Hans MOMMSEN, *L'incendie du Reichstag et ses conséquences politiques* in *Le national-socialisme et la société allemande, opus cit,* p.118, note 49. Cf également, lettre de Rudolf Braschwitz au procureur général auprès du tribunal de Dortmund le 17 août 1961, Archives Tobias, in MOMMSEN, p.103.

d'autres partis et frappa de nombreux opposants[657], Hitler prononça un discours enflammé à Königsberg. Ce discours fut retransmis à la radio, mais aussi dans les rues où des haut-parleurs relayèrent les paroles de Hitler[658]. En conclusion de son discours, le Führer insista sur l'étroite collaboration qu'il entretenait avec le président Hindenburg[659]. L'union de l'ancienne et de la nouvelle Allemagne était plus que jamais à l'ordre du jour. La campagne électorale du NSDAP avait été très largement financée par une souscription de trois millions de marks qui provenaient de certains grands industriels comme Krupp, Vögler, et qui permit à Hitler d'effectuer des déplacements en avion pour des réunions publiques à travers tout le pays[660]. Mais, les nazis ne se servirent pas uniquement de la radio et de la presse pour diffuser leur propagande même s'ils les utilisèrent au maximum. Ils cherchèrent en effet aussi à marquer l'opinion publique par des affiches bien choisies et à récupérer le prestige de Hindenburg par voie d'affichage. Ainsi, l'une de leurs affiches électorales présentait Hitler, le soldat inconnu de la Première Guerre mondiale, et l'ancien maréchal l'un à côté de l'autre, en bonne entente. Le message destiné aux citoyens était : « Le maréchal et le caporal combattent à nos côtés pour la paix et l'égalité des droits. » Une autre affiche, qui reprenait les portraits de Hitler et Hindenburg s'exclamait : « Jamais le Reich ne sera détruit si vous êtes unis et fidèles[661]. »

Les élections du 5 mars 1933 se déroulèrent bien évidemment sous une haute vigilance policière et militaire. Les permissions avaient été suspendues, les familles des militaires étaient consignées dans les casernes, les communications téléphoniques devaient être maintenues en permanence disponibles, et les officiers devaient être joignables facilement[662]. La crainte d'une action communiste était réelle et la Reichswehr se protégeait tout en se tenant prête à agir si nécessaire. Hitler, pour sa part, ne souhaitait bien entendu absolument pas se

---

[657] Richard J. EVANS, *Le Troisième Reich. L'avènement, opus cit.,* ainsi que Peter LONGERICH, *Die braunen Bataillone. Geschichte der SA, opus cit.*

[658] Max DOMARUS, *Hitler : Reden und Proklamation 1932-1945*, 2 vol., Wiesbaden 1973, p.216-217 ainsi que Joseph GOEBBELS, *Vom Kaiserhof, opus cit.*, p. 273-274 et *Tagebuch Joseph Goebbels*, I, 2, p. 386.

[659] *Ibid.*

[660] Reinhard NEEBE, *Grossindustrie, Staat und NSDAP 1930-1933, opus cit.* Ensuite fut même créé le *Adolf-Hitler-Spende der deutschen Witschaft.*

[661] Jesko von HOEGEN, *Der Held von Tannenberg. Genese und Funktion des Hindenburg Mythos*, Cologne, Böhlau 2007, p.378-380.

[662] IfZ- Zeugenschriftum ED 1 – Liebmann, f. 40.

résoudre à une intervention de l'armée qui ne devait pas « être mêlée à ces questions de politique intérieure[663] ».

Le scrutin électoral du 5 mars 1933 plaça le NSDAP très largement en tête avec 43,91 % des voix soit 17 277 180 suffrages et 288 sièges sur 647 avec une augmentation de 10,8 % par rapport aux élections de novembre 1932, soit 5 540 159 voix supplémentaires. Hitler espérait franchir la barre des 50 %. Devant cet espoir déçu, il fut contraint de maintenir son entente avec le Front de combat noir-blanc-rouge (DNVP et apparentés) qui avec 7,97 % (soit un peu moins qu'en novembre 1932) permettait à la coalition d'obtenir 51,88 %. Mais, en raison de la très forte participation, 88,74 %, en progression de 8,2 % avec 39 655 029 votants, le NSDAP obtint un pourcentage plus élevé des suffrages que tout autre parti sous la République de Weimar, gagnant des points dans les zones rurales catholiques et auprès des plus pauvres[664]. Le SPD recueillit 18,25 %, soit une perte modérée de 2,1 % et un siège en moins, et le KPD atteignit 12,32 % soit une baisse de 4,6 % et 19 sièges perdus, ce qui représentait un recul assez sévère. Mais en dépit de la pression inouïe pour ces deux partis suite aux événements du Reichstag et de la paralysie de leurs propagandes, les sociaux-démocrates ne perdirent que 66 272 voix par rapport à novembre 1932 et le KPD ne perdit que 1 131 381 voix. C'était certes, notamment pour le KPD, un recul incontestable, mais pas autant qu'on aurait pu le penser compte tenu du contexte, c'est indéniable. Ces résultats de la gauche étaient un peu étonnants et à souligner en tant que démonstration du caractère inébranlable du « front marxiste ». Le Zentrum avec 11,25 % des voix et le BVP avec 2,70 % étaient quant à eux quasiment stables, alors que le DDP avec 0,9 % et le DVP avec 1,1 % étaient désormais groupusculaires. Pour revenir sur les scores obtenus par les nazis, la progression fut nette dans certaines zones où le NSDAP obtenait jusqu'alors de mauvais résultats – dans la Bavière catholique, dans le Wurtemberg, mais aussi à Berlin. Il avait largement augmenté son audience et avait manifestement réussi à mobiliser à son profit la majeure partie des anciens abstentionnistes[665]. Dans les zones à l'est de l'Elbe, les nazis obtinrent plus de 50 % des voix. À Berlin et Hambourg, ils obtinrent moins de 35 %, ce qui représentait néanmoins

663 *Frankfurter Zeitung* du 1er mars 1933.
664 Ian KERSHAW, *Le Mythe Hitler, opus cit.*, p.71.
665 Kurt PATZOLD, Manfred WESSBECKER, *Geschichte der NSDAP 1920-1945, opus cit.*

un bon score. L'ambassadeur américain Frederic M. Sackett[666], en poste à Berlin du 12 février 1930 jusqu'au 24 mars 1933, ne cacha pas que Hitler avait « remporté un triomphe sans précédent[667] ». Il ajouta même : « La démocratie en Allemagne a subi un coup dont elle ne se remettra sans doute pas. L'Allemagne a été submergée par une gigantesque vague nazie. Le Troisième Reich tant annoncé est devenu réalité[668]. » Ces élections furent aussi, au moins partiellement, capitales dans la suite du comportement de Hitler. Les gouvernements de tous les Länder avaient une majorité national-socialiste et ce fut une pression exercée sur Hitler. En effet, il s'appuya sur le dynamisme impressionnant du Parti et, comme le souligna Papen : « dans une mesure toujours croissante, de partenaire prêt à des compromis, il devint un autocrate qui les refusait tous[669]. » D'autant plus que la position constitutionnelle du chancelier dans le gouvernement était fixée par l'article 56 de la Constitution qui disait : « Le chancelier détermine les grandes lignes de la politique et en porte la responsabilité devant le Reichstag. » Si la politique d'un ministre chargé d'un ressort ministériel n'était pas conforme aux directives du chancelier, ce n'était pas le gouvernement qui en décidait par une décision prise à la majorité, mais le chancelier seul. Et l'article 58 de la Constitution disposait : « Le chancelier du Reich ne peut pas être mis en minorité par le cabinet pour des questions concernant des contradictions avec la politique qu'il a déterminée[670]. »

Pour Papen, ces élections ne pouvaient souffrir d'aucune contestation : « On a prétendu que les nazis avaient remporté cette victoire sinon en truquant carrément les chiffres, tout au moins par des menaces à peine voilées. Or, il n'en était rien. Une ordonnance du 4 février obligeait, certes, les diverses organisations politiques à demander une autorisation pour chaque réunion publique. Et en Prusse, Göring utilisa cette disposition pour limiter la campagne électorale des partis d'opposition. Mais dans les autres Länder, les ministres de

---

[666] Bernard V. BURKE, *Ambassador Frederic Sackett and the Collapse of the Weimar Republic from 1930 to 1933* Cambridge University Press, 1994.

[667] Rapport de Frederic M. Sackett au ministère des Affaires étrangères, le 9 mars 1933 ; BECKER, *Hitlers Machtgreifung*, p.135.

[668] *Ibid.*

[669] Minutes du procès de Nuremberg, tribunal militaire international, 156e journée, lundi 17 juin 1946, audience du matin, interrogatoire de Franz von Papen par son avocat le Dr Egon Kubuschok.

[670] www.documentarchiv.de.

l'Intérieur étaient toujours ceux de la coalition weimarienne. En plus, il ne faut pas oublier que, le 5 mars, le vote était encore secret, et que les bureaux étaient composés de membres appartenant à tous les partis[671] [...]. »

L'article paru dans le journal bavarois *Miesbacher Anzeiger* reflétait bien l'esprit de renouveau qui régnait en Allemagne dans les milieux nationalistes après les résultats des élections législatives de mars : « Ce qui se produit aujourd'hui en Allemagne, c'est la lutte pour renouveler l'idée de l'État, mais aussi pour remodeler l'âme allemande. [...] Le peuple allemand s'est libéré du cauchemar qui pesait sur lui depuis tant d'années et s'est engagé sur la voie d'une ère nouvelle et, on l'espère, bénie. [...] Puisse le 21 mars marquer le début d'une libre communauté du peuple allemand uni et indivisible, englobant toutes ses composantes de bonne volonté et fondée sur une base chrétienne, nationale et sociale[672]. » Le 21 mars 1933, auquel fait référence le journal bavarois, correspond à la fameuse journée de Potsdam. À l'occasion de l'anniversaire de l'inauguration du premier Reichstag par Bismarck se déroula cette journée que les nazis surent parfaitement mettre à profit pour valoriser l'image de Hitler. En effet, à cette occasion, le chef nazi s'inclina solennellement devant le président Hindenburg. À l'intérieur de l'église de la Garnison de Potsdam, sanctuaire de la tradition prussienne, face à tous les députés nouvellement élus, face aux généraux et aux ministres, Hitler remercia vivement dans son allocution le président Hindenburg d'avoir permis l'union « entre les symboles de notre ancienne grandeur et notre nouvelle puissance ». Cette journée avait pour but évident de démontrer aux Allemands que Hitler était bien le continuateur de la tradition nationaliste allemande. Ce cérémonial fut mis en place par le nouveau gouvernement, l'organisation complète de la cérémonie étant sous la responsabilité de Joseph Goebbels. Durant la cérémonie, Hindenburg demanda aux membres du Parlement de soutenir le jeune cabinet Hitler. Goebbels écrivit dans son journal que le discours que Hitler fit par la suite, fut son meilleur depuis le début du NSDAP. Cette cérémonie fut suivie de la parade de la Reichswehr et de plusieurs organisations paramilitaires dont la SA et le Stahlhelm. L'historien Heinrich August Winkler souligne avec justesse : « Lorsque Hindenburg, en tant que président du Reich, dans l'église de la Garnison, descendait seul dans

---

[671] Franz von PAPEN, *Mémoires, opus cit.*, p.200-201.
[672] *Miesbacher Anzeiger* du 22 mars 1933.

la crypte de Frédéric le Grand pour s'entretenir avec lui dans un dialogue muet, le même attendrissement patriotique que celui entretenu, par les films sur Frédéric de la UFA d'Alfred Hugenberg, atteignait beaucoup d'Allemands. Mais la Vieille Prusse n'était en rien ressuscitée : les nouveaux hommes au pouvoir utilisaient simplement son mythe pour obtenir un certificat légitimant une domination encore plus grande que celle qui leur avait été donnée par les électeurs le 5 mars[673]. »

La *Gleichschaltung* (mise au pas) décrétée le soir du 5 mars se mit rapidement en place. Les Länder de Lübeck, de Brême et de Hesse furent mis au pas le 6 mars. Ceux de Bade, de Saxe et du Wutemberg le 8 mars avec l'imposition des commissaires à la police. La Bavière suivit le 9 mars. Comme un signe de sa nouvelle force, Hitler imposa le 11 mars lors du Conseil des ministres, la création d'un « ministère du Reich pour l'Éducation du peuple et la Propagande » (*Reichsministerium für Volksaufklärung und Propaganda*, RMVP, ou tout simplement *Propagandaministerium*) entièrement taillé sur mesure pour Joseph Goebbels. Ensuite, vint la création de la Chambre culturelle du Reich qui contrôla toute la création culturelle en Allemagne[674]. En imposant ce ministère, Hitler tenait ainsi une promesse qu'il avait faite à Goebbels après le 30 janvier 1933, mais

---

673 Heinrich-August WINKLER, *Der lange Weg nach Westen. Band 2: Deutsche Geschichte vom „Dritten Reich" bis zur Wiedervereinigung*, Munich, C.H. Beck, 2010.

674 La Chambre de la culture du Reich (*Reichskulturkammer*, ou *RKK*) était une institution nazie, créée le 15 novembre 1933. Elle mit en œuvre dans les milieux culturels le processus de *Gleichschaltung* lancé par les nazis pour mettre au pas la société allemande à leur arrivée au pouvoir. Elle visait en particulier à rendre l'ensemble du domaine culturel conforme aux idéaux du parti national-socialiste en promouvant l'art « aryen » ou « art héroïque » et en mettant fin à tout art moderne considéré comme un « art dégénéré ». Elle était placée sous la tutelle de Joseph Goebbels et de son ministère du Reich à l'Éducation du Peuple et à la Propagande. Il existait également un Sénat de la culture du Reich (*Reichskultursenat*), présenté par Goebbels comme un « forum représentatif » de la culture allemande. Un Intendant de la culture du Reich (*Reichskulturwalter*) nommé par Goebbels, fut chargé notamment de la « déjudaïsation de la vie culturelle allemande. » La Chambre de la culture du Reich était subdivisée en sept spécialités : Chambre de la musique du Reich (*Reichsmusikkammer*), Chambre de la littérature du Reich (*Reichsschrifttumskammer*), Chambre des beaux-arts du Reich (*Reichskammer der bildenden Künste*), Chambre du théâtre du Reich (*Reichstheaterkammer*), Chambre de la presse du Reich (*Reichspressekammer*), Chambre de la radiodiffusion du Reich (*Reichsrundfunkkammer*), Chambre du film du Reich (*Reichsfilmkammer*).

démentait de la sorte l'assurance explicite de ne pas modifier le cabinet gouvernemental après les élections qu'il avait donnée à ses partenaires de la coalition, notamment à Hugenberg [675]. Si, bien entendu, Hugenberg émit des protestations, les autres ministres ne s'opposèrent pas au choix de Hitler[676]. Mais, comme l'écrivit Papen dans ses mémoires, le rôle joué par Goebbels au sein du gouvernement dépassait largement ses seules attributions ministérielles : « La première brèche dans la majorité conservatrice du gouvernement fut l'entrée dans le cabinet de Goebbels. [...] Par son intelligence comme par son talent de dialecticien, il nous dépassait de plusieurs coudées. Bientôt, les ministres conservateurs constatèrent l'inutilité d'une attitude contraire aux principes de Goebbels [...], automatiquement, Hitler refusait de les écouter et adoptait la solution préconisée par son ami[677]. » Enfin, le 12 mars, pour les élections municipales, le NSDAP d'ordinaire en difficulté à Berlin même obtint cette fois-ci 38,3 % des voix. Ses alliés obtinrent 12,1 % et les deux partis de gauche obtinrent 41,5 %, avec 22 % pour le SPD et 19,5 % pour le KPD encore fort dans la capitale.

Le processus de la *Gleichschaltung* visait toutes les sphères de la société, politique, économique, religieuse et culturelle, et concernait l'ensemble de la population [678]. Il avait notamment pour objectif d'éliminer toute opposition réelle ou potentielle et comportait un important volet antisémite[679]. La *Gleichschaltung* fut mise en œuvre via le développement d'un appareil répressif, des outils législatifs et réglementaires et la création d'organisations de masse destinées à encadrer tous les secteurs de la société [680]. La mise en place des instruments juridiques et réglementaires de la *Gleichschaltung* se basait sur deux textes fondamentaux : le *Reichstagsbrandverordnung* (décret de l'incendie du Reichstag) et la loi des pleins pouvoirs[681] (également

---

675 Franz von PAPEN, *Mémoires, opus cit.*

676 Conseil des ministres du 11 mars 1933 ; Die Regierung Hitler, partie I, 1, n°44, p.159-166.

677 Franz von PAPEN, *Mémoires, opus cit.*, p.213.

678 Karl Dietrich BRACHER, Wolfgang SAUER, Gerhard SCHULZ, *Die nationalsozialistische Machtergreifung. Studien zur Errichtung des totalitären Herrschaftssystems in Deutschland 1933/34*, Berlin, Ullstein 1974.

679 *Ibid.*

680 *Ibid.*

681 La loi des pleins pouvoirs fut abrogée via la loi no 1 du Conseil de contrôle allié du 20 septembre 1945 portant abrogation du droit nazi. En République fédérale allemande (RFA), l'article 123, §1, de la loi fondamentale du 23 mai 1949, placé sous le titre des dispositions transitoires et finales, dispose que « le droit en vigueur

connue sous le nom de loi d'habilitation ou sous sa dénomination officielle de *Gesetz zur Behebung der Not von Volk und Reich vom 24. März 1933*, loi du 24 mars 1933 de réparation de la détresse du peuple et du Reich). Nous reviendrons plus loin sur cette loi des pleins pouvoirs d'une importance capitale, mais voyons d'abord d'autres aspects de la *Gleichschaltung*. Le premier texte législatif qui se référait à la notion de *Gleichschaltung* fut la loi provisoire sur l'alignement des Länder avec le Reich du 31 mars 1933. Celle-ci porta un coup décisif au fédéralisme, en dissolvant les parlements régionaux, qui furent recomposés, sauf en Prusse, proportionnellement aux résultats des dernières élections au Reichstag[682]. Elle fut suivie, le 7 avril, par une seconde loi d'alignement qui transposait au niveau des Länder les dispositions de la loi des pleins pouvoirs et nommait à la tête de chaque Land un *Reichsstatthalter* (gouverneur du Reich), fonction généralement confiée à un gauleiter[683]. D'autres lois suivirent, comme la loi sur la restauration de la fonction publique (*Gesetz zur Wiederherstellung des Berufsbeamtentums*, GWB) du 7 avril 1933 également qui permit aux dirigeants nazis de destituer les fonctionnaires juifs ou considérés comme politiquement hostiles[684]. D'autres actions suivirent, notamment à l'encontre des syndicats. Ainsi, la Confédération générale des syndicats allemands (*Allgemeiner Deutscher Gewerkschaftsbund*, ADGB) fut dissoute le 2 mai 1933, quand, conjointement, les unités de la SA et de la NSBO

---

antérieurement à la première réunion du Bundestag demeure en vigueur dans la mesure où il n'est pas contraire à la loi fondamentale ». De par cet article, la loi des pleins pouvoirs, comme la *Reichstagsbrandverordnung* ou les lois de Nuremberg ne sont donc plus en vigueur, notamment en raison de la violation flagrante des articles 1 à 20 de la loi fondamentale, relatifs aux libertés publiques. En République démocratique allemande (RDA), la Constitution du 7 octobre 1949 abroge, via son article 144, les dispositions qui lui sont contraires et a une portée semblable à celle de l'article 123, §1, de la loi fondamentale, qui s'applique à l'Allemagne réunifiée depuis le 3 octobre 1990. Les derniers vestiges de la loi des pleins pouvoirs et d'autres textes inspirés ou adoptés par les nazis sont réduits à néant par la *Gesetz zur Aufhebung nationalsozialistischer Unrechtsurteile in der Strafrechtspflege* (loi d'abrogation des peines nationales-socialistes injustes prévues dans le Code pénal) du 25 août 1998, entrée en vigueur le 1er septembre 1998.

[682] Martin BROSZAT, *Der Nationalsozialismus. Weltanschauung, Programm und Wirklichkeit*. 4. vol, Deutsche Verlags-Anstalt, Stuttgart 1961.

[683] Pierre AYÇOBERRY, *La Société allemande sous le IIIe Reich. 1933-1945*, Paris, Seuil, coll. « Points Histoire » 1998.

[684] Martin BROSZAT, *Der Nationalsozialismus. Weltanschauung, Programm und Wirklichkeit, opus cit.*

(*Nationalsozialistische Betriebszellenorganisation*) occupèrent les unions syndicalistes[685] ; les chefs du ADGB furent emprisonnés[686]. De nombreuses associations furent forcées de fusionner avec le *Deutsche Arbeitsfront*[687] (DAF, Front allemand du travail), substitut nazi de l'AGBD, les mois suivants[688]. La loi contre la formation de partis politiques (*Gesetz gegen die Neubildung von Parteien*) du 14 juillet 1933 empêcha toute création d'un nouveau parti politique et laissa le NSDAP comme seul parti politique du pays. La loi de reconstruction du Reich (*Gesetz über den Neuaufbau des Reiches*) du 30 janvier 1934 abandonnait le fédéralisme. Les établissements politiques des Länder furent pratiquement entièrement supprimés, transférant tous les pouvoirs au gouvernement central. En conséquence, une autre loi datant du 14 février 1934 dissolvait le Reichsrat, la représentation des Länder

---

685 *Ibid.*

686 *Ibid.*

687 Le Front du Travail (*Deutsche Arbeitfront*), l'une des pièces essentielles du régime nazi pour cadenasser le monde du travail, fut créé et placé sous la direction de Robert Ley (1890-1945), un nazi de la toute première heure, organisateur du parti nazi (*Reichsorganisationsleiter*). Les attributions de ce syndicat unique furent précisées et définitivement organisées après l'adoption de la loi du 24 octobre 1934 qui indiquait l'objectif de créer une authentique communauté sociale et productive de tous les Allemands. Cette nouvelle organisation destinée à encadrer le travail et qui remplaçait les anciens syndicats désormais dissous regroupait les salariés et les patrons ainsi que les membres des professions libérales au sein d'une même organisation. Des cotisations obligatoires étaient prélevées et servaient principalement au fonctionnement interne de cette lourde machine, mais aussi à l'effort de réarmement. Le Front du travail devint rapidement un pion essentiel dans les mains du pouvoir nazi pour asservir le monde ouvrier. En théorie, le but premier de ce syndicat unique était de remplacer des organisations de lutte des classes par une entité censée fonder la solidarité des employeurs et des employés dans la communauté nationale. Mais, en définitive, le Front du Travail, changea les relations dans l'entreprise en substituant le dialogue initial entre les salariés et le patronat par un dialogue entre le patronat et le NSDAP qui était supposé représenter les salariés et défendre leurs intérêts. En effet, la loi du 24 octobre 1934 prévoyait que seuls des membres provenant des organisations nazies pouvaient accéder aux postes d'encadrement du Front du Travail. Bien évidemment, les cadres avaient pour mission en tant que conseillers du travail de décider des salaires pratiqués dans les multiples branches de l'économie avec l'accord de l'État nazi. De même, ces conseillers avaient pouvoir en matière de licenciement et de conditions de travail des salariés. Parallèlement au Front du travail, la Force par la joie (*Kraft durch freude*), institution qui « accompagnait » la population ouvrière dans ses loisirs, complétait le tableau.

688 Martin BROSZAT, *Der Nationalsozialismus. Weltanschauung, Programm und Wirklichkeit*, *opus cit.*

au niveau fédéral[689]. Lors du procès de Nuremberg, Göring développa les objectifs recherchés par la *Gleichschaltung*, mais il pointa également les dérives qui s'étaient produites et qui n'avaient pas eu son assentiment : « Sous le signe de cette coordination, de cette *Gleichschaltung*, qui prit naissance à cette époque, on vit se développer des activités inutiles et excessives. C'était normal, car après la prise du pouvoir, tout le mouvement se développa d'une façon révolutionnaire, non pas dans l'esprit d'une révolution telle que la Révolution française ou la grande Révolution bolchevique, c'est-à-dire dans le sens des grandes luttes, des effusions de sang et des tribunaux révolutionnaires qui assassinèrent des centaines de milliers d'hommes, mais tout de même dans le sens accusé de l'unification de l'État, le Parti et le national-socialisme servant de principes de base et d'évolution. Cette coordination, cette *Gleichschaltung*, dont je viens de parler, toucha absolument à tout, mais lors de grandes transformations politiques on dépasse quelquefois le but visé. Personnellement, je ne croyais pas nécessaire que tout élément devînt national-socialiste, et si je puis m'exprimer catégoriquement et d'une façon mesquine, que chaque club ou petite organisation eût un président national-socialiste ; mais les choses politiques fondamentales et décisives devaient de plus en plus être le reflet de notre opinion, car c'était une condition absolue de la réorganisation, de l'établissement et du renforcement du Reich[690]. »

Cependant, les milieux conservateurs essayèrent encore de freiner la mainmise de Hitler sur l'Allemagne. Ainsi, par exemple, le 9 mars 1933, quelques jours après les élections, Georg Dertinger[691], ancien

---

689 *Ibid.*

690 Minutes du procès de Nuremberg, tribunal militaire international, 80e journée, mercredi 13 mars 1946, audience de l'après-midi, interrogatoire d'Hermann Göring par son avocat le Dr Stahmer.

691 Georg Dertinger faisait partie de la délégation allemande conduite par Franz von Papen et Mgr Ludwig Kaas qui conclut un concordat avec le Vatican. En 1945, il fut un des cofondateurs de la section est-allemande de la CDU et membre de la direction du parti. Cette même année, il fut recruté par le NKVD comme informateur. De 1949 à 1953, il fut membre de la Volkskammer (la Chambre du Peuple) et ministre des Affaires étrangères de la RDA. Le 6 juillet 1950, il signa un traité avec la Pologne reconnaissant la frontière Oder-Neisse. Le 15 janvier 1953, il fut arrêté et « démasqué » comme étant un espion. À l'issue d'une parodie de procès, il fut condamné à 15 ans de prison et emprisonné à Bautzen d'où il fut libéré en 1964. Cf Peter Joachim LAPP, *Georg Dertinger : Journalist – Außenminister – Staatsfeind, Fribourg-en-Brigsau,* Herder Verlag 2005, ainsi que Hermann WENTKER, *Außenpolitik in engen Grenzen. Die DDR im internationalen System, Munich,* Oldenbourg Wissenschaftsverlag 2007.

journaliste et rédacteur en chef pour la *Magdeburger Volkszeitung,* membre du DNVP, très proche de Papen depuis le début des années 1930, nota : « Pour préserver le rapport de forces au sein du cabinet, l'idée avait surgi de remettre le pouvoir exécutif dans tout le Reich à un commissaire du Reich ou de réclamer l'état d'urgence[692]. » Papen et Blomberg auraient poussé en ce sens, espérant que l'état d'urgence militaire que rejetait si fort Hitler limiterait l'essor du pouvoir de celui-ci, mais Hindenburg ne voulut pas s'engager dans cette voie et il prit parti en faveur d'un compromis avec Hitler[693]. On peut constater ici que les conservateurs sentaient les prémices d'une situation qui pourrait vite devenir incontrôlable pour eux et permettre à Hitler de consolider de façon irrémédiable son pouvoir. Mais ils s'étaient mis dans une position très inconfortable et leur marge de manœuvre était désormais particulièrement faible.

Moins d'un mois après la publication du décret « pour la protection du peuple et de l'État », les nazis accentuèrent à un degré maximum leur mainmise sur le pays en réussissant à faire adopter par le Reichstag, dans des conditions très particulières, la loi des pleins pouvoirs qui donnait au gouvernement Hitler le pouvoir légal de décréter les lois sans en référer au Reichstag. Ses cinq seuls articles conférèrent au gouvernement du Reich des prérogatives illimitées ou presque, lui permettant même d'édicter des lois susceptibles d'entamer le noyau dur de la Constitution. Ainsi, cette loi des pleins pouvoirs fut l'étape clé par laquelle les nazis détruisirent la séparation des pouvoirs et établirent officiellement une dictature de parti unique. L'acceptation d'une telle disposition, qui modifiait radicalement la Constitution et « retire au Parlement le pouvoir législatif[694] », était loin d'être acquise. En vertu de l'article 76 de la Constitution, deux tiers des députés, soit 432, devaient être présents et la proposition devait recueillir deux tiers de votes favorables[695]. Le NSDAP et son allié, le DNVP, disposant de 340 sièges, ne pouvaient pas passer en force : le vote fut donc précédé de manœuvres et de tractations. Lors de la première réunion du gouvernement après les élections, le 7 mars 1933, Hitler expliqua à ses ministres qu'il s'attendait à disposer de la majorité nécessaire pour adopter la loi des pleins pouvoirs « puisque les députés communistes

---

692 BA Coblence, coll. Brammer, Zsg 101/26, ff. 167, 175.

693 Hans MOMMSEN, *L'incendie du Reichstag et ses conséquences politiques* in *Le national-socialisme et la société allemande, opus cit.*, p.168, note 226.

694 Joachim FEST, *Hitler. Le Führer*, Paris, Gallimard, 1973, p. 31.

695 Richard J. EVANS, *Le Troisième Reich. L'avènement*, *opus cit.*, p. 426.

étaient en prison et ne siégeraient pas[696] ». Dans la ligne de ces propos, le président du Reichstag, Hermann Göring, décida[697], sans aucune base légale, que les 81 élus du KPD ne seraient pas pris en compte pour le calcul du quorum des présents, ce qui réduisait celui-ci de 432 à 378 membres[698]. Göring proposa aussi, si nécessaire, d'éliminer de la Chambre quelques sociaux-démocrates[699]. En outre, à la suggestion du ministre de l'Intérieur Wilhelm Frick, et au prix d'une « manipulation éhontée de la procédure du Reichstag [...] les députés absents sans excuse seraient comptés comme présents[700] ». Le 15 mars, Hitler fit savoir aux membres du gouvernement qu'une adoption à la majorité des deux tiers ne rencontrerait aucun problème[701] ; le 20 mars, il affirma que le soutien du Zentrum était acquis, moyennant la création d'une « petite commission de surveillance des mesures prises[702] ». Hitler fit un marchandage, en promettant au Zentrum que son soutien permettrait notamment la conclusion d'un concordat avec le Vatican[703].

Le projet de loi des pleins pouvoirs ne fut dénoncé que par très peu de journaux, à l'exception notable de quelques rares titres comme le quotidien libéral *Vossische Zeitung* dans son édition du 21 mars : pour ce journal, la législation en préparation remettait en cause non seulement des dispositions essentielles de la Constitution de Weimar, mais aussi « les fondements juridiques sur lesquels la culture du monde européen s'est développée depuis un siècle et demi[704] ». Le KPD et le SPD, qui disposaient pourtant encore de milices armées n'organisèrent aucune résistance extraparlementaire, via une grève générale ou une insurrection[705]. Après plusieurs jours de discussions, le président du Zentrum, Ludwig Kaas, accepta finalement de soutenir la proposition moyennant des garanties : « l'Église ne serait pas affectée par la loi des pleins pouvoirs [...], les États fédérés, bastions du catholicisme dans le Sud, conserveraient leur intégrité [et] la justice resterait

---

[696] Ian KERSHAW, *Hitler, opus cit.*, p. 661.
[697] William L. SHIRER, *Le IIIe Reich*, Paris, Stock, 1990, p. 217.
[698] Richard J. EVANS, *Le Troisième Reich. L'avènement*, *opus cit.*, p. 426.
[699] Ian KERSHAW, *Hitler, opus cit.*, p. 662.
[700] *Ibid.*
[701] *Ibid.*, p. 661.
[702] *Ibid.*, p. 662.
[703] Georges GORIELY, *1933. Hitler prend le pouvoir*, Bruxelles, Complexe, coll. « La mémoire du siècle », 1991, p. 125.
[704] *Ibid.*, p. 87.
[705] *Ibid.*, p. 125.

indépendante[706]. » Kaas demanda également à Hitler de lui donner, par écrit, la garantie que le président disposerait d'un droit de veto ; Hitler accepta les souhaits de Kaas, mais ne respecta pas son engagement et ne rédigea jamais aucun écrit[707]. Ce ne fut que dans l'après-midi du 23 mars, pendant l'interruption de séance qui suivit le discours de Hitler, que le Zentrum donna son accord définitif, malgré les réticences des anciens chanceliers Joseph Wirth[708] et Heinrich Brüning[709], pour qui « il vaut mieux périr avec gloire que terminer dans la mesquinerie[710] ». Kaas ne disposait toutefois toujours pas de l'engagement écrit du chancelier. Lorsque Hitler lui affirma que le courrier demandé était déjà signé et arriverait au cours du vote, Kaas prit cet engagement pour argent comptant : « S'il n'avait jamais cru Hitler, cette fois son ton était si convaincant qu'il ne pouvait s'empêcher de le croire[711]. » Bien qu'il ne disposât toujours que de garanties verbales, Kaas apporta son soutien au projet de loi : « En l'occurrence, le Zentrum avait joué un rôle particulièrement honteux ; par peur de la terreur et de la répression au grand jour, il s'était incliné devant la tactique hitlérienne de pseudo-légalité[712]. » Lors du débat du 23 mars, une seule voix s'éleva contre la loi des pleins pouvoirs : malgré les menaces, Otto Wels[713], chef du SPD, s'opposa clairement au projet de Hitler. Sous les vociférations des membres de la SA, il prit la parole et déclara notamment[714] : « Après les répressions vécues ces derniers temps, personne ne peut exiger du SPD un vote favorable à cet acte. Les élections du 5 mars ont donné au

---

706 Richard J. EVANS, *Le Troisième Reich. L'avènement*, *opus cit.*, p. 426.
707 William L. SHIRER, *Le IIIe Reich*, *opus cit.*, p. 220.
708 Chancelier du 10 mai 1921 au 14 novembre 1922. Joseph Wirth chercha à respecter les conditions du traité de Versailles pour en démontrer l'infaisabilité, ce qui lui attira les foudres des cercles de droite. Avec son ministre des Affaires étrangères Walther Rathenau (1867-1922), il parvint à briser l'isolement diplomatique de l'Allemagne en signant les accords de Rapallo en 1922. Opposant à la politique militariste d'Adolf Hitler, il préféra s'exiler.
709 Georges GORIELY, *1933. Hitler prend le pouvoir*, *opus cit.*, p. 135.
710 Joachim FEST, *Hitler. Le Führer*, *opus cit.*, p. 32-33.
711 *Ibid.*
712 Ian KERSHAW, *Hitler*, *opus cit.*, p. 661.
713 Otto Wels était un acteur expérimenté de la politique allemande puisque, dès 1918, il s'illustra dans diverses actions, notamment la répression des troubles révolutionnaires à Berlin en 1919 en tant que préfet de police désigné par le gouvernement social-démocrate. Il s'illustra aussi lors du putsch de Kapp en 1920. Cf Hans J. L. ADOLPH, *Otto Wels und die Politik der deutschen Sozialdemokratie. 1894–1939. Eine politische Biographie,* Berlin, de Gruyter 1971.
714 William L. SHIRER, *Le IIIe Reich*, *opus cit.*, p. 219.

nouveau gouvernement les moyens de faire respecter à la lettre l'esprit de la Constitution. Parce que cette possibilité existe, il est nécessaire de l'appliquer. Les débats et critiques sont tout aussi nécessaires. Jamais auparavant depuis que l'État allemand existe, le contrôle des affaires publiques n'a été autant mis à mal par les représentants du peuple, au point d'arriver où nous en sommes : offrir les pleins pouvoirs. Un gouvernement aussi omnipotent connaîtra les pires difficultés, et il va de soi, que la liberté publique sera écrasée. Aucune loi ne vous donnera le pouvoir d'anéantir des idées qui sont éternelles et indestructibles [...] Nous saluons les persécutés et les brimés. Nous saluons nos amis dans le Reich [...] Le courage de leurs convictions et leur confiance restée intacte sont les gages d'un avenir meilleur. […] Ce qui arrive aujourd'hui en Allemagne est dépeint de manière très sombre ailleurs. Comme toujours dans ce genre de situation, nul besoin d'hyperbole. Au nom de mon parti, je déclare que nous n'avons pas demandé l'aide de Paris, ni n'avons placé des millions de marks à Prague ou diffusé des mensonges à l'étranger. Nous pourrions réfuter ces accusations si seulement nous n'étions pas empêchés... Il faut restaurer une sécurité juridique, et la même pour tous ! Ces messieurs du parti nazi, appellent à une Révolution nationale, déchaînée par leurs actions, et non national-socialiste. Le seul rapport de cette Révolution avec le socialisme, est la volonté d'écraser tout le mouvement social-démocrate, porteur de tous les bienfaits depuis deux générations : ceux-ci se maintiendront. Si ces messieurs du parti nazi voulaient appliquer des lois sociales, à aucun moment ils n'auraient besoin des pleins pouvoirs, leur majorité écrasante dans cette assemblée étant suffisante. Et pourtant vous voulez faire disparaître l'État au profit de votre Révolution. Cependant, détruire ce qui existe n'est pas révolutionnaire. Le peuple attend des résultats. Il veut des mesures radicales contre la terrible misère économique qui domine, non seulement en Allemagne, mais, dans le monde entier. Nous, sociaux-démocrates, avons porté la coresponsabilité du gouvernement lors des jours les plus sombres, et l'on nous a jeté des pierres pour cela. Notre bilan en faveur de la reconstruction de l'État et de son économie et pour la libération des régions occupées autour du Rhin restera dans l'histoire. Nous avons créé l'égalité de droit, et les droits sociaux du travail. Nous avons créé une Allemagne où prince et barons, mais aussi simples ouvriers peuvent participer au gouvernement de l'État. De même, votre Révolution vous mènera à abandonner votre propre guide. Il est vain de chercher à faire tourner à l'envers la roue de l'histoire. Nous, les sociaux-démocrates, savons que nous ne pouvons vous renverser par des moyens juridiques et légaux. Nous voyons votre coup de force et votre présence massive ici. Mais la conscience juridique du peuple est un pouvoir politique, et nous ne cesserons de le lui rappeler. La constitution de la République de Weimar n'est pas socialiste. Mais nous sommes en conformité dans les principes de l'État de droit, de l'égalité des droits, et du droit social. Nous, sociaux-démocrates allemands, professons à cette heure tristement historique, les idées d'humanité et de justice, de liberté et de socialisme. Aucune loi sur les pleins pouvoirs ne vous donne le pouvoir sur de telles idées, éternelles et indestructibles. Aujourd'hui, nous sommes donc sans défense, mais nous ne sommes pas sans honneur[715] . » La réplique de Hitler au discours de Wels fut facilitée par le fait que le projet de discours du leader du SPD avait été envoyé à l'avance à la presse, ce qui lui avait permis de préparer sa réponse. Hitler, « dans un état d'irritation extrême[716] » répondit par des paroles pleines de mépris[717] : « Vous vous figurez que votre étoile peut se lever de nouveau. Messieurs, c'est l'étoile de l'Allemagne qui va se lever, et la vôtre qui va pâlir. [...] L'Allemagne sera libre, mais pas grâce à vous[718]. » Hitler acheva cette deuxième intervention, particulièrement virulente envers le SPD en précisant que s'il soumettait le projet de loi au vote, c'était par respect de la légalité, qu'il demandait aux députés de lui accorder ce qu'il aurait pu prendre de toute façon[719]. Après les vifs applaudissements qui suivirent les discours de Hitler, les représentants des autres partis montèrent à la tribune et exposèrent tous le motif de leur adhésion. Lors du vote, le projet fut adopté avec 444 voix pour et 94 contre ; seuls les sociaux-démocrates émirent un vote négatif[720]. La majorité fut si importante que la présence des 26 députés sociaux-démocrates emprisonnés ou en fuite, et des 80 députés communistes dans le même cas, n'aurait pas empêché l'adoption de la loi[721]. Papen donna dans ses mémoires sa lecture de la loi des pleins

---

[715] Otto Wels, 23 mars 1933 au Reichstag in Richard J. EVANS, *Le Troisième Reich. L'avènement*, *opus cit.*, p. 428, ainsi que « Gegen das Ermächtigungsgesetz – die Rede von Otto Wels im Reichstag in Geschichte | Schülerlexikon | Lernhelfer », sur *www.lernhelfer.de*

[716] Joachim FEST, *Hitler. Le Führer*, *opus cit.*, p.33.

[717] *Ibid.*

[718] Adolf Hitler, 23 mars 1933 au Reichstag in Richard J. EVANS, *Le Troisième Reich. L'avènement*, *opus cit.,* p. 428.

[719] Joachim FEST, *Hitler. Le Führer*, *opus cit.*, p.34.

[720] Richard J. EVANS, *Le Troisième Reich. L'avènement*, *opus cit.,* p. 428.

[721] *Ibid.*

pouvoirs : « Dans son discours au Reichstag, le 21 mars, Hitler nous donna […], la plus entière satisfaction. Toute personne qui relira aujourd'hui ce discours sera forcée d'admettre que les partis de l'opposition avaient de bonnes raisons de le croire sincère. De même, le procès-verbal du Conseil des ministres de la journée précédente montre qu'après avoir demandé une fois de plus une réforme constitutionnelle, j'avais obtenu de Hitler l'engagement de ne toucher en aucune façon à la position et aux prérogatives du président Hindenburg. Lorsque, par la suite, la loi des pleins pouvoirs se révélait de plus en plus comme une expérience désastreuse, tous les membres de l'opposition qui l'avaient votée cherchèrent d'interminables excuses. Or, en réalité, ils votèrent "pour", parce que Hitler promit de ne jamais abuser des pouvoirs qu'allait lui conférer cette loi, et de protéger l'indépendance culturelle et économique des États allemands [Länder]. Il déclara que le gouvernement avait le devoir d'assurer "la régénération de la pensée religieuse", et affirma qu'il voyait dans les deux confessions chrétiennes "les principaux soutiens de la vie nationale". Il promit également de maintenir la séparation de l'exécutif et du judiciaire, et proclama que la paix était le but final de sa politique étrangère[722]. »

La loi des pleins pouvoirs fut promulguée par le gouvernement le 24 mars. Conformément aux dispositions constitutionnelles, elle fut contresignée par le président Hindenburg, le chancelier Hitler, le ministre de l'Intérieur Frick, le ministre des Affaires étrangères von Neurath et le ministre des Finances von Krosigk. Cette loi porta le coup de grâce à la Constitution de Weimar : « elle décide tout simplement l'abrogation de la séparation des pouvoirs et l'auto-affirmation du gouvernement en matière législative, ce qui infirme *de facto* les compétences inchangées du président Hindenburg et du Parlement [...] jusqu'au déni de tout appareil constitutionnel au bénéfice du seul Führer[723]. » Avec l'entrée en vigueur de la loi des pleins pouvoirs, le Reichstag devint inutile et Hitler gouverna par décrets, avec ou sans la caution du président Hindenburg[724], sans devoir formellement modifier la Constitution [725] : la domination de Hitler était désormais institutionnellement sécurisée[726]. La loi fut reconduite en 1937 et en

---

[722] Franz von PAPEN, *Mémoires, opus cit.*, p.202.
[723] Thierry FERAL, *Justice et nazisme*, *opus cit.*, p. 26.
[724] Richard J. EVANS, *Le Troisième Reich. L'avènement*, *opus cit.*, p. 428-429.
[725] Georges GORIELY, *1933. Hitler prend le pouvoir*, opus cit., p. 135.
[726] Ian KERSHAW, *Le mythe Hitler*, opus cit., p. 75.

1939, puis, en 1943, elle acquit une validité illimitée[727]. Goebbels écrivit dans son journal en appuyant bien sur l'aspect majeur de cette loi : « Il [Hitler] considérait les événements du 5 mars comme une révolution. À son terme, il n'y aurait plus de marxisme en Allemagne. Il fallait une loi lui accordant les pleins pouvoirs et votée par une majorité des deux tiers. Lui, le chancelier du Reich, était fermement convaincu que le Reichstag voterait une loi de ce type[728][...]. » Pour sa part, le vice-chancelier Papen ne voyait aucune raison pour que les ministres ou lui-même fassent obstacle à ce projet[729]. En effet, pour Papen : « La loi conférant les pleins pouvoirs est née de la nécessité d'obtenir un laps de temps sans trouble pour la réalisation des mesures économiques. Il y avait eu tout d'abord des négociations avec le Zentrum pour obtenir une trêve d'un an au Parlement. Ces négociations échouèrent. D'où la nécessité de cette loi qui avait quelques précédents historiques. Le ministère public [procès de Nuremberg 1946] a tenu ce fait pour la preuve d'une conspiration. C'est pourquoi je me permettrai d'insister sur le fait que personnellement je me suis efforcé d'obtenir une certaine garantie en désirant maintenir le droit de veto au président du Reich. Il ressort toutefois du procès-verbal de la séance de cabinet du 15 mars que le secrétaire d'État Meissner n'estima pas nécessaire la collaboration du président du Reich[730]. »

La loi des pleins pouvoirs était ainsi rédigée[731] :

« Le Reichstag a adopté la loi suivante qui, à la suite de son approbation par le Reichsrat, est promulguée par la présente, après qu'il a été établi que sont satisfaites toutes les conditions législatives en vue d'une réforme constitutionnelle.

Article 1 :

Outre les modalités de procédure prévues par la Constitution, les lois du Reich peuvent être promulguées par le gouvernement du Reich. Cette disposition s'applique également aux lois référencées aux

[727] Richard J. EVANS, *Le Troisième Reich. L'avènement*, *opus cit.*, p. 429.

[728] Joseph GOEBBELS, *Journal. 1933-1939*, *opus cit.*, p.113, entrée du 25 mars 1933.

[729] Conseil des ministres du 7 mars 1933 ; Die Regierung Hitler, partie I, 1, n°44, p.159-166.

[730] Minutes du procès de Nuremberg, tribunal militaire international, 156e journée, lundi 17 juin 1946, audience du matin, interrogatoire de Franz von Papen par son avocat le Dr Egon Kubuschok.

[731] Jörg BIESEMANN, *Das Ermächtigungsgesetz als Grundlage der Gesetzgebung im nationalsozialistischen Staat. Ein Beitrag zur Stellung des Gesetzes in der Verfassungsgeschichte 1919-1945.* (Studien zur Politikwissenschaft, vol. 13) Münster 1987.

articles 85 al. 2 et 87 de la Constitution du Reich[732].
Article 2 :
Les lois du Reich promulguées par le gouvernement du Reich peuvent déroger à la Constitution du Reich, dans la mesure où elles ne concernent ni le Reichstag ni le Reichsrat en tant qu'institutions. Les prérogatives présidentielles restent inchangées.
Article 3 :
Les lois du Reich promulguées par le gouvernement du Reich sont signées par le chancelier du Reich et publiées dans le Journal officiel du Reich. Sauf dispositions particulières, elles entrent en vigueur au lendemain de leur publication. Les articles 68 à 77 de la Constitution du Reich ne s'appliquent pas aux lois promulguées par le gouvernement du Reich[733].
Article 4 :
Les accords à objet législatifs conclus par le Reich avec des États étrangers ne nécessitent aucune approbation par les instances participant à la législation. Le gouvernement du Reich édicte la réglementation indispensable à l'application de ces accords.
Article 5 :
Cette loi entre en vigueur au jour de sa proclamation. Elle sera caduque au 1er avril 1937. Elle peut en outre être abrogée en cas de remplacement du gouvernement actuel du Reich par un autre[734]. »

La loi des pleins pouvoirs permit au régime nazi d'imposer ses premières mesures législatives antisémites[735], avec la loi sur la restauration du fonctionnariat du 7 avril 1933[736]. Elle servit de base légale, entre autres, à la loi du 1er décembre 1933 qui scella l'unité du Parti et de l'État[737], à la loi pour la reconstruction du Reich du 30 janvier 1934 qui transforma les gouvernements des États fédérés en organismes administratifs du Reich[738], puis à la loi de réforme des dispositions de la législation et de la procédure pénale du 23 mars 1934, qui mit en

---

[732] L'article 85 détaille la façon dont le Reichstag et le Reichsrat approuvent le budget du Reich. L'article 87 restreint les possibilités d'emprunt par l'État.
[733] Les articles 68 à 77 détaillent le processus législatif du Reichstag.
[734] Voir dans les annexes le texte en allemand.
[735] Thierry FERAL, *Justice et nazisme*, *opus cit.*, p. 27.
[736] Raul HILBERG, *La destruction des Juifs d'Europe*, Paris, Gallimard, « Folio »-histoire, deux volumes, 1991 ; troisième édition, trois volumes, « Folio »-histoire, 2006.p. 115-116.
[737] Thierry FERAL, *Justice et nazisme*, *opus cit.*, p. 31.
[738] William L. SHIRER, *Le IIIe Reich*, *opus cit.*, p. 221.

place le *Volksgerichtshof*[739] (Tribunal du peuple). Mis hors jeu et soumis à de fortes pressions, le DNVP prononça sa dissolution le 26 juin 1933[740], suivi par le DDP le 28 juin[741], par le DVP le 4 juillet[742], puis par le Zentrum, le 5 juillet, après la signature du concordat[743]. Le SPD et le KPD furent définitivement interdits le 14 juillet 1933, lorsque le parti nazi fut instauré comme parti unique[744]. Enfin, le point final de l'emprise des nazis sur l'Allemagne fut atteint lorsque Hitler cumula le 2 août 1934, à la mort du président Hindenburg, les fonctions de chancelier et de président du Reich. Hitler s'affranchit des limites posées par l'article 2 de la loi des pleins pouvoirs, en décrétant la fusion des fonctions de président et de chancelier : doté d'« un pouvoir global, polyvalent, exclusif, illimité et juridiquement consacré, le Führer devient la nation, la volonté et la loi de la nation[745]. » Hitler mit de ce fait la main sur la Reichswehr dont le président avait constitutionnellement le contrôle. La Nuit des longs couteaux avait permis ce rapprochement entre Hitler et de nombreux officiers de la Reichswehr [746]. Göring revint dans le détail lors du procès de Nuremberg sur la façon dont ce cumul des postes de chancelier et de président se mit en place : « Une consolidation supplémentaire qui n'intervint qu'après la mort du président du Reich, von Hindenburg, en 1934, se manifesta par la réunion du chef de l'État et du chancelier du Reich dans la même personne. Je voudrais préciser à ce sujet que j'ai eu à cette occasion une longue conversation avec le Führer. On discuta d'abord pour savoir si Hitler devait assumer les fonctions de chef d'État, et si je devais prendre moi-même la chancellerie. Mais, avec le tempérament et le comportement du Führer, il était inconcevable que ce dernier, qui trônait au-dessus des nuages politiques, n'apparût que comme chef d'État. Il était un chef politique dans tout le sens du terme et un chef de gouvernement. Et la pensée de le remplacer par quelqu'un qui ne fût qu'un homme de paille nous apparaissait indigne de la situation. Le Führer me dit alors que le plus simple consistait à prendre

---

[739] Thierry FERAL, *Justice et nazisme*, *opus cit.*, p. 40.
[740] Richard J. EVANS, *Le Troisième Reich. L'avènement*, *opus cit.*, p. 448.
[741] *Ibid.*, p. 443.
[742] *Ibid.*, p.444.
[743] *Ibid.*, p.440.
[744] William L. SHIRER, *Le IIIe Reich*, *opus cit.*, p. 222.
[745] Thierry FERAL, *Justice et nazisme*, *opus cit.*, p. 34.
[746] Didier CHAUVET, *Hitler et la Nuit des longs couteaux : la Sturmabteilung (SA) décapitée*, *opus cit.*

l'exemple des États-Unis d'Amérique, où le chef de l'État est également chef du Gouvernement. Et, à l'exemple des États-Unis, nous avons réuni, après l'avoir expressément déclaré, les fonctions de chef de l'État et de chef du Gouvernement : Hitler devint alors le Führer du peuple allemand et le chancelier du Reich allemand. Qu'il devînt automatiquement de ce fait commandant suprême de la Wehrmacht [qui succéda à la Reichswehr] était, d'après la Constitution en vigueur et également d'après l'ancienne Constitution, une chose tout à fait naturelle, comme c'était également le cas dans d'autres États[747]. »

Sans l'incendie du Reichstag et ses conséquences, le vote en faveur du NSDAP aurait peut-être été moins important, rendant dès lors beaucoup plus difficile le vote par les députés d'une loi comme celle des pleins pouvoirs. Comment la politique du gouvernement Hitler aurait-elle évolué si l'incendie n'avait pas eu lieu ? Mais, il faut également souligner l'incroyable rapidité avec laquelle les nazis mirent l'Allemagne sous leur coupe. Dans ses mémoires, Papen résume bien cette situation : « Qui d'entre nous aurait cru que l'irrésistible élan du national-socialisme pût soumettre complètement le Reich tout entier, et cela en l'espace de quatre mois[748] ? » Papen avait auparavant déclaré lors du procès de Nuremberg en 1946 : « Nous nous sommes opposés de toutes nos forces au sein du cabinet aux violations par Hitler de la politique de coalition. Nous connaissions certes ces violations. Personnellement, j'ai attiré à plusieurs reprises l'attention des milieux intéressés sur ces violations dans de nombreux discours[749] [...], mais, tant que cette coalition subsistait, j'espérais que nous arriverions à nous imposer, et c'est pourquoi c'est la seule raison pour laquelle j'ai assuré Hitler de ma loyauté, afin qu'il fasse, lui aussi, preuve de loyauté envers nous-mêmes[750]. » L'attitude du camp « bourgeois » devant cette

---

[747] Minutes du procès de Nuremberg, tribunal militaire international, 80e journée, mercredi 13 mars 1946, audience de l'après-midi, interrogatoire d'Hermann Göring par son avocat le Dr Stahmer.

[748] Franz von PAPEN, *Mémoires, opus* cit., p. 224.

[749] Franz von Papen prononça en effet plusieurs discours marquants à ce sujet jusqu'au point d'orgue du discours de Marburg prononcé à l'université de Marburg le 17 juin 1934, dans le Landgrafenhaus, un des bâtiments de l'université. Le discours de Marbourg appelait à la fin des violences de la SA, dénonçait le risque d'une « seconde révolution » et appelait à un retour à la dignité et la liberté. Cf Didier CHAUVET, *Hitler et la Nuit des longs couteaux : la Sturmabteilung (SA) décapitée, 29 juin-2 juillet 1934, opus cit.* Texte complet du discours de Marburg en allemand : https://www.lagis-hessen.de/img/edb/pdf/737-Q-10.pdf

[750] Minutes du procès de Nuremberg, tribunal militaire international, 157e journée,

évolution traduisait tragiquement son désarroi et révélait son effondrement total. Le Zentrum se rangea finalement derrière Hitler pour assurer la reconstruction nationale. Le SPD était partagé et certains de ses membres étaient même enclins à ne pas gêner Hitler et les nationaux-socialistes[751]. Comme souligne Papen : « À ce moment-là, une contre-révolution aurait encore été possible. Mais trop d'entre nous, et aussi, je l'avoue, moi-même, continuions à ajouter foi aux protestations de Hitler[752]. »

---

mardi 18 juin 1946, audience de l'après-midi, interrogatoire de Franz von Papen par le procureur britannique Sir David Maxwell-Fyfe.

[751] Franz von PAPEN, *Mémoires, opus* cit., p. 224.

[752] *Ibid.*

III

LE PROCÈS DE L'INCENDIE DU REICHSTAG

L'enquête policière relative à l'incendie du Reichstag fut achevée à la fin mars 1933, et le dossier fut ensuite transmis au juge d'instruction désigné pour traiter cette affaire[753]. Le travail d'enquête de la police judiciaire ne subit pas d'ingérence particulière du gouvernement ou de ses cercles et ne fut pas manipulé[754]. En effet, l'enquête ne fut pas uniquement orientée contre les communistes et de nombreux éléments furent étudiés, de nombreuses vérifications multidirectionnelles effectuées[755]. Néanmoins, les nazis cherchèrent par divers moyens à étoffer le dossier de la culpabilité communiste. Ainsi, Rudolf Hess dans un courrier du 16 septembre 1933 à la Direction suprême de la SA pour savoir « si au sein de la SA se trouvent d'anciens communistes qui seraient à même de et prêts à témoigner éventuellement que l'incendie […] entre dans les méthodes prévues par le KPD dans le cadre des actions envisagées[756] [...] ».

Le rapport final de l'enquête annonçait une présomption d'une commande communiste et non une participation directe[757], car van der Lubbe était certain d'avoir agi seul. Le commissaire Helmut Heisig attesta cela[758], confirmé par Heinrich Schnitzler[759]. Ce ne fut que plus tard que Heisig fut réprimandé à la suite d'une interview donnée aux Pays-Bas à propos d'une éventuelle action solitaire de van der Lubbe[760], ce qui ne voulait pas dire qu'il y avait eu auparavant des interventions politiques dans l'enquête, comme en atteste la déposition de Rudolf Braschwitz qui peut, il est vrai, être sujette à caution : « Lors de ma participation aux enquêtes, je n'ai jamais reçu la moindre indication relative à une éventuelle implication des milieux nazis[761]. » Papen évoqua après la guerre une conversation qu'il avait eue avec

---

753 Sven Felix KELLERHOFF, *Reichstagsbrand. Die Karriere eines Kriminalfalls. opus cit.*

754 Fritz TOBIAS, *Der Reichstagsbrand – Legende und Wirklichkeit, opus cit.*, p.294 et suivantes, ainsi que Hans MOMMSEN, *L'incendie du Reichstag et ses conséquences politiques* in *Le national-socialisme et la société allemande, opus cit.*, p.111.

755 *Ibid.*

756 BA Coblence, coll. Schumacher: Röhm, Röhmputsch u. Reichstagsbrand, f. 402.

757 Hans MOMMSEN, *L'incendie du Reichstag et ses conséquences politiques* in *Le national-socialisme et la société allemande, opus cit.*, p.115.

758 *Ibid.*

759 « *Un autre point de vue sur l'incendie du Reichstag* » in *Neue Politik*, Organ für Freiheit und Rede, Zurich 1949, n°2 (IfZ, témoignage écrit A7).

760 Fritz TOBIAS, *Der Reichstagsbrand – Legende und Wirklichkeit, opus cit.*, p.87 et suivantes.

761 *Ibid.*

Heisig : « Après la guerre, pendant ma détention au camp de travail de Ratisbonne, je fis la connaissance d'un ancien officier de police, du nom de Heisig [...] Chargé de l'interrogatoire de van der Lubbe, il enquêta également sur les antécédents du Hollandais. D'après Heisig, van der Lubbe était un communiste fanatique, au jugement faussé par une profonde rancœur contre la société, condamné à plusieurs reprises comme incendiaire. C'était incontestablement lui qui avait mis le feu au bâtiment, agissant uniquement de sa propre initiative, donc nullement sur l'instigation des communistes ou des nazis. D'ailleurs, il avait déjà essayé d'incendier, au cours des journées précédentes [...] Au procès de Nuremberg, on songea à entreprendre une dernière investigation sur les véritables responsabilités de l'incendie du Reichstag [...] Mais l'idée fut abandonnée, et le seul élément nouveau que nous possédions est la remarque faite par Göring au général Donovan, chef des services stratégiques américains : « Vous devez comprendre qu'aujourd'hui, en face de la mort, je n'ai plus besoin de recourir à des mensonges. Je vous donne ma parole que je n'ai été mêlé en aucune façon à cette affaire. » Rudolf Diels qui connaissait peut-être mieux que quiconque les dessous des premières années du nazisme ajouta de son côté : « Quelques semaines après l'incendie, j'acquis la conviction que le feu avait été mis par les nazis. Je l'ai cru jusqu'en 1945. À présent, je ne le crois plus[762]. »

Après moult débats, ce fut le juge Paul Vogt qui fut désigné pour mener à bien ce travail d'instruction[763]. Fils d'un directeur musical royal, Paul Vogt passa les examens judiciaires en 1900 et 1906[764]. Il fut ensuite nommé assistant du tribunal[765]. En 1909, il fut promu procureur à Insterburg et s'installa en 1912 à Berlin[766]. Il participa à la Première Guerre mondiale en tant que capitaine d'artillerie[767]. En 1920, il accéda au bureau du procureur et devint procureur général[768]. En 1922, il passa à la magistrature en qualité de directeur du tribunal de district du

---

762 Franz von PAPEN, *Mémoires, opus cit.*, p.199-200.

763 Hans MOMMSEN, *L'incendie du Reichstag et ses conséquences politiques* in *Le national-socialisme et la société allemande, opus cit.*,

764 Ingo MÜLLER, *Der Reichstagsbrandprozess vor dem Reichsgericht*, in Dieter DEISEROTH (dir.) *Der Reichstagsbrand und der Prozess vor dem Reichsgericht*, Berlin 2006, p. 41.

765 *Ibid.*

766 *Ibid.*

767 *Ibid.*

768 *Ibid.*

tribunal de grande instance de Berlin[769]. Pendant ce temps, il fut juge d'instruction auprès du Tribunal d'État pour la protection de la République dans le procès Tcheka de 1924-1925[770]. En 1931, il entra à la cour impériale en tant que juge auxiliaire[771], puis il fut définitivement nommé en 1932[772]. Il joua un rôle actif dans le deuxième Sénat pénal[773]. Lors du procès de l'incendie du Reichstag, il remplaça, sur intervention personnelle de Hitler et Göring[774], l'ancien juge d'instruction Braune. En effet, Göring s'opposa fermement au fait de confier l'enquête au juge Braune qui avait par le passé poursuivi le NSDAP dans différents cas[775]. Göring argumenta dans ce sens lors de la séance du cabinet du Reich le 2 mars 1933 : « Même si l'on admettait que Braune puisse travailler sans subir d'influence, il serait difficilement apte, en tant qu'individu, à traiter cette affaire importante. Il serait possible qu'il se contente de limiter l'affaire à un seul coupable, alors qu'il faut envisager la participation de six à sept personnes au moins. Il serait même capable de libérer de façon anticipée le député Torgler[776]. » Si l'on suit les mots de Göring, on peut envisager qu'il n'était pas opposé à un procès régulier pour haute trahison contre van der Lubbe et Torgler – les trois Bulgares n'étaient pas encore arrêtés à cette date –, sans faire

---

[769] *Ibid.*

[770] En tant que Tcheka allemande, la justice et la presse de la République de Weimar faisaient référence à une organisation clandestine communiste fondée après l'échec du soulèvement de Hambourg fin 1923 et qui aurait existé jusqu'à l'automne 1924. L'objectif de ce "groupe T" était donc de déclencher la révolution allemande en menant des actions terroristes telles que des attaques à l'explosif et des assassinats d'opposants politiques. Dans les procès qui suivirent, le KPD réussit à faire croire que le Parti avait été éloigné des actes de terrorisme. La Tchéka était la police politique créée en décembre 1917 sous l'autorité de Félix Dzerjinski pour combattre les ennemis du nouveau régime bolchevik. Son organisation était décentralisée et devait seconder les soviets locaux. En février 1922, elle fut renommée « Guépéou », et fut absorbée en 1934 par le NKVD. Tchéka est l'acronyme de « Commission extraordinaire », forme abrégée de « Commission extraordinaire panrusse pour la répression de la contre-révolution et du sabotage ». Cf Arthur BRANDT, *Der Tscheka-Prozeß. Die Denkschrift der Verteidigung*. Attica-Verlag, Hambourg 1979.

[771] Ingo MÜLLER, *Der Reichstagsbrandprozess vor dem Reichsgericht, opus cit.*

[772] *Ibid.*

[773] *Ibid.*

[774] Hans-Georg BREYDY, *Der Reichstagsbrandprozeß in Leipzig 1933* (Zentral- und Landesbibliothek Berlin), abgerufen am 5. September 2011.

[775] Hans MOMMSEN, *L'incendie du Reichstag et ses conséquences politiques* in *Le national-socialisme et la société allemande, opus cit.*, p.116.

[776] Séance du cabinet du Reich du 2 mars 1933 in Fritz TOBIAS, *Der Reichstagsbrand – Legende und Wirklichkeit, opus cit.*, annexe p.623.

appel à une juridiction d'exception et sans utiliser la manipulation ou l'intimidation sur le tribunal, mis à part le choix du rejet de Braune. Göring pensait détenir assez d'éléments pour choisir cette option. Au final, globalement, à part le changement de Braune par Vogt, les nazis se tinrent à cette attitude et n'exercèrent aucune pression particulière[777]. Pour beaucoup d'observateurs, ce fut principalement la faute de Vogt si le procès devant la cour impériale prit un cours souvent pathétique[778]. Après son instruction de l'incendie du Reichstag, Vogt s'occupa d'autres affaires moins retentissantes puis, en 1937, il fut nommé président du Sénat avant d'être mis à la retraite en 1944[779]. Après l'occupation de Leipzig par l'Armée rouge, il fut arrêté par le NKVD[780] (*Narodniï Komissariat Vnoutrennikh Diel* ou Commissariat du peuple aux Affaires intérieures). Après des séjours dans les camps spéciaux de Mühlberg et de Buchenwald, il fut condamné à vingt ans d'emprisonnement en 1950 dans le cadre du procès Waldheim, sinistre parodie de justice communiste dans la plus pure tradition stalinienne[781]. Il fut finalement libéré en 1952 et mourut peu après. Vogt était un juge

---

[777] Hans MOMMSEN, *L'incendie du Reichstag et ses conséquences politiques in Le national-socialisme et la société allemande, opus cit.*, p.116.

[778] Sven Felix KELLERHOFF, *Reichstagsbrand. Die Karriere eines Kriminalfalls, opus cit.*, ainsi que Hans MOMMSEN, *L'incendie du Reichstag et ses conséquences politiques* in *Le national-socialisme et la société allemande, opus cit.*

[779] Friedrich Karl KAUL, *Geschichte des Reichsgerichts,* Band IV (1933–1945), Ost-Berlin 1971, S. 61f. Kaul donne comme date de départ à la retraite le 31 octobre Fritz Hartung: avocat sous quatre royaumes, Cologne, Berlin, Bonn, Munich 1971, page 616 du 6 juin.

[780] Ingo MÜLLER, *Der Reichstagsbrandprozess vor dem Reichsgericht, opus cit.*

[781] Le procès de Waldheim pour crimes de guerre se tint du 21 avril au 29 juin 1950 à l'établissement pénitentiaire de Waldheim dans la République démocratique allemande (RDA). Il opposa l'état est-allemand à 3 442 prisonniers des camps soviétiques du NKVD, transférés du fait de la suppression des centres de détention. La dissolution des camps d'internement soviétiques par le NKVD du fait de la mise en place de la RDA était problématique pour les dirigeants est-allemands, 3 400 détenus étaient encore dans l'attente d'un jugement. Avant même le procès, le régime communiste instrumentalisa les choses dans le cadre de la lutte à mort avec le fascisme. Les détenus furent alors réunis par le pouvoir dans la prison de Waldheim où ils furent jugés de façon très arbitraire. La SED dirigeait la justice et bâcla le procès, qui se déroula qui plus est à huis clos. Les audiences ne durèrent que quelques minutes pour certains témoins. La répression fut terrible, sur les trois-mille-quatre-cents accusés, il y eut trois-mille-trois-cents condamnations pour « crimes nationaux-socialistes » dont trente-trois condamnations à mort et beaucoup de lourdes peines de prison, dont quatorze condamnés à perpétuité. Cf Guillaume MOURALIS, *Une épuration allemande : La RDA en procès 1949-2004,* Paris, Fayard 2008.

intraitable qui avait de très forts penchants anticommunistes[782]. Il n'était pas membre du NSDAP, ni sympathisant et il fut même l'un de ceux parmi les juges qui se levèrent contre certaines actions des nazis[783]. Comme le précise Hans Mommsen : « Il [Vogt] était représentatif d'une génération de juristes allemands qui croyait devoir défendre à tout prix et sans scrupules l'ordre étatique abstrait contre un renversement marxiste, et qui inclinait pour ce faire à utiliser deux poids et deux mesures dans les affaires politiques[784]. » Ainsi, Vogt fut tout de suite certain de la culpabilité de Torgler et se montra borné dans l'instruction de ce cas[785]. Et cette attitude se poursuivit lors du procès où il déclara : « J'ai, je crois, quelque expérience en matière d'enquête préliminaire et aussi dans la façon de s'y prendre avec les communistes[786]. » L'aspect judiciaire de l'affaire fut il est vrai dès le début noyé dans les préjugés et les considérations politiques. Même si globalement les différentes enquêtes liées à l'incendie du Reichstag ne furent pas manipulées par le régime, elles furent néanmoins imprégnées par les soubresauts politiques et par l'idée du soulèvement communiste qui avait alors envahi une large part de la société allemande[787]. Lorsqu'il fut en possession du dossier, Vogt révéla à la presse, par l'intermédiaire d'un communiqué, l'arrestation des trois Bulgares (Dimitrov, Popov, Tanev) qui avait été tenue secrète jusqu'à ce moment-là[788]. L'arrestation des Bulgares fit l'objet d'une discussion lors de la réunion interministérielle du 15 mars 1933 où Franz Schlegelberger déclara sur la foi des investigations que : « Van der Lubbe n'a pas agi seul. Entre autres, un Suisse, un Bulgare et un autre Hollandais auraient été arrêtés[789]. » Une confusion régnait au sujet de

---

[782] Ingo MÜLLER, Der Reichstagsbrandprozess vor dem Reichsgericht, opus cit.

[783] Fritz TOBIAS, *Der Reichstagsbrand – Legende und Wirklichkeit, opus cit.*, p.338. Deutsche Richterzeitung, octobre 1951.

[784] Hans MOMMSEN, *L'incendie du Reichstag et ses conséquences politiques* in *Le national-socialisme et la société allemande, opus cit.* p.119.

[785] Procès de Leipzig, 6e Sitzungstag (jour de session), p.193 et suivantes ainsi que p.201 et suivantes.

[786] *Ibid.*

[787] Sven Felix KELLERHOFF, *Reichstagsbrand. Die Karriere eines Kriminalfalls, opus cit.,* ainsi que Hans MOMMSEN, *L'incendie du Reichstag et ses conséquences politiques* in *Le national-socialisme et la société allemande, opus cit.*, p.105.

[788] Gilbert BADIA, *Feu au Reichstag ! opus cit.*, p.71, ainsi que Sven Felix KELLERHOFF, *Reichstagsbrand. Die Karriere eines Kriminalfalls, opus cit.*

[789] Réunion interministérielle du 15 mars 1933, actes de la Chancellerie du Reich, gouvernement Hitler 1933-1938, partie I : 1933/1934, vol. I, Boppard am Rhein 1983, p.218.

la nationalité des hommes arrêtés en raison notamment des faux papiers en leur possession. Vogt appliqua les mêmes méthodes avec les trois accusés bulgares qu'avec Torgler[790]. Il se fia à des témoignages mensongers ou douteux, propagea des informations erronées[791], monta un dossier pour le moins bancal et partial[792]. De même, Vogt n'organisa pas les confrontations nécessaires entre les accusés[793]. Il fut aussi l'un des responsables, et pas le moindre, du changement d'attitude progressif de van der Lubbe qui se lassa des questions hors sujet et qui ne tenaient pas compte de la teneur de ses réponses[794]. Lors du procès, une passe d'armes entre Vogt et van der Lubbe laissa d'ailleurs apparaître une large part de l'incohérence de l'instruction de Vogt, de sa partialité, qui aboutirent à des scènes confuses comme l'exemple qui suit. Vogt revint sur un fragment du rideau de la galerie ouest de la salle des débats qu'il déclara être incombustible[795]. Lubbe excédé rétorqua alors : « Les experts peuvent dire tout ce qu'ils veulent ; moi, je crois qu'il brûle quand même[796] ! » Mais Vogt, comme à son habitude, ne fit pas cas des paroles de van der Lubbe et poursuivit sa démonstration sans bouger de sa ligne de conduite. Il s'ensuivit une joute verbale entre les deux hommes. Vogt essaya de déstabiliser van der Lubbe et notamment en lui faisant reconnaître que des complices l'accompagnaient cette nuit-là à l'intérieur du Reichstag[797]. Il déclara par exemple que van der Lubbe avait dit lors d'une audition que : « Oui, il faut que les autres disent ce qu'ils ont fait[798]. » Cependant, Vogt précisa que cette déclaration qu'il avait finalement jugée trop imprécise ne fut pas consignée dans le procès-verbal[799]. D'autres éléments s'enchaînèrent ainsi[800]. Au bout du compte, il résulta de cette

---

[790] Hans MOMMSEN, *L'incendie du Reichstag et ses conséquences politiques* in *Le national-socialisme et la société allemande, opus cit.*, p.120.

[791] *Völkischer Beobachter* du 23 mars 1933 au sujet de l'attentat de la cathédrale de Sofia.

[792] Hans MOMMSEN, *L'incendie du Reichstag et ses conséquences politiques* in *Le national-socialisme et la société allemande, opus cit.*, p.120.

[793] Fritz TOBIAS, *Der Reichstagsbrand – Legende und Wirklichkeit, opus cit.*

[794] Procès de Leipzig, 6e Sitzungstag (jour de session), déposition de Paul Vogt.

[795] *Ibid.*, p.144 à 155.

[796] *Ibid.*

[797] *Ibid.*, ainsi que *Fritz TOBIAS, Der Reichstagsbrand – Legende und Wirklichkeit, opus cit.*, p.321.

[798] *Ibid.*

[799] *Ibid.*

[800] *Fritz TOBIAS, Der Reichstagsbrand – Legende und Wirklichkeit, opus cit.*, p.332.

instruction une version incohérente selon laquelle van der Lubbe n'aurait pas pénétré dans la salle des débats[801]. L'instruction fut complètement ratée dans bien des domaines et le procès qui suivit ne pouvait de ce fait guère se dérouler convenablement et permettre à la vérité d'éclater aisément.

Les détenus – les trois Bulgares ainsi que Marinus van der Lubbe et Ernst Torgler – furent rapidement transférés de l'Alexanderplatz jusqu'à la prison de Moabit[802], où ils furent, sur ordre du juge Vogt, enchaînés[803]. Les conditions de détention furent particulièrement difficiles pour les prisonniers : nourriture souvent insuffisante, blessures liées aux menottes très serrées, etc. Sous la pression de l'opinion publique internationale principalement qui s'offusqua de telles conditions de détention, les mesures les plus contestées furent levées et l'on retira les menottes aux prisonniers le 31 août 1933[804]. L'instruction s'étendit sur trois mois. Des avocats proches des nazis furent proposés à chacun des accusés[805]. Torgler accepta cette solution sans insister après le rejet des avocats de son choix[806]. La famille de van der Lubbe proposa également des avocats, mais ils furent sans exception rejetés par les autorités et il fut finalement défendu par un avocat commis d'office[807]. Les trois Bulgares choisirent également divers avocats, dont certains très prestigieux[808], mais là encore ils furent

---

[801] Reichstagsbrandprozess RG, 23.12.1933- XII H 42/33, RGSt, Urteil, p.34.

[802] La prison de la Lehrter Strasse était une maison d'arrêt de l'actuel quartier de Moabit à Berlin, dans l'Arrondissement de Mitte. La construction de cette « prison modèle prussienne de Moabit » fut entreprise dans les années 1840, sous le règne de Frédéric-Guillaume IV : elle passait alors pour un centre de détention ultra-moderne, dans la mesure où les détenus, contre la tradition, étaient enfermés dans des cellules individuelles. Cette prison fut rasée en 1958. Depuis 2006, un vaste aménagement paysager, le « parc historique de l'ancienne prison de Moabit », en a repris l'emplacement : divers monuments rappellent le passé sinistre de l'endroit.

[803] Gilbert BADIA, *Feu au Reichstag ! opus cit.*, p.71.

[804] *Ibid.*, p.72.

[805] Hans MOMMSEN, *L'incendie du Reichstag et ses conséquences politiques* in *Le national-socialisme et la société allemande, opus cit.*

[806] Norbert PODEWIN, Lutz HEUER, *Ernst Torgler. Ein Leben im Schatten des Reichstagsbrandes 25. April 1893 Berlin – 19. Januar 1963 Hannover,* Trafo, Berlin 2006.

[807] Martin SCHOUTEN, *Marinus van der Lubbe – Eine Biografie.*, Francfort/Main, Verlag Neue Kritik 1999.

[808] Extrait de la liste des avocats proposés par les trois Bulgares : Kurt Rosenfeld (ancien avocat de Rosa Luxemburg), Werner Wille, Vincent de Moro-Giafferri, Stefan Betchev, Henri Torrès, Léo Gallagher, Georg Branting, Arthur Garfield Hays...

tous refusés pour des raisons diverses[809]. Finalement, Dimitrov fit la demande d'être son propre défenseur comme la loi l'y autorisait[810]. Cette situation alerta les milieux judiciaires à l'étranger et, le 15 septembre 1933, le journal anglais *Manchester Guardian* publia un communiqué de la juriste anglaise Clifton qui tirait la sonnette d'alarme à destination du grand public : « De discours et d'articles publiés dans les journaux allemands, nous déduisons que tout l'appareil judiciaire a été mis au pas en Allemagne [ce qui n'était pas encore complètement vrai]. Dans ces conditions, il nous paraît impossible qu'un avocat allemand, quelles que soient sa qualification et ses capacités, puisse assurer de façon absolument libre la défense d'un prévenu sur qui pèse une accusation politique[811]. » Le procès fut placé sous l'autorité de Wilhelm Bünger qui était très proche du DNVP. C'était un homme expérimenté de soixante-trois ans, cultivé, habitué à prendre des décisions et à mener des débats. En 1892, Bünger entrait dans la fonction publique prussienne en tant qu'avocat stagiaire et en 1897, il devenait assesseur[812]. En 1902, il se présenta devant le procureur de Francfort-sur-le-Main [813]. Un an plus tard, il fut détaché par le Reichsanwaltschaft (barreau impérial) à Leipzig[814]. En 1913, il fut promu juge dans un tribunal avant de revenir avec le Reichsanwaltschaft[815]. À partir de 1914, il participa à la Première Guerre mondiale et devint en 1917 capitaine de l'état-major supérieur oriental[816]. En mars 1919, il fut nommé membre du Reichsanwalt[817] (procureur). Bünger fut membre du Parlement saxon de 1920 à 1931 en tant que membre du Parti populaire national allemand (DNVP)[818]. De 1924 à 1927, il fut ministre de la Justice, puis ministre de l'Éducation

---

809 Dieter DEISEROTH, *Der Reichstagsbrand-Prozess – ein rechtsstaatliches Verfahren?* in *Kritische Justiz* 42, 2009, H. 3, p. 303–316.

810 Horst SCHUMACHER, *Die Kommunistische Internationale (1919–1943)*. Dietz Verlag, Berlin 1989 ainsi que Marietta STANKOVA, *Georgi Dimitrov : A Biography.* I.B.Tauris 2010.

811 *Manchester Guardian* du 15 septembre 1933.

812 André THIEME, *Wilhelm Rudolf Ferdinand Bünger (1870-1937)*, in Sächsische Justizgeschichte. Sächsische Justizminister 1831 bis 1950, p. 117–141.

813 *Ibid.*

814 *Ibid.*

815 *Ibid.*

816 *Ibid.*

817 *Ibid.*

818 *Ibid.*

en 1928 et Premier ministre de Saxe, du 3 juillet 1929 au 6 mai 1930[819]. En 1931, il démissionna de son mandat et devint président du Sénat au Reichsgericht de Leipzig[820]. Au moment de l'ouverture du procès, le président Bünger sentit qu'il était indispensable d'aborder les éléments relatifs au choix des avocats des accusés : « Je tiens à rappeler qu'aux termes des lois allemandes, l'admission de défenseurs étrangers ne saurait être qu'exceptionnelle. Or, le tribunal, dans le cadre de sa liberté d'appréciation absolue, n'a trouvé aucun motif de satisfaire à des demandes qui, il en a la conviction, ne tendaient pas à servir exclusivement les intérêts des accusés et qui, au contraire, impliquaient le désir de semer ou d'accroître la méfiance envers une juridiction allemande souveraine[821]. »

Tout au long de l'instruction, jamais les trois Bulgares ne furent mis en présence de van der Lubbe et Torgler[822]. L'enquête et le procès furent émaillés par de multiples faux témoignages, téléguidés ou non, qui ne permirent pas une grande clarté des débats ni une approche sereine de la vérité[823]. Ainsi, pour n'en citer que quelques-uns, il convient de revenir sur ceux des députés nazis Berthold Karwahne et Kurt Frey qui prétendirent avoir vu van der Lubbe avec Torgler et Popov, ce qui était rigoureusement inexact, de l'ingénieur Bogun dont les versions des faits changeaient sans cesse, de l'ouvrier Organistka qui disait connaître van der Lubbe alors qu'il ne l'avait jamais rencontré, du témoin Kunczack qui inventa que Torgler avait fait des essais d'explosifs, d'Otto Grotte qui allégua avoir vu ensemble Torgler, Thälmann et Popov le 27 février 1933, de l'employé du Reichstag Wilhelm Hornemann qui déclara que Dimitrov s'était rendu au Reichstag pour y rencontrer le député communiste Koenen alors que Dimitrov n'avait jamais mis les pieds dans le Reichstag et qui prétendit avoir entendu Dimitrov dire que « le Reichstag va sauter », de Johannes Helmer, garçon à la brasserie Bayernhof où les trois Bulgares avaient

---

819 *Ibid.*

820 *Ibid.*

821 Dieter DEISEROTH (dir.), *Der Reichstagsbrand und der Prozess vor dem Reichsgericht*. Verlagsgesellschaft Tischler, Berlin 2006 (avec les contributions de Dieter Deiseroth, Hermann Graml, Ingo Müller, Hersch Fischler, Alexander Bahar, Reinhard Stachwitz).

822 Gilbert BADIA, *Feu au Reichstag! opus cit.*, p.73.

823 Hans MOMMSEN, *L'incendie du Reichstag et ses conséquences politiques* in *Le national-socialisme et la société allemande, opus cit.*

été arrêtés, qui soutint les avoir vus avec van der Lubbe plusieurs jours avant l'incendie alors que ce dernier, ainsi que Tanev, n'étaient même pas encore à Berlin à ce moment-là[824]... Tous ces pseudo-témoignages plus faux les uns que les autres allaient toujours dans le même sens : celui de la connivence entre van der Lubbe, Torgler et les trois Bulgares. À l'examen, on peut se rendre compte que certains de ces témoignages étaient montés de toutes pièces par certains enquêteurs, alors que d'autres – les plus nombreux – étaient spontanément présentés par les témoins certainement soucieux d'agir soit par idéologie, soit pour plaire au régime nazi afin d'obtenir quelque chose en retour. Il est nécessaire également de revenir sur le témoignage de Walter Gempp, le chef des pompiers de Berlin au moment de l'incendie du Reichstag. Il fit plusieurs déclarations, plus ou moins contradictoires, et fut ensuite mêlé à une affaire particulièrement suspecte qui entraîna sa destitution [825]. Il trouva la mort peu après son renvoi, dans des circonstances obscures alors qu'il était placé en détention suite à cette affaire suspecte [826]. Certains journaux étrangers publièrent la déclaration que Gempp avait faite à ses hommes le lendemain de l'incendie du Reichstag dans laquelle il aurait dénoncé le fait que les pompiers avaient été alertés trop tard et qu'une section de la SA composée de vingt hommes était déjà sur place lorsque les premières unités de pompiers étaient arrivées [827]. Gempp, toujours selon ces articles, aurait également déclaré que Göring avait interdit de faire venir

[824] Fritz TOBIAS, *Der Reichstagsbrand – Legende und Wirklichkeit, opus cit.*, ainsi que Benjamin Carter HETT, *Burning the Reichstag. An investigation into the Third Reich's enduring mystery, opus cit.*, et Hans MOMMSEN, *L'incendie du Reichstag et ses conséquences politiques* in *Le national-socialisme et la société allemande, opus cit.*, et Dieter DEISEROTH (dir.), *Der Reichstagsbrand und der Prozess vor dem Reichsgericht, opus cit.*

[825] Annedore LEBER, *Walter Gempp*, in : Dies.: *Das Gewissen steht auf. 64 Lebensbilder aus dem deutschen Widerstand 1933–1945*, Mosaik Verlag, Francfort/Main 1954, ainsi que Wolfgang WIPERMANN, *Oberbranddirektor Walter Gempp : Widerstandskämpfer oder Krimineller? Kein Beitrag zur Reichstagsbrandkontroverse.* In: Wolfgang Ribbe (dir.): *Berlin-Forschungen*, Teil 3. (Historische Kommission zu Berlin / Sektion für die Geschichte Berlins: Publikationen der Sektion für die Geschichte Berlins; Bd. 5). Colloquium-Verlag, Berlin 1988, et Hans MOMMSEN, *L'incendie du Reichstag et ses conséquences politiques* in *Le national-socialisme et la société allemande, opus cit.*, et Sven Felix KELLERHOFF, *Reichstagsbrand. Die Karriere eines Kriminalfalls, opus cit.*

[826] *Ibid.*

[827] *Ibid.*

des renforts pour lutter contre l'incendie[828]. Enfin, il aurait ajouté avoir trouvé sur place cette nuit-là des matériaux inflammables non utilisés qui « pouvaient remplir tout un camion[829] ». Gempp démentit dans les colonnes du *Völkischer Beobachter* les propos publiés précédemment dans certains journaux étrangers : « Il ne m'est jamais venu à l'esprit de me plaindre que les pompiers avaient été alertés trop tard, puisque l'intervention des pompiers, quand ils ont été alertés, a parfaitement fonctionné [nous avons vu dans le chapitre précédent que l'alerte fut donnée très rapidement et les pompiers prévenus immédiatement]. Il n'est pas non plus exact qu'un détachement de SA se soit trouvé sur place avant l'arrivée des pompiers. [...] Enfin, je déclare que la nuit de l'incendie, je n'ai rencontré le ministre Göring que pour l'informer, peu après son arrivée sur les lieux, de l'importance des détachements de pompiers et de l'extension du sinistre. Le ministre Göring ne m'a donné, à moi personnellement, aucun ordre. L'affirmation selon laquelle le ministre Göring m'aurait interdit "d'engager des forces plus importantes" est donc une absurdité pure et simple. Cette assertion est contredite d'ailleurs par le fait que, dès mon arrivée sur les lieux, j'ai ordonné d'alerter cinq détachements supplémentaires. Enfin, je n'ai pas vu sur les lieux des matériaux incendiaires volumineux[830]. » Walter Gempp n'alla jamais contre la ligne officielle[831]. Là encore, la violente bataille de propagande entre les journaux antinazis et pronazis, menée le plus souvent de manière idéologique, sans aucune objectivité ni honnêteté, ne facilita pas la découverte de la vérité. Les journaux de gauche n'avaient rien à envier aux nazis dans ce domaine, et ces derniers étaient loin d'être les seuls à manier la désinformation. Entre témoignages et contre-témoignages, enquêtes et contre-enquêtes, il n'est pas facile de démêler le vrai du faux. Voilà, malheureusement, par quels méandres le procès tant attendu de l'incendie du Reichstag passa le plus clair du temps.

Dès le printemps, la presse internationale était prête pour le procès de l'automne et fourbissait déjà ses arguments tout en avançant quelques pronostics, comme en témoigne l'article suivant du journal suisse de La Chaux-de-Fonds, *L'Impartial* : « La presse d'extrême gauche et certains grands reporters français – dont Édouard Helsey qui

---

828 *Ibid.*

829 *Ibid.*

830 *Völkischer Beobachter.*

831 Procès de Leipzig, 16e Sitzungstag (jour de session), ainsi que *Völkischer Beobachter* du 3 mars et des 15 et 16 octobre 1933.

n'avance d'ordinaire que des choses qu'il a pu contrôler – ont affirmé que le communiste hollandais van der Lubbe n'avait incendié le Reichstag que sur l'ordre et avec la complicité de Göring, soucieux de ménager un prétexte à la dictature hitlérienne et de soulever l'opinion allemande contre les communistes. Sept à dix hitlériens, membres du fameux détachement Horst-Wessel, auraient été amenés dans le Reichstag par le passage souterrain qui relie ce bâtiment à la demeure de M. Göring. Un chemin qu'ils auraient emprunté également pour déguerpir avant l'arrivée de la police ? Et van der Lubbe, laissé là à dessein, aurait encaissé pour son compte et celui des communistes toute l'horreur du forfait. Il vaut la peine de citer à ce propos l'opinion du journaliste très objectif qu'est notre confrère W. Duesberg, correspondant de Berlin à plusieurs journaux romands. "Je ne crois pas, écrit-il, que van der Lubbe ait été acheté. Certes, la hâte singulière, apportée par le gouvernement Hitler, à exploiter, le sinistre pour les besoins de sa cause, semblait devoir éveiller les pires soupçons. Mais l'on oublie que si Hitler et Göring avaient trempé dans le crime de van der Lubbe, ils auraient commis plus qu'un crime, une imbécillité, car les nationalistes d'Hugenberg, immédiatement informés, auraient pu se livrer aussitôt à une formidable politique de chantage vis-à-vis de trop puissants alliés qui sont en train de les écraser. Non, Hitler aurait, du coup, compromis le résultat de quatorze années de travail. Si l'on avait pu dénoncer le 'Führer' ou M. Göring comme complices d'un incendiaire, c'eût été un moyen infaillible de leur couper l'herbe sous les pieds. Nul doute que Hindenburg donnerait l'ordre à la Reichswehr d'arrêter ceux qui l'auraient abominablement trompé." W. Duesberg a eu en outre l'occasion d'assister à l'interrogatoire de l'incendiaire et de lui parler pendant quelques instants. Il en a remporté l'impression que l'accusé était un fou, un abruti, un faible d'esprit, solitaire, livré à lui-même et qui, comme tous les pyromanes, avait l'idée fixe de la boîte d'allumettes et du bidon de pétrole [ce n'est pas exactement la teneur des propos de Duesberg qui sont ici déformés par le journal, cf. article plus loin]. "Au moment de son arrestation, van der Lubbe était à peu près nu, sans chemise, avec un pantalon déchiré. Refoulé par le feu de la salle des séances vers les couloirs, il était en proie à une grande agitation. De là à conclure que van der Lubbe avait mis le feu au Reichstag dans un accès de démence, il n'y avait qu'un pas que certains criminalistes ont hardiment franchi." Cela ne fait évidemment ni l'affaire des nazis, ni celle des communistes. Mais le procès qui se déroulera bientôt prouvera sans doute que l'homme qui aida si précieusement Hitler à conquérir le pouvoir [Hitler était déjà chancelier] et joua sans le vouloir le rôle de doigt du destin, n'était autre qu'un illuminé, un esprit farci de théories fumeuses dans lesquelles l'incendie du Reichstag n'a même pas apporté l'étincelle salvatrice de la clarté[832]. »

Le *Völkischer Beobachter* annonça la fin de l'instruction le 3 juin 1933[833]. Le dossier était tout à fait impressionnant avec au total trente-deux liasses dont neuf consacrées à l'incendie en général et notamment à van der Lubbe, quatre autres liasses étaient consacrées aux trois Bulgares (liasse B), quatre autres encore étaient consacrées à Torgler (liasse T), une liasse pour l'aspect concernant Neukölln (liasse N), deux autres liasses pour les deux « témoins involontaires » Moris Kempner et Leopold Singer mis en cause par Otto Grothe, un personnage peu digne de foi, quatre liasses sur le Reichstag (liasse R) et huit autres liasses sur d'autres aspects de l'affaire[834]. Pas moins de cent-soixante-et-onze témoins à charge dont des policiers, des journalistes et des députés furent entendus[835].

Le procès s'ouvrit le 21 septembre 1933 à Leipzig devant le Tribunal du Reich (*Reichsgericht*), la plus haute instance judiciaire du pays[836]. Cette instance fut créée le 1er octobre 1879, quand le Code de procédure pénale de l'Empire allemand fut établi, créant une instance hautement considérée en jurisprudence[837]. Durant l'avènement du régime nazi, il fut largement utilisé pour favoriser le programme nazi[838]. Pendant et après la période du Troisième Reich, il reçut des critiques sur son aisance, et sa bienveillance avec le système[839]. Il permit notamment aux programmes nazis d'avoir des justifications légales de la plus haute cour[840]. Le procès et l'instruction qui le précéda

---

832 *L'Impartial* du 4 mai 1933.
833 *Völkischer Beobachter* du 3 juin 1933.
834 Gilbert BADIA, *Feu au Reichstag ! opus cit.*, p.138-139.
835 *Carnets de route de l'incendiaire du Reichstag, opus cit.*, p.69.
836 Juste après la fin de la Seconde Guerre mondiale, le Tribunal du Reich fut dissous, et il fut transformé en Tribunal suprême de la région économique unifiée (les zones d'occupations de la France, du Royaume-Uni, et des États-Unis), puis en 1950 en Cour Fédérale de Justice de la République Fédérale d'Allemagne.
837 Thomas G. DORSCH, *Der Reichsgerichtsbau in Leipzig. Anspruch und Wirklichkeit einer Staatsarchitektur*, Francfort/Main, Lang 1999.
838 *Ibid.*
839 *Ibid.*
840 Friedrich Karl KAUL, *Geschichte des Reichsgerichts, volume IV (1933–1945).* Verlag Detlev Auvermann KG 1971.

produisirent plus de quatorze-mille pages de documents[841]. La salle du tribunal était spacieuse avec des fenêtres hautes et étroites, deux lustres monumentaux surmontés de l'aigle impérial et de nombreuses boiseries [842]. Un aménagement spécifique avait été fait pour ce procès[843]. D'autre part, il était impossible de pénétrer dans la salle sans être muni d'une invitation spéciale[844]. Van der Lubbe se tenait au premier rang, en tenue de prisonnier avec des menottes aux poignets[845]. Torgler se tenait lui à la droite de van der Lubbe et, derrière eux, de gauche à droite, se trouvaient Popov, Tanev et Dimitrov[846]. Les avocats, les interprètes et les policiers complétaient le tableau. Le tribunal ne demeura pas à Leipzig pendant tout le procès car, au treizième jour, la cour ainsi que la presse se rendirent à Berlin où se déroula une reconstitution des faits[847]. À cette occasion, van der Lubbe se prêta sans aucune difficulté aux différentes opérations nécessaires[848]. Le temps mis par van der Lubbe pour mettre le feu et ses déplacements à l'intérieur du Reichstag furent des éléments de controverse durant le procès. La fourchette variait entre quatorze et vingt minutes[849]. Lors de la reconstitution effectuée en plein jour, van der Lubbe mit quinze minutes pour la totalité du parcours[850]. Mais, la nuit de l'incendie, le stress, l'adrénaline, lui permirent certainement d'aller un peu plus vite[851]. Certains objectèrent qu'avec l'obscurité et les problèmes de vue de van der Lubbe, ce dernier perdit de cette façon le bénéfice des éléments cités précédemment. Selon le rapport de Walter Zirpins publié dans le *Süddeutsche Zeitung* du 23 décembre 1953, van der Lubbe aurait précisé lors de la reconstitution : « Si j'avais connu les lieux

---

[841] Dieter DEISEROTH (dir.), *Der Reichstagsbrand und der Prozess vor dem Reichsgericht, opus cit.*
[842] *Ibid.*
[843] *Ibid.*
[844] Eckhard JESSE, *Reichstagsbrand und Reichstagsbrandprozess* in Bayerische Landeszentrale für politische Bildungsarbeit (dir.): *Die Anfänge der braunen Barbarei,* Munich 2004.
[845] Dieter DEISEROTH (dir.), *Der Reichstagsbrand und der Prozess vor dem Reichsgericht. opus cit.*
[846] *Ibid.*
[847] *Ibid.*
[848] Martin SCHOUTEN, *Marinus van der Lubbe – Eine Biografie, opus cit.*
[849] Procès de Leipzig, 22e Sitzungstag (jour de session), p.50 et suivantes.
[850] Rapport final, p.605.
[851] Hans MOMMSEN, *L'incendie du Reichstag et ses conséquences politiques* in *Le national-socialisme et la société allemande, opus cit.*, p.138, ainsi que Fritz TOBIAS, *Der Reichstagsbrand. Legende und Wirklichkeit, opus cit.*, p.65, p.294.

avant comme je les connais maintenant, je m'y serais pris tout à fait autrement. Par exemple, j'avais utilisé tous mes allume-feu avant d'arriver à la salle des débats. Vous voyez ce que ça aurait donné si je les avais encore eus [852] ? » Comme le précise Hans Mommsen : « La preuve de sa hâte extrême tout au long de son action est qu'une grande partie des foyers s'éteignirent aussitôt. Seules les portières, faciles à enflammer au passage, ont déclenché le gigantesque incendie de la salle des débats. Pour mettre le feu à la salle des débats, il fallut à van der Lubbe tout au plus deux minutes[853]. » Le Reichstag abrita la partie des débats qui se déroula à Berlin, à l'intérieur d'une salle épargnée par l'incendie et habituellement destinée à la commission du budget[854]. Le tribunal resta dans la capitale du 17 octobre au 18 novembre [855]. Ensuite, la cour et son « escorte » journalistique regagnèrent Leipzig et y demeurèrent jusqu'à l'achèvement du procès le 23 décembre. Les journalistes couvrirent en grand nombre les audiences du procès. Ainsi, quarante-deux correspondants de presse allemands et quatre-vingt-un correspondants de presse étrangers étaient présents sur place[856]. Mais, ni la presse socialiste ni la presse communiste ne furent autorisées à assister à l'événement, à l'exception notable de la presse soviétique, à partir de la seconde moitié des audiences, suite à une mesure de rétorsion appliquée contre la presse allemande en URSS[857].

Afin d'apporter un éclairage sur cette journée d'ouverture du procès, voyons l'article publié par le journal suisse *L'Impartial*, de La Chaux-de-Fonds. L'opinion du journaliste sur l'attitude et la personnalité de van der Lubbe est typique des réactions de l'époque. Nous reviendrons longuement plus loin sur cet aspect du procès en apportant une argumentation explicative qui permet de mettre un important bémol aux propos exprimés ici : « Leipzig, le 21 septembre. Une brume légère enveloppe Leipzig à l'aurore de cette première journée d'automne et si le principal accusé Marinus van der Lubbe

[852] *Süddeutsche Zeitung* du 23 décembre 1953.
[853] Hans MOMMSEN, *L'incendie du Reichstag et ses conséquences politiques* in *Le national-socialisme et la société allemande, opus cit.*, p.138.
[854] Dieter DEISEROTH (dir.), *Der Reichstagsbrand und der Prozess vor dem Reichsgericht. opus cit.*
[855] *Ibid.*
[856] *Ibid.*
[857] Hermann WEBER, Jakov DRABKIN, Bernhard H. BAYERLEIN, Aleksandr GALKIN (dir.), *Deutschland, Russland, Komintern. I. Überblicke, Analysen, Diskussionen. Neue Perspektiven auf die Geschichte der KPD und die deutsch-russischen Beziehungen (1918–1943),* Berlin, Boston, De Gruyter 2014.

trouve encore quelque intérêt à sa pitoyable personne, il aura peut-être songé à la brume matinale qui, le cas échéant, saluera son dernier matin si la Haute Cour de justice du Reich prononce contre lui la peine capitale. On pourrait cependant douter que van der Lubbe ait conscience de sa situation ou qu'il attache une importance quelconque aux débats qui, pendant plus d'un mois, vont se dérouler dans cette salle austère de la 4e chambre pénale du Reichsgericht. Il nous a fait ce matin l'impression d'un être absolument apathique, d'une débilité physique et morale complète, à vrai dire d'un parfait crétin. Cette attitude pourrait être simulée dans l'intérêt de sa défense, mais à le voir ainsi, pâle et voûté, les joues creuses, le cou décharné, les yeux hagards sous des arcades sourcilières proéminentes, il est tout à fait impossible de reconnaître dans van der Lubbe, ce révolutionnaire passionné qui, nous disent les rapports de police, prononçait de fougueux discours et rêvait de devenir chef d'un grand parti communiste. La personnalité actuelle du principal accusé ajoute encore au troublant mystère de cet incendie qui, au soir du 27 février 1933, détruisit en partie le palais du Reichstag à Berlin et fut en quelque sorte le prologue du profond bouleversement politique et social qui depuis les élections du 5 mars a radicalement changé la face de l'Allemagne. Si, comme le prétend l'accusation, van der Lubbe a agi pour le compte d'une organisation communiste, il nous paraît en avoir été l'instrument docile et inconscient. Son état actuel le fait tout au moins supposer. Quels que soient les auteurs spirituels de l'incendie du Reichstag, van der Lubbe semble absolument incapable d'avoir joué dans cette affaire un autre rôle que celui d'un agent exécuteur. La personnalité de van der Lubbe rentre mal dans le cadre de cette affaire ; sa déchéance physique et morale est hors de proportion avec les énormes conséquences que son acte a entraînées. Il n'en est que plus tragique et je crois que le seul sentiment que l'on puisse avoir pour l'accusé est la pitié ; la pitié pour un homme dont le complexe d'infériorité est incontestable, la pitié pour le sort qui l'attend. L'interrogatoire de van der Lubbe est profondément monotone ; il répond d'une voix basse, à peine perceptible ; ses réponses sont courtes et l'on n'entend guère que les questions précises et détaillées du président Bünger. Très souvent l'accusé hésite ou ne donne aucune réponse ; on dirait qu'il ne se souvient plus ou plus exactement, qu'il n'a jamais su exactement ce qu'il a fait. L'interrogatoire du président Bünger est fait sur un ton paternel ; il n'en est pas moins très serré ; le président s'attache à faire préciser à l'accusé ses attaches éventuelles au communisme, mais van der Lübbe se dérobe ; finalement on ne peut rien obtenir de bien précis de sa part. Il déclare tout à la fois avoir appartenu à des organisations communistes mais n'avoir pas voulu un changement de l'ordre politique et social actuel, il dit n'avoir pas voulu employer les moyens de violence et pourtant il était dans le Reichstag en feu. Pour finir, il assure ne pas pouvoir dire ce qu'il voulait. Si les longs débats qui nous attendent n'apportent pas plus de lumière que cette première audience, il est fort probable qu'à la clôture nous n'en serons pas plus avancés et que le mystère du 27 février restera complet. On voudrait pouvoir espérer que le second prévenu, l'ancien député communiste Torgler, apportera plus de vie à ce procès et lui donnera un certain relief. Car je crois qu'il nous faudra définitivement renoncer à des sensations. Le morne interrogatoire de van der Lubbe nous donne tous les loisirs d'examiner les lieux de ce procès célèbre. Avec ses boiseries de chêne sculpté, ornées des armes des divers États allemands et de tableaux des derniers empereurs, la salle d'audience du Tribunal d'Empire représente un décor aussi peu relevé que les débats eux-mêmes. Seules les robes rouges des cinq juges, du juge suppléant, du procureur général et des avocats donnent un peu de couleur à l'ensemble. La salle est remplie aux trois quarts par la presse. Le Tribunal d'Empire s'est montré très large envers les journalistes, surtout envers les journalistes étrangers. Sur 123 cartes de presse délivrées, 81 ont été accordées aux représentants des journaux étrangers. Le tribunal et les autorités allemandes ont déclaré qu'ils tenaient à donner à ce procès la plus grande publicité possible afin de réduire à néant les doutes que l'opinion étrangère a pu avoir et peut avoir encore sur l'impartialité et l'objectivité de la justice allemande. Les autorités allemandes ont fait preuve de la plus grande obligeance à l'égard des journalistes étrangers. Malheureusement, je crains fort que nous n'en soyons en fin de procès pas plus avancés qu'aujourd'hui. Si Balzac vivait encore, il pourrait ajouter quelques brillants tableaux à la Comédie humaine. C'est qu'en effet, avec les progrès de la science et de la technique, on a souvent l'impression de se trouver dans un théâtre plutôt que dans une salle de justice. Les tribunes, d'ordinaire réservées au public, servent aujourd'hui de champ d'opération aux photographes, aux opérateurs de cinéma et à ceux qui, avec des appareils compliqués, enregistrent sur disques les débats afin que le peuple allemand tout entier puisse être témoin, par le truchement de la radio, de ces débats et reste convaincu de l'intégrité de la justice allemande. À l'entrée des accusés, lorsque la Cour pénètre dans la salle, le public debout salue en levant le bras droit, puis plusieurs fois pendant l'audience, de puissants projecteurs jettent leur lumière grêle sur les principaux acteurs, les déclics des appareils retentissent et le bruit de l'enregistrement sur disques couvre presque la voix du président. Comme dans un studio ! Bref, tout cela manque de pittoresque et encore plus de passionnant. Il est possible que les choses changent en cours de procès ; on voudrait l'espérer dans l'intérêt de la vérité. La première impression toutefois est décevante et l'on reste troublé[858]. »

Pour les nazis, ce procès revêtait une grande importance puisqu'il s'agissait de démontrer la thèse du complot communiste et de ce fait réfuter la thèse de leur propre culpabilité. Göring et Goebbels escomptaient bien à l'occasion de leurs témoignages transformer le tribunal en tribune de propagande contre le marxisme. Mais, à l'époque du procès, la justice allemande n'était pas encore complètement nazifiée, nous l'avons vu. Et à l'issue de certaines audiences particulièrement houleuses, notamment celle où il intervint – et qu'il avait insuffisamment préparée contrairement à Goebbels –, Göring se plaignit d'ailleurs directement à Hitler de cette situation lors d'un déjeuner à la chancellerie : « Ces juges de la Haute Cour se comportent de façon scandaleuse. On croirait que c'est nous qui sommes jugés plutôt que les communistes[859]. » Göring proposa ensuite à Hitler de s'occuper personnellement d'une réforme judiciaire[860]. Hitler lui répondit sans détour : « Ce n'est qu'une question de temps. [...] De toute façon, ces types sont mûrs pour la retraite, et nous mettrons nos propres gens à leur place. Mais tant que le président [Hindenburg] est en vie, nous n'y pouvons pas grand-chose[861]. » L'issue du procès semblait pour beaucoup être décidée à l'avance avec une condamnation attendue pour les cinq accusés. En effet, la condamnation du quatuor politique communiste aurait démontré au monde entier que l'Internationale communiste était bel et bien une organisation criminelle totalement dans les mains de Moscou et chargée de déstabiliser les pays étrangers par tous les moyens. Ce qui n'était objectivement pas faux, même si elle n'était pas impliquée dans l'affaire en question. Certaines audiences furent marquantes, d'autres furent plus anodines. Pas moins de cinquante-et-une séances furent consacrées à l'enquête du tribunal[862]. Lorsque le procès s'ouvrit, les

---

[858] *L'Impartial* du 25 septembre 1933.
[859] François KERSAUDY, *Hermann Göring, opus cit.*, p. 154.
[860] *Ibid.*
[861] *Ibid.*
[862] Dieter DEISEROTH (dir.), *Der Reichstagsbrand und der Prozess vor dem*

cinq accusés étaient emprisonnés depuis sept mois. L'un des moments importants du procès survint lorsqu'il fut question de l'aspect technique de l'incendie. Quatre experts avaient été désignés par le tribunal pour éclairer les débats sur ce sujet[863] : le professeur Emil Josse, de l'École technique de Berlin et spécialiste en thermodynamique, Franz Ritter, chimiste de l'École nationale de chimie à Berlin, Wilhelm Schatz, chimiste de Halle, et l'ingénieur Wagner, chef des pompiers de Berlin en remplacement de Walter Gempp. Dès le 15 mai 1933, le professeur Josse avait remis son rapport au juge d'instruction Vogt. Le rapport disait que : « La rapide extension de l'incendie dans la salle des séances résulte du choix du combustible qui y avait été préalablement déposé. Sa répartition sur un grand nombre de points a facilité la propagation du feu et permis l'explosion qui s'est produite sous le faux plafond de la salle [864] . » Le rapport de l'ingénieur Wagner remis le 22 mai présentait des conclusions proches de celles du professeur Josse : « Plusieurs personnes ont procédé au préalable à la préparation de la salle en vue de l'incendie projeté [...] si n'avait eu lieu auparavant une préparation de la salle pour sa mise à feu[865] [...]. » Mais, globalement, les pompiers n'apportèrent pas des éléments de réflexion décisifs, d'autant plus qu'ils évoluèrent dans leurs déclarations[866]. Ainsi, le rapport écrit après coup allait souvent à l'encontre des déclarations qu'ils avaient faites devant le tribunal et développait principalement des rumeurs peu crédibles[867]. Pour le chimiste Schatz, van der Lubbe et une autre équipe furent à l'œuvre le 27 février comme il l'affirma lors du procès : « J'ai nettement distingué : salle du restaurant et salle des séances[868]. » L'avocat de Torgler, maître Alfons Sack demanda alors à Schatz si la salle des séances constituait un travail en soi, et, ce qui fut fait ailleurs, des travaux accessoires ?[869] Schatz répondit clairement :

Reichsgericht. opus cit.

863 *Ibid.*

864 Hans MOMMSEN, *L'incendie du Reichstag et ses conséquences politiques* in *Le national-socialisme et la société allemande, opus cit.*

865 *Ibid.*

866 Fritz TOBIAS, *Der Reichstagsbrand. Legende und Wirklichkeit, opus cit.*, p.304.

867 *Ibid., Lübecker Nachrichten* du 21 juillet 1954 : « La nuit dans le Reichstag en flammes ». Le « rapport des pompiers », IfZ Zeugenschrifttum A-7. Le *Lübecker Nachrichten* est un journal régional du sud-est du Schleswig-Holstein et de l'ouest du Mecklembourg-Poméranie occidentale.

868 Hans MOMMSEN, *L'incendie du Reichstag et ses conséquences politiques* in *Le national-socialisme et la société allemande, opus cit.*

869 *Ibid.*

« Ce qui a été fait ailleurs, ce sont des travaux accessoires, parfaitement[870]. » Tous ces éléments qui apparaissent implacables et qui pouvaient servir à la fois la cause des nazis et celle des communistes, selon celui qui pourrait prouver ou accréditer le plus que l'autre était à la manœuvre, se heurtent quand même à d'autres aspects irréfutables du dossier. L'hypothèse d'un homme isolé mettant le feu au Reichstag n'arrangeait ni les nazis, ni les communistes. Nous avons déjà vu précédemment comment cette thèse d'une action préparée et requérant de multiples participants naquit dès les premières minutes qui suivirent l'arrivée des pompiers, de la police et des officiels sur les lieux de l'incendie. Comme le souligne Hans Mommsen avec force et beaucoup d'à-propos : « La conversion de la théorie des acteurs multiples en dogme incontestable remonte aux rapports des experts. Ces rapports ont constitué jusqu'à présent la pierre angulaire des débats sur l'incendie du Reichstag et ont pesé de façon décisive sur l'issue du procès[871]. » Alors, les travaux des experts furent-ils orientés par les nazis ? Les travaux des experts étrangers qui furent menés et qui n'avaient pas accès à toutes les données, furent-ils orientés pour accuser les nazis ? Dans ce procès, on a voulu absolument, uniquement, voir une action collective préparée à grande échelle en négligeant volontairement la thèse de l'homme seul qui peut réaliser des choses incroyables à première vue – se référer par exemple au menuisier Georg Elser et son attentat du 8 novembre 1939 contre Hitler[872] – mais aussi les circonstances, sans doute exceptionnelles, qui permirent à ce feu « artisanal » de prendre des proportions gigantesques. De multiples exemples existent : une petite étincelle en forêt qui provoque l'embrasement de centaines de milliers d'hectares, un simple feu de poubelle qui occasionne l'embrasement de tout un square ou de toutes les caves d'un immeuble, un mégot oublié dans un lit ou sur un canapé qui transforme en cinq minutes une pièce d'habitation en un véritable brasier[873]. Mais, on en arriva à des scènes assez particulières, comme lorsque Philipp Steuffert affirma dans son plaidoyer : « La seule chose que l'on puisse retenir contre van der Lubbe est le rapport du D^r^

---

870 *Ibid.*

871 Hans MOMMSEN, *L'incendie du Reichstag et ses conséquences politiques* in *Le national-socialisme et la société allemande, opus cit.*, p.125.

872 Didier CHAUVET, *Georg Elser et l'attentat du 8 novembre 1939 contre Hitler, opus cit.*

873 https://www.youtube.com/watch?v=7eQvBdVskFc

Schatz[874]... » De plus, ce qui n'arrangea pas les choses, le juge Vogt ne retint que les experts qui allaient dans le sens qu'il approuvait et rejeta les autres[875]. Revenons maintenant sur certains aspects techniques qui firent l'objet de débats lors du procès, telle la coulure constatée par Walter Gempp sur le tapis du hall Bismarck qui laissait supposer l'utilisation de combustibles liquides[876]. Cette information fut rejetée par le professeur August Brüning[877]. Le rapport Brüning demandé par la police judiciaire fut peu utilisé alors qu'en tant que directeur de l'Institut prussien pour l'alimentation, les médicaments et la chimie judiciaire, il était nettement plus qualifié que le scientifique privé Schatz[878]. Les rapports qu'utilisa le tribunal étaient le plus souvent en contradiction avec celui de Brüning[879]. La renommée de Brüning avait depuis longtemps dépassé les frontières allemandes et sa mise en retrait durant le procès était plutôt étrange [880] . De même, le *Wolffs Telegraphisches Bureau* (WTB) affirma que les matériaux utilisés pour l'incendie étaient des mélanges de goudron et de torches[881]. Il fut attesté ensuite qu'il s'agissait des allume-feu de van der Lubbe et d'un morceau d'étoffe du rideau[882]. Il fut aussi question d'odeur d'essence ou de benzène, mais finalement, il n'en était rien pour ce dernier[883]. Pour l'essence, l'idée fut aussi abandonnée ensuite car rien ne vint étayer cette thèse et aucun témoignage sérieux ne fit part d'une odeur

---

[874] Reichstagsbrandprozess RG, 23.12.1933- XII H 42/33, RGSt, Urteil, p.31.

[875] Hans MOMMSEN, *L'incendie du Reichstag et ses conséquences politiques* in *Le national-socialisme et la société allemande, opus cit.*, p.126.

[876] *Ibid.*, p.126, ainsi que Wolffs Telegraphisches Bureau, WTB, 2e édition 28 février 1933 in Fritz TOBIAS, *Der Reichstagsbrand. Legende und Wirklichkeit, opus cit.*, p.635.

[877] Dossier Sack, vol. II, p.17, ainsi que Fritz TOBIAS, *Der Reichstagsbrand. Legende und Wirklichkeit, opus cit.*, p.432 et suivantes, p.447.

[878] Fritz TOBIAS, *Der Reichstagsbrand. Legende und Wirklichkeit, opus cit.*, p.421.

[879] Rapport Brüning in Fritz TOBIAS, *Der Reichstagsbrand. Legende und Wirklichkeit, opus cit.*, p.447.

[880] Marc A. BISCHOFF, *Prof. Dr. phil und Dr. jur. h. c. August Brüning (1877–1965)*. Deutsche Zeitschrift für die Gesamte Gerichtliche Medizin, 58, 1–2 1966.

[881] Hans MOMMSEN, *L'incendie du Reichstag et ses conséquences politiques* in *Le national-socialisme et la société allemande, opus cit.*, p.126.

[882] Audition d'Alexander Scranowitz du 16 mars, dossier Sack in Fritz TOBIAS, *Der Reichstagsbrand. Legende und Wirklichkeit, opus cit.*, p.673, annexe 25, ainsi que Reichstagsbrandprozess RG, 23.12.1933- XII H 42/33, RGSt, Urteil, p.24 et 22e Sitzungstag (jour de session), p. 222.

[883] Procès de Leipzig, 22e Sitzungstag (jour de session), pp. 48-50.

équivalente[884]. Cependant, malgré l'absence de preuves ou même d'indices, les experts affirmèrent que de l'essence avait été introduite dans le Reichstag pour la salle des débats, parce qu'ils ne trouvaient aucune autre explication[885]. De toute façon, personne n'attendait des experts autre chose que la confirmation de la thèse officielle, dont les nazis se servaient contre les communistes et que les communistes retournaient contre les nazis. Les experts et le tribunal furent également influencés à plusieurs reprises par les déclarations d'Alexander Scranowitz, le responsable de la surveillance du Reichstag[886]. Celui-ci accumula les déclarations douteuses, même parfois mensongères, tout au long du procès. Ses affirmations au sujet d'un grand nombre de foyers isolés dans la salle des débats, en totale contradiction avec les témoignages des pompiers et de l'agent de police Helmut Poeschel, furent le plus souvent privilégiées de façon incompréhensible[887]. En effet, Scranowitz déclara par exemple avoir vu de multiples foyers dans la salle des débats[888]. Le juge Bünger lui demanda alors : « Vous avez pu voir cela tout de suite[889] ? » Scranowitz répondit immédiatement sans ciller : « Oui, la première rangée n'a que des compartiments sous les tables[890]. » Le témoin prétendit avoir remarqué cela en une fraction de seconde d'observation[891]. Les autres témoins ne confirmèrent pas les affabulations de Scranowitz qui mentit également lorsqu'il déclara avoir vu les trois Bulgares dans le Reichstag avant l'incendie[892]. Un témoin donc totalement discrédité mais dont le tribunal se chargea de retenir un grand nombre de déclarations[893]. Au bout du compte, la déposition de Scranowitz abonda dans le sens de l'utilisation de liquides inflammables et écartait la possibilité d'un développement

---

[884] Hans MOMMSEN, *L'incendie du Reichstag et ses conséquences politiques* in *Le national-socialisme et la société allemande, opus cit.*, p.127.
[885] Fritz TOBIAS, *Der Reichstagsbrand. Legende und Wirklichkeit, opus cit.*, p.634.
[886] Hans MOMMSEN, *L'incendie du Reichstag et ses conséquences politiques* in *Le national-socialisme et la société allemande, opus cit.*, p.128.
[887] Procès de Leipzig,15e Sitzungstag (jour de session), p. 55 et suivantes, p.184 et suivantes, p. 190 et suivantes ainsi que Fritz TOBIAS, *Der Reichstagsbrand. Legende und Wirklichkeit, opus cit.*, p.195.
[888] *Ibid.*
[889] *Ibid.*
[890] *Ibid.*
[891] Hans MOMMSEN, *L'incendie du Reichstag et ses conséquences politiques* in *Le national-socialisme et la société allemande, opus cit.*, p.128.
[892] *Ibid.*
[893] *Ibid.*, ainsi que Procès de Leipzig, 15e Sitzungstag (jour de session).

« naturel » du feu. De son côté, le rapport Wagner admettait comme possible un développement « normal » de l'incendie[894]. Toujours selon le rapport Wagner, la propagation de l'incendie fut de quatre minutes[895]. L'embrasement de la salle des débats était lié selon le rapport Wagner à un effet de souffle qui avait ensuite fait exploser le faux plafond ainsi que le plafond de verre et les vitres de la coupole, permettant aux flammes de se développer de façon gigantesque[896]. L'enquête démontra que les installations de ventilation n'étaient pas opérationnelles lorsque l'incendie fut déclenché, mais, compte tenu des portes battantes et de la présence de multiples conduits d'aération, le feu ne fut jamais privé d'apport en oxygène[897]. Une controverse se fit également jour au sujet de la présence de fumée ou de brouillard dans la salle des débats. Cet aspect avait une certaine importance qui pouvait éclairer le tribunal sur l'éventuel combustible utilisé ou non. Le rapport du pompier Waldemar Klotz précisait bien qu'il s'agissait de fumée (*Qualm*) et non pas de brouillard (*Nebel*)[898]. Finalement, la chronologie des événements était la suivante : à la suite d'un développement violent sur l'avant de la salle des débats et un bref stade de carbonisation vint le tour de l'effet de souffle, point déterminant qui permit au feu de se développer considérablement[899]. Les experts avancèrent plusieurs possibilités différentes pour la mise à feu de la salle des débats en se contredisant largement entre eux, et se contredisant parfois eux-mêmes, ils varièrent leurs affirmations en fonction de tel ou tel témoignage, de telle ou telle objection, bref ils se discréditèrent très souvent pour en arriver à ne pas accréditer la version d'une action de van der Lubbe seul. Une vaste farce. Ils avancèrent sur un fil au-dessus d'un précipice insondable et ils finirent par plonger dedans, entraînant tout le procès avec eux dans leur chute. Ainsi, Schatz évoqua des matériaux imbibés de carbure d'hydrogène, d'une solution auto-inflammable de phosphore dans du sulfure de carbone[900]. Josse quant à lui évoqua un mélange de benzène

---

[894] Procès de Leipzig, 22e Sitzungstag (jour de session), annexe, p. 14 et suivantes, p.20.

[895] Rapport d'expertise Wagner, p.20 et suivantes.

[896] *Ibid.*

[897] *Ibid.*, ainsi que rapport Josse, RK 43/II/294, p. 10 et suivantes.

[898] Dossier Sack in Fritz TOBIAS, *Der Reichstagsbrand. Legende und Wirklichkeit, opus cit.*, p.671, annexe 24.

[899] Hans MOMMSEN, *L'incendie du Reichstag et ses conséquences politiques* in *Le national-socialisme et la société allemande, opus cit.*, p.130.

[900] Dossier Sack, vol. I, ainsi que Fritz TOBIAS, *Der Reichstagsbrand. Legende und Wirklichkeit, opus cit.*, p.671 et suivantes.

ou « quelque chose d'approchant[901] ». Ils se contredirent aussi sur la formation de gaz [902]. Un débat s'engagea autour de nuages inflammables et explosifs[903]. Wagner se montra plus prudent et son rapport fut dans l'ensemble le plus crédible, même si de nombreux éléments peuvent prêter à controverse[904]. Les experts n'étaient pas d'accord entre eux non plus sur la quantité de combustible nécessaire [905]. Le tribunal suivit l'avis de Schatz au sujet du combustible, mais il s'avéra que son travail était bâclé et peu crédible[906]. Au final, Schatz affirma, en complète contradiction avec l'ensemble des enquêtes, reconstitutions et faits objectivement constatés, qu'à son avis, van der Lubbe n'était pas entré dans la salle des débats[907]. Et le tribunal suivit à nouveau l'avis de Schatz[908]. Ce dernier avança également des théories sur les vêtements de van der Lubbe qu'il n'aurait pas utilisés pour allumer des feux mais qu'il aurait retirés à cause du fait qu'ils auraient commencé à brûler après avoir été éclaboussés par le liquide auto-inflammable[909]. Puis il en vint à se contredire à ce sujet aussi[910]. À l'objection de Steuffert, au sujet de l'odeur dégagée par le combustible répandu d'après Schatz par van der Lubbe, Schatz répliqua : « C'est pourquoi je suis d'avis que van der Lubbe n'a absolument rien à y voir et qu'il n'a pas du tout été dans la salle. C'est ma conviction profonde[911]. » Cependant, quelques minutes plus tôt, Schatz pensait qu'il était envisageable que l'accusé ait traversé la salle en courant[912]. Puis, il changea d'avis au sujet des odeurs et de la matière inflammable lors de l'examen du cas de Torgler[913]. Force est

[901] Rapport Josse, RK 43/II/294.
[902] Rapport d'expertise Wagner, p. 18 et suivantes.
[903] Procès de Leipzig, 22e Sitzungstag (jour de session) ainsi que Rapport d'expertise Wagner.
[904] Rapport d'expertise Wagner.
[905] Procès de Leipzig, 22e Sitzungstag (jour de session), rapport Josse, pp.35-40 et rapport Schatz, p.40.
[906] Procès de Leipzig, 22e Sitzungstag (jour de session), p.31 et suivantes, p.43, p.51 et suivantes, p.54, p.56 et suivantes.
[907] *Ibid.*, p.51, p.54, rapport final p.600.
[908] *Ibid.*
[909] Procès de Leipzig, 23e Sitzungstag (jour de session), p.23 et suivantes, p.104 et suivantes, ainsi que Fritz TOBIAS, *Der Reichstagsbrand. Legende und Wirklichkeit, opus cit.,* p.439 et suivantes.
[910] *Ibid.*
[911] Procès de Leipzig, 22e Sitzungstag (jour de session), p.64.
[912] *Ibid.*
[913] *Ibid.*

de constater que son opinion était particulièrement mouvante et qu'il l'adaptait en fonction des circonstances. Schatz renonça aussi finalement à son idée de départ selon laquelle le combustible inflammable avait été utilisé de la même manière dans les salles du restaurant et que l'accusé n'avait pu en avoir beaucoup sur lui[914]. Schatz ou le changement permanent. Schatz fit, au bout du compte, tirer au tribunal des conséquences erronées de ses théories embrouillées et variables [915]. La théorie de l'utilisation d'un combustible auto-inflammable déboucha sur une série de contradictions et d'absurdités[916]. Le jugement précise que la présence de van der Lubbe dans la salle des débats n'était pas envisageable car « totalement inutile en raison du dispositif d'auto-allumage utilisé » et que ce dernier n'était là que « pour détourner sur lui le soupçon de la responsabilité, plus précisément d'une responsabilité exclusive, conformément à la défense à laquelle il s'est tenu jusqu'à la fin, conformément aux directives du communisme pour la défense devant le tribunal[917]... » Les pompiers qui intervinrent dans le Reichstag en flammes corroborèrent l'idée d'une action de van der Lubbe seul. En effet, Rudolf Braschwitz qui interrogea plusieurs des pompiers ayant fait face au brasier le confirma au moment de l'enquête, puis à nouveau dans une déclaration du 5 avril 1961 et dans une lettre au procureur général le 17 avril 1961 [918]. L'Oberbaurat Meusser répondit ainsi à sa question sur les causes du développement de l'incendie : « Il répondit en m'expliquant que les murs de la salle étaient recouverts d'un lambris de chêne extrêmement sec, vieux d'environ quarante ans, qui permettait de comprendre la propagation relativement aisée des flammes – surtout après l'apport supplémentaire d'oxygène du fait de l'effondrement de la coupole de verre. Le fonctionnaire considérait donc comme tout à fait possible qu'une personne seule ait pu déclencher un incendie de cette dimension [919]. » Walter Gempp confirma aussi l'inflammabilité du

[914] Procès de Leipzig, 28e Sitzungstag (jour de session), p.43 et suivantes.
[915] Reichstagsbrandprozess RG, 23.12.1933- XII H 42/33, RGSt, Urteil, p.31 et suivantes, ainsi que Fritz TOBIAS, *Der Reichstagsbrand. Legende und Wirklichkeit, opus cit.*, p.438.
[916] Hans MOMMSEN, *L'incendie du Reichstag et ses conséquences politiques* in *Le national-socialisme et la société allemande, opus cit.*, p.135.
[917] Reichstagsbrandprozess RG, 23.12.1933- XII H 42/33, RGSt, Urteil, p.33-34 et suivantes, p.37.
[918] Archives Tobias.
[919] Fritz TOBIAS, *Der Reichstagsbrand. Legende und Wirklichkeit, opus cit.*, p.285.

lambris[920]. Des essais infirmèrent ce fait, mais il est vrai qu'ils se déroulèrent dans des conditions qui n'étaient pas similaires[921].

Cependant, il y a également d'autres éléments troublants à étudier. Ainsi, ceux qui prétendent que van der Lubbe fut manipulé par les nazis se heurtent au mur des preuves et de la cohérence. À part quelques faux témoignages évidents, il n'y a rien qui corrobore cette thèse[922]. Les tentatives faites en ce sens sont très peu crédibles et souvent complètement incohérentes. Rien de concret, de vérifiable. Cette version se base sur l'hypothèse que van der Lubbe aurait parlé de ses projets incendiaires à quelqu'un le 26 février ou le 27 février au matin. Son interlocuteur serait alors un nazi ou une personne en contact avec eux. Mais comment alors, en si peu de temps, les nazis auraient-ils pu enregistrer l'information, y porter du crédit, la faire remonter, réunir une équipe, du matériel, élaborer un scénario, faire avaliser l'opération par Hitler ou Göring ? De plus, si van der Lubbe avait discuté de ses projets avec quelqu'un, il en aurait fait état durant l'instruction ou durant le procès. Or, il a toujours affirmé, et à de multiples reprises, avoir agi seul. D'autre part, si van der Lubbe était un agent nazi comme l'affirmait une autre thèse et qu'il devait servir « d'appât » en se faisant remarquer à l'intérieur du Reichstag et en attirant les pompiers vers le restaurant pour les éloigner du foyer principal et retarder leur travail dans la salle des séances, il aurait alors permis aussi *a contrario* de déclencher l'alerte très tôt, ce qui allait à l'encontre de ce qu'il aurait fallu faire pour permettre l'action d'une autre équipe. Tout ceci n'est pas crédible. Et si van der Lubbe était un agent nazi, pourquoi n'avait-il pas chargé les communistes bulgares et Torgler lors du procès ? Si van der Lubbe avait été un agent nazi et s'il avait agi en compagnie d'un groupe de SA, comme certains le prétendirent – ou le prétendent encore –, alors il n'aurait pas eu à courir cette nuit-là, il ne lui aurait pas été nécessaire de se hâter outre mesure dans le Reichstag, car il aurait été protégé et guidé par les nazis présents avec lui dans le bâtiment. Les partisans de la thèse d'une complicité ou d'une manipulation par les nazis que van der Lubbe n'aurait pas divulguée mettent souvent en avant le fait que la police n'avait jamais recherché en ce sens et s'était retrouvée, volontairement ou par peur, sous la coupe des nazis. Ces arguments ne tiennent pas devant une

---

[920] *Ibid.*
[921] *Ibid.*, p.420 et suivantes.
[922] Hans MOMMSEN, *L'incendie du Reichstag et ses conséquences politiques* in *Le national-socialisme et la société allemande, opus cit.*, p.124-125.

analyse sérieuse et objective. La police judiciaire a essayé au maximum de reconstituer l'itinéraire de van der Lubbe, d'identifier ses éventuels contacts, etc. Bien entendu, certaines zones d'ombre demeurent, mais elles ne sont pas le fait d'une mauvaise enquête de la police. Ainsi, les dépositions faites sous serment de Zirpins, Braschwitz, Heisig sont claires[923]. Alors, la thèse qui attribue l'incendie à la SA et qui est très difficilement étayée par des déclarations comme celle de Sir Horace Rumbold, ambassadeur de Grande-Bretagne à Berlin, qui n'apporte que des impressions personnelles et aucune preuve[924], par des affabulations du *Livre brun* (sur lequel nous reviendrons longuement au chapitre V) et des milieux communistes[925], n'est pas crédible et, de plus, repose sur l'affirmation erronée des experts qui estimèrent, en étant très largement influencés nous l'avons vu par l'enchaînement politique et les premières réactions des personnes sur place la nuit de l'incendie, que van der Lubbe n'avait pas agi seul[926]. Les choses sont différentes avec les rapports de Hans Bernd Gisevius[927], espion de l'Abwehr[928] qui servait d'agent de liaison entre celle-ci et l'OSS[929]. Gisevius était un authentique résistant, mais, hélas, il semble qu'il fut très perméable à certaines thèses affabulatrices des milieux communistes et, d'autre part, il semble qu'il fut aussi capable de « broder » autour de la réalité des faits. Hans Bernd Gisevius commença son service auprès de la police politique en Prusse en août 1933 après des études de droit[930]. En tant

---

[923] *Ibid.*, p.123.

[924] Rapport d'Horace Rumbold du 1er mars 1933, Documents on British Foreign Policy, Second Series, vol. IV, n°246, : « Je rencontre un sentiment partagé par beaucoup de gens du commun qui est que l'acte a peut-être été inspiré par des éléments nazis, mais non par les chefs du Parti nazi. »

[925] *Ibid.*

[926] Hans MOMMSEN, *L'incendie du Reichstag et ses conséquences politiques* in *Le national-socialisme et la société allemande, opus cit.*, p.124.

[927] Fritz TOBIAS, *Der Reichstagsbrand. Legende und Wirklichkeit, opus cit.*, p.533.

[928] L'Abwehr (défense), était, de 1920 à 1944, le service de renseignement de l'état-major allemand.

[929] L'Office of Strategic Services (OSS, « Bureau des services stratégiques ») était une agence de renseignement du gouvernement des États-Unis. Elle fut créée le 13 juin 1942 après l'entrée en guerre des États-Unis dans la Seconde Guerre mondiale pour collecter des informations et conduire des actions « clandestines » et « non ordonnées » par d'autres organes. Elle fut démantelée à la fin de l'année 1945 pour être remplacée par la CIA.

[930] Susanne STRÄSSER, *Hans Bernd Gisevius – Ein Oppositioneller auf « Außenposten »* in Klemens von Klemperer, Rainer Zitelmann, Enrico Syring (dir.): « *Für Deutschland* ». *Die Männer des 20. Juli.*, Francfort/Main, Ullstein 1996.

que fonctionnaire, il fut témoin de la création de la Gestapo. Plus tard, Gisevius quitta l'administration publique en tant que cadre supérieur. Il fut associé aux plans d'assassinat initiaux de Hitler des cercles militaires en 1938[931]. À la suite de l'invasion allemande de la Pologne, il fut placé au service du Bureau des affaires étrangères/Contre-renseignement du haut-commandement des forces armées dirigé par l'amiral Wilhelm Canaris[932], où il utilisa de nouveaux contacts pour ses activités de résistance[933]. Il était en lien avec les Alliés occidentaux et représentait l'opposition militaire allemande dans les négociations de politique étrangère[934]. Gisevius résida en Suisse dans le cadre de ses fonctions de contre-espionnage et se rendit à Berlin peu de temps avant la tentative d'assassinat de Hitler[935]. Le 20 juillet 1944, pour l'opération Walkyrie (*Operation Walküre*), il passa plusieurs heures dans le Bendlerblock, le centre de commandement des conspirateurs[936]. Lorsque la tentative de coup d'État échoua, il réussit à éviter la Gestapo et à retourner en Suisse[937]. En 1946, il témoigna devant le tribunal militaire de Nuremberg. Ses propos furent à charge contre Hermann Göring, Wilhelm Keitel[938] ou Ernst Kaltenbrunner[939], et à décharge en faveur de Hjalmar Schacht[940] et de Wilhelm Frick[941]. De retour en Suisse, il fut accusé d'espionnage mais acquitté[942]. Après la guerre, Gisevius publia un livre dans lequel il mit en accusation les nazis au

---

931 *Ibid.*

932 Heinz HÖHNE, *Canaris – Patriot im Zwielicht,* Munich, Bertelsmann1984.

933 Peter HOFFMANN, *Widerstand, Staatsstreich, Attentat – Der Kampf der Opposition gegen Hitler*. 4. neubearbeitete und ergänzte Ausgabe, Munich, Piper 1985, ainsi que Peter STEINBACH (dir.): *Lexikon des Widerstandes 1933–1945,* Munich, Beck 1994.

934 *Ibid.*

935 Susanne STRÄSSER, *Hans Bernd Gisevius – Ein Oppositioneller auf « Außenposten », opus cit.*

936 *Ibid.*

937 *Ibid.*

938 Karl-Heinz JANSSEN, Fritz TOBIAS, *Der Sturz der Generäle,* Munich, C.H. Beck 1994.

939 Peter BLACK, *Ernst Kaltenbrunner – Vasall Himmlers. Eine SS-Karriere,* Paderborn, Schöningh 1991.

940 Heinz PENTZLIN, *Hjalmar Schacht. Leben und Wirken einer umstrittenen Persönlichkeit,* Berlin, Ullstein 1980.

941 Susanne STRÄSSER, *Hans Bernd Gisevius – Ein Oppositioneller auf « Außenposten », opus cit.*

942 *Ibid.*

sujet de l'incendie du Reichstag[943]. Il affirmait qu'un détachement de dix SA pénétra dans le Reichstag par le tunnel qui reliait la résidence de fonction de Göring et le bâtiment parlementaire[944]. Il confirma sa version lors de son témoignage le 25 avril 1946 au procès de Nuremberg[945]. Il déclara de plus que les SA en question avaient ensuite été éliminés lors de la Nuit des longs couteaux en juin 1934[946]. Mais, dans les années 1960 suite à des plaintes contre ses déclarations, Gisevius se vit contraint de verser plusieurs milliers de marks d'indemnité[947]. Son principal accusateur était Hans Georg Gewehr, un ancien membre de la SA qui précisa qu'il avait été aussi soupçonné à l'époque des faits par certains de ses camarades : « Après l'incendie, je fus parfois considéré dans les milieux du Parti comme le technicien de l'incendie du Reichstag. J'ai toujours récusé énergiquement ces déclarations[948]. » Gisevius fut également accusé d'avoir minimisé dans son livre le rôle des autres membres de l'opération du 20 juillet 1944 et notamment celui du colonel Claus von Stauffenberg qui, avec l'Oberleutnant Werner von Haeften qui le seconda, déposa une bombe dans la salle des cartes du quartier général de Hitler en présence de celui-ci [949]. Une chose demeure un peu incompréhensible dans l'argumentation de Gisevius. En effet, pourquoi les nazis, qu'il ne cesse de décrire à juste titre comme les adeptes d'un régime brutal et criminel, attendirent seize mois, avec les risques multiples encourus (fuites, dénonciations, etc.) puisqu'il évoque dix hommes au minimum, pour les éliminer au cours de la fameuse Nuit des longs couteaux qui n'avait

---

[943] Hans-Bernd GISEVIUS, *Jusqu'à la lie : 1. De l'incendie du Reichstag à la crise Fritsch-Blomberg*, 1947.

[944] *Ibid.*

[945] Minutes du procès de Nuremberg, tribunal militaire international, 114e journée, jeudi 25 avril 1946, audience de l'après-midi, témoignage de Hans-Bernd Gisevius recueilli par le procureur en chef pour les États-Unis, Robert Jackson.

[946] *Ibid.*

[947] Ministère public, 4 janvier 1962 et 25 février 1969.

[948] Déclaration de Hans-Georg Gewehr du 27 mars 1960, Archives Tobias in Hans MOMMSEN, *L'incendie du Reichstag et ses conséquences politiques* in *Le national-socialisme et la société allemande, opus cit.*, p.104. Des documents divers sont disponibles sur Gewehr aux Archives fédérales : Document Center eine PK-Akte zu Gewehr (Mikrofilm D 44, Bilder 2649–2690), eine Akte des SS-Rasse- und Siedungshauptamtes zu ihm und eine SS-Personalakte (SSO-Mikrofilm 11-A, Bilder 700 bis 746).

[949] Paul BERBEN, *L'attentat contre Hitler : 20 juillet 1944,* Paris, Robert Laffont 1962. Sur l'opération Walkyrie lire aussi : Ian KERSHAW, *La chance du diable : Le récit de l'opération Walkyrie*, Paris, Flammarion, 2009.

de plus strictement rien à voir avec l'incendie du Reichstag[950] ? Et *quid* de van der Lubbe que Gisevius ne mentionna même pas lors de son témoignage au procès de Nuremberg[951] ? Les déclarations de Gisevius au sujet de l'incendie du Reichstag sont complètement contaminées par le *Livre brun* dont il reprend de très nombreux éléments et perdent de ce fait tout crédit[952]. D'autre part, Gisevius évoque à son tour le tunnel qui reliait la résidence de fonction de Göring au Reichstag et que les SA auraient selon lui utilisé. Ce tunnel ne fut pas utilisé, nous y reviendrons.

Voici un extrait du témoignage de Gisevius lors du procès de Nuremberg en 1946 où il livra sa version de l'incendie du Reichstag :
« **M. Jackson :** Vous avez témoigné sur les enquêtes que vous avez faites lorsque vous étiez en relation avec l'administration de la police et vous avez mentionné l'incendie du Reichstag, mais vous ne nous avez pas dit à quelles conclusions vous aviez abouti lorsque vous avez fait une enquête à son sujet. Pouvez-vous nous en parler ?
Gisevius : Pour parler brièvement et pour préciser d'abord la nature même des faits, nous nous rendîmes compte que Hitler avait exprimé de façon générale le désir d'un grand coup susceptible d'être exploité par la propagande. Goebbels prit sur lui de préparer les suggestions nécessaires, et c'est lui qui eut le premier l'idée de mettre le feu au Reichstag [aucun document historique ne vient corroborer l'affirmation de Gisevius]. Goebbels en parla avec le Führer de la brigade des SA de Berlin, Karl Ernst, et arrêta les détails de l'exécution. Un certain produit chimique que tous les artificiers connaissent fut choisi. Il prend feu un certain temps, quelques heures ou quelques minutes, après avoir été répandu. Pour pénétrer à l'intérieur du Reichstag, on devait utiliser un corridor reliant le palais du président du Reichstag au Reichstag lui-même. Un groupe de dix SA de confiance fut sélectionné et Göring fut informé de tous les détails du projet, de sorte qu'il ne prononça pas ce soir-là un discours électoral, mais, à l'heure dite, se trouva devant son bureau au ministère de l'Intérieur à Berlin. On attendait de Göring, et il

---

[950] Didier CHAUVET, *Hitler et la Nuit des longs couteaux : la Sturmabteilung (SA) décapitée, 29 juin-2 juillet 1934, opus cit.*

[951] Minutes du procès de Nuremberg, tribunal militaire international, 114e journée, jeudi 25 avril 1946, audience de l'après-midi, témoignage de Hans-Bernd Gisevius recueilli par le procureur en chef pour les États-Unis, Robert Jackson.

[952] Fritz TOBIAS, *Der Reichstagsbrand. Legende und Wirklichkeit, opus cit.,* p.533 ainsi que Gilbert GUILLEMINAULT, *La Drôle de paix,* Paris, Le Livre de poche 1960, p. 94.

en donna l'assurance, qu'il orientât la police de telle façon qu'à la faveur de la confusion du début, elle s'engageât sur une fausse piste. Il était entendu, dès le début, que ce crime serait mis sur le dos des communistes, et les dix SA qui devaient perpétrer le crime avaient été instruits en conséquence.
Voici en quelques mots l'histoire des événements. Pour dire de quelle façon nous avons appris ces détails, j'ajouterai qu'un des dix hommes qui étaient chargés de répandre cette teinture inflammable était un criminel notoire. Six mois plus tard, il fut exclu des SA, et n'ayant pas obtenu la récompense qui lui avait été promise, il crut devoir, devant le Tribunal du Reich, qui à ce moment-là siégeait à Leipzig, faire le récit de ce qu'il savait. Il fut amené devant un juge d'instruction, qui enregistra sa déclaration, mais la Gestapo l'apprit et le rapport au Tribunal du Reich fut intercepté et détruit [aucun document historique ne vient corroborer l'affirmation de Gisevius]. Ce membre des SA du nom de Rall qui avait trahi le secret du plan, fut assassiné honteusement sur l'ordre du chef de la Gestapo Diels, avec l'accord de Göring. C'est en trouvant son cadavre que nous sommes arrivés à retrouver le fil de toute cette affaire.
M. Jackson : Qu'arriva-t-il aux dix SA qui exécutèrent l'incendie du Reichstag ? Certains sont-ils encore vivants maintenant ?
Gisevius : Dans la mesure où nous avons pu nous en rendre compte, aucun d'eux n'est plus vivant. Ils furent assassinés pour la plupart le 30 juillet [30 juin] sous le prétexte du putsch de Röhm [Nuit des longs couteaux]. Un seul d'entre eux, un certain Heini Gewehr fut admis dans la police en qualité d'officier de police. Nous avons suivi ses traces pendant la guerre et il est tombé sur le front de l'Est comme officier de police. »

L'hypothèse du tunnel évoquée par Gisevius fut également utilisée par les faussaires communistes du *Livre brun.* Les nazis qui pensaient que ce tunnel avait été utilisé par les incendiaires communistes menèrent une enquête à ce sujet. Dès la nuit de l'incendie, Göring ordonna un examen du tunnel[953]. Cette fouille fut effectuée par Walter Weber, garde du corps de Göring, accompagné de trois policiers[954]. Or, le tunnel s'ouvrait en face de la loge du concierge du

[953] Sefton DELMER, *Die Deutschen und ich, opus cit.*, p.190.
[954] Fritz TOBIAS, *Der Reichstagsbrand. Legende und Wirklichkeit, opus cit.*, p.66.

Reichstag. Cette loge était occupée sans interruption[955]. Le concierge, qui fut bien évidemment interrogé par la police, était au-dessus de tout soupçon[956]. Cette option ne tient pas. Ceux qui défendent la thèse d'une ou de plusieurs complicités dont aurait bénéficié van der Lubbe ne purent jamais présenter le moindre début d'une preuve : ni indices, ni traces, ni outils, ni matériaux combustibles[957]. Rien. C'est un fait indiscutable. De même, les alibis des nazis qui furent accusés par les idéologues communistes et une presse peu scrupuleuse de véracité étaient totalement inattaquables[958]. L'absence de preuves d'éventuels complices, mais aussi l'impossibilité totale d'identifier ces mêmes éventuels complices, permit d'y associer n'importe qui au gré de l'idéologie de chacun, des témoignages plus ou moins sincères et farfelus, des suppositions diverses, des extrapolations qui jalonnèrent l'instruction, le procès et le contre-procès et certains travaux historiques. Ainsi, le jugement affirme avec aplomb : « À la préparation et au déclenchement de cet incendie dans la salle plénière ont contribué au moins un et vraisemblablement plusieurs complices de van der Lubbe[959]. » La présence de ces complices ne fut accréditée que par des témoignages suspects, mensongers et des expertises totalement biaisées et embrouillées[960].

Les arguments agglutinés péniblement pour démontrer que van der Lubbe n'avait pas agi seul sont contradictoires et invérifiables le plus souvent. De l'autre côté de la balance, nous avons les aveux clairs et maintes fois répétés de van der Lubbe, le résultat de l'enquête judiciaire et des témoignages majeurs. Mais l'obsession d'une action communiste de masse empêcha une appréciation objective de tous les éléments, aveugla l'instruction du juge Vogt et rendit le procès vide de

---

[955] *Ibid.,* p.101 et suivantes ; dossier Sack, dossier principal vol. G, BA Coblence. Cette argumentation est reprise par Hans MOMMSEN, *L'incendie du Reichstag et ses conséquences politiques* in *Le national-socialisme et la société allemande, opus cit.*, p.111.

[956] *Ibid.*

[957] Fritz TOBIAS, *Der Reichstagsbrand. Legende und Wirklichkeit, opus cit.*, p.249 et suivantes.

[958] *Ibid.*

[959] Reichstagsbrandprozess, RG, 23.12.1933 – XII H 42/33, Rgst, Urteil (Jugement) p.20.

[960] Fritz TOBIAS, *Der Reichstagsbrand. Legende und Wirklichkeit, opus cit.*, p.21 et suivantes ; Procès de Leipzig, 19e Sitzungstag (jour de session), p197 et suivantes, 20e Sitzungstag (jour de session), p.143 et suivantes, 43e Sitzungstag (jour de session), p.203 et suivantes et p.212.

sens. Il en va de même pour le contre-procès communiste de Londres, dans l'autre sens cette fois avec les nazis pour accusés.

Alors, il reste la possibilité de la coïncidence, l'incroyable coïncidence, que van der Lubbe et les nazis aient voulu mettre le feu au Reichstag la même nuit à la même heure... Non, la possibilité que van der Lubbe ait agi seul demeure à ce jour la plus plausible. Nous verrons dans le chapitre VI de ce livre que les avis des historiens divergent encore sur le sujet, que le débat est rude, même si la thèse d'une action du seul van der Lubbe apparaît de nos jours la plus étayée.

Le 13 décembre 1933, le procureur demanda l'acquittement des trois Bulgares contre lesquels il n'y avait rien, et la peine de mort pour Torgler, malgré un dossier bien maigre si l'on enlève tous les faux témoignages, et la mort également pour van der Lubbe.

Dans les attendus du jugement, la cour déclare que : « L'accusé van der Lubbe a incendié consciemment et volontairement le Reichstag [...] Selon l'opinion de la cour, le feu n'a pu être l'œuvre d'une seule personne, mais de la collaboration d'autres individus, en raison de l'importance du sinistre. [...] Par ce procès, il est prouvé que l'incendie du Reichstag est l'œuvre des communistes et des organisations qui lui sont proches ou parallèles en vue de déclencher une guerre civile[961]. » Le tribunal revint aussi le 23 décembre au moment du verdict sur les accusations que l'étranger notamment – mais pas uniquement – pointait à l'encontre des nazis pour les rejeter totalement : « Il n'existe pas l'ombre d'une justification pour la thèse mensongère faisant état de cet attentat une provocation national-socialiste à des fins électorales. Il est clair pour tout Allemand que les hommes à qui le peuple allemand est redevable d'avoir été préservé du chaos bolchevique et qui conduisent ce peuple vers un avenir profondément rénové et sain, n'auraient jamais été capables de nourrir les projets criminels que trahit cet attentat[962]. » Le tribunal rajouta que « le procès a démontré que les insinuations, selon lesquelles des détachements de SA seraient allés de la résidence du président du Reichstag [Göring] au Parlement en empruntant le couloir souterrain en vue de mettre le feu au Reichstag et seraient revenus par le même chemin, étaient totalement dénuées de fondement[963] ». En effet, certains témoignages faits depuis l'étranger avaient insisté sur un groupe de SA qui s'était installé dans la résidence

---

[961] Reichstagsbrandprozess RG, 23.12.1933- XII H 42/33, RGSt, Urteil.

[962] Dieter DEISEROTH (dir.), *Der Reichstagsbrand und der Prozess vor dem Reichsgericht. opus cit.*

[963] *Ibid.*

de Göring quelques jours avant l'incendie du Reichstag et qui avait disparu ensuite[964]. D'autres encore témoignèrent pour affirmer que le souterrain entre la résidence de Göring et le Reichstag avait été emprunté plusieurs fois dans les jours et heures qui précédèrent l'incendie[965]. Des bouts de papier collés sur les portes disposés par une personne suspicieuse et retrouvés au sol en étaient la « preuve[966] ». Pour un autre témoin, des traces de pas dans la cendre qu'il avait répandue – encore une personne suspicieuse qui sentait qu'un mauvais coup se préparait dans l'ombre – sur le sol étaient la « preuve » du passage de plusieurs hommes[967]. Tout cela est assez farfelu. Pourquoi autant de suspicion alors que rien ne laissait présager une telle action criminelle de la part des nazis ou de quiconque ? Là encore, ces témoignages sont peu crédibles et c'est malheureusement récurrent dans cette affaire. Enfin, l'ambassadeur français à Berlin, André François-Poncet, évoqua lui aussi le fait que les incendiaires – des SA – avaient emprunté le fameux souterrain[968]. Il tenait « l'information » de l'ambassade d'URSS qui elle-même la tenait d'un officier anonyme de la Reichswehr qui divulgua ces « faits » car il craignait une rupture des relations diplomatiques entre l'Allemagne et l'URSS, et désirait, d'autre part, mettre à bas le régime national-socialiste[969]. L'ensemble de ces « faits » et témoignages paraît très contestable et prête, pour le moins, à controverse. D'autres témoins contredirent aussi les précédents au sujet de la présence d'un groupe de SA dans la résidence de Göring peu avant l'incendie[970]. De même, au début de 1934, plusieurs « confessions » de SA avouant une participation directe à l'incendie du Reichstag circulèrent, notamment dans la presse étrangère. Ces « documents », aussi bien ceux qui concernaient Karl Ernst, que ceux qui concernaient Ernst Kruse, étaient des faux complets[971]. Par exemple, selon certaines sources, Karl Ernst aurait fait

---

964 Hans MOMMSEN, *L'incendie du Reichstag et ses conséquences politiques* in *Le national-socialisme et la société allemande, opus cit.*
965 *Ibid.*
966 *Ibid.*
967 *Ibid.*
968 André FRANÇOIS-PONCET, *Souvenirs d'une ambassade à Berlin, septembre 1931-octobre 1938, opus cit.*
969 *Ibid.*
970 Dieter DEISEROTH (dir.), *Der Reichstagsbrand und der Prozess vor dem Reichsgericht. opus cit.*
971 Hans MOMMSEN, *L'incendie du Reichstag et ses conséquences politiques* in *Le national-socialisme et la société allemande, opus cit.*

des confidences à Bertus Smit[972], un nazi néerlandais, qui pouvaient laisser penser que les SA étaient mêlés à l'incendie du Reichstag[973]. Cette déclaration est bien entendu largement sujette à caution. D'autres rumeurs font état d'un soupçon de la Gestapo quant à l'implication de Rudolf Diels[974]. Le tout ne fut évidemment jamais corroboré et ces « pistes » ne débouchèrent jamais sur rien de concret, de sérieux et de crédible. Le régime nazi fut impliqué dans tellement d'affaires pendant ses années au pouvoir, que certains ne peuvent se résoudre à ce qu'il ne soit pas impliqué dans cette affaire.

Lors du procès de Nuremberg en 1946, Hermann Göring fut interrogé au sujet de Karl Ernst et de son éventuel rôle dans l'incendie du Reichstag. Göring fut catégorique, notamment en rejetant le lien aventureux que faisaient certains entre l'incendie du Reichstag et les assassinats perpétrés lors de la Nuit des longs couteaux :

« **M. Jackson :** Qui était Karl Ernst ?
Göring : Karl Ernst... Je ne sais pas si son prénom était Karl, mais Ernst était le chef des SA de Berlin.
M. Jackson : Et qui était Helldorf ? [Heinrich von Helldorf]
Göring : Le comte Helldorf a été également plus tard chef des SA de Berlin.
M. Jackson : Et Heines ? [Edmund Heines]
Göring : Heines était, à ce moment-là, chef SA de Silésie.
M. Jackson : Bien. Vous savez, n'est-ce pas, que Ernst fit une déclaration dans laquelle il avoua que c'étaient ces trois hommes qui avaient mis le feu au Reichstag, que vous et Goebbels en aviez fait les plans et fourni les produits incendiaires, du phosphore liquide et du pétrole que vous aviez fait déposer prêts à être utilisés dans un passage souterrain qui conduisait de votre maison au bâtiment du Reichstag. Cette déposition vous est connue, n'est-ce pas ? [Les déclarations ou dépositions de Karl Ernst sont particulièrement controversées et sujettes à caution. Le ministère public s'aventurait en terrain particulièrement

---

972 Bertus Smit fonda le 16 décembre 1931 le NSDAP néerlandais dans la villa De Binckhorst à La Haye avec Ernst Herman van Rappard. Cf Willem HUBERTS, *De man van vele namen: Bertus Smit 1897-1994*, Uitgeverij Flanor 2017.

973 Heinrich FRAENKEL, *Zu viel und zu wenig. Kritische Bemerkungen zu « Der Reichstagsbrand » von F. Tobias*, Der Monat 1962, p.14.

974 Hans MOMMSEN, *L'incendie du Reichstag et ses conséquences politiques* in *Le national-socialisme et la société allemande, opus cit.*, p.104.

glissant en les utilisant sans précaution].
Göring : Je ne connais pas de déclaration du chef SA Ernst ; mais j'ai entendu parler d'un roman qui fut publié, peu de temps après, dans la presse étrangère par le chauffeur de Röhm ; et cela après 1934.
M. Jackson : Mais il existait bien, en fait, un passage, conduisant du bâtiment du Reichstag à votre résidence, n'est-ce pas ?
Göring : D'un côté de la rue se trouvait le bâtiment du Reichstag et, en face, le palais du président du Reichstag ; entre les deux, il y avait un passage servant aux wagonnets transportant le charbon destiné au chauffage central.
M. Jackson : En tout cas, peu de temps après, Ernst fut tué sans jugement et sans qu'il ait eu la possibilité de raconter son histoire, n'est-ce pas ?
Göring : Ce n'est pas exact. L'incendie du Reichstag eut lieu en février 1933 ; Ernst a été fusillé le 30 juin 1934 parce qu'il avait préparé avec Röhm un coup d'État et un attentat contre le Führer. Il aurait donc eu le temps pendant quinze mois [seize mois], s'il avait voulu le faire, de fournir des déclarations sur l'incendie du Reichstag.
M. Jackson : Il avait pourtant commencé à faire certaines déclarations, n'est-ce pas, et les choses en étaient arrivées au point où l'on vous accusait d'avoir provoqué l'incendie du Reichstag ? Vous étiez bien au courant de cela ?
Göring : L'accusation selon laquelle j'aurais incendié le Reichstag provenait d'une certaine presse étrangère. Elle ne m'affectait guère, car cela ne correspondait pas à la réalité. Je n'avais aucune raison d'incendier le Reichstag. Du point de vue artistique, je ne regrette pas que la salle des séances ait brûlé ; j'espérais faire construire un bâtiment de meilleur goût. Mais je regrettai beaucoup de me voir dans la nécessité de chercher un nouveau local pour les réunions du Reichstag. N'en ayant pas trouvé, je fus obligé de céder ma salle d'opéra Kroll qui était le second opéra national. L'opéra me semblait alors bien plus important que le Reichstag.
M. Jackson : Ne vous êtes-vous jamais vanté d'avoir incendié le Reichstag, même en plaisantant ?
Göring : Non. J'ai fait une fois une plaisanterie ; c'est peut-être celle à laquelle vous faites allusion ; j'ai dit, à la suite de cet événement, que j'allais bientôt faire concurrence à Néron. On dirait sous peu que, drapé dans une toge écarlate et tenant une lyre, je contemplais le feu et jouais tandis que le Reichstag brûlait. Voilà la plaisanterie. En réalité, j'ai failli périr dans l'incendie du Reichstag, ce qui eût été très agréable pour les

ennemis du Reich, mais l'eût été beaucoup moins pour le peuple allemand.
M. Jackson : Vous n'avez donc jamais déclaré avoir incendié le bâtiment du Reichstag ?
Göring : Non. Je sais que M. Rauschning[975] a écrit dans son livre, auquel on s'est fréquemment référé ici, que j'avais abordé ce sujet en sa présence. Je n'ai vu M. Rauschning que deux fois dans mon existence et, à chacune de ces occasions, pendant un temps très court. Si vraiment j'avais incendié le Reichstag, je n'aurais probablement confié la chose qu'à mes plus intimes confidents, mais certes pas à un homme que je ne connaissais pas et dont il me serait impossible aujourd'hui de faire la description. C'est une déclaration absolument fausse.
M. Jackson : Vous souvenez-vous du déjeuner donné à l'occasion de l'anniversaire du Führer, en 1942, au mess des officiers du Quartier général du Führer en Prusse orientale ?
Göring : Non.
M. Jackson : Vous ne vous en souvenez pas ? Je vais demander qu'on vous montre la déposition écrite du général Franz Halder et j'attirerai votre attention sur un passage susceptible de vous rafraîchir la mémoire. Voici ce que je lis : "À l'occasion d'un repas en l'honneur de l'anniversaire du Führer, en 1942, les personnes qui l'entouraient vinrent à parler du bâtiment du Reichstag et de sa valeur artistique. J'entendis de mes propres oreilles Goring lancer au milieu de la conversation : 'La seule personne qui connaisse vraiment le Reichstag, c'est moi, car j'y ai mis le feu.' Et, en prononçant ces mots, il se tapa sur les cuisses."
Göring : Cette conversation n'a pas eu lieu et je demande qu'on veuille bien me confronter avec M. Halder. Je voudrais souligner tout d'abord que tout ce qui est écrit là est une pure absurdité. Il est écrit : "Le seul qui connaisse le Reichstag c'est moi." Le Reichstag était connu de tous les députés. Le feu prit seulement dans la salle des séances. Des centaines de milliers de personnes connaissaient cette salle aussi bien que moi. Une telle déclaration est vraiment un non-sens. Je me demande comment M. Halder a pu déclarer une chose pareille. Apparemment, sa mémoire déficiente, qui lui causa maints ennuis dans le domaine

[975] Président du Sénat de Dantzig, il démissionna en 1935, et quitta l'Allemagne. Exilé en Suisse, en France, puis aux États-Unis, il devint un opposant au régime nazi, et écrivit plusieurs ouvrages dans lesquels il chercha à avertir ses contemporains de la nature nihiliste du mouvement dirigé par Adolf Hitler. Son livre *Hitler m'a dit*, prétendu livre de confidences du Führer, est à présent discrédité.

militaire, est la seule explication plausible.
M. Jackson : Vous connaissez Halder ?
Göring : Je ne le connais que trop bien.
M. Jackson : Pouvez-vous nous dire quelle position il occupait dans l'armée allemande ?
Göring : Il était chef de l'État-Major général de l'armée de terre et, à diverses reprises, j'ai attiré l'attention du Führer, après le début de la guerre, sur la nécessité de trouver un chef qui fût au courant de ces questions[976]. »

Les audiences les plus suivies du procès de Leipzig furent celles où Göring et Goebbels se présentèrent devant le tribunal. L'affrontement verbal entre Dimitrov et ses accusateurs nazis atteignit son paroxysme lors de l'intervention de Göring le 4 novembre 1933. Le ministre s'exprima pendant trois heures et demie, dont une bonne moitié d'un monologue tout à la gloire de sa propre action et du national-socialisme [977] . Ensuite vint l'échange particulièrement vigoureux entre Göring et Dimitrov :
« **Dimitrov :** N'est-il pas exact qu'en raison du fait que vous avez, *ex officio*[978], accusé le Parti communiste allemand et les communistes étrangers, cela vous a empêché de suivre certaines autres pistes, en faisant obstacle à la recherche des véritables incendiaires ?
Göring : Non...
Dimitrov : [l'interrompant] Qu'a fait le ministre pour que la police suive les mouvements de van der Lubbe, son séjour à Hennigsdorf et ses relations avec deux personnes qui s'y trouvaient ?
Göring : Il est bien évident qu'en tant que ministre, je n'ai pas suivi chaque piste moi-même. J'ai ma police pour cela... Pour moi, c'était un crime politique, et j'étais convaincu que les criminels se trouvaient au sein de votre parti... [Il brandit le poing en direction de l'accusé et se met à crier.] Votre parti est un parti de criminels et doit être liquidé !
Dimitrov : Le ministre est-il conscient du fait que ce parti est maître

---

[976] Minutes du procès de Nuremberg, tribunal militaire international, 84e journée, lundi 18 mars 1946, audience de l'après-midi, interrogatoire d'Hermann Göring par le procureur en chef pour les États-Unis, Robert Jackson.
[977] Dieter DEISEROTH (dir.), *Der Reichstagsbrand und der Prozess vor dem Reichsgericht, opus cit.*
[978] Expression latine employée pour décrire un rang ou les privilèges directement obtenus par la situation d'un individu ou par le poste qu'il occupe. Se réfère au pouvoir qui, bien que non obtenu par un protocole officiel, est directement induit par la fonction exercée.

d'un sixième de la terre, que c'est celui de l'Union soviétique, avec laquelle l'Allemagne maintient des relations diplomatiques, politiques et économiques dont bénéficient des centaines de milliers de travailleurs allemands ?
Le président : Dimitrov, je vous interdis de faire de la propagande soviétique dans cette enceinte.
Dimitrov : Mais monsieur Göring fait bien de la propagande national-socialiste. N'est-il pas avéré que le communisme a des millions de partisans en Allemagne ?
Göring : [criant] Il est avéré que vous vous comportez avec insolence ! Il est avéré que vous êtes venu ici pour brûler le Reichstag. Pour moi, vous êtes un criminel qui mérite la potence !
Le président : Dimitrov, je vous avais dit de ne pas faire de propagande communiste. Il ne faut pas vous étonner si le témoin perd son calme.
Dimitrov : Je suis satisfait, très satisfait de la réponse du ministre.
Göring : [criant en levant le poing] Foutez le camp, espèce de fripouille !
Le président : [à l'officier de police en désignant Dimitrov] Emmenez-le.
Dimitrov : [en quittant les bancs des accusés sous escorte policière] Auriez-vous peur de mes questions, monsieur le ministre-président ?
Göring : [criant encore] Attendez que je vous retrouve à l'extérieur de ce tribunal, espèce de canaille ![979] »

Goebbels fit également un témoignage devant le tribunal, le 8 novembre 1933, mais il se montra beaucoup plus habile, fin et posé que Göring, même si sur le fond ses arguments n'étaient guère différents de ceux de son collègue ministre. Contrairement à Göring, Goebbels garda constamment son calme face aux questions et aux apostrophes de Dimitrov qui essaya tout le temps de le faire sortir de ses gonds. Peine perdue, Goebbels, fin débatteur et parfaitement préparé, fit preuve d'une grande maîtrise :
« **Le procureur :** À votre avis, monsieur le ministre, le Parti communiste a-t-il pu croire qu'il pourrait tirer avantage de l'incendie du Reichstag en en attribuant aussi vite que possible la culpabilité au NSDAP ?
Goebbels : Je tiens la chose pour absolument possible, et même pour vraisemblable. Quelques jours à peine après l'incendie du Reichstag,

[979] François KERSAUDY, *Hermann Göring, opus cit.*, p.152-153.

des groupes de terroristes communistes ont distribué des tracts dans lesquels on nous accusait, le président Göring et moi, d'être les auteurs ou les instigateurs de l'incendie. [...] Il est absurde de supposer qu'au sein d'un cabinet d'hommes d'honneur une partie du gouvernement puisse reprocher à l'autre d'avoir incendié le Reichstag [Goebbels fait ici référence au memorandum Oberfohren, membre du DNVP, sur lequel nous reviendrons plus loin]. J'ai l'impression que l'accusé Dimitrov veut faire de la propagande pour le Parti communiste et pour le Parti social-démocrate. Puisque nous accusions le marxisme d'être l'instigateur intellectuel et peut-être l'instigateur pratique de l'incendie, c'était pour nous un devoir national que d'anéantir le Parti communiste et le Parti social-démocrate.
Dimitrov : Savez-vous, monsieur le ministre, qu'en Autriche et en Tchécoslovaquie, les nationaux-socialistes font du travail illégal, utilisent de fausses adresses et une correspondance codée ? Les nationaux-socialistes, dans ces pays, font donc exactement ce que l'accusation reproche aux communistes en Allemagne.
Goebbels : On dirait que vous voulez insulter le mouvement national-socialiste. Je vous répondrai avec Schopenhauer : "Tout homme mérite qu'on le regarde, mais pas qu'on parle avec lui[980] [981]." »

Le lendemain de son témoignage devant le tribunal, Goebbels écrivit à ce sujet dans son journal : « Hier : procès de l'incendie du Reichstag. Un très grand jour. Je suis en excellente forme. Mon audition dure presque quatre heures. J'expose toute la situation. Dimitrov et Torgler sont écrasés sans recours. Il ne reste rien d'eux. Calme souverain. Une victoire totale. La presse nationale et étrangère est fabuleuse. J'éclipse totalement Göring, qui n'a remué que du vent[982]. »

Après les interrogatoires des témoins, les rapports des experts, les reconstitutions, les dépositions de Göring et Goebbels, la cour entra dans la dernière partie du procès. Le procureur général s'exprima pendant un peu plus de cinq heures[983]. Le procureur adjoint le fit à son

[980] Gilbert BADIA, *Feu au Reichstag ! opus cit.*, p. 194.
[981] *Aphorismes sur la sagesse dans la vie* (*Aphorismen zur Lebensweisheit*) est un essai publié par Arthur Schopenhauer en 1851, inclus dans son ouvrage *Parerga et Paralipomena*, dans la seconde moitié du premier volume. Souvent publié à part des *Parerga*, c'est celui des ouvrages de Schopenhauer qui a été le plus lu.
[982] Joseph GOEBBELS, *Journal 1933-1939, opus cit.*, p.152.
[983] Dieter DEISEROTH (dir.), *Der Reichstagsbrand und der Prozess vor dem Reichsgericht. opus cit.*

tour pendant quatre heures[984]. Il fut déclaré que les trois Bulgares n'avaient pas agi directement mais que leur responsabilité politique était établie et qu'ils constituaient de ce fait un véritable « danger social[985] ». L'avocat de Torgler, maître Sack, parla lui aussi pendant cinq heures[986]. Torgler ne voulut pas s'exprimer alors que Dimitrov le fit très longuement[987], nous y reviendrons au chapitre suivant.

Au terme du procès, l'hypothèse avancée par les nazis d'un large complot fomenté par les communistes allemands, plus ou moins téléguidés par Moscou pour déstabiliser le régime, fut retenue par le tribunal malgré un manque total de preuves. Mais Dimitrov, Popov, Tanev et Torgler furent acquittés car rien ne pouvait les rattacher de façon crédible à l'incendie du Reichstag. Le tribunal ne pouvait en effet guère faire autrement que d'acquitter les trois Bulgares et Torgler s'il voulait conserver un minimum de crédibilité vis-à-vis de l'opinion internationale notamment. Van der Lubbe pour sa part fut condamné à mort par le tribunal. Les jeux furent définitivement faits le 23 décembre 1933, juste un peu avant 9 heures du matin, lorsque le juge Wilhelm Bünger et ses huit collègues – juges et procureurs – pénétrèrent en robe rouge dans la salle du tribunal afin de faire connaître le verdict du procès. Les accusés se levèrent et le président prit la parole. Après les premiers mots d'usage, le juge Bünger déclara : « Le Parti communiste d'Allemagne travaillait depuis longtemps pour obtenir le pouvoir et n'attendait qu'une constellation favorable. Le tribunal estime que van der Lubbe était communiste et est toujours communiste. Ce n'était pas un acte de terreur individuel mais un acte de terreur de masse conçu pour être l'ouverture d'une grève générale et d'un mouvement révolutionnaire[988]. » Le juge ajouta que si la cour ne croyait pas à l'acte isolé de van der Lubbe, elle ignorait cependant qui étaient ses complices véritables[989]. Tout en affirmant, ce qui était très audacieux, qu'ils étaient communistes[990]. Van der Lubbe fut reconnu coupable « d'avoir incendié le Reichstag en accord conscient et délibéré avec des complices inconnus[991] ». Il s'était rendu coupable de concrétiser

---

984 *Ibid.*
985 *Ibid.*
986 *Ibid.*
987 *Ibid.*
988 *Ibid.*
989 *Ibid.*
990 *Ibid.*
991 Martin SCHOUTEN, *Marinus van der Lubbe – Eine Biografie, opus cit.*

« l'entreprise projetée depuis longtemps par le Parti communiste d'Allemagne : modifier la Constitution du Reich », par la violence et le crime[992]. En raison de son action, van der Lubbe « était condamné à mort et à la privation de ses droits civiques[993] ». Le tribunal rejetait donc l'idée d'un acte isolé de van der Lubbe et privilégiait – sans surprise – l'idée du bâtiment préalablement préparé pour la mise à feu. Le verdict fit naître certaines divergences dans la presse allemande. Les journaux qui n'étaient pas idéologiquement proches des nazis saluèrent plutôt le verdict à l'image du *Berliner Börsen-Courier*[994] (Courrier de la Bourse de Berlin, BBC) quotidien libéral publié de 1868 à 1933, peu habitué aux commentaires politiques et se concentrant principalement sur les prix des titres négociés sur les marchés boursiers, sur les informations de titres sur le marché hypothécaire, mais aussi sur les rapports de l'industrie, du commerce, de la politique et de la culture[995]. Ainsi, le *Berliner Börsen-Courier* approuva le verdict de la cour : « Le Tribunal suprême a parlé. Il a fait preuve des qualités que la conception du droit qui prévaut dans l'Allemagne nouvelle attend des juges : volonté inébranlable de dire le droit, objectivité sans préjugés dans l'établissement des faits et dans leur appréciation, indépendance totale, à l'intérieur comme à l'extérieur[996]. » D'un autre côté, les journaux favorables aux nazis, comme la *Nationalsozialistische Parteikorrespondenz* (NSK, Correspondance du Parti national-socialiste)[997], furent très critiques sur le verdict[998] : « Le jugement par lequel, pour des raisons juridiques formelles, Torgler et les trois communistes bulgares ont été acquittés est, aux yeux du peuple, une erreur pure et simple. Si on avait appliqué le vrai droit, qui doit recouvrer sa validité dans la nouvelle Allemagne, droit qui plonge ses

---

[992] *Ibid.*
[993] *Ibid.*
[994] Le journal portait le sous-titre : *moderne Tageszeitung für alle Gebiete (quotidien moderne pour tous les domaines).*
[995] Ulla C. LERG-KILL, *Berliner Börsen-Courier (1868–1933) in* Heinz-Dietrich Fischer (dir.): *Deutsche Zeitungen des 17. bis 20. Jahrhunderts* (*Publizistik-historische Beiträge.* Bd. 2). Verlag Dokumentation, Pullach bei München 1972.
[996] *Berliner Börsen Courier* du 24 décembre 1933.
[997] *La Correspondance du Parti national-socialiste* (NSK) fut désignée comme un service de presse à partir de 1932 pour transmettre des informations sur le NSDAP à la presse du parti. Après la prise du pouvoir en 1933, tous les journaux allemands furent obligés de faire référence à la NSK.
[998] Hubert SCHORN, *Der Richter im Dritten Reich,* Francfort/Main 1959, p.67 et suivantes.

racines dans les sentiments du peuple, le verdict aurait été différent : il est vrai qu'alors, tout le procès que le peuple a suivi avec une irritation croissante, aurait été autre, lui aussi. [...] Si en Allemagne le communisme n'avait pas été écrasé par la révolution national-socialiste et si on n'avait pas empêché ses représentants de nuire, jamais le danger bolchevique n'aurait été écarté par des procédures erronées du type de celle-là. Le mauvais jugement rend plus indispensable une réforme radicale de notre système juridique[999]. »

Pour conclure sur le procès de l'incendie du Reichstag dans sa globalité avec ses innombrables failles, ses partis pris, ses outrances, mensonges, laissons la parole à l'historien Hans Mommsen : « Si les multiples versions de la responsabilité national-socialiste dans cet incendie ont eu la vie dure, c'est non seulement grâce au succès de la campagne de propagande de Willi Münzenberg [sujet longuement étudié dans le chapitre V] et à cause de l'extrême brutalité et de l'extrême cynisme dont on supposait le régime capable, mais aussi parce que le procès devant la Haute Cour n'apporta aucune explication véritable à cette affaire judiciaire[1000]. »

---

[999] *Nationalsozialistische Parteikorresponden* décembre 1933.

[1000] Hans MOMMSEN, *L'incendie du Reichstag et ses conséquences politiques*, in Hans MOMMSEN, *Le National-socialisme et la société allemande, opus cit.*, p.102.

IV

LES CINQ ACCUSÉS

Marinus van der Lubbe

Ce jeune maçon arrêté par la police à l'intérieur du Reichstag en flammes naquit le 13 janvier 1909 à Leyde aux Pays-Bas, ville située sur le Vieux Rhin, à peu de distance de la mer du Nord, près de La Haye. Le père de Marinus van der Lubbe, Frans (Franciscus Cornelis) van der Lubbe[1001], était un marchand ambulant[1002]. La mère de Marinus van der Lubbe, Pietje (Petronella) van Handel[1003], avait déjà quatre enfants d'une union précédente avec Johannes Peute, et mit au monde trois autres garçons de cette nouvelle union avec Frans van der Lubbe, dont Marinus, qui était le plus jeune[1004]. Les parents de van der Lubbe changèrent plusieurs fois de domicile pendant sa petite enfance, puis ils finirent par se séparer notamment en raison des très fréquentes absences du père pour les besoins de son travail[1005]. Sa mère s'installa à Den Bosch et gagna alors sa vie en effectuant des travaux domestiques et en tenant une petite boutique[1006]. Elle mourut alors que Marinus van der Lubbe n'était âgé que de douze ans[1007]. De ce fait, il fut accueilli dans la famille de sa demi-sœur qui avait déjà trois enfants à charge[1008]. Dès quatorze ans, van der Lubbe devint apprenti maçon, tout en suivant des cours du soir[1009]. À seize ans, sa vie bascula à nouveau lorsqu'il fut victime d'un grave accident du travail en recevant sur un chantier de la chaux vive dans les yeux[1010]. Cet accident survint suite à un jeu de deux de ses collègues qui lui enfoncèrent sur la tête un seau contenant un reste de chaux vive[1011]. En 1927, un second accident frappa van der Lubbe aux yeux suite à la chute de gravats sur un chantier[1012]. Malgré

1001 Archives régionales Dordrecht (Pays-Bas), L'état civil des décès Overlijdensakten Dordrecht 1940, Dordrecht, archives 256, numéro d'inventaire 330, 31 mai 1940.

1002 Martin SCHOUTEN, *Marinus van der Lubbe – Eine Biografie, opus cit.*

1003 Archives régionales Dordrecht (Pays-Bas), L'état civil des décès Overlijdensakten Dordrecht 1922, Dordrecht, archives 256, numéro d'inventaire 312, 21 janvier 1922.

1004 Martin SCHOUTEN, *Marinus van der Lubbe – Eine Biografie, opus cit.*

1005 Nico JASSIES, *Marinus van der Lubbe et l'incendie du Reichstag, opus cit.*, p.11.

1006 *Carnets de route de l'incendiaire du Reichstag, opus cit.*, p.20, ainsi que Martin SCHOUTEN, *Marinus van der Lubbe – Eine Biografie, opus cit.*

1007 *Ibid.*

1008 *Ibid.*

1009 Nico JASSIES, *Marinus van der Lubbe et l'incendie du Reichstag, opus cit.*, p.12.

1010 Martin SCHOUTEN, *Marinus van der Lubbe – Eine Biografie, opus cit.*

1011 *Carnets de route de l'incendiaire du Reichstag, opus cit.*, p.37.

1012 *Ibid.*, p.39.

des soins et une longue hospitalisation, il fut handicapé au niveau visuel à 30 % [1013] . Van der Lubbe perçut ensuite une maigre pension hebdomadaire d'invalidité d'un peu plus de sept florins, mais il se trouvait dans l'incapacité totale d'exercer son métier de maçon[1014]. Il fut dès lors placé devant l'obligation d'accepter de nombreux postes ingrats et éphémères pour subsister[1015].

Van der Lubbe s'engagea très tôt dans le militantisme politique et adhéra en premier lieu à l'organisation Le Semeur (*De Zaaier*), un mouvement de jeunesse qui dépendait du Parti communiste des Pays-Bas[1016] (*Communistische Partij van Nederland*, CPN). Créé en 1909 sous le nom de Parti social-démocrate (*Sociaal-Democratische Partij*, SDP), par des militants du Parti social-démocrate des ouvriers (*Sociaal Democratische Arbeiders Partij*, SDAP) qui s'étaient rassemblés autour du journal *De Tribune* (d'où leur appellation de « tribunistes ») [1017] , le Parti communiste des Pays-Bas adhéra à l'Internationale communiste après sa création en 1919[1018]. Les partisans du communisme de conseils quittèrent le Parti en 1920, certains créant en 1921 le Parti communiste ouvrier des Pays-Bas (*Communistische Arbeiders-Partij Nederland*, KAPN)[1019]. En 1928, van der Lubbe, déjà fiché comme agitateur, décida de partir à l'aventure et entreprit à pied un long voyage qui le mena en Belgique, en France et en Allemagne[1020]. À son retour au pays, il décida d'amplifier son engagement politique, mais il démissionna des Jeunesses communistes suite à des conflits multiples [1021] . Comme l'écrit justement l'historien Nico Jassies : « Entre 1929 et 1931, Marinus est déchiré par une lutte dramatique entre sa conscience et son attachement à ce qu'il considère alors comme l'armée de la révolution sociale. Dans ses actions pour la ligue de jeunesse, il se heurte quotidiennement à toutes sortes de manœuvres bureaucratiques qui émanent de la hiérarchie du Parti[1022]. »
Van der Lubbe loua alors à Leyde un très humble local qu'il baptisa

---

[1013] Nico JASSIES, *Marinus van der Lubbe et l'incendie du Reichstag, opus cit.*, p.12.
[1014] *Ibid.*
[1015] *Ibid.*
[1016] *Ibid.*
[1017] Philippe BOURRINET, *La Gauche communiste hollandaise, du tribunisme au conseillisme*, Paris 1992.
[1018] *Ibid.*
[1019] *Ibid.*
[1020] Martin SCHOUTEN, *Marinus van der Lubbe – Eine Biografie, opus cit.*
[1021] Nico JASSIES, *Marinus van der Lubbe et l'incendie du Reichstag*, opus cit., p.18.
[1022] *Ibid.*, p.17-18.

« La Maison Lénine[1023] » afin d'y organiser des réunions politiques[1024]. Il participa aussi à la distribution de tracts, à des manifestations de chômeurs, se mêla à des piquets de grève[1025]. Van der Lubbe se brouilla ensuite complètement avec le Parti communiste qui jugeait négativement ses actions individuelles ainsi que sa très grande radicalité[1026]. Il était en effet en désaccord avec la ligne officielle qu'il ne trouvait pas assez ferme, trop dirigiste, et il s'éloigna alors des communistes parlementaristes[1027]. En janvier 1931, van der Lubbe perdit son allocation en provenance du Bureau d'aide sociale de Leyde en raison du fait qu'il avait dissimulé à celui-ci la perception de sa maigre pension d'invalidité[1028]. En avril 1931, il projeta de se rendre en URSS avec son ami Henk Holwerda. Devant le refus de la section du Parti communiste de Leyde de soutenir le projet, Holwerda renonça[1029]. Van der Lubbe se lança alors seul dans ce périple, mais le consulat d'URSS à Berlin lui refusa son visa car il n'avait pas d'argent pour le payer[1030]. Van der Lubbe se fit finalement arrêter quelques jours plus tard à Gronau (13 mai), près de la frontière néerlandaise, pour le motif de vente illégale de cartes postales de sa propre production et de « propagande communiste[1031] ». Il resta emprisonné durant dix jours puis il fut expulsé[1032]. En septembre, van der Lubbe reprit la route pour l'Allemagne, puis la Hongrie où il tomba amoureux d'une prostituée dont il conserva la photographie dans son portefeuille, puis il gagna la Yougoslavie[1033]. Lors de chaque étape de son parcours, il travaillait dans les fermes aux alentours[1034]. Il couchait dans son carnet de route ses impressions, ses pensées, lors de ses différentes étapes, comme, par exemple, ces quelques lignes écrites le jeudi 1er octobre 1931 à Djurdjeveu : « Hier soir, pour pouvoir dormir chez un paysan, je l'ai aidé pendant une heure à retirer les feuilles des maïs. Ces feuilles servent ensuite à nourrir les vaches, de sorte que la plante entière est

---

1023 *Carnets de route de l'incendiaire du Reichstag, opus cit.*, p.41.
1024 Martin SCHOUTEN, *Marinus van der Lubbe – Eine Biografie, opus cit.*
1025 *Carnets de route de l'incendiaire du Reichstag, opus cit.*, p.39.
1026 *Ibid.*, p.41-42.
1027 Martin SCHOUTEN, *Marinus van der Lubbe – Eine Biografie, opus cit.*
1028 Nico JASSIES, *Marinus van der Lubbe et l'incendie du Reichstag, opus cit.*, p.24.
1029 *Carnets de route de l'incendiaire du Reichstag, opus cit.*, p.44.
1030 *Ibid.*
1031 *Ibid.*, p.45.
1032 Gilbert BADIA, *Feu au Reichstag ! opus cit.*, p.76.
1033 *Carnets de route de l'incendiaire du Reichstag, opus cit.*, p.45.
1034 *Ibid.*

utilisée. Toute la famille, y compris les enfants, est restée tard à travailler. Même après avoir mangé, car j'ai mangé avec eux, ils ont continué leur labeur. Mais moi, je suis allé me coucher. Assis au grenier, je regarde par la fenêtre ouverte la pleine lune qui scintille. Et cette vue me remet une certaine nuit en mémoire[1035]. » Van der Lubbe revint aux Pays-Bas et participa ensuite à la grève des ouvriers du textile de Twente en novembre 1931. Fin janvier 1932, il décida d'essayer encore de rejoindre l'URSS, mais en avril 1932 il fut stoppé à la frontière russo-polonaise pour traversée illégale de la frontière[1036]. Il fut placé en prison durant trois semaines[1037]. En juin 1932, van der Lubbe fut rattrapé par la justice et condamné à trois mois de prison qu'il effectua à La Haye, pour avoir brisé les vitres du Bureau d'aide sociale de Leyde suite au refus de celui-ci de lui verser de l'argent en vue de créer une bibliothèque à destination des ouvriers et des chômeurs[1038]. Quelques mois plus tard, en octobre 1932, il loua un petit entrepôt au 19 de la Lange Vrouwenkerksteeg afin d'organiser des réunions, des débats et de pouvoir ronéotyper des documents[1039]. À la même période, van der Lubbe quitta le GIC (Groupe des communistes internationalistes, *Groep van Internationale Communisten*) pour rejoindre les rangs de la LAO[1040] (*Linksche arbeiders opposite,* Opposition ouvrière de gauche). Il demeurait actif sur le terrain et vendait par exemple dans la rue le journal *Spartacus* pour la LAO. Il fonda aussi lui-même le *Journal des chômeurs* (*Werkloozenkrant*) qui ne connut que trois numéros, d'octobre à novembre[1041], avec un contenu anti-autoritaire et favorable à l'auto-organisation : « Il a été créé parmi les chômeurs indemnisés une attitude résignée et hésitante. Il fallait en finir ! Bien qu'on puisse en avoir assez des mots d'ordre des manifestations et des meetings, cela ne signifie pas qu'on doive se croiser les bras. Mais maintenant : en avant, il faut agir par soi-même[1042] » (n° 1, octobre 1932), « Les chômeurs n'ont rien à attendre de quelque parti que ce soit, tant qu'ils

---

1035 *Ibid.*, p. 105.

1036 Nico JASSIES, *Marinus van der Lubbe et l'incendie du Reichstag, opus cit.*, p.22.

1037 *Carnets de route de l'incendiaire du Reichstag, opus cit.,* p.45.

1038 Nico JASSIES, *Marinus van der Lubbe et l'incendie du Reichstag, opus cit.*, p.24-25.

1039 *Ibid.*, p.25.

1040 *Ibid.*, p.26.

1041 N°1 le samedi 22 octobre 1932, n°2 le mercredi 9 novembre 1932, n°3 le samedi 24 novembre 1932. Pour le contenu de ces trois journaux cf *Carnets de route de l'incendiaire du Reichstag, opus cit.,* pp. 187-204.

1042 rebellyon.info

ne se défendront pas eux-mêmes[1043] » (n° 2, 9 novembre 1932). Les files d'attente devant les bureaux de pointage étaient propices à la discussion, à l'échange d'idées, de tracts, de brochures et van der Lubbe aimait beaucoup débattre et essayer de rallier les ouvriers à ses idées. Le chômage, à l'image de la situation allemande, était très important aux Pays-Bas. Pendant la crise des années 1930, la politique de Hendrikus Colijn aux Pays-Bas fut caractérisée par de fortes restrictions budgétaires, notamment dans le domaine de l'enseignement et des salaires des fonctionnaires[1044]. Le gouvernement néerlandais vota même une réduction des allocations en juillet 1934[1045]. Les chômeurs se révoltèrent alors, ce qui entraîna des manifestations violentes qui se soldèrent à Amsterdam par la mort de cinq personnes et des dizaines de blessés[1046].

Van der Lubbe participa avec la LAO à des actions à La Haye, notamment lors de la grève des taxis en décembre 1932[1047]. À cette occasion, il prit la parole dans des réunions et martela ses positions contre l'attitude du Parti communiste et des syndicats proches de lui, mais ne tint pas des propos fascistes comme l'affirma plus tard le Parti communiste[1048]. Il fit toujours à la même période onze jours de grève de la faim pour protester contre le refus du Bureau d'aide sociale de participer au financement de « son projet pour les travailleurs et les chômeurs[1049] ». Il obtint en partie gain de cause. Il fut à nouveau hospitalisé du 4 au 28 janvier 1933 pour y suivre des soins médicaux relatifs à une tuberculose oculaire[1050], dont une lourde opération chirurgicale qui n'améliora pas beaucoup son état[1051]. Néanmoins, même si bien entendu sa maladie était assez invalidante, il n'était pas aveugle comme le souligne Nico Jassies : « Seul le centre de son champ de vision était altéré par une zone grise, ses contours restant nets. Il pouvait lire, et reconnaître les gens dans la rue[1052]. » Après sa

---

[1043] *Ibid.*

[1044] Herman LANGEVELD, *Hendrikus Colijn 1869-1944*. Tome 1: Dit leven van krachtig handelen (1869-1933), Balans - Meppel, 1998, Tome 2: Schipper naast God (1933-1944), Balans - Amersfoort, 2004.

[1045] *Ibid.*

[1046] *Ibid.*

[1047] Nico JASSIES, *Marinus van der Lubbe et l'incendie du Reichstag, opus cit.*, p.26.

[1048] *Carnets de route de l'incendiaire du Reichstag, opus cit.*, p.51.

[1049] Nico JASSIES, *Marinus van der Lubbe et l'incendie du Reichstag, opus cit.*, p.26.

[1050] *A Contre-temps*, n°13, septembre 2003.

[1051] *Ibid.*

[1052] Nico JASSIES, *Marinus van der Lubbe et l'incendie du Reichstag, opus cit.*, p.102.

convalescence, il décida de gagner l'Allemagne, angoissé par l'accession de Hitler au pouvoir et désireux de voir sur place l'attitude adoptée par la classe ouvrière allemande[1053]. Il quitta Leyde le 2 février bien qu'étant encore convalescent et rejoignit la capitale du Reich le 18 février 1933, après avoir traversé, à pied ou à l'arrière de camions, Clèves, Düsseldorf, Essen, Bochum, Dortmund, Brunswick, Magdebourg, Potsdam[1054]. Arrivé à destination, il trouva une place dans un dortoir de l'Alexandrinenstrasse qu'il avait déjà fréquenté lors d'un précédent séjour à Berlin[1055]. Une fois dans la capitale allemande, il reprit ses activités politiques en assistant à des réunions des partis de gauche, en s'abreuvant de tracts révolutionnaires, en parlant avec des ouvriers et des chômeurs[1056]. Il voulut organiser des manifestations de chômeurs, mais il se heurta à l'omniprésence du KPD[1057]. Globalement, il était très déçu de la passivité des travailleurs allemands et de leurs organes représentatifs [1058]. Cette situation était pour lui incompréhensible et terriblement inquiétante. Après réflexion et après avoir analysé la situation dans sa globalité, il décida alors de se rendre responsable d'un acte isolé mais retentissant afin d'initier un sursaut de la classe ouvrière, un soulèvement contre le capitalisme, contre le gouvernement[1059]. À la suite des difficultés qu'il avait rencontrées pour fomenter des manifestations de protestation, il opta pour une action directe et son choix se porta « naturellement » sur le Bureau d'aide sociale de Neukölln[1060] qu'il essaya d'incendier[1061]. Le 25 février 1933, van der Lubbe se rendit donc à Neukölln vers 18 h 30 pour s'attaquer au local d'aide sociale avec quatre paquets d'allume-feu de marque Oldin[1062] (*Kohleanzünder*). Ces ligots (petits fagots de bûchettes) faits

---

[1053] *A Contre-temps*, n°13, septembre 2003.

[1054] *Carnets de route de l'incendiaire du Reichstag, opus cit.*, p.54.

[1055] Nico JASSIES, *Marinus van der Lubbe et l'incendie du Reichstag, opus cit.*, p.31.

[1056] *Carnets de route de l'incendiaire du Reichstag, opus cit.*

[1057] Martin SCHOUTEN, *Marinus van der Lubbe – Eine Biografie, opus cit.*

[1058] *Ibid.*

[1059] *Carnets de route de l'incendiaire du Reichstag, opus cit.*

[1060] Berlin-Neukölln est un quartier de Berlin, faisant partie de l'arrondissement de Neukölln. Lors de la création du Grand Berlin en 1920, Neukölln formait alors l'une des sept villes indépendantes qui furent annexées à la capitale. Pendant la séparation de la ville, Neukölln faisait partie de Berlin-Ouest.

[1061] Hans MOMMSEN, *Van der Lubbe Weg in den Reichstag – der Ablauf der Ereignisse* in Uwe BACKES et al., *Reichstagbrand. Aufklärung einer historischen Legende, opus cit.*, p.33-57.

[1062] *Ibid.*

de mélange de sciure de bois et de naphtaline étaient très souvent utilisés pour allumer des grands poêles de faïence très répandus à l'époque en Allemagne. Afin d'incendier le local, van der Lubbe escalada une petite clôture qui ceinturait les lieux, fit le tour par-derrière et lança par une fenêtre entrouverte un paquet enflammé d'allume-feu qui atterrit sur le sol cimenté près d'une porte[1063]. Van der Lubbe coupa ensuite un morceau d'un autre allume-feu et le jeta sur le toit du local qui était recouvert d'une légère toile goudronnée, puis il renouvela une seconde fois l'opération[1064]. Mais, compte tenu de la neige accumulée sur le toit en raison des chutes des dernières heures, le feu s'éteignit immédiatement[1065]. Après quoi, il quitta les lieux et s'engagea dans le métro pour gagner l'Alexanderplatz en essayant de ne pas se faire remarquer[1066]. Le début d'incendie fut très rapidement éteint par des passants qui rentraient chez eux[1067]. À 19 h 15, van der Lubbe était parvenu devant l'hôtel de ville de Berlin, bien décidé à renouveler son action de Neukölln[1068]. Il fit prestement le tour du bâtiment et découvrit un soupirail ouvert au niveau du trottoir, à l'angle de la Judenstrasse et de la Rathaustrasse, par lequel il jeta un nouvel allume-feu qu'il avait discrètement enflammé[1069]. Celui-ci tomba dans la chambre vide du fils de Kiekbusch, machiniste à l'hôtel de ville[1070]. Ce dernier qui était non loin de là fut très rapidement alerté par l'odeur de brûlé et se précipita dans la chambre de son fils[1071]. Un portemanteau, une plinthe et une partie du plancher furent légèrement attaqués par les flammes. Kiekbusch éteignit promptement le feu à l'aide d'un grand seau d'eau[1072]. Il ne signala pas les faits à la police car des mégots étaient fréquemment jetés par le soupirail et il crut qu'il s'agissait à nouveau

[1063] Nico JASSIES, *Marinus van der Lubbe et l'incendie du Reichstag, opus cit.*
[1064] Hans MOMMSEN, *Van der Lubbe Weg in den Reichstag – der Ablauf der Ereignisse* in Uwe BACKES et al., *Reichstagbrand. Aufklärung einer historischen Legende, opus cit.*, p.33-57.
[1065] Protokoll der Vernehmung Lubbes am 1. März 1933 (procès-verbal d'interrogatoire de van der Lubbe).
[1066] Nico JASSIES, *Marinus van der Lubbe et l'incendie du Reichstag, opus cit.*
[1067] Martin SCHOUTEN, *Marinus van der Lubbe – Eine Biografie, opus cit.*
[1068] *Ibid.*
[1069] Hans MOMMSEN, *Van der Lubbe Weg in den Reichstag – der Ablauf der Ereignisse* in Uwe BACKES et al., *Reichstagbrand. Aufklärung einer historischen Legende, opus cit.*, p.33-57.
[1070] *Ibid.*
[1071] *Ibid.*
[1072] *Ibid.*

d'un geste inconsidéré ou stupide d'un passant[1073]. Là encore, le feu ne produisit que de très minimes dégâts car il fut maîtrisé à temps. Van der Lubbe poursuivit son périple et décida de viser ensuite l'ancien château impérial, le château de Berlin[1074] (*Berliner Stadtschloss*), situé non loin[1075]. Cet imposant édifice, palais des Hohenzollern[1076] de Prusse depuis 1701, résidence de l'empereur allemand (*Deutsche Kaiser*) Guillaume II[1077] jusqu'à son départ en 1918, était encore parfois utilisé pour abriter des réceptions ou des conférences organisées par les gouvernements successifs de la République de Weimar [1078]. Le 9 novembre 1918, ce fut depuis un balcon de l'un des portails que Karl Liebknecht [1079] proclama la République socialiste libre (*Freie Sozialistische Republik*), deux heures après que Philipp Scheidemann[1080] avait proclamé la République depuis un balcon du Reichstag[1081]. Une fois devant le château, van der Lubbe gravit un échafaudage installé devant la façade ouest pour des travaux, et il se hissa sur le toit du bâtiment[1082]. Il trouva un vasistas ouvert et lança à l'intérieur les derniers paquets d'allume-feu qu'il possédait[1083]. Le feu prit dans un bureau en encorbellement, désert à cette heure, mais le pompier de service alerté assez tôt parvint à éteindre l'incendie avant

---

[1073] *Ibid.*

[1074] Bodo ROLLKA, Klaus-Dieter WILLE, *Das Berliner Stadtschloß. Geschichte und Zerstörung,* Berlin, Haude & Spener 1987.

[1075] *Carnets de route de l'incendiaire du Reichstag, opus cit.*

[1076] La maison de Hohenzollern est une famille noble et royale européenne qui régna en tant qu'empereurs sur l'Allemagne, en tant que rois sur la Prusse et la Roumanie, en tant que princes-électeurs sur le Brandebourg, en tant que margraves sur Schwedt, Bayreuth, Kulmbach et Ansbach, en tant que burgraves sur Nuremberg et en tant que princes sur Hechingen et Sigmaringen.

[1077] Christian BAECHLER, *Guillaume II d'Allemagne*, Paris, Fayard 2003.

[1078] Bombardé en 1945, il est rasé en 1950 par le gouvernement communiste de la RDA. Sa reconstruction avec l'intégration du Forum Humboldt a commencé en 2013 et doit s'achever à l'été 2019.

[1079] Annelies LASCHITZA, *Karl Liebknecht. Eine Biographie in Dokumenten, Berlin,* Dietz Verlag 1982.

[1080] Christian GELLINEK, *Philipp Scheidemann. Gedächtnis und Erinnerung,* Waxmann, Münster / New York / Munich / Berlin 2006.

[1081] Bodo ROLLKA, Klaus-Dieter WILLE, *Das Berliner Stadtschloß. Geschichte und Zerstörung, Berlin, opus cit.*

[1082] Nico JASSIES, *Marinus van der Lubbe et l'incendie du Reichstag, opus cit.*

[1083] Hans MOMMSEN, *Van der Lubbe Weg in den Reichstag – der Ablauf der Ereignisse* in Uwe BACKES et al., *Reichstagbrand. Aufklärung einer historischen Legende, opus cit.,* p.33-57.

qu'il ne prît de trop grandes proportions[1084]. Des trois tentatives d'incendie perpétrées par van der Lubbe, la presse ne se fit l'écho que de cette dernière qui toucha le château de Berlin. Ainsi, par exemple, l'article suivant parut dans le *Berliner Tageblatt und Handelszeitung* : « Samedi, dans le château de Berlin, dans un bureau du cinquième étage, un incendie de peu d'importance a éclaté, qui a pu être rapidement éteint grâce à la vigilance du pompier de service. La cause de ce feu n'est pas encore tout à fait éclaircie. On suppose cependant qu'il est d'origine criminelle[1085]. »

Le dimanche 26 février 1933, van der Lubbe passa la journée à errer dans la ville. Il savait que le feu n'avait certainement pas trop endommagé le château, car si cela avait été le cas l'incendie aurait été visible de loin[1086]. Il pointa en fin de soirée à l'asile de Spandau conformément aux termes de la loi en vigueur relative aux étrangers[1087]. Le village de Spandau fut intégré au Grand Berlin en 1920 et les accusés du procès de Nuremberg y furent internés[1088]. Le lendemain, van der Lubbe sortit tôt le matin et se rendit à nouveau au centre de Berlin. Là, il envisagea de commettre une nouvelle action spectaculaire. Il jeta finalement son dévolu sur le Reichstag, dont il examina longuement la configuration extérieure durant l'après-midi avant de se procurer quatre paquets d'allume-feu et des allumettes[1089]. Il était prêt à passer à l'action dès 17 heures, mais il attendit que la nuit recouvre la ville pour se lancer[1090]. Vers 21 heures, il parvint à pénétrer à l'intérieur du Reichstag après avoir grimpé sur une corniche, puis longé un mur pour

---

1084 *Ibid.*

1085 *Berliner Tageblatt und Handelszeitung* du 27 février 1933. Le 10 mars 1933, le journal fut interdit à la suite du *Verordnung des Reichspräsidenten zum Schutz von Volk und Staat* (Décret du Président du Reich pour la protection du peuple et de l'État) du 28 février 1933. Dans le cadre de la politique de *Gleichschaltung*, le journal continua néanmoins de paraître jusqu'au 31 janvier 1939, dans une édition contrôlée par la censure, permettant à Joseph Goebbels de garantir un semblant de liberté de la presse dans le pays.

1086 Fritz TOBIAS, *Der Reichstagsbrand. Legende und Wirklichkeit, opus cit.*, p.597 et suivantes.

1087 Nico JASSIES, *Marinus van der Lubbe et l'incendie du Reichstag, opus cit.*, p.32.

1088 Le Grand Berlin (*Groß-Berlin*) fut créé en 1920 par la *Groß-Berlin-Gesetz*. Outre le vieux Berlin (*Alt-Berlin*), la création du nouveau territoire entraîna l'annexion de 7 villes, 59 communes rurales (*Landgemeinde*) et 27 territoires communaux (*Gutsbezirk*).

1089 *Carnets de route de l'incendiaire du Reichstag, opus cit.*, p.221-228.

1090 Fritz TOBIAS, *Der Reichstagsbrand. Legende und Wirklichkeit, opus cit.*, p.597 et suivantes.

gagner un balcon et fracturer à coups de pied une porte-fenêtre[1091]. Van der Lubbe se retrouva alors dans la salle du restaurant et commença son périple incendiaire dans le bâtiment[1092]. Il alluma plusieurs foyers en se servant de linges dénichés sur place et de ses propres vêtements[1093]. Il essaya d'enflammer plusieurs meubles, mais le feu ne prenait pas véritablement. Il se déplaça ensuite à l'intérieur des couloirs du Reichstag, gagna la salle des séances, qu'il prit sur le moment pour une sorte d'église et ne reconnut pas en tant que telle[1094], où il parvint notamment à enflammer les rideaux situés à l'arrière du siège du président[1095]. Le feu prit alors rapidement de l'ampleur. Sous l'effet d'une immense chaleur, la coupole de verre et d'acier qui chapeautait l'édifice à soixante-quinze mètres de hauteur finit par éclater en provoquant un vaste effet de cheminée extrêmement favorable à l'alimentation du feu[1096]. Peu de temps après, la police arrêta van der Lubbe après une brève course-poursuite à l'intérieur du Reichstag[1097]. Il avoua et revendiqua son action la nuit même et réitéra ses propos à de nombreuses reprises par la suite sans jamais modifier d'un mot sa déclaration initiale concernant son action individuelle et les objectifs politiques visés[1098]. Ainsi, le 28 février 1933, il déclara à la police et notamment au commissaire Walter Zirpins : « [...] Je suis devenu compagnon maçon en 1928. Depuis cette époque, je n'ai pas eu d'emploi fixe, sauf pendant de courtes périodes. En 1929 [van der Lubbe se trompa quelquefois de dates pendant ses interrogatoires], j'ai eu un accident du travail et je reçois depuis une pension d'invalidité de 7 florins et 44 centimes par semaine. Je n'ai pas vécu chez mon père, à Dordrecht, mais à Leyde. Je n'avais jamais quitté les Pays-Bas avant 1930. En 1930, j'ai séjourné quelques semaines en Belgique et dans le nord de la France où j'ai fait divers petits travaux.

1091 *Carnets de route de l'incendiaire du Reichstag, opus cit.*, p.221-228.

1092 *Ibid.*

1093 *Ibid.*

1094 Protokoll der Vernehmung Lubbes am 28. Februar 1933 (procès-verbal d'interrogatoire de van der Lubbe).

1095 Nico JASSIES, *Marinus van der Lubbe et l'incendie du Reichstag, opus cit.*, ainsi que Hans MOMMSEN, *L'incendie du Reichstag et ses conséquences politiques* in *Le national-socialisme et la société allemande, opus cit.*

1096 Fritz TOBIAS, *Der Reichstagsbrand. Legende und Wirklichkeit, opus cit.*, ainsi que Hans MOMMSEN, *L'incendie du Reichstag et ses conséquences politiques* in *Le national-socialisme et la société allemande, opus cit.*

1097 *Ibid.*

1098 *Ibid.*

En mars 1931, je suis venu ici à Berlin, depuis Leyde, et j'y suis resté environ une semaine. J'ai alors logé dans la pension de l'Alexandrinenstrasse. Ensuite, je suis rentré à pied aux Pays-Bas : pour faire l'aller et retour, j'ai mis environ six semaines. En septembre 1931, j'ai à nouveau quitté Leyde : Bavière, Autriche, Yougoslavie, et je suis rentré en train en passant par la Hongrie. J'ai eu l'argent nécessaire pour mon retour au consulat des Pays-Bas. [...]

Je me suis rendu une deuxième fois à Budapest en janvier 1932, ce qui m'a pris environ un mois. Je suis à nouveau passé par la Bavière et l'Autriche. Au retour, j'ai traversé la Tchéquie et je suis rentré en passant par Stanistaw, Low, Cracovie, Kattowitz, Breslau, Leipzig, Dresde. Je suis arrivé à Leyde en mai ou juin [ici les policiers notèrent en marge que : "Van der Lubbe ne peut pas être rentré aux Pays-Bas en mai 1932 étant donné qu'il a passé la nuit du 1er au 2 juin chez Meissen, à Sörnewitz."]

Je suis resté chez moi jusqu'en janvier 1933 et je suis reparti à la fin du mois. Je suis parti de Leyde pour me rendre à Berlin en passant par Clèves, Düsseldorf, Essen, Bochum, Dortmund, Brunswick et Magdeburg. Je suis arrivé ici un samedi. C'était le 18 février 1933. J'ai traversé Potsdam vers midi et, un peu avant Berlin, j'ai pu monter dans un camion qui m'a amené jusqu'à Schöneberg. [...] La première nuit, celle du samedi, j'ai dormi dans l'Alexandrinenstrasse. J'avais gardé l'adresse.

Je ne connais ni de nom ni de vue le dirigeant communiste Torgler, auquel je viens d'être confronté.

Dimanche matin, je suis allé à un concert organisé par le SPD à la Bülowplatz, mais le concert a été interrompu par la police. L'après-midi, je suis allé au Lustgarten. Là, j'ai vu défiler le Reichsbanner. Le soir, je suis allé dormir dans l'asile de nuit de la Fröbelstrasse.

Lundi matin, j'ai d'abord dû balayer la neige devant l'asile. J'ai fini vers 13 heures et j'ai écrit des lettres pour les Pays-Bas. Ensuite, je me suis un peu promené et je suis allé dormir de bonne heure, toujours dans la Fröbelstrasse.

Mercredi, j'ai quitté l'asile de nuit vers 11 heures et je me suis dirigé vers la Gleimstrasse où j'ai reçu à manger à la cantine de l'Assistance publique. Je me suis encore un peu promené dans Wedding et je suis retourné dormir dans la maison de l'Alexandrinenstrasse [ici les policiers notèrent en marge : "Faux – maison de madame Plaetzke

– Neukölln – Steinmetzstrasse, 101[1099]"].

Je voudrais ajouter quelque chose à propos du mardi : je suis resté jusqu'à 12 heures au Bureau d'aide des chômeurs et j'ai reçu là un bon pour un repas pour le mercredi. J'ai dû attendre longtemps parce qu'il y avait beaucoup de monde et ça a pris beaucoup de temps. L'après-midi, j'ai marché dans les environs de l'Alexandrinenstrasse et à 3 heures [15 heures], je suis entré dans un cinéma et j'ai vu le film *Le Rebelle*. Je suis sorti vers 17 heures et j'ai encore un peu marché puis je suis allé à l'asile de la Fröbelstrasse.

Jeudi, je me suis mis en route à 9 heures, en direction de Neukölln. J'ai parlé avec des chômeurs devant le bureau de chômage et j'ai acheté un journal des chômeurs. Le soir, je suis retourné à la maison de l'Alexandrinenstrasse [ici les policiers notèrent en marge : "C'était mercredi"].

Vendredi, j'ai marché toute la journée et j'ai visité le centre de la ville, Alexanderplatz, Schönhauser Allee, Gleimstrasse puis je suis revenu dans le quartier de l'Alexanderplatz jusqu'à l'Alexandrinenstrasse. Je n'ai rien mangé à midi mais le soir, j'ai reçu un repas froid à la pension. [...]

Samedi, j'ai quitté le logement à 10 heures en direction du centre et j'ai vu le Slot. Depuis l'Alexanderplatz, je suis allé tout droit vers le sud et je suis arrivé à la Hermannplatz. J'étais là vers 17 heures. En allant vers la Hermannplatz, il m'est venu l'idée de mettre le feu au Bureau d'aide des chômeurs. Pour ce faire, j'ai acheté pour 30 pfennigs quatre paquets de briquettes allume-feu. Le Bureau d'aide des chômeurs se trouve sur le Mittelweg. J'ai escaladé une clôture et j'ai fait le tour par-derrière jusqu'à ce que j'aperçoive une fenêtre à hauteur d'homme et là, j'ai allumé un paquet d'allume-feu et je l'ai lancé à l'intérieur. Je ne sais pas si cela a causé un incendie car je me suis vite enfui en suivant le chemin par lequel j'étais venu. Le paquet avait à peu près la taille de la paume de ma main. Il était recouvert d'un papier brun sur lequel il y avait un dessin. Je l'ai allumé avec une allumette qu'il a suffi de tenir près du paquet.

J'ai pris le métro à la station la plus proche pour aller jusqu'à l'Alexanderplatz. En ce qui concerne le Bureau d'aide des chômeurs

---

[1099] Selon Yves Pagès et Charles Reeve in *Carnets de route de l'incendiaire du Reichstag, opus cit.*, p.207 : « D'après les registres des inscriptions de l'asile de la Fröbelstrasse, van der Lubbe y a dormi entre le 23 et le 26 février. »

j'ai agi à 18 h 30. Depuis l'Alexanderplatz, j'ai suivi la Königstrasse et je suis arrivé à l'hôtel de ville à 19 h 15.

Là, j'ai d'abord longé le bâtiment, comme je l'ai indiqué sur le dessin. À l'angle du bâtiment, j'ai vu un soupirail ouvert. J'ai allumé un nouveau paquet d'allume-feu que j'ai lancé par le soupirail. Il faisait déjà nuit et personne ne m'a vu. Je ne sais pas si l'allume-feu a créé un incendie parce que, là encore, je me suis enfui très vite. J'ai longé l'arrière de l'hôtel de ville vers la Spandauer Strasse puis la Königstrasse et je suis parti en direction du Slot.

Je suis arrivé au Slot vers 20 heures. J'ai pris le pont qui traverse la Spree et je suis d'abord allé à gauche puis j'ai coupé en oblique jusqu'à l'esplanade. À côté du Slot se trouvait un grand monument. De ce côté du Slot, on faisait des travaux et il y avait de grands échafaudages le long des murs. J'ai escaladé à gauche du portail, jusqu'au toit. Là-haut, j'ai longé la façade et j'ai marché sur le toit jusqu'à l'autre côté, vers la Spree. À la moitié du toit, j'ai allumé mes deux derniers paquets d'allume-feu. Ensuite, je suis redescendu par le même chemin. J'ai lancé les deux allume-feu enflammés par un vasistas mais je n'ai pas regardé si le feu a pris. J'ai retraversé la Spree et je suis retourné à l'Alexanderplatz en passant par la Königstrasse. Le soir, je suis rentré dormir à la pension de l'Alexandrinenstrasse.

Dimanche, je me suis mis en route à 9 heures pour aller à Spandau en passant par Tiergarten et Charlottenburg. Je ne saurais pas dire pourquoi je suis parti de ce côté-là. J'aurais tout aussi bien pu repartir en passant par Spandau et Potsdam. Je n'avais plus d'argent, il me restait 1 mark, c'est pourquoi je devais partir. Dimanche soir, je suis tranquillement resté dans un village près de Spandau. Le village s'appelle Hennigsdorf.

Lundi, j'ai quitté Hennigsdorf à 8 heures et j'ai marché en direction de Berlin. Je suis d'abord allé vers Tegel. Ensuite, j'ai suivi toute la Müllerstrasse, la Chausseestrasse et l'Oranienburger Strasse et je suis arrivé près du Reichstag. En sortant de l'Oranienburger Strasse j'ai débouché sur Unter den Linden que j'ai quitté en prenant la première rue transversale, devant la Brandenburger Tor [Porte de Brandebourg, Neue Wilhelmstrasse]. De là, je suis allé tout droit vers le Reichstag. J'y suis arrivé aux environs de 17 heures. J'ai d'abord marché en suivant le trajet que j'ai tracé sur le dessin n° 4. Ainsi, j'ai pu voir l'ensemble du bâtiment. Puis j'ai pris la Siegesallee en direction de la Postadamer Platz et de là je suis allé vers l'Alexanderplatz en passant par la Leipziger Strasse.

Le soir, lorsque j'étais dans la Müllerstrasse, à gauche quand on regarde la ville, j'avais acheté quatre paquets d'allume-feu pour 30 pfennigs [ici les policiers notèrent au-dessus : « Chez Stoll »]. C'était la boutique d'un marchand de charbon dans une vieille maison en bois. On y vendait aussi des pommes de terre.

Je voudrais préciser que samedi, je n'ai pas acheté quatre paquets d'allume-feu dans le magasin de la Hermannplatz mais seulement deux. J'en avais d'abord acheté deux dans l'Alexandrinenstrasse. Si nous passons devant ces magasins, je les reconnaîtrai.

L'après-midi, j'ai attendu qu'il fasse noir et je suis revenu par Unter den Linden jusqu'à la Dorotheenstrasse. J'ai suivi cette rue jusqu'à la Spree et après un léger détour je suis arrivé au Reichstag et j'en ai fait le tour. Arrivé au pied de l'escalier qui mène au perron, j'ai escaladé la façade par la gauche (lorsqu'on regarde le bâtiment) en grimpant sur une corniche à hauteur d'homme et je suis arrivé sur un petit balcon. J'ai forcé la porte-fenêtre et je suis rentré dans une pièce. Là, j'ai allumé un premier feu avec un des allume-feu que j'ai placé près d'un rideau. Comme le feu ne prenait pas bien, j'en ai allumé un deuxième que j'ai laissé sur la table. Je voulais m'éclairer avec, car la pièce était très sombre. J'ai pris un couloir et j'ai enlevé mon manteau et ma veste. Entre-temps, les flammes s'étaient éteintes et j'ai mis le feu à mon pull-over pour pouvoir emporter du feu ailleurs. Pour faire brûler mon pull-over, je me suis servi des braises qui restaient sur la table. J'ai couru jusqu'au bout du couloir qui se terminait par un angle, avec mon pull en flammes. Là, j'ai trouvé une réserve de papier dont je me suis servi pour allumer un grand feu avec mon troisième paquet d'allume-feu. Je suis sorti à reculons et j'ai pénétré dans la cuisine du sous-sol en défonçant la porte à coups de pied. Dans la cuisine, j'ai mis le feu à une nappe avec mon dernier paquet d'allume-feu. Ensuite, j'ai fracturé la porte d'un passe-plat par lequel on fait passer les repas. Je me suis retrouvé dans une petite pièce et je suis remonté en courant dans l'escalier. J'avais emporté une nappe enflammée et je suis arrivé dans une grande église [il s'agissait de la salle des débats]. Dans cette église, les bancs montaient progressivement, ceux du fond étaient plus hauts que ceux de devant[1100]. »

L'interrogatoire fut ensuite ajourné de façon à procéder à des recoupements sur les différents lieux mentionnés par van der Lubbe.

[1100] Protokoll der Vernehmung Lubbes am 28. Februar 1933 (procès-verbal d'interrogatoire de van der Lubbe).

Une fois toutes ces vérifications effectuées, l'interrogatoire reprit le lendemain 1er mars 1933 : « [...] Après être allé hier sur place pour revoir le lieu du délit, je constate que je n'ai pas décrit dans le bon ordre la façon dont j'ai provoqué l'incendie. Je veux donc recommencer :

Après avoir escaladé la corniche et longé le mur jusqu'au balcon, j'ai forcé à coups de pied, en tout une dizaine de coups, la porte-fenêtre qui donne sur la salle du restaurant et je suis entré dans la pièce.

J'ai choisi spécialement le coin derrière l'escalier du perron pour ne pas être vu de la rue pendant que j'entrais dans le bâtiment. Dans la salle de restaurant, j'ai d'abord mis le feu à un rideau qui se trouvait près de la fenêtre par laquelle les pompiers sont ensuite entrés. Puis je suis allé vers le buffet où se trouvait une armoire avec du linge de table. Là, j'ai allumé le deuxième paquet d'allume-feu. En face du rideau qui brûlait il y avait une porte avec aussi une grande tenture. Cette porte donnait sur un hall où j'ai seulement jeté un coup d'œil. J'ai pris un morceau d'allume-feu près de la fenêtre et j'ai couru jusqu'à la porte pour mettre le feu à la tenture.

Comme il faisait très sombre, j'ai enlevé mon manteau, ma veste et mon gilet et j'ai ôté mon pull-over auquel j'ai mis le feu pour avoir de la lumière. Je n'avais plus que ma chemise sur moi... J'ai laissé mon manteau par terre dans le hall près de la salle de restaurant. Puis j'ai quitté le hall pour retourner dans le restaurant et là je me suis précipité dans un escalier qui donnait dans une pièce derrière le buffet.

L'escalier conduisait vers une cuisine au rez-de-chaussée. Mais il y avait une grille fermée devant la porte de la cuisine. La porte elle-même était fermée avec des verrous. J'ai alors cassé une petite fenêtre, sur le côté, et je me suis glissé dans la pièce. Le pull-over avait complètement brûlé et je l'ai jeté sur le carrelage. Comme je n'avais plus de lumière, j'ai enlevé ma chemise et j'y ai mis le feu avec les braises qui restaient du pull-over.

J'ai rapidement traversé la cuisine et je me suis retrouvé devant une porte fermée. À côté se trouvait un passe-plat avec une vitre. Comme j'étais pressé et que je ne parvenais pas à l'ouvrir, je l'ai défoncé avec une planche qui se trouvait là. J'ai enjambé l'ouverture du passe-plat et je suis arrivé dans une sorte de restaurant.

Ma chemise avait presque fini de brûler et j'ai pris une nappe qui se trouvait dans la cuisine. J'ai jeté la chemise. Lorsque j'étais dans la pièce, j'ai entendu une détonation mais je n'y ai pas fait attention.

Ensuite, j'ai traversé une série de pièces jusqu'à un vestiaire près des toilettes. Les traces de feu dans la salle 43a ont sans doute été causées par des morceaux de tissu enflammé. Dans les toilettes, j'ai trouvé une pile de serviettes de toilette avec lesquelles j'ai allumé un grand feu à gauche des toilettes. J'ai emporté une demi-douzaine de serviettes pour pouvoir m'éclairer. Puis je me suis enfui en montant un escalier. Je pense que les traces qui sont près du deuxième palier, cinquième marche, ont été causées par des petits bouts de tissu enflammé. J'ai mis le feu à toutes les serviettes en même temps. J'étais alors à nouveau à l'étage du haut et j'ai couru droit devant moi.

Je suis repassé par le hall près de la salle de restaurant. Je le sais parce que j'ai retrouvé là mes habits : il restait encore deux paquets d'allume-feu dans mon manteau. J'en ai allumé un pour avoir de la lumière. Je suis reparti en courant et je suis arrivé dans une annexe où il y avait beaucoup de papier. J'ai pris mon dernier allume-feu et j'ai allumé un gros feu. Mais le feu ne prenait pas très bien et j'ai ajouté mon manteau pour le faire démarrer.

Je suis vite reparti avec un morceau de manteau enflammé pour avoir de la lumière. J'ai mis le feu aux grandes tentures qui fermaient la salle du Parlement. C'est en allant sur place, hier, que je me suis rendu compte que c'était la salle du Parlement. À la lueur des tentures qui flambaient, j'ai vu une grande salle avec une coupole qui ressemblait à une église. Les bancs étaient assez bas sur le devant et ils remontaient progressivement. J'ai arraché un grand morceau de tenture enflammée et j'ai couru jusqu'à l'autre bout de la salle pour le jeter par terre.

Je suis retourné à la première tenture, j'en ai arraché un autre morceau et je suis parti dans le couloir. Dans le couloir suivant, j'ai mis le feu à un rideau et au canapé qui se trouvait dessous. Là, le feu a pris très vite et comme je n'avais plus rien pour allumer d'autres feux je suis revenu vers l'entrée de la salle du Parlement où j'ai pris un grand morceau de tissu enflammé. À ce moment, j'ai entendu des voix à l'autre bout de la salle. Je suis alors entré dans une grande pièce où j'ai encore voulu allumer un feu. Mais je n'ai rien trouvé qui puisse brûler. Je me suis précipité dans une autre pièce, sur la gauche, puis à droite, dans la pièce d'en face. En chemin, j'ai laissé tomber d'autres morceaux de tissu en flammes. J'ai franchi une porte et je me suis retrouvé là où j'avais mis le feu au canapé. Là, j'ai poussé quelques débris enflammés sous un siège pour y mettre le feu. Je suis retourné dans la salle Bismarck et j'ai entendu à nouveau des voix. J'ai pensé que c'était la police et j'ai attendu. C'est dans la salle Bismarck que j'ai été arrêté. Lorsque j'ai entendu les voix, la première fois, je ne m'en suis pas soucié : je me suis seulement dit que je pouvais continuer parce que les voix étaient encore loin.

Je ne sais pas ce qui s'est passé avec les parois capitonnées, de l'autre côté de la porte de la salle du Parlement. Mais je me souviens que j'ai essayé d'y mettre le feu.

Maintenant que vous m'avez montré les nappes brûlées trouvées dans l'annexe, derrière le restaurant, je peux ajouter que j'ai ouvert l'armoire et que j'ai tenté de mettre le feu aux piles de nappes en utilisant mon pull-over en flammes. Mais ça n'a pas marché, le feu ne prenait pas dans les nappes. Voilà pourquoi il y a des traces noires sur certaines nappes. J'ai déplié une nappe et j'ai mis le feu à un des coins et je suis redescendu par l'escalier, vers le rez-de-chaussée, en la tirant derrière moi, comme un drapeau.

À propos du Bureau d'aide des chômeurs, je voudrais déclarer ceci :

Le Bureau d'aide des chômeurs est une baraque en bois, sans étage, avec des grilles aux fenêtres. J'ai escaladé une palissade et j'ai fait le tour par l'arrière pour ne pas être vu. À l'arrière, j'ai trouvé une fenêtre ouverte et j'ai lancé un paquet d'allume-feu enflammé à l'intérieur. Il est tombé contre une porte qui m'a semblé être la porte d'un placard. J'ai pu voir aujourd'hui que ce n'était pas un placard mais la porte des toilettes pour dames. J'ai lancé l'autre moitié du paquet d'allume-feu sur le toit. Mais je n'ai pas pensé à la neige qui était sur le toit et qui a fait que la flamme s'est éteinte aussitôt. En repartant, j'ai escaladé une fenêtre sur le côté du bâtiment, pour monter sur le toit et y jeter un paquet d'allume-feu. Je n'ai pas cassé de carreau de peur que les gens n'entendent : il y avait encore beaucoup de piétons dans la rue.

Pour ce qui est de l'achat des allume-feu, je voudrais dire que la première boutique se trouvait dans les environs de l'Alexandrinenstrasse. Après la sortie d'aujourd'hui, je pense qu'il s'agit de la Prinzenallee. Je demande à pouvoir retourner demain dans cette rue et dans la Müllerstrasse (troisième magasin) pour arriver à montrer exactement dans quelle boutique je suis allé. La deuxième boutique était celle de Johann Heleski, au n° 6 de la Liegnitzer Strasse. Je reconnais parfaitement le marchand. Lorsque je suis entré dans son magasin, je ne savais pas comment on appelait ces allume-feu. J'ai demandé quelque chose pour « faire du poêle » jusqu'à ce qu'un homme qui se trouvait là m'apprenne qu'on appelait cela des allume-feu. Le marchand m'a demandé si j'étais Hollandais. J'ai cru qu'il m'en voulait pour quelque chose et j'ai répondu que je venais de Rhénanie.

J'ai pensé que j'éveillerais moins les soupçons en disant que j'étais rhénan que si j'avais dit que j'étais un étranger. J'ai donc dit que j'habitais près de la frontière hollandaise. Chez Heleski, j'ai acheté les allume-feu aux environs de 17 heures. Je le sais parce que j'ai encore dû attendre un certain temps avant qu'il fasse nuit. En sortant de chez Heleski, je me suis directement rendu au Bureau d'aide des chômeurs et j'ai examiné les lieux. Puis je suis allé me promener pendant environ une heure et demie dans le quartier de la Hermannplatz. En sortant de la boutique de la Prinzenallee je suis allé vers le centre pour voir l'hôtel de ville et le Slot. J'avais déjà remarqué, le matin, qu'une fenêtre du sous-sol de l'hôtel de ville était ouverte et qu'il y avait des échafaudages devant le Slot. J'ai tout de suite pensé que j'allais commencer par le Bureau d'aide des chômeurs, que je suis allé examiner attentivement l'après-midi, et ensuite l'hôtel de ville et le Slot[1101] [...]. »

Le commerçant Johann Heleski confirma aux enquêteurs la scène décrite par van der Lubbe. De manière générale, il fut constaté sur le terrain par la police la véracité des descriptions et affirmations de van der Lubbe. L'interrogatoire fut poursuivi le 2 mars : « [...] D'avance, je tiens à dire que mes actes se fondent sur des motivations politiques. J'ai appris aux Pays-Bas que le Parti national-socialiste était arrivé au pouvoir en Allemagne. J'ai toujours suivi la politique allemande avec beaucoup d'intérêt et j'ai lu ce que les journaux écrivaient sur Brüning, Papen et Schleicher. Lorsque Hitler est arrivé au pouvoir, j'ai pensé qu'il y aurait un grand élan en sa faveur mais aussi de grandes tensions. J'ai acheté tous les journaux qui publiaient des articles sur le sujet et j'ai aussi beaucoup discuté avec des camarades qui pensaient comme moi. Je suis moi-même de gauche et j'ai été membre du Parti communiste des Pays-Bas jusqu'en 1929. Mais je n'acceptais pas que ce parti joue un rôle dominant parmi les travailleurs et qu'il ne les laisse pas prendre eux-mêmes les décisions. Je suis solidaire du prolétariat dans la lutte de classes. Ses dirigeants doivent être à l'avant-garde. Les masses doivent décider elles-mêmes ce qu'elles doivent faire ou ne pas faire. Il existe aujourd'hui en Allemagne un gouvernement de coalition nationale et je considère que deux dangers menacent : 1) les travailleurs sont opprimés ; 2) cette coalition nationale n'acceptera jamais de céder devant les autres pays, ce qui conduira à la guerre.

1101 Protokoll der Vernehmung Lubbes am 1. März 1933 (procès-verbal d'interrogatoire de van der Lubbe).

J'ai attendu quelques jours de voir comment les choses évoluaient et j'ai décidé de venir en Allemagne pour me rendre compte sur place. J'ai pris cette décision absolument seul et je suis arrivé seul en Allemagne. Je voulais voir quelles étaient les conséquences de l'arrivée de la coalition nationale sur les travailleurs et comment les travailleurs réagissaient.

À Düsseldorf, j'ai eu un premier aperçu de la situation et j'ai parlé avec des ouvriers dans la rue. J'ai fait pareil dans d'autres villes. À Berlin, j'ai lu les tracts des différents partis et je me suis rendu dans différents bureaux d'aide aux chômeurs : à Lichtenberg, Wedding et Neukölln. Je suis aussi allé dans les bureaux de pointage, mais il n'y avait pas de pointage avant les élections. J'ai constaté que les partisans de la coalition nationale en Allemagne pouvaient faire tout ce qu'ils voulaient, mais pas les ouvriers. De plus, les organisations de travailleurs ne luttent pas comme il faudrait pour inciter les travailleurs à combattre pour la liberté. J'ai parlé de cela avec les travailleurs, des moyens et de la voie à suivre pour lutter efficacement. Les ouvriers devraient avoir les mêmes droits que les nationaux-socialistes actuellement. J'ai par exemple proposé d'organiser une manifestation. On m'a expliqué qu'il fallait d'abord s'adresser à l'organisation, le KPD, qui examine la question de savoir si oui ou non il faut manifester. J'ai appris qu'une manifestation du KPD avait été dissoute par les dirigeants du KPD eux-mêmes, à l'arrivée de la police, et que les manifestants ont obéi à leurs dirigeants au lieu de continuer à manifester comme prévu. Je me suis rendu compte que les ouvriers ne décidaient rien d'eux-mêmes. À l'heure actuelle et à l'approche des élections, les travailleurs ne sont pas déterminés à lutter eux-mêmes contre le système et à choisir entre la liberté et l'oppression. Selon moi, il fallait se décider à lutter contre le système. Comme les travailleurs ne voulaient rien entreprendre, j'ai voulu faire quelque chose moi-même. Provoquer un incendie me paraissait être un bon moyen. Je ne voulais pas m'en prendre à des individus, mais à quelque chose qui appartienne au système. Les bâtiments publics étaient donc tout désignés, comme le Bureau d'aide des chômeurs, parce que c'est un bâtiment où se retrouvent les travailleurs. Ensuite l'hôtel de ville, qui est un bâtiment qui fait partie du système, et puis le Slot. Ce dernier parce qu'il est situé dans le centre et qu'en cas d'incendie, les flammes auraient été visibles de loin. Comme aucun de ces trois incendies n'a pris et que mon geste de contestation n'avait rien donné, j'ai choisi le Reichstag, parce que c'est le point central du système.

À la question de savoir si j'ai agi seul, je déclare que c'est bien le cas. Personne ne m'a aidé dans mon action et je n'ai rencontré personne dans le bâtiment du Reichstag.

Vous m'avez lu l'interrogatoire du technicien Bogun[1102]. Je tiens à dire que je n'ai ni vu ni entendu quelqu'un sortir par la porte qui donne vers la Sommerstrasse (toilettes et vestiaires). Je n'ai pas vu non plus que le gardien avait éteint des foyers d'incendie derrière moi. J'étais probablement déjà trop loin de lui.

En outre, vous affirmez qu'un Russe a été vu sur la Potsdamer Platz le 17 février 1933 et qu'il remettait de l'argent à deux Néerlandais dans des circonstances suspectes. Personnellement, je suis arrivé à Berlin le 18 février, et cela ne peut donc pas être moi. Je ne connais aucun Néerlandais à Berlin, et d'ailleurs je ne connais personne ici.

J'ai rencontré Riebeling, à qui j'ai été confronté hier, à la pension de l'Alexandrinenstrasse. Je ne connaissais pas son nom jusqu'à maintenant, ni ses orientations politiques. Nous n'avons jamais parlé de politique, je lui ai seulement demandé un jour où se trouvait la Völksbühne [théâtre de Berlin]. La deuxième et dernière fois que je lui ai parlé, c'était dans la salle des lavabos.

À Berlin, j'ai aussi assisté à un meeting du KPD. C'était au palais des sports. J'avais l'intention d'intervenir dans les débats mais je n'ai pas pu parce que le meeting a dû s'arrêter. J'ai voulu aller à un meeting du SPD devant la Völksbühne, sur la Bülowplatz, mais ils n'avaient pas reçu d'autorisation. J'ai vu défiler le Reichbanner au Lustgarten. [...]

Il est exact que je suis devenu membre du Parti communiste néerlandais à seize ans. J'en suis parti à vingt-trois ans. [...] Je ne suis jamais allé en Russie. Mais j'ai effectivement eu l'intention d'aller en Russie pour voir comment était la situation là-bas. En 1931, j'ai demandé en vain un visa auprès du consulat russe à Berlin et j'ai alors décidé d'aller en Russie en passant par la frontière polonaise en avril 1932. J'ai déjà raconté comment j'étais arrivé en Pologne. Les Polonais m'ont arrêté et emprisonné pour avoir franchi illégalement la frontière.

[1102] La nuit de l'incendie, aux alentours de 23 heures, l'ingénieur Paul Bogun avait averti les policiers du commissariat de la Porte de Brandebourg qu'il avait aperçu, aux alentours de 21h10, un homme mesurant environ 1m84, habillé d'un manteau foncé, d'un pantalon gris, et la tête recouverte par une casquette ou un chapeau, s'enfuir du Reichstag en courant par une porte du côté sud et s'échapper par le Tiergarten.

Mon casier judiciaire :
1) à Leyde, condamnation à deux semaines de prison pour avoir causé un attroupement, 1928.
2) à Leyde, condamnation à deux semaines de prison pour coups échangés avec un agent de police, 1930.
3) à Leyde, trois mois de prison pour avoir cassé les vitres du Bureau d'aide des chômeurs, janvier 1932.
4) à Leyde, trois et cinq jours de prison pour avoir colporté et vendu des journaux communistes. Aux Pays-Bas, le colportage est interdit.

Il me vient à l'esprit que je n'ai pas quitté le Parti communiste en 1929 mais en mars 1931. Une des raisons étant que celui-ci refusait que je me rende en Russie. Ainsi, je n'ai pas reçu de visa au consulat de Berlin.
5) à Gronau (Allemagne, frontière néerlandaise), trois semaines de prison pour avoir vendu des cartes avec l'étoile soviétique pour mon voyage vers la Russie. Je n'avais pas d'autorisation pour la vente, 1931.
6) à Reichenhall (Bavière) [ici les policiers notèrent en marge : « Berchtesgaden »], trois jours de prison pour avoir mendié de la nourriture, 1932 [ici les policiers apportèrent une correction dans la marge du document : 1931].
7) en France, une courte incarcération en 1931 pour escroquerie, mais j'ai été acquitté.
8) en Hongrie en 1932, pour défaut de papiers.

La photo reproduite dans le journal *De Telegraaf* du 28 février 1933 vient de mon passeport[1103].

L'écriture que vous m'avez montrée dans un carnet de notes est bien la mienne. J'ai écrit ces mots vendredi, lors d'une discussion dans la rue avec des jeunes travailleurs, à Neukölln.

Après avoir relu à nouveau entièrement cet interrogatoire, je voudrais ajouter ceci : […] Samedi, j'ai quitté l'auberge à 10 heures pour me rendre dans le centre où j'ai également vu le Slot et l'hôtel de ville. En chemin, j'ai eu l'idée de mettre le feu au Slot, à l'hôtel de ville et au Bureau d'aide des chômeurs. Pour ce faire, j'ai acheté deux paquets d'allume-feu à 15 pfennigs dans la Neanderstrasse. Je reconnais le magasin où nous étions ce matin : le n° 14 de la Neanderstrasse. Près de l'Alexanderplatz, j'ai marché en direction du sud et je suis arrivé sur la Hermannplatz vers 17 heures. Sur la route,

---

[1103] *De Telegraaf* (*Le Télégraphe*) est un journal néerlandais fondé en 1893. Il s'agit du journal le plus important du pays.

j'ai encore acheté deux paquets d'allume-feu dans la Liegnitzer Strasse. J'ai montré le magasin hier.

J'accepte volontairement de rester en détention jusqu'à demain et d'être présenté au juge après-demain.

Je comprends en tous points les interrogatoires des 28 février, 1er et 3 mars que j'ai relus aujourd'hui. Je maîtrise la langue allemande et j'ai compris l'ensemble.

Liebke, employé à la chancellerie
Wessely, inspecteur adjoint à la police judiciaire

Lu, approuvé et signé :
M. V. d. Lubbe.

Établi, rédigé par le commissaire Zirpins de la police judiciaire[1104]. »

Le commissaire Walter Zirpins qui au début estimait le complot communiste comme probable, changea d'avis au fil de l'enquête pour aboutir à l'idée de la seule culpabilité de van der Lubbe[1105] : « Je me dépêchai d'arriver à la fin de l'interrogatoire de van der Lubbe, parce que la piste politique était incompatible avec mon enquête judiciaire qui concluait à la culpabilité exclusive de Lubbe[1106]. » Loin de l'hystérie communicative qui régna sur place la nuit de l'incendie, loin des complots politiques entre nazis et communistes, loin du brasier si impressionnant, qui déformaient la réalité de l'enchaînement des actions qui s'étaient produites, la rationalité et la vérité reprenaient le dessus et ne pouvaient que permettre d'aboutir à l'acte isolé de van der Lubbe[1107].

[1104] Protokoll der Vernehmung Lubbes am 3. März 1933 (procès-verbal d'interrogatoire de van der Lubbe), Cf *Carnets de route de l'incendiaire du Reichstag, opus cit.*, p.221-228, ainsi que Martin SCHOUTEN, *Marinus van der Lubbe – Eine Biografie, opus cit.*, p. 235-257, et Fritz TOBIAS, *Der Reichstagsbrand. Legende und Wirklichkeit, opus cit.*, p.597 et suivantes.

[1105] Hans MOMMSEN, *L'incendie du Reichstag et ses conséquences politiques* in *Le national-socialisme et la société allemande, opus cit.*, p.104.

[1106] Archives Tobias, note du 26 décembre 1951.

[1107] Hans MOMMSEN, *L'incendie du Reichstag et ses conséquences politiques* in *Le national-socialisme et la société allemande, opus cit.*, p.113.

Pendant sa détention, van der Lubbe fut torturé et vécut dans des conditions de détention désastreuses[1108]. Il fut enchaîné pieds et mains pendant de longues semaines et placé sous une surveillance omniprésente avec par exemple une lumière allumée en permanence[1109]. Il est évident que le but recherché était d'affaiblir moralement van der Lubbe et réduire ainsi sa capacité de résistance. Les autorités agirent pareillement pour les trois prisonniers bulgares. Le 12 mars 1933, son frère Jan lui adressa une longue lettre dans laquelle il lui faisait part de sa surprise concernant son arrestation pour l'incendie du Reichstag, mais aussi de son profond soutien et de son espoir de le voir prochainement[1110]. Mais van der Lubbe ne fut pas autorisé à prendre connaissance du courrier[1111] (voir la lettre dans son intégralité dans les annexes). En grève de la faim dès le 16 mars, il fut alimenté de force peu de temps après sur l'ordre des autorités[1112]. Son état de santé se détériora au fil de sa détention, aussi bien au niveau physique que psychique, et il perdit treize kilos de juin à octobre[1113]. Pendant la majorité des audiences du procès, van der Lubbe apparut en très mauvaise forme. Son attitude pendant le procès trancha considérablement avec son attitude habituelle avant l'incendie du Reichstag ou celle qu'il avait eue au début de son emprisonnement[1114]. La dureté des conditions de détention, un abattement psychologique également, sont à prendre en compte pour expliquer cette métamorphose. En effet, d'ordinaire plutôt bavard, exalté, van der Lubbe fut le plus souvent amorphe pendant les audiences, à de rares exceptions près[1115]. Il se mura dans le silence, fatigué aussi d'être pris pour un affabulateur tout au long de l'instruction et du procès. Le psychiatre Karl Ludwig Bonhoeffer[1116], professeur de psychiatrie et de neurologie à l'université Frédéric-Guillaume (*Friedrich-Wilhelms-*

[1108] Nico JASSIES, *Marinus van der Lubbe et l'incendie du Reichstag, opus cit.*, p.61
[1109] *Ibid.*
[1110] *Carnets de route de l'incendiaire du Reichstag, opus cit.*, p.165-166, note 1.
[1111] *Ibid.*
[1112] Nico JASSIES, *Marinus van der Lubbe et l'incendie du Reichstag, opus cit.*, p.61
[1113] Hans MOMMSEN, *L'incendie du Reichstag et ses conséquences politiques in Le national-socialisme et la société allemande, opus cit.*
[1114] Gilbert BADIA, *Feu au Reichstag ! opus cit.*
[1115] *Ibid.*
[1116] Klaus-Jürgen NEUMÄRKER, *Karl Bonhoeffer. Leben und Werk eines deutschen Psychiaters und Neurologen in seiner Zeit.* Springer, Berlin 1990. Bonhoeffer perdit ses fils Dietrich et Klaus, ainsi que ses gendres Hans von Dohnanyi et Rüdiger Schleicher assassinés par les nazis.

Universität) de Berlin et directeur de la clinique pour troubles mentaux et nerveux de la Charité à Berlin, qui avait examiné van der Lubbe, avec le docteur Jürg Zutt, au début de sa détention, remarqua un profond changement lorsqu'il l'examina à nouveau le jour de l'ouverture du procès de l'incendie du Reichstag : « Son aspect extérieur s'était modifié. Il n'était plus disposé à entamer une discussion, on ne lui tirait que difficilement une réponse [...] Il semblait ne plus s'intéresser à ce qui se passait autour de lui. Il restait assis, la tête penchée. Invité à se lever, il le faisait lentement, et gardait une attitude avachie, le buste penché en avant[1117]. » Bonhoeffer expliqua également devant la cour l'attitude de van der Lubbe : « par son amaigrissement et sa volonté de s'isoler, par défi, de considérer qu'ayant déjà dit ce qu'il avait à dire, toute cette longue procédure était parfaitement inutile, et qu'il refusait d'y participer [1118]. » L'attitude de van der Lubbe fut tellement surprenante que la presse étrangère s'en fit l'écho : « La presse allemande de ce matin le dépeint [van der Lubbe] comme un individu dangereux, l'assassin prédestiné. Il donne plutôt l'impression d'un débile mental, il déclare ne plus se souvenir, fait des réponses incohérentes [1119]. » Selon certains observateurs contemporains de l'affaire ou selon certains historiens, van der Lubbe avait été drogué, ce qui expliquait sa léthargie et le flou de ses propos. Aucune preuve ne vint jamais étayer ces suppositions. De même, le rapport des psychiatres n'incite pas à le penser [1120]. De plus, s'il avait été effectivement drogué, quel était le but recherché ? Non, il faut mettre son attitude sur le compte d'une immense fatigue physique et psychologique après de longs mois d'enfermement ainsi que le rejet qu'il avait de la forme prise par l'instruction et ensuite par le procès en lui-même et du peu de cas fait en général de ses diverses déclarations. Le journal suisse *L'Impartial* revint dans ses colonnes sur l'état de santé de van der Lubbe en émettant quelques hypothèses en vogue à l'époque : « Leipzig, 25 septembre. – Au début de l'audience de

---

[1117] Fritz TOBIAS, *Der Reichstagsbrand. Legende und Wirklichkeit, opus cit.*

[1118] Procès de Leipzig, 2e Sitzungstag (jour de session).

[1119] *Le Temps* du 23 septembre 1933.

[1120] Rapport des psychiatres Karl Ludwig Bonhoeffer et Jürg Zutt in Fritz TOBIAS, *Der Reichstagsbrand. Legende und Wirklichkeit, opus cit.*, annexe 27, p.675, ainsi que Procès de Leipzig, 2e Sitzungstag (jour de session), p. II s, voir aussi Karl Bonhoeffer, Jürg Zutt, « Über den Geisteszustand des Reichstagsbrandstifters Marinus van der Lubbe » (Sur l'état d'esprit de l'incendiaire du Reichstag...), *Monatsschrift für Psychiatric und Neurologie* n°4 (1934).

samedi, le défenseur de van der Lubbe communique que son client ne va pas bien. Qu'il est tout pâle et ne veut presque pas prendre de nourriture. L'homme pourrait s'effondrer et il faut faire appel à un médecin pour suivre van der Lubbe. Le tribunal est d'accord. Les interrogatoires des Bulgares Dimitrov et Popov donnent lieu à plusieurs incidents étant donné que les accusés sont aux fers depuis six mois et qu'ils protestent énergiquement de leur innocence. L'accusé principal fait-il la grève de la faim ? Le Dr Porisius a démenti que van der Lubbe fasse la grève de la faim et qu'il soit enchaîné de jour et de nuit. De l'avis du Dr Schutz, médecin légiste, van der Lubbe fait de la résistance passive et, vraisemblablement, cherche à s'affaiblir totalement afin de provoquer ainsi l'interruption des débats. Cette attitude correspond d'ailleurs avec les instructions qu'ont reçues les membres du Parti communiste au sujet de leur tenue devant le tribunal. Provisoirement, van der Lubbe est encore apte à suivre les débats. Au cas où sa résistance passive continuerait, on serait contraint de le nourrir de force. Actuellement, van der Lubbe est soumis au régime alimentaire des malades. Cela va mieux... Le journal *Socialdeomcraten*, paraissant à Stockholm, a annoncé sous le titre “Mort de van der Lubbe. A-t-il été empoisonné ?” que l'on aurait essayé de supprimer van der Lubbe. Il y a lieu de relever à ce propos que dimanche van der Lubbe se trouvait mieux que les derniers jours. Il a mangé avec appétit. Il a eu un entretien avec son défenseur. Il a fait une promenade de plusieurs heures dans les jardins de la prison. Un pronostic au sujet des condamnations : selon M. Duesberg, le verdict du tribunal risque d'être assez modéré. On ne fera rien à Torgler, ni aux communistes bulgares. Condamnation à mort pour van der Lubbe ? C'est impossible. La loi allemande prévoit pour l'incendie volontaire des peines allant jusqu'à dix ans de prison ou cinq ans de travaux forcés. Personne n'a péri dans l'incendie du Reichstag, siège d'une institution pour laquelle les hitlériens ont toujours éprouvé le plus profond mépris. On prévoit l'acquittement pour Torgler et dix ans de prison pour van der Lubbe[1121]. »

Van der Lubbe fut souvent présenté dans l'historiographie comme un jeune homme un peu simplet. La réalité est différente, beaucoup plus contrastée. L'historien Ian Kershaw décrit pour sa part van der Lubbe comme un jeune homme instable, exalté, solitaire mais aussi intelligent[1122]. Son analyse est objective, impartiale et juste. Kershaw

---

[1121] *L'Impartial* du 28 septembre 1933.

[1122] Ian KERSHAW, *Hitler, opus cit.*, p.648.

brise la caricature trop régulièrement utilisée, le plus souvent intentionnellement, du garçon simplet par ceux qui, coûte que coûte, souhaitent mettre en avant la thèse de la manipulation d'un être faible par les nazis et aboutir ainsi au fameux complot nazi et en rejetant de cette façon l'aspect réel que van der Lubbe voulait donner à son acte. L'opinion de Kershaw est confirmée par Yves Pagès et Charles Reeve : « Tout dans la brève existence de Marinus van der Lubbe dément la duplicité du rôle qu'on a voulu lui faire endosser. Ni son entourage, ni sa forte personnalité, ni son esprit de révolte précoce, ni ses activités militantes ne cadrent avec le portrait-robot, fabriqué *a posteriori*, d'un pyromane semi-débile manipulé par les nazis, ou pire encore, d'un agent provocateur à la solde de l'hitlérisme[1123]. » Généralement, cette thèse de la manipulation de van der Lubbe par les nazis se rattache au passage du jeune Néerlandais dans l'asile de nuit de Neukölln qui donna lieu à une vaste enquête par les autorités, et, d'ailleurs, l'acte d'accusation comporte quinze pages relatives à Neukölln [1124] sur l'ensemble des deux-cent-quatre-vingt-cinq pages dactylographiées au total. Il s'agit essentiellement à la base du témoignage d'un certain Pankin qui affirma qu'il avait entendu van der Lubbe parler avec Paul Bienge, Herbert Löwe et Paul Zachow – tous communistes – d'une participation à une action contre le Reichstag [1125]. Mais, malgré plusieurs interrogatoires, aucun des hommes au centre de ce témoignage n'avoua quoi que ce soit[1126]. Il paraît évident que le témoin Pankin a menti et que les fameux pourparlers de Neukölln ne sont qu'une affabulation. De ce témoignage fallacieux, on peut tirer les ficelles de plusieurs façons : 1) Soit il démontre la connivence entre van der Lubbe et des communistes qui lui permirent de mener à bien son action, ce qui va dans le sens des thèses nazies du complot communiste ; 2) Soit il permet aux nazis d'avoir vent du projet grâce à un informateur et de manipuler ensuite van der Lubbe, ce qui va dans le sens des communistes pour mettre en avant une manipulation des nazis. En vérité, aussi bien les nazis que les communistes pouvaient s'appuyer sur ce témoignage pour modeler les faits à leur avantage.

Pendant le procès, plusieurs experts intervinrent en mettant en doute la version de van der Lubbe qu'ils jugeaient rocambolesque. Face

---

1123 *Carnets de route de l'incendiaire du Reichstag, opus cit.*, postface.
1124 Hans MOMMSEN, *L'incendie du Reichstag et ses conséquences politiques* in *Le national-socialisme et la société allemande, opus cit.*, p.124.
1125 *Ibid.*
1126 *Ibid.*

à de tels propos, jamais van der Lubbe ne modifia ses déclarations. Il adopta la même attitude au sujet des complicités qu'on voulait absolument lui faire avouer. Ainsi, lors de l'audience du 23 novembre 1933 :

« **Van der Lubbe :** Nous en sommes à trois procès, le premier à Leipzig, le deuxième à Berlin et le troisième à nouveau à Leipzig [van der Lubbe veut dire trois parties]. Je voudrais savoir quand le verdict sera prononcé et exécuté.

Le président : Je ne peux pas encore vous le dire. Tout cela dépend de vous, de votre volonté de dénoncer vos complices.

Van der Lubbe : Mais tout cela a été élucidé. J'ai mis le feu au Reichstag tout seul et il faut prononcer un verdict. La chose dure depuis huit mois et je ne peux absolument pas accepter cela.

Le président : Alors dites-nous qui étaient vos complices !

Van der Lubbe : Mes coaccusés ont tous reconnu qu'ils n'avaient rien à voir avec l'incendie, qu'ils n'étaient même pas dans le Reichstag et qu'ils n'y avaient pas mis le feu.

Le président : Je vous ai dit à plusieurs reprises que la Cour ne pouvait accepter votre déclaration selon laquelle vous auriez été seul. Il faut tout simplement que vous nous disiez avec qui vous étiez et qui vous a aidé.

Van der Lubbe : Je ne peux que répéter que j'ai mis le feu au Reichstag tout seul. Après tout, on a démontré pendant le procès que Dimitrov et les autres n'étaient pas présents. Ils sont présents au procès, c'est tout à fait vrai, mais ils n'étaient pas dans le Reichstag.

Dr Seuffert : Et Herr Torgler ?

Van der Lubbe : Il n'était pas là non plus [il se tourne vers Torgler], tu dois reconnaître toi-même que tu n'y étais pas [Torgler clamait son innocence depuis son arrestation]. Je suis l'accusé et je veux connaître le verdict, même si c'est une peine de vingt ans ou la peine de mort. Il faut qu'il se passe quelque chose, un point c'est tout. Tout ce procès va de travers à cause de tout ce symbolisme et j'en ai par-dessus la tête.

Dr Werner : Qu'est-ce que l'accusé entend par “symbolisme” ?

Dr Seuffert : Il rejette l'idée que l'incendie du Reichstag soit appelé un signal.

Van der Lubbe : De toute façon, en quoi est-ce qu'il a consisté, cet incendie du Reichstag ? Ce fut l'affaire de dix minutes ou, tout au plus, d'un quart d'heure. Je l'ai fait entièrement seul. La Cour ne me croit pas mais cela n'en est pas moins vrai.

Le président : Avez-vous entendu l'avis des experts qui disent qu'un

homme seul ne pouvait pas mettre le feu ?
Van der Lubbe : Oui, je sais que c'est l'opinion personnelle des experts. Mais cependant, j'y étais et eux non. Je sais que j'ai mis le feu à la salle des débats avec ma veste.
Le président : Pourquoi avez-vous mis le feu au Reichstag ?
Van der Lubbe : Je vous l'ai déjà dit : pour des raisons personnelles.
Le président : N'avez-vous pas dit que vous vouliez faire quelque chose pour galvaniser le prolétariat allemand et déclencher ainsi la révolution ?
Van der Lubbe : Quand on m'a cité cette phrase, j'ai dit : "Oui" ; je puis encore dire : "Oui".
Dimitrov : Van der Lubbe consciemment ou inconsciemment a pris contact avec des ennemis du prolétariat allemand qui l'ont poussé à mettre le feu au Reichstag.
Van der Lubbe : C'est à tort que l'on impute aux communistes ou aux nationaux-socialistes la responsabilité de mon acte.
Le président : Vous avez avoué le crime et il n'y a donc aucun doute sur ce point. Mais le fait demeure que d'autres personnes ont été accusées et que la Cour doit maintenant décider si ces personnes sont coupables ou non. Cela nous aiderait énormément si vous reconnaissiez maintenant avec qui vous avez commis le crime.
Van der Lubbe : Je ne peux que reconnaître que j'ai commis le crime tout seul ; pour le reste, je ne puis accepter ce que ce tribunal essaye de faire [...] [1127]. »

De la même façon, van der Lubbe répondit à l'accusé Georgi Dimitrov qui durant le procès déclara qu'aucune personne seule ne pouvait allumer cet incendie « qu'il n'y a rien de compliqué dans cet incendie. Il y a une explication toute simple. Ce qu'on en a fait est peut-être compliqué mais l'incendie lui-même était très simple[1128] ». Mais Dimitrov n'entendait pas céder et demanda plus tard que « van der Lubbe soit condamné car ayant travaillé contre le prolétariat[1129] ». Malgré les nombreuses pressions, van der Lubbe maintint de bout en bout sa version de l'acte d'un homme seul et s'insurgea sur la manipulation faite de toutes parts autour de son acte. Ainsi, ces deux exemples pendant le procès : « Tout ce que je peux faire, c'est d'avouer que j'ai mis le feu tout seul, mais je ne suis pas d'accord avec le tour

[1127] Fritz TOBIAS, *Der Reichstagsbrand – Legende und Wirklichkeit, opus cit.*, p.281-283, audience du 23 novembre 1933.
[1128] *Carnets de route de l'incendiaire du Reichstag, opus cit.*, p.258.
[1129] *L'Humanité* du 17 décembre 1933.

qu'a pris le procès. J'exige maintenant de la Cour qu'elle fixe ma peine, vingt ans de prison ou la mort. Mais ce qui se passe ici est une trahison. On trahit l'homme, on trahit la police, le Parti communiste et le Parti national-socialiste[1130]. » Ou encore : « Incendier le Reichstag c'est l'affaire de dix minutes ou d'un quart d'heure. Que j'aie agi seul, ça ne veut rien dire. Mais ce qui s'est passé après ça, ça veut dire beaucoup. On peut faire autour de l'incendie du Reichstag un grand procès comme on a fait, mais je ne crois pas qu'il en sorte du bon[1131]. » De même, suite à l'interrogation de Dimitrov pendant le procès : « M'avez-vous vu avant l'incendie du Reichstag ? », van der Lubbe répondit à nouveau : « Non[1132] ».

Il y eut pendant le procès, mais aussi déjà dans les semaines précédentes, de violentes polémiques entre différentes tendances de la gauche, mais aussi des anarchistes, au sujet de van der Lubbe et de son acte. Un Comité international van der Lubbe[1133] fut créé afin de mettre en avant « qu'il [van der Lubbe] affirmait à sa façon l'urgente nécessité d'une insurrection contre le fascisme meurtrier[1134] ». Un *Livre rouge sur van der Lubbe et l'incendie du Reichstag* (*Roodboek van der Lubbe en de Rijksdagbrand*) fut publié aux Pays-Bas le 21 septembre 1933 pour contrer la propagande du *Livre brun* des communistes staliniens. De même, le *Linksche arbeiders opposite* (LAO) écrivit : « Le geste de van der Lubbe aurait pu être le signal de la résistance généralisée par-dessus la tête des bonzes des partis socialiste et communiste. Nous avons eu le grand avantage d'être en rapport avec lui, et de trouver en lui un combattant fidèle, infatigable et dévoué au communisme, un révolutionnaire convaincu d'une grande intelligence et d'un esprit clair, en qui la cause de sa classe était devenue chair et sang. En ces temps de désaveu, nous tenons à descendre ouvertement dans l'arène pour lui, afin de prendre position contre les machinations raffinées dirigées

---

[1130] Fritz TOBIAS, *Der Reichstagsbrand – Legende und Wirklichkeit, opus cit.*, p.492, ainsi que Hans MOMMSEN, *L'incendie du Reichstag et ses conséquences politiques* in *Le national-socialisme et la société allemande, opus cit.*, p.123, et *Der Spiegel* n°52 (1959).

[1131] *Ibid.*

[1132] *Ibid.*

[1133] Le Comité van der Lubbe organisa par exemple le 31 décembre 1933 une conférence à Paris avec de nombreux militants. Un document en découla qui faisait le bilan de l'affaire de l'incendie du Reichstag en cinq points. Le texte complet est à lire in Nico JASSIES, *Marinus van der Lubbe et l'incendie du Reichstag, opus cit.*, p.145 à 150.

[1134] *Carnets de route de l'incendiaire du Reichstag, opus cit.*

contre lui par les chefs. Chaque ouvrier qui a connu Lubbe sait que tout cela ne tient pas debout. Par son caractère personnel, Marinus van der Lubbe était le meilleur camarade que l'on puisse souhaiter. Dans les organisations des Jeunesses communistes, il s'est conduit comme un militant dévoué corps et âme, et si les jeunes qui l'ont vu à l'œuvre n'avaient pas, depuis, quitté l'organisation, ils n'auraient jamais permis à leurs chefs de commettre cette lâcheté. Groupe des communistes internationaux. Mars 1933[1135]. » Le *Linksche arbeiders opposite* s'en prit très vivement au Parti communiste des Pays-Bas qui pour lui déversait des calomnies sur le jeune van der Lubbe. En France, van der Lubbe fut défendu notamment par André Prudhommeaux, un militant qui passa du communisme des conseils à l'anarchisme[1136]. Il fut à l'origine, avec Alphonse Barbé, de la campagne menée en France pour la défense de van der Lubbe et à la constitution de la section française du Comité de soutien à celui-ci[1137]. Ses premiers articles sur ce sujet furent publiés dans *Le Libertaire,* l'hebdomadaire de l'Union anarchiste[1138]. Il cessa cette collaboration lorsque *Le Libertaire* reprit finalement à son compte les diffamations staliniennes contre van der Lubbe[1139]. Prudhommeaux publia alors ses articles de soutien suivants dans *La Revue anarchiste* et *Le Semeur de Normandie*[1140]. Il contribua également à l'édition de deux brochures : *Marinus van der Lubbe, prolétaire ou provocateur ?* et *Le Carnet de route d'un sans-patrie, journal de voyage en Europe du jeune militant*, publié après sa mort sous l'égide du *Comité international van der Lubbe* créé en septembre 1933[1141]. Prudhommeaux se rendit lui-même en août 1933 aux Pays-Bas pour recueillir des témoignages et établir un vaste réseau de défense[1142]. Il constata à cette occasion, puis par des échanges de

[1135] Linksche arbeiders opposite, *Spartacus* n°19 de mars 1933.

[1136] D'autres plumes se joignirent à Prudhommeaux comme Sylvia Pankhurst, Anton Pannekoek, Boris Souvarine, Simone Weil.

[1137] Jocelyne BLANCHETEAU, *André Prudhommeaux, un militant anarchiste*, mémoire de maîtrise sous la direction de Jean Maitron et René Rémond, Faculté des Lettres de Nanterre, 1972.

[1138] *Ibid.* Cf no 90-92, mars 1933.

[1139] *Ibid.*

[1140] « 27 février 1933 : Le Reichstag brûle ! L'acte individuel de Marinus Van der Lubbe », rebellyon.info

[1141] PENELOPE, *Oui, le Reichstag brûle ! L'acte individuel de Marinus Van der Lubbe*, Subversions, Paris, n°3, août 2013, pp. 48-60.

[1142] Jocelyne BLANCHETEAU, *André Prudhommeaux, un militant anarchiste*, *opus cit.*

lettres avec Greet van Amstel, l'agressivité des staliniens contre les défenseurs de van der Lubbe[1143]. La plume de Prudhommeaux était particulièrement acérée : « Il était fort heureux en vérité, que van der Lubbe se trouvait là pour endosser tous les crimes de tous les partis allemands. Le "crime du Reichstag" est devenu ainsi le crime des crimes, le péché duquel chacun apparaît blanc comme neige. Le parti hitlérien présente Lubbe comme l'instigateur d'un plan de destruction par incendie, massacre et empoisonnement qui résume en soi tous les "complots bolcheviks" présents, passés et à venir. Le Parti communiste charge Lubbe de la responsabilité de tous les crimes commis par la réaction sur les ouvriers et les militants "marxistes", puisque ces crimes ont été "provoqués par lui". Dès lors, les nazis ne sont plus coupables qu'en fonction de leurs rapports supposés avec Lubbe, ils sont les "complices de Lubbe" et ne peuvent se défendre qu'en prétendant que "les vrais complices de Lubbe sont les communistes et les marxistes[1144]". » Plusieurs articles favorables à van der Lubbe parurent aussi à Glasgow dans le journal *The New Spur* dont Guy Aldred, membre de l'ACPF (*Anti-Parliamentary Communist Federation, Fédération communiste antiparlementaire*), était l'éditeur, en Belgique dans le journal *Le Rouge et le Noir*, en Suisse dans le journal *Le Réveil anarchiste*, ou encore aux États-Unis dans *Man !* un journal de San Francisco édité par Marcus Graham qui était très connu dans les milieux anarchistes notamment. Mais les positions n'étaient pas systématiquement identiques au sein des communistes de conseils néerlandais au sujet de l'acte de van der Lubbe. Ainsi, comme l'écrit Viktor Keiner : « Les groupes conseillistes se divisent, *grosso modo*, en deux tendances : ceux qui assument son exemplarité, la LAO et la revue *De Radencommunist* essentiellement ; ceux qui le condamnent au nom de la sacro-sainte incompatibilité entre la lutte des classes et le "terrorisme individuel", le groupe *Arbeidersraad* et le Groupe des communistes internationaux (GIC) particulièrement. La défense de van der Lubbe sera donc assumée par une partie du mouvement conseilliste hollandais, et non, comme on le pense généralement, par son ensemble[1145]. »

1143 Nico JASSIES, *Marinus van der Lubbe et l'incendie du Reichstag, opus cit.*, p.76, note 47.

1144 André PRUDHOMMEAUX, « *L'ordre règne en Allemagne* », *Le Libertaire* n°392, 31 mars-7 avril 1933.

1145 Viktor KEINER, *Pour l'honneur de Marinus* in *A Contre-temps*, n°42, février 2012.

Du côté du KPD et des autres partis communistes dans le giron de Moscou, l'opinion qui était publiée était celle qui prétendait que van der Lubbe était *a minima* manipulé par les nazis mais surtout très certainement qu'il était purement et simplement un agent nazi. Le jeune Néerlandais était systématiquement présenté sous un jour défavorable par la presse communiste qui insistait beaucoup sur le terme « déséquilibré[1146] ». Les communistes adoptèrent aussi un autre angle d'attaque contre van der Lubbe en l'accusant publiquement d'être homosexuel. En effet, les communistes n'auront eux aussi de cesse de brandir l'homosexualité de nombreux opposants comme base d'accusation. En Allemagne, de 1872 à son abrogation en 1994, l'article 175 du Code pénal allemand punissait de prison « les actes sexuels contre nature [...] que ce soit entre personnes de sexe masculin ou entre hommes et animaux ». Sa sévérité avait été accrue en 1935 par un amendement nazi prévoyant jusqu'à dix ans de travaux forcés. Plus de quarante-deux-mille hommes ont été condamnés à ce titre sous le IIIe Reich, envoyés en prison et pour certains en camp de concentration[1147]. Régis Schlagdenhauffen, sociologue et maître de conférences de l'EHESS distingue quatre types de « trajectoires » identifiables dans les sources : les premiers, arrêtés par la Gestapo ou la police criminelle (Kripo), furent d'abord jugés et condamnés à des peines d'emprisonnement, puis à l'issue de celles-ci envoyés par la Gestapo dans un camp de concentration. D'autres ne furent pas internés après leur peine de prison et échappèrent aux camps. Un troisième groupe fut d'abord directement interné en camp par la Gestapo ou la police criminelle, puis jugé seulement à l'issue de cette première peine, et alors envoyé en prison, puis à nouveau envoyé dans un camp à l'issue de la peine. Le dernier parcours conduisait immédiatement à l'internement dans un camp dès l'arrestation par la Gestapo[1148]. La principale accusation d'homosexualité et son utilisation pour nuire aux intérêts de van der Lubbe provenaient du Comité international d'aide aux victimes du fascisme hitlérien qui publia en septembre 1933 son fameux *Livre brun* rédigé sous la houlette du communiste stalinien en exil en France, Willi Münzenberg, sur lequel nous allons revenir longuement plus loin. Ce *Livre brun* lançait les accusations suivantes

---

[1146] Cf les articles de *L'Humanité* par exemple.

[1147] Günter GRAU, *Homosexualität in der NS-Zeit: Dokumente einer Diskriminierung und Verfolgung*, Fischer 2004.

[1148] Régis SCHLAGDENHAUFFEN, *Triangle rose : la persécution nazie des homosexuels et sa mémoire*, Paris, Autrement 2011,

contre van der Lubbe : « Père ivrogne ; mère bigote et avare, hérédité chargée de toutes les tares ; milieu de petits-bourgeois besogneux. Van der Lubbe enfant est dévot, inintelligent, timide, ambitieux, et fuit la société des petites filles. À seize ans, il est arrogant, vantard, fier de sa force, mais continue à avoir peur des femmes. Devenu à demi aveugle par un accident du travail, l'ouvrier maçon van der Lubbe est saisi du démon de l'ambition et de l'orgueil et court adhérer aux Jeunesses communistes. Là, il se révèle inconstant, sceptique, personnel, menteur, indiscipliné, et singulièrement buté dans ses opinions. Une mollesse singulière, comme il s'en rencontre fréquemment chez les homosexuels, marche de pair avec cet entêtement. [...] L'homosexualité de van der Lubbe l'a mis en rapport avec les nazis lors de ses voyages en Allemagne [...] Les relations homosexuelles de van der Lubbe et des chefs nationaux-socialistes, sa dépendance matérielle, le rendaient souple et obéissant à la volonté des incendiaires, [...] le plan de l'incendie a été trouvé par un fanatique apologiste du mensonge et de la provocation : Goebbels. La direction de faction est entre les mains d'un morphinomane : le capitaine Göring. Le commandement des incendiaires est confié à un assassin de la Vehme : Edmund Heines. L'instrument est un jeune pédéraste à moitié aveugle, Marinus van der Lubbe[1149]. » Dans la même veine, lors de la présentation de ce livre à Paris dans la salle Bullier remplie par environ six-mille personnes, Gabriel Péri[1150] du Parti communiste français décrivit van der Lubbe comme : « Un dégénéré qui erra à travers les groupes politiques de Hollande, et qui est tombé en Allemagne sous la dépendance d'un chef nazi homosexuel[1151]. » À cette époque, l'homosexualité était toujours très sévèrement punie en Allemagne, nous l'avons vu, l'ouverture d'esprit n'était pas la même qu'aujourd'hui au niveau des mœurs et ces accusations cherchaient bien évidemment à engendrer un fort rejet de van der Lubbe de la part de la classe ouvrière. Marcel Cachin, parlementaire socialiste puis communiste de 1914 à 1958 et directeur

[1149] Willi MÜNZENBERG, *Livre brun sur l'incendie du Reichstag et la terreur hitlérienne*, Paris, Le carrefour 1933, p.51, 57, 59.

[1150] Alexandre COURBAN, *Gabriel Péri : un homme politique, un député, un journaliste*, Paris, La Dispute 2011, ainsi que Alexandre COURBAN, *Les hommages du PCF à Gabriel Péri (1944-1964)*, *Cahiers d'histoire. Revue d'histoire critique*, no 75 (1999), p. 113-132, et Guillaume BOURGEOIS, *Communistes et anticommunistes pendant la Drôle de guerre*, université Paris Ouest Nanterre La Défense (thèse de doctorat), Paris, 1983.

[1151] *L'Humanité* du 21 septembre 1933.

du journal *L'Humanité* de 1918 à sa mort, attaqua pour sa part van der Lubbe sur sa vénalité : « Nous pouvons assurer que cinquante-mille marks ont été promis à van der Lubbe pour incendier le Parlement[1152]. »

Dimitrov adopta également à l'encontre de van der Lubbe un angle d'attaque de dévalorisation du jeune Néerlandais lors de son intervention finale pendant le procès : « Qui est van der Lubbe ? Un communiste ? Pas du tout. Un anarchiste ? Non, c'est un ouvrier déclassé, c'est une épave rebelle de la société, une créature dont on a abusé, qu'on a utilisée contre la classe ouvrière [...] que van der Lubbe soit condamné comme ayant travaillé contre le prolétariat et que des dommages et intérêts nous soient accordés pour le temps que nous avons perdu ici[1153]. »

Van der Lubbe fut aussi interviewé à la mi-avril par le journaliste W. Duesberg qui travaillait pour le compte de plusieurs journaux suisses et en l'occurrence pour la *Tribune de Genève*. Voici l'article paru le 14 avril 1933 avec les réponses que van der Lubbe donna aux questions de ce journaliste : « Je me le représentais tout à fait autrement. Je l'ai abordé, je l'avoue sans curiosité ; je l'ai quitté avec regret. Il a été amené, pendant toute cette semaine, de sa cellule de Moabit au Reichstag par le portail 4, dans une petite salle du premier étage attenante à la grande salle des séances en ruine qui, six semaines après le sinistre, fait toujours songer à quelque immense hangar où seraient venues s'écraser des escadrilles d'avions embrasés.

Un silence de mort règne sur ce paysage lunaire, d'où émergent des piliers de fers tordus, s'élançant en d'étranges spirales vers la coupole en verre noirci et ébréché.

Aucun coup de marteau, nul cri de charpentier ou de maçon ne vient animer ce gigantesque entonnoir à mes pieds. Ordre a été donné d'ajourner, tant que durerait l'instruction, les travaux de déblaiement. Tout est resté comme au soir du 27 février. L'odeur de brûlé, lourde et oppressante, flotte partout, dans les escaliers, dans les vestibules des huissiers et même aux abords du Reichstag.

M. Vogt, mandaté à Berlin par le Tribunal d'Empire de Leipzig, homme au regard perçant comme il convient aux juges d'instruction, me permet, pendant une suspension d'audience, d'approcher van der Lubbe.

Marinus – les commissaires ne l'appellent pas autrement que par

---

[1152] *Ibid.*

[1153] Audience du 16 décembre 1933.

son prénom, en le tutoyant – a vingt-cinq ans. Il mesure un mètre quatre-vingts et pèse quatre-vingt-dix kilos.

L'attitude de Marinus

Avec ses yeux fendus, profondément enfoncés dans les orbites, ses pommettes saillantes et le nez camus, il me fait penser à quelque cosaque en blouse bleue ou rouge, comme on en voit sur les couvertures des chansons populaires russes.

Il parle d'une voix basse, un peu étranglée et très douce lorsqu'il hésite.

C'est un polémiste de talent, répondant très souvent à des questions par d'autres questions. Il parle un allemand "petit nègre", souvent inintelligible, et d'ailleurs seulement quand il estime que l'interprète, le Dr Meyer-Collings, n'a pas bien traduit sa pensée. Mais quand il parle hollandais – ce qu'il fait le plus souvent – il lui arrive de prononcer de véritables discours.

Van der Lubbe n'est pas un malfaiteur ordinaire. Il avoue ; bien mieux, il s'enorgueillit de ce qu'il a fait, comme d'une prouesse. Il en parle comme un auteur parlerait de son dernier livre ou un coureur de son dernier record. Van der Lubbe affirme avoir fait le coup tout seul ; il persiste à ne pas vouloir indiquer ses complices. Le seul but de l'instruction qui, sans cela, serait déjà terminée c'est de lui arracher leurs noms. Le juge d'instruction a fait savoir que l'accusation portée contre les sociaux-démocrates, le soir même de l'incendie, d'avoir été en relation avec van der Lubbe, ne saurait être maintenue.

L'instruction va-t-elle nous réserver d'autres surprises et aboutir à infirmer d'autres thèses qui sont toujours soutenues avec grand acharnement ? Je ne suis pas dans le secret de M. Vogt. Il a entendu, jusqu'à présent, cent-cinquante témoins. Trois Bulgares, soupçonnés de complicité, viennent d'être arrêtés.

On m'objecte : comment un seul homme peut-il incendier le Reichstag ? Nullement, après tout, seule la salle des séances a flambé. On a remarqué, il est vrai, des pluies d'étincelles dans le restaurant qui se trouve en face de la salle. Mais le fait demeure que la rage de van der Lubbe s'est concentrée sur cette salle. Mais objectera-t-on encore, il y a eu onze foyers d'incendie qui ne peuvent avoir été allumés par un seul homme !

Foyer d'incendie. Qu'est-ce qu'un foyer d'incendie ? Vingt foyers d'incendie dans la salle des séances, cela n'a rien d'étonnant quand ces foyers sont à un mètre l'un de l'autre. La salle entière était en bois. Dans une armoire, van der Lubbe a pris des serviettes et des nappes, dont une mesurait six mètres, et s'en servit pour attiser le feu. Mais avec quoi a-t-il mis le feu ? Avec des bidons d'essence ? On n'en a pas retrouvé. Le feu a été mis avec des "kohleanzünder", un produit inflammable dont les bonnes berlinoises se servent pour allumer le feu, le matin. La boîte ne coûte que 25 pfennigs. Quatre à six boîtes, à mon avis, suffisaient à incendier la salle des séances, et van der Lubbe aurait pu facilement les cacher dans les poches de ses vêtements en se faufilant dans le Reichstag. C'est mon avis, et non celui du juge d'instruction qui croit que van der Lubbe a eu des complices, qu'il recherche.

Au fil du dialogue

Je demande à van der Lubbe :

—— Pourquoi avez-vous fait cela ?

—— Le Monde nouveau arrive, mais pas assez vite. Le Monde ancien s'en va, il faut pousser ce qui s'en va.

—— Vous vouliez agir par votre exemple ?

Van der Lubbe fait signe de la tête.

—— Mais vous n'avez réussi qu'à faire du tort à vous-même ainsi qu'à votre parti !

Van der Lubbe réfléchi un instant, puis il dit :

—— Il y a des choses que personne ne semble devoir comprendre, ni les sociaux-démocrates, ni les communistes. C'est le résultat final qui importe.

—— Pourquoi avez-vous choisi l'Allemagne comme théâtre de votre action ?

—— Parce que l'Allemagne est le cœur de l'Europe.

—— N'avez-vous pas peur du châtiment ?

—— Je n'ai pas peur. Qu'est-ce qui peut m'arriver ? Je n'ai pas grand-chose à perdre. Ils vont m'enfermer pour quelques années, puis il y aura la guerre et on me relâchera, et, même si je n'étais pas libéré, peu importe, je n'ai pas grand-chose à perdre.

—— Au moins regrettez-vous maintenant ce que vous avez fait ?

—— Non, on ne doit jamais regretter ce qui est fait. Tout ce que je regrette, c'est que la coupole du Reichstag ne se soit pas écroulée. Une coupole, c'est toujours quelque chose de symbolique.

Van der Lubbe soupire, puis il rit, d'un rire guttural, presque silencieux.

—— Vous recevez des lettres en prison ?

—— Oui, j'en reçois, mais celles de mon frère m'arrivent avec beaucoup de retard parce qu'elles contiennent trop de philosophie sur mon acte.

Il n'est pas abattu, il s'en faut. Je lui dis :

—— Si vous aviez incendié le *Karl Liebknecht-Haus* (le siège du KPD) au lieu du Reichstag, votre cas serait moins grave !

Mais voici que mon interlocuteur se fâche :

—— Si vous voulez vous payer ma tête, adressez-vous à d'autres.

—— Marinus, interrompt le commissaire, allons, retournons à Neukölln, à la Alte Welt.

Van der Lubbe aurait, dans un asile de Neukölln, tenu des propos incendiaires.

—— Attention, riposte van der Lubbe, la Alte Welt (le vieux monde), c'est peut-être déjà la Neue Welt (le nouveau monde).

Van der Lubbe discute âprement en réfléchissant à chaque mot, avec un gros souci des nuances et des synonymes, interrompant sans cesse ses interrogateurs.

Dangereux idéalisme

Ce Hollandais, qui menait la vie au grand air en parcourant à pied la Tchécoslovaquie, la Pologne et la Hongrie, vivant de l'argent que lui procurait la vente de cartes illustrées, est, en vérité, un Slave type lourd, rêveur, plein de contradictions, farci de théories, impétueux et nostalgique.

Tel que je l'ai vu et entendu, j'ai peine à croire qu'il ait agi pour d'autres raisons que celles d'ordre idéaliste qu'il invoque. Avec la vie frugale qu'il menait depuis de longues années, ce philosophe vagabond n'avait besoin de rien. Il ne boit pas, il ne fume pas, réfléchit sans cesse sur la "Neue" et la "Alte Welt", expression qui revient continuellement dans sa bouche.

Je l'ai pris, avant de le connaître, pour un abruti et un faible d'esprit, un illettré bafouillant des phrases incohérentes. Mais il faut l'entendre parler pour se faire une opinion juste de van der Lubbe.

C'est, selon moi, un homme d'une intelligence incontestable mise au service d'idées fixes que, solitaire et livré à lui-même, il n'a pu rectifier au contact d'autrui.

Lorsque l'instruction sera terminée, M. Vogt, le juge d'instruction, transmettra son dossier au Sénat de Leipzig, qui en saisira aussitôt le procureur général. Le procès aura lieu à Leipzig, en présence, me dit-on, des envoyés spéciaux de la presse mondiale.

W. Duesberg[1154]. »

Le 31 décembre 1933 fut organisé à Paris une conférence internationale à l'initiative de plusieurs organisations[1155] et du Comité international van der Lubbe. Les orateurs dénoncèrent le verdict de Leipzig, les conditions du procès, mais également la campagne de dénigrement à laquelle s'était livrée la presse sous influence stalinienne. Ainsi, Jean Dautry, historien et spécialiste du mouvement ouvrier, s'exclama et écrivit : « triste image de notre temps où les boutiquiers patentés d'une révolution qu'ils sont incapables de faire interdisent à la flamme révolutionnaire de brûler où elle veut[1156]. » En fin de compte, van der Lubbe et le sens de son geste furent broyés par les mastodontes de la propagande qui se livraient une guerre sans merci et comme l'écrivent Yves Pagès et Charles Reeve : « Avec le recul du temps, il apparaît que deux instrumentalisations distinctes – l'une nazie et l'autre stalinienne – se sont développées comme en miroir, enfermant dans l'étau de leur contrevérité symétrique la part irréductible de révolte qui s'était exprimée dans le geste de van der Lubbe[1157]. »

De nombreuses voix s'élevèrent à l'étranger pour protester contre le verdict à l'encontre de van der Lubbe. Le légat des Pays-Bas à Berlin intercéda directement auprès du ministre des Affaires étrangères allemand[1158]. Le ministre de la Justice du Reich, Franz Gürtner, s'entretint du cas van der Lubbe avec Hitler qui ne voulait pas entendre parler d'une grâce quelconque[1159]. Finalement, le président Hindenburg

---

1154 *Tribune de Genève* le 14 avril 1933.

1155 LAO, CGT-SR, défense anarchiste belge, Fédération communiste anti-parlementaire d'Angleterre, Parti d'unité ouvrière des États-Unis. Cf Jocelyne BLANCHETEAU, *André Prudhommeaux, un militant anarchiste*, *opus cit.*, p.74-75.

1156 Jean DAUTRY, *Revue des revues*, *La Critique sociale*, n°11, mars 1934, p.255.

1157 *Carnets de route de l'incendiaire du Reichstag*, *opus cit.*, p.262.

1158 Dieter DEISEROTH (dir.), *Der Reichstagsbrand und der Prozess vor dem Reichsgericht. opus cit.*

1159 Gilbert BADIA, *Feu au Reichstag ! opus cit.*, p.250, ainsi que Ekkehard REITTER, *Franz Gürtner, politische Biographie eines deutschen Juristen,* Berlin, Duncker & Humblot 1976.

émit un avis similaire à celui de Hitler, comme le stipule une note du 8 janvier 1934 qui provient des archives de la chancellerie : « Le ministre de la Justice a fait un exposé […] à M. le Président du Reich qui a décidé qu'il y avait lieu d'opposer une fin de non-recevoir à la démarche du légat des Pays-Bas à Berlin demandant que l'on commue la condamnation à mort prononcée contre van der Lubbe en une peine plus douce[1160]. » La condamnation à mort de van der Lubbe est bien évidemment juridiquement contestable. En effet, comme le souligne Fritz Tobias, le principe « *in dubio pro reo* » (doute pour l'accusé) fut violé par le jugement, qui estima que van der Lubbe avait agi « consciemment et délibérément avec des complices inconnus[1161] ». De plus, comme le nota Seuffert, le tribunal n'aurait dû qualifier l'acte de van der Lubbe que d'« action préliminaire à haute trahison » ce qui lui aurait évité la peine de mort[1162]. Les derniers jours de van der Lubbe ne furent marqués d'aucune mansuétude de la part du gouvernement qui lui refusa la visite de son frère Jan[1163]. Les autorités bloquèrent également la plupart de sa correspondance[1164]. Son exécution se déroula le 10 janvier 1934. On le réveilla à 6 h 30 du matin, puis on le conduisit jusqu'à la guillotine érigée dans la cour du Landgericht[1165]. Les bourreaux agirent avec rapidité. Le juge Wilhelm Bünger était présent pour assister à l'exécution ainsi que les autres membres de la cour de Leipzig, le procureur Werner et ses adjoints, l'avocat commis d'office de van der Lubbe, le directeur de la prison, l'interprète, deux médecins, des policiers et, comme le voulait la loi, douze citoyens choisis par le conseil municipal de Leipzig[1166]. La dépouille de van der Lubbe fut ensuite placée dans un cercueil que prit en charge Arthur Nebe[1167]. La tête de van der Lubbe fut ensuite transportée au musée de la police, à

[1160] Ekkehard REITTER, *Franz Gürtner, politische Biographie eines deutschen Juristen, opus cit.*

[1161] Reichstagsbrandprozess, RG, 23.12.1933 – XII H 42/33, RGSt, Urteil, p.94 et suivantes, ainsi que Fritz TOBIAS, *Der Reichstagsbrand. Legende und Wirklichkeit, opus cit.*, p. 470, et les rapports et prises de position de Schlegelberger, BA Coblence, RK 43/II/294.

[1162] Procès de Leipzig, 55e Sitzungstag (jour de session), p.133 et suivantes ainsi que dossier Sack, p.269 et suivantes.

[1163] Martin SCHOUTEN, *Marinus van der Lubbe – Eine Biografie, opus cit.*

[1164] *Ibid.*

[1165] *Ibid.*

[1166] *Ibid.*, ainsi que Gilbert BADIA, *Feu au Reichstag ! opus cit.*, p.252.

[1167] *Ibid.*

Berlin, dans un bocal d'alcool[1168]. Le reste du corps fut inhumé dans le cimetière des condamnés, à Leipzig[1169]. Voici ci-après l'article que consacra le journaliste W. Duesberg sur l'exécution de van der Lubbe :

« Les derniers moments
J'ai demandé au Dr Meyer-Collings de me faire le récit du dernier jour de van der Lubbe. En l'absence d'informations directes, la presse n'ayant pas été admise à l'exécution, il est important d'avoir un témoignage précis. Car les journaux allemands ont tous publié le même communiqué officiel qui ne dit rien sur l'attitude de van der Lubbe.

— La veille du dernier jour, me raconte Collings, j'ai accompagné le procureur général dans la cellule de van der Lubbe. Il était dix heures du soir. Le condamné était debout devant la fenêtre grillée. M. Werner lui donna à nouveau lecture du jugement en ajoutant que le président du Reich n'avait pas cru devoir user de son droit de grâce. J'allais traduire ces paroles en hollandais lorsque van der Lubbe m'arrêta en disant :

— Ce n'est pas la peine, j'ai compris.

— Avez-vous un désir ?

— Non, aucun. Je vous remercie, et à demain !

Van der Lubbe, par ces paroles, montrait qu'il était entièrement maître de lui. Le lendemain, on le réveilla à 6 h 30. Il dormait profondément et il fallut le secouer fortement pour qu'il se réveillât. Il se leva en silence et but deux tasses de café. Sa dernière toilette fut achevée plus tôt qu'on ne l'avait supputé. Le pasteur Hollmann s'avança vers lui pour le consoler. Mais van der Lubbe ne répondit à aucune de ses questions. Peu après 7 heures, les membres du tribunal et douze citoyens de Leipzig se réunissaient dans la cour du Landgericht.

La guillotine, amenée de Dresde, avait été dressée dans le courant de la nuit. Van der Lubbe, qui se trouvait à la prison des prévenus, Moltkestrasse, fut amené en auto. On le fit attendre dans un couloir. Le président Bünger et M. Werner, le procureur, étaient en robe rouge. Les juges portaient des manteaux de soie noire et des hauts-de-forme.
Van der Lubbe est amené. À ce moment, la "*Arme Sünderglöcklein*" (la cloche du pauvre pécheur) tinta lugubrement. De sa voix monotone, M. Werner lut une dernière fois le jugement et, quand il eut terminé, il ajouta :

[1168] *Terre Libre*, n°13, mai 1935.
[1169] *Ibid.*

— Et je livre van der Lubbe à la justice terrestre.

Les trois bourreaux se saisirent alors de lui et l'entraînèrent en courant vers la guillotine, à dix mètres de là. C'est pour écourter la tension nerveuse du condamné que le bourreau et ses aides s'en vont toujours au pas de charge. Van der Lubbe n'opposa aucune résistance. On l'attacha sur une planche par le ventre et la figure en bas. Un déclic : il avait cessé de vivre. Je vous ferai grâce d'autres détails. Le Dr Collings a nettement perçu trois bruits : l'action du bourreau sur le bouton, la chute de la tête roulant dans de la sciure et, très nettement, le sinistre jaillissement du sang. L'exécution eut lieu à 7 h 30, parce que la loi prescrit qu'elle doit se faire au point du jour. Le prêtre affirme que van der Lubbe avait remué les lèvres, mais le Dr Meyer-Collings m'affirme qu'aucune parole n'en serait sortie[1170]. »

Les autorités néerlandaises entreprirent les démarches nécessaires auprès de l'Allemagne pour obtenir le rapatriement du corps de van der Lubbe dans son pays natal, mais, bien qu'ayant reçu l'accord du procureur général, la requête fut annulée au dernier moment par les autorités allemandes[1171]. La famille de van der Lubbe qui avait loué un taxi avec un cercueil fut éconduite sans explication[1172].

Le verdict prononcé à l'encontre de van der Lubbe connut au fil des années plusieurs modifications importantes. En premier lieu, suite à une demande de la famille van der Lubbe, un tribunal de Berlin-Ouest se pencha en 1955 sur le verdict du procès de l'incendie du Reichstag en application d'une loi adoptée en République fédérale allemande (RFA) et avalisée par le Sénat de Berlin-Ouest. Le 6 août 1963, la cour d'appel de Düsseldorf s'en tenant au point de vue selon lequel on ne pouvait considérer « que le jugement de la Cour suprême est un jugement délibérément biaisé, et que les juges de la Cour suprême se sont rendus coupables de prévarication », admit cependant que le jugement avait subi la forte influence des raisonnements nationaux-socialistes[1173]. Le jugement de Leipzig fut cassé le 21 avril 1967 par le tribunal de grande instance de Berlin qui, à titre posthume, condamna

[1170] Archivesautonomies.org

[1171] *Carnets de route de l'incendiaire du Reichstag, opus cit.*, p.72.

[1172] *Ibid.*, p. 73.

[1173] Hans MOMMSEN, *L'incendie du Reichstag et ses conséquences politiques* in *Le national-socialisme et la société allemande, opus cit.*, p.174.

van der Lubbe à huit ans de prison pour « tentative d'incendie avec effraction ». Le 15 décembre 1980, nouveau rebondissement avec l'entrée dans le jeu de Robert Kempner[1174]. Cet ancien procureur américain d'origine allemande du procès de Nuremberg en 1946 et avocat à Francfort-sur-le-Main obtint l'acquittement de van der Lubbe[1175]. Mais, cette décision fut cassée en appel quelques mois plus tard par la cour d'appel (*Kammergericht*) de Karlsruhe pour défaut de « compétence ». Finalement, la condamnation initiale fut officiellement jugée illégale par les services du procureur fédéral allemand (*Generalbundesanwältin*) le 10 janvier 2008, en application d'une loi de 1998 qui permet d'annuler les jugements iniques de la période nazie[1176]. Cette demande avait été faite par Reinhard Hillebrand, un avocat berlinois, qui déclara avoir agi par « intérêt historique ». Néanmoins, cette décision de justice ne se prononce pas sur la culpabilité ou l'innocence de van der Lubbe et ne revient pas sur des complicités ou des manipulations, elle souligne seulement et se fonde uniquement sur le fait que le verdict avait des motifs politiques et reposait sur des « prescriptions injustes spécifiquement national-socialistes[1177] ».

En 1998, de nouvelles actions furent entreprises en faveur du souvenir de van der Lubbe. Ainsi, la fondation « Une sépulture pour Marinus van der Lubbe » fut créée et travailla à l'inauguration de trois stèles, à Leyde, Berlin et Leipzig, en hommage « à la première victime antifasciste hollandaise tombée en Allemagne hitlérienne[1178] ». Cette campagne de réhabilitation du jeune maçon néerlandais bénéficia du soutien de plusieurs politiques comme le maire de Leyde et la présidente sociale-démocrate du Parlement des Pays-Bas[1179].

[1174] Dirk PÖPPMANN, *Jeder Prozess ist politisch. Eine politische Biografie über Robert M.W. Kempner*, Thèse, [Bochum], 2004 / 2005.
[1175] *Ibid.*
[1176] *Die Welt* du 10 janvier 2008.
[1177] *Ibid.*
[1178] *Carnets de route de l'incendiaire du Reichstag, opus cit.*, p.84.
[1179] *Ibid.*

Georgi Dimitrov

L'autre accusé majeur du procès de l'incendie du Reichstag était bien entendu le dirigeant communiste Georgi Dimitrov, symbole pour les nazis et le gouvernement allemand de la main communiste sur ces événements. Dimitrov naquit le 18 juin 1882 dans le village de Kovatchevtsi, près de Pernik, au cœur d'une région minière avec d'importants gisements de lignite[1180]. La scolarité de Dimitrov fut brève. Il devint rapidement apprenti typographe puis ouvrier typographe qualifié[1181]. Il s'intéressa très tôt à la politique, milita au sein d'un mouvement syndical de gauche et adhéra, à vingt ans, au Parti ouvrier social-démocrate bulgare[1182] (POSDB). Peu après son adhésion, le parti se retrouva secoué par de vives tensions qui aboutirent à la scission en deux fractions, l'une dite « large » et l'autre dite « étroite [1183] ». Dimitrov porta son choix sur la seconde tendance qui adopta les idées léninistes en matière d'organisation et rejeta en bloc la stratégie réformiste[1184]. À partir de 1909, Dimitrov siégea au Comité central du parti, tout en étant secrétaire des syndicats bulgares[1185]. À ce dernier titre, il contribua activement à construire l'Internationale syndicale rouge (ISR, Profintern) et se fit le promoteur d'une fédération socialiste balkanique[1186]. La virulence de ses positions et de ses actions le fit remarquer par la police lors des guerres balkaniques de 1912-1913, et il fut arrêté plusieurs fois pour « incitation des militaires à la désobéissance[1187] ». Les guerres balkaniques furent des conflits qui divisèrent les Balkans. Les peuples chrétiens de l'Empire ottoman, qui s'étaient émancipés de la domination turque, aspiraient à agrandir leurs États en regroupant les populations de même langue vivant encore dans la « Turquie d'Europe ». Mais l'imbrication de ces populations dans certaines zones et le jeu parfois obscur des grandes puissances

---

[1180] Marietta STANKOVA, *Georgi Dimitrov: A Life*, Londres, I. B. Tauris 2010.
[1181] *Ibid.*
[1182] Mona FOSCOLO, *Georges Dimitrov et la prise de pouvoir communiste en Bulgarie 2004.*
[1183] Georges CASTELLAN, Marie VRINAT-NIKOLOV, *Histoire de la Bulgarie. Au Pays des Roses*, Paris, Armeline 2008.
[1184] Mona FOSCOLO, *Georges Dimitrov et la prise de pouvoir communiste en Bulgarie, opus cit.*
[1185] Marietta STANKOVA, *Georgi Dimitrov: A Life, opus cit.*
[1186] *Profintern : die Rote Gewerkschaftsinternationale 1920-1937* / Reiner Tosstorff. Paderborn, Schöningh, cop. 2004.
[1187] Tatiana ZAZERSKAÏA, *Georges Dimitrov et la France*, 2001, p.193.

compliquèrent le processus[1188]. Dimitrov fut emprisonné pour trois ans, mais il fut amnistié [1189]. Il fonda ensuite en 1919, avec Khristo Kabakchiev et Vassil Kolarov, le Parti communiste bulgare (PCB)[1190]. Le parti rejoignit ensuite le Komintern[1191]. Dimitrov fut élu en 1922 au Comité central de l'Internationale syndicale rouge (Profintern) où son dynamisme fut apprécié[1192]. En juin 1923, les communistes bulgares assistèrent l'arme au pied à la liquidation des populistes agrariens. Ces derniers avaient en accord avec une partie des communistes bulgares établi une dictature paysanne qui limitait notamment la propriété foncière à trente hectares. L'histoire de la Bulgarie avait été marquée par l'accession au pouvoir, le 6 octobre 1919, suite aux élections législatives du 17 août précédent, d'Alexandre Stamboliyski. Il prit le pouvoir démocratiquement à la tête d'un gouvernement de coalition qui dura jusqu'en mars 1920[1193]. Cette législature prit rapidement un tour dramatique car le Parti communiste bulgare, soutenu et guidé par Moscou, entama une série de grèves violentes destinées à renverser le gouvernement pour le remplacer comme en Allemagne ou en Hongrie par une république des soviets[1194]. Les partis d'opposition au régime agrarien dont certains formés en Italie au régime de Benito Mussolini, ainsi que les anciens militaires, las d'être évincés du pouvoir, inquiets des réformes agrariennes qui les touchaient particulièrement, inquiets de l'influence grandissante des agrariens aux élections d'avril 1923, avaient, pour se défendre, assimilé les agrariens aux bolcheviques aux yeux du monde et s'unirent pour fomenter un coup d'État afin de renverser le gouvernement en place[1195]. Le 9 juin 1923, les mutins prenaient le pouvoir à Sofia et le 14 juin Stamboliyski était capturé par les militaires qui le soumirent à la torture et finirent par l'assassiner. Dans la capitale, au moins vingt députés agrariens furent fusillés ainsi que les leaders des jeunesses agrariennes. Les prisons étaient pleines et un climat de terreur régna dans les campagnes tandis que s'installait à

1188 Jean-Paul BLED, Jean-Pierre DESCHODT (dir.), *Les guerres balkaniques. 1912-1913*, Presses universitaires de Paris-Sorbonne 2014.

1189 Marietta STANKOVA, *Georgi Dimitrov : A Life*, *opus cit.*

1190 Stéphane COURTOIS (dir.), *Dictionnaire du communisme*, Paris, Larousse 2007.

1191 *Ibid.*

1192 Marietta STANKOVA, *Georgi Dimitrov: A Life*, *opus cit.*

1193 Dimitrina ASLANIAN, *Histoire de la Bulgarie de l'Antiquité à nos jours,* Versailles, Association Trimontium 2004.

1194 *Ibid.*

1195 www.bulgaria-france.net/histoire/unionagrarienne.

Sofia un gouvernement insurrectionnel et totalitaire[1196]. Alexandre Tsankov tint un rôle primordial dans le coup d'État du 9 juin 1923 qui renversa le gouvernement paysan ; aussitôt, le Mouvement de l'entente nationale, la nouvelle coalition au pouvoir, le nomma à la tête du gouvernement. Tsankov mena alors une politique intérieure personnelle, marquée par une répression brutale et impitoyable des mouvements communiste et paysan[1197]. La Bulgarie entra dans une ère de chaos et de terreur politique provoquant la mort de près de vingt-mille personnes[1198]. En 1925, Tsankov instaura la loi martiale à la suite de l'attentat de la cathédrale Sveta-Nedelya qui visait le gouvernement et le roi Boris III de Bulgarie[1199]. Cette terreur blanche provoqua sa déchéance et son remplacement par un gouvernement plus modéré, dirigé par Andrei Liaptchev[1200]. Cependant, il ne quitta pas pour autant les milieux du pouvoir puisqu'il devint immédiatement le chef de l'Assemblée nationale puis, en 1930, il se retrouva ministre de l'Instruction publique[1201]. Le 23 septembre 1923 se déroula, sous la pression du Kominterm, l'insurrection communiste de Sofia pendant laquelle Dimitrov et Kolarov jouèrent un rôle important[1202]. Cette insurrection avait pour objectif de renverser le gouvernement d'Alexandre Tsankov. Outre les communistes, l'insurrection était également soutenue par les agrariens et les anarchistes[1203]. Son but était « l'établissement d'un gouvernement de travailleurs et de paysans » en Bulgarie, et non la conversion du pays en un système de type communiste[1204]. Toutefois, mal préparée, l'insurrection échoua et ouvrit une période de terreur blanche en Bulgarie. Dimitrov et Kolarov, responsables du soulèvement, parvinrent à prendre la fuite, tandis que les communistes bulgares étaient réprimés[1205]. Dimitrov s'exila et

[1196] *Ibid.*

[1197] Dimitrina ASLANIAN, *Histoire de la Bulgarie de l'Antiquité à nos jours,opus cit.*

[1198] *Ibid.*

[1199] Georges CASTELLAN, Marie VRINAT-NIKOLOV, *Histoire de la Bulgarie. Au Pays des Roses, opus cit.*

[1200] *Ibid.*

[1201] www.bulgaria-france.net/histoire/unionagrarienne.

[1202] Mona FOSCOLO, *Georges Dimitrov et la prise de pouvoir communiste en Bulgarie, opus cit.*

[1203] Dimitrina ASLANIAN, *Histoire de la Bulgarie de l'Antiquité à nos jours, opus cit.*

[1204] *Ibid.*

[1205] Marietta STANKOVA, *Georgi Dimitrov: A Life, opus cit.*

trouva asile en URSS[1206]. À la suite des événements de septembre, il fut condamné à mort par contumace[1207]. Dans les mois qui suivirent, les communistes bulgares se rendirent responsables de plusieurs attentats en Bulgarie, comme celui du 17 avril 1925 à Sofia lorsqu'une explosion provoqua l'effondrement du dôme de la cathédrale des Sept-Saints[1208]. On retira cent-quarante morts de sous les gravats, dont de nombreux hommes politiques et officiers supérieurs, ainsi qu'un certain nombre de civils[1209]. L'attentat de la cathédrale de Sofia est l'acte terroriste le plus meurtrier qu'ait connu le royaume de Bulgarie[1210]. Perpétrée par des membres du Parti communiste bulgare, l'action se déroula pendant les funérailles du général Konstantin Georgiev, assassiné deux jours auparavant par des bolcheviks[1211]. D'autres attentats firent des morts en Bulgarie toujours à l'initiative des communistes, le 8 février, le 11 février, et le 15 avril 1925[1212]. Le lien entre les actions terroristes et les objectifs communistes fut dévoilé par le manifeste du Parti communiste bulgare[1213]. À partir de 1928, Dimitrov accéda à de très hautes fonctions au sein des organisations communistes. Son activité fut désormais multiple : direction étrangère du Parti communiste bulgare, animation de la Fédération communiste des Balkans avec dans le lot le journal *La Fédération balkanique*, et la responsabilité en Europe de l'Ouest pour le Komintern et l'Internationale syndicale rouge[1214]. Ce concept politique de la fédération balkanique connut trois phases dans son développement. Dans la première phase, l'idée fut formulée comme une réponse à l'effondrement de l'Empire ottoman au début du XXe siècle[1215]. Dans la deuxième phase, dans l'entre-deux-guerres (1919-1936), l'idée de la fédération balkanique fut prise par les

---

1206 *Ibid.*

1207 *Ibid.*

1208 Stéphane COURTOIS, Jean-Louis PANNE, *Le Komintern à l'action* in *Le Livre noir du communisme*, Paris, Robert Laffont 1997, p.307-308.

1209 *Ibid.*

1210 Georges CASTELLAN, Marie VRINAT-NIKOLOV, *Histoire de la Bulgarie. Au Pays des Roses*, *opus cit.*

1211 *Ibid.*

1212 *Ibid.*

1213 Stéphane COURTOIS, Jean-Louis PANNE, *Le Komintern à l'action* in *Le Livre noir du communisme*, opus cit., p.307-308.

1214 Mona FOSCOLO, *Georges Dimitrov et la prise de pouvoir communiste en Bulgarie, opus cit.*

1215 Dusan T. BATAKOVIC, *Les frontières balkaniques au 20e siècle*, *Guerres mondiales et conflits contemporains*, 2005/1 (n° 217), p. 29-45.

partis communistes des Balkans[1216]. La troisième phase fut caractérisée par l'affrontement entre les dirigeants communistes des Balkans et Staline, opposé au projet, au cours de l'après-guerre[1217]. Le bureau du Komintern dont Dimitrov était responsable chapeautait les partis communistes d'Allemagne, d'Autriche, de Belgique, de France, d'Italie et de Pologne[1218]. À ce poste, Dimitrov mit en œuvre avec un très grand zèle la politique de Staline[1219]. Il participa également à l'organisation du congrès antifasciste international en 1929, du congrès paysan européen en 1930 [1220] et du VIIe congrès du Secours ouvrier international (*Internationale Arbeiter-Hilfe,* IAH), qui était un organisme de solidarité créé à Berlin en 1921 en vue de venir en aide aux populations soviétiques victimes de la famine de 1921.

Georgi Dimitrov apprit la nouvelle de l'incendie du Reichstag dans une gare allemande pendant la nuit du 27 au 28 février 1933, lors d'un arrêt du train de nuit qui le conduisait de Munich à Berlin[1221]. L'enquête de la police démontra qu'il était bien à Munich au moment où l'incendie se déclara à l'intérieur du Reichstag[1222]. Les registres de la Compagnie internationale des wagons-lits en attestaient[1223]. Dimitrov fut arrêté à Berlin dans le restaurant Bayernhof, nous l'avons vu précédemment, alors qu'il dînait en compagnie de Blagoï Popov et Vassil Tanev. Au moment de son arrestation par la police, Dimitrov était en possession d'un faux passeport suisse au nom de Rudolf Hediger[1224]. Il fut placé en détention à la prison de Moabit, sous le matricule 8085 [1225]. La construction de cette « prison-modèle prussienne de Moabit » avait été entreprise dans les années 1840. Elle

---

[1216] *Ibid.*
[1217] *Ibid.*
[1218] Peter HUBER, *L'appareil du Komintern 1926-1935* in *Communisme* n°40-41, 1995, p.9-36.
[1219] Marietta STANKOVA, *Georgi Dimitrov: A Life*, *opus cit.,* ainsi que Alexander DALIN, F.I. FIRSOV (dir.), *Dimitrov and Stalin, 1934-1943: Letters from the Soviet Archives*, New Haven: Yale University Press 2000.
[1220] Guido MIGLIOLI, *La collectivisation des campagnes soviétiques*, Institut agraire international, Édition électronique réalisée par Vincent Gouysse à partir de l'ouvrage publié en 1934 aux éditions Rieder. www.marxisme.fr
[1221] Marietta STANKOVA, *Georgi Dimitrov: A Life*, *opus cit.*
[1222] *Ibid.*
[1223] *Ibid.*
[1224] *Ibid.*
[1225] *Ibid.*

passait alors pour un centre de détention ultramoderne, dans la mesure où les détenus, contre la tradition, étaient enfermés dans des cellules individuelles[1226]. Comme Marinus van der Lubbe, Dimitrov conserva ses menottes nuit et jour du 4 avril au 31 août 1933 et fit l'objet d'une surveillance très rapprochée[1227]. Pendant son incarcération avant le procès, il étudia avec une grande minutie environ six-mille-sept-cents pages de rapports, documents et procès-verbaux relatifs à l'affaire de l'incendie du Reichstag[1228].

Au début du procès, la radio allemande diffusa les premières audiences mais, face à la pugnacité, l'audace, l'insolence, de la défense de Dimitrov, sa rhétorique, son agilité dans le débat, son habitude de manier la propagande, les diffusions à destination du public cessèrent[1229]. Dimitrov qui avait appris la langue allemande en détention s'exprimait parfois maladroitement, mais il parvint à tenir tête à ses contradicteurs et à discréditer la plupart des accusations portées contre lui, notamment grâce à l'extrême rigueur avec laquelle il avait préparé le procès[1230]. Il se fit aussi régulièrement expulser de la salle du tribunal, comme les 6 et 11 octobre 1933, suite à des abus manifestes de propagande et d'insolence[1231].

Nous reproduisons ci-après l'ensemble des échanges qui se déroulèrent le 16 décembre 1933 lors du plaidoyer final de Dimitrov devant le tribunal de Leipzig. Ce texte permet de cerner le système de défense mis en place par Dimitrov, mais également de bien s'imprégner de l'ambiance générale qui régnait dans le tribunal et dont le lecteur ne peut que tirer de multiples bénéfices pour une complète compréhension des débats. Ce texte permet d'autre part de mieux appréhender l'univers communiste, ses rapports avec les sociaux-démocrates, les partis bourgeois et le parti nazi. Attention toutefois, ce texte n'est pas anodin pour le profane car Dimitrov était un redoutable propagandiste et manipulateur, et il convient donc de demeurer vigilant face à ses propos :

[1226] Wolfgang SCHÄCHE, *Das Zellengefängnis Moabit. Zur Geschichte einer preußischen Anstalt.*, Berlin, Transit Buchverlag 1992.

[1227] Marietta STANKOVA, *Georgi Dimitrov: A Life*, *opus cit.*

[1228] Gilbert BADIA, *Feu au Reichstag ! opus cit.*, p.188.

[1229] Benjamin CARTER HETT, *Burning the Reichstag. An investigation into the Third Reich's enduring mystery*, *opus cit.*

[1230] Dieter DEISEROTH (dir.), *Der Reichstagsbrand und der Prozess vor dem Reichsgericht. opus cit.*

[1231] Marietta STANKOVA, *Georgi Dimitrov: A Life*, *opus cit.*

« **Dimitrov :** En vertu du paragraphe 258 du Code de procédure criminelle, j'ai le droit de parler comme défenseur et comme accusé.
Le président : Vous avez le droit de parler le dernier. Cela vous est accordé maintenant.
Dimitrov : En vertu de ce code, j'ai le droit de discuter avec le ministère public et, ensuite, de faire une dernière déclaration.
Messieurs les juges, messieurs les accusateurs, messieurs les défenseurs, déjà, au début du procès, il y a trois mois de cela, j'ai adressé, en tant que prévenu, une lettre au président du tribunal. J'y exprimais mon regret de ce que mes interventions aient abouti à des conflits avec les juges. Mais je protestais résolument contre l'interprétation de ma conduite comme un abus prémédité de mon droit de poser des questions et de faire des déclarations aux fins de propagande. On conçoit qu'étant accusé bien qu'innocent, je cherche à me défendre contre de fausses accusations par tous les moyens dont je dispose.
Je reconnais, écrivais-je, que certaines questions n'ont pas été posées par moi de façon aussi juste du point de vue de l'opportunité et de la formulation que je l'aurais voulu. Mais cela ne s'explique que par mon ignorance du droit allemand. En outre, je suis pour la première fois de ma vie impliqué dans un pareil procès judiciaire. Si j'avais eu un défenseur de mon choix, j'aurais certainement pu éviter des incidents aussi fâcheux pour ma propre défense. J'avais nommé plusieurs avocats, Detchev, Moro-Giafferri, Campinchi, Torrès, Grigorov, Léo Gallagher et le docteur Lehmann. Mais le Tribunal d'Empire a repoussé sous divers prétextes, toutes mes propositions, les unes après les autres. Ce n'est pas que je nourrisse une méfiance personnelle à l'égard de M. le docteur Teichert, ni comme homme, ni comme avocat. Mais, dans l'état actuel des choses en Allemagne, je ne puis nourrir la confiance nécessaire envers Teichert dans son rôle de défenseur officiel. C'est pourquoi je m'efforce de me défendre moi-même, et il est évident qu'il m'arrive de commettre des irrégularités au point de vue juridique.
Dans l'intérêt de ma défense devant le tribunal, et aussi, comme je le crois, dans celui de la marche normale du procès, je m'adresse encore une fois – la dernière – à la Cour suprême, pour lui demander d'autoriser l'avocat Marcel Willard, à qui ma sœur a donné aujourd'hui pleins pouvoirs, à prendre part à ma défense. Si cette dernière proposition devait être, elle aussi, repoussée, il ne me resterait qu'à me défendre moi-même du mieux que je pourrai.
Cette proposition ayant été rejetée, j'ai décidé d'assumer moi-même ma défense. N'ayant besoin ni du miel, ni du venin de l'éloquence du

défenseur qui m'a été imposé, je me suis défendu seul au long de ces débats.

Il est tout à fait clair que je ne me sens lié en aucune façon par la plaidoirie du docteur Teichert. Ce qui compte seul pour ma défense, c'est ce que j'ai déclaré jusqu'ici moi-même devant le tribunal, et ce que je vais déclarer tout de suite. Je ne voudrais pas offenser mon camarade de parti, Torgler – à mon avis, son défenseur l'a déjà bien assez malmené – mais je dois le dire explicitement : je préfère être condamné à mort, innocent, par le tribunal allemand qu'obtenir mon acquittement par une défense comme celle du docteur Sack au profit de Torgler.

Le président : [interrompant Dimitrov] Il ne vous appartient pas de faire des critiques de cette nature.

Dimitrov : J'admets que je parle un langage rude et vif, mais ma lutte et ma vie l'ont été également.

Cependant, mon langage est sincère et franc. Je cherche à appeler les choses par leur nom. Je ne suis pas un avocat qui a l'obligation de défendre ici son client.

Je me défends moi-même comme un communiste accusé.

Je défends mon honneur politique, mon honneur de révolutionnaire.

Je défends mes idées, mes convictions communistes.

Je défends le sens et le contenu de ma vie.

Aussi bien chaque parole prononcée par moi devant le tribunal, c'est, pour ainsi dire, le sang de mon sang et la chair de ma chair. Chaque parole est l'expression de ma plus profonde indignation contre l'accusation injuste, contre le fait qu'un pareil crime anticommuniste soit attribué aux communistes.

On m'a souvent reproché de ne pas prendre au sérieux la Cour suprême allemande. C'est absolument injustifié.

Il est vrai que pour moi, communiste, la loi suprême est le programme de l'Internationale communiste, la Cour suprême la Commission de contrôle de l'Internationale communiste.

Mais pour moi, comme accusé, le Tribunal suprême est une instance qu'il convient de considérer avec le maximum de sérieux, non seulement parce qu'il est composé de juges d'une haute qualification juridique, mais encore parce que ce tribunal est l'organisme juridique le plus important de l'État allemand, de l'ordre social régnant, instance qui peut en définitive condamner à la peine capitale. Je puis, la conscience tranquille, déclarer que, devant le tribunal et, par conséquent, aussi devant l'opinion publique, je n'ai dit que la vérité sur toutes choses. En ce qui concerne mon Parti, qui est réduit à l'illégalité, j'ai refusé d'apporter aucun témoignage quel qu'il soit. J'ai toujours parlé avec sérieux, avec ma conviction la plus profonde.

Le président : Je ne tolérerai pas qu'ici, dans cette salle, vous vous adonniez à la propagande communiste. Vous l'avez fait tout le temps. Si vous continuez dans ce sens, je vous retirerai la parole.

Dimitrov : Je dois protester résolument contre l'affirmation que j'ai poursuivi des fins de propagande. On peut estimer que ma défense devant le tribunal a eu une certaine action de propagande. J'admets aussi que ma conduite devant le tribunal puisse servir d'exemple à tout accusé communiste, mais ce n'était pas là le but de ma défense. Mon but consistait à réfuter l'accusation visant à faire croire que Dimitrov, Torgler, Popov et Tanev, le Parti communiste d'Allemagne et l'Internationale communiste ont un rapport quelconque avec l'incendie. Je sais que personne en Bulgarie ne croit à notre prétendue complicité dans l'incendie du Reichstag. Je sais qu'à l'étranger, en général, il est peu probable qu'il se trouve des gens pour le croire. Mais en Allemagne les conditions sont différentes : ici on peut ajouter foi à ces étranges affirmations. C'est pourquoi j'ai voulu prouver que le Parti communiste n'a eu et n'a rien de commun avec la participation à ce crime.

Si l'on parle de propagande, bien des interventions, ici, ont revêtu ce caractère. Les discours de Goebbels et de Göring ont également exercé une propagande indirecte en faveur du communisme, mais personne ne peut les rendre responsables de ce que leurs interventions ont eu un tel effet de propagande.

Non seulement la presse m'a diffamé de toutes les manières – ce qui m'est totalement indifférent, – mais à travers moi on a qualifié le peuple bulgare de "sauvage" et de "barbare" ; on m'a qualifié d'"individu balkanique suspect", de "sauvage Bulgare", et je ne saurais passer cela sous silence.

Il est vrai que le fascisme bulgare est sauvage et barbare. Mais la classe ouvrière et la paysannerie de Bulgarie, les intellectuels du peuple bulgare ne sont ni des barbares ni des sauvages. Le niveau des conditions matérielles dans les Balkans est certainement moins élevé que dans les autres pays d'Europe ; mais, au point de vue intellectuel et politique, il est faux de dire que nos masses populaires sont à un niveau inférieur à celui des masses des autres pays européens. Notre lutte politique, nos aspirations politiques en Bulgarie ne sont pas inférieures à celles des autres pays. Un peuple qui pendant cinq cents ans a vécu sous le joug étranger sans perdre sa langue et sa nationalité, un peuple

d'ouvriers et de paysans qui a lutté et continue à lutter contre le fascisme bulgare, n'est ni barbare, ni sauvage. Les barbares et les sauvages en Bulgarie, ce sont uniquement les fascistes.
Mais je vous le demande, monsieur le président, dans quel pays les fascistes ne sont-ils ni des barbares, ni des sauvages ?
Le président : [interrompant Dimitrov] Ne faites-vous pas allusion à la situation en Allemagne ?
Dimitrov : Évidemment non, monsieur le président... À l'époque où l'empereur d'Allemagne Charles Quint disait qu'il ne parlait l'allemand qu'à son cheval, et où les nobles allemands et les hommes instruits n'écrivaient que le latin et avaient honte de la langue maternelle, dans la "barbare" Bulgarie, Cyrille et Méthode avaient créé et diffusé l'ancienne écriture bulgare.
Le peuple bulgare a lutté de toutes ses forces et de toute sa ténacité contre le joug étranger. Aussi bien je proteste contre les attaques dont le peuple bulgare est l'objet. Je n'ai pas à rougir d'être un Bulgare, je suis fier d'être un fils de la classe ouvrière bulgare.
Avant d'en venir à la question essentielle, je dois marquer ceci : le docteur Teichert nous a reproché de nous être nous-mêmes placés dans la situation d'inculpés de l'incendie du Reichstag. À cela je dois répondre que, depuis le 9 mars, jour de notre arrestation, jusqu'au début de ce procès, il s'est écoulé bien du temps ; pendant cette période on aurait pu éclaircir tous les points éveillant des soupçons. Au cours de l'instruction, j'ai parlé à des fonctionnaires de la commission d'enquête sur l'incendie du Reichstag ; ces fonctionnaires m'ont déclaré que nous, les Bulgares, ne sommes pas coupables de complicité dans ce crime. On ne devait que nous imputer d'avoir vécu avec de faux passeports, sous des noms d'emprunt, sans nous être fait enregistrer, etc.
Le président : Ce dont vous parlez maintenant n'a pas été débattu au procès ; par conséquent, vous n'avez pas le droit d'en parler ici.
Dimitrov : Monsieur le président, on aurait dû pendant ce temps vérifier toutes les données pour nous éviter en temps opportun cette accusation. L'acte d'accusation porte que "Dimitrov, Popov et Tanev affirment être des émigrés bulgares. Cependant, on doit tenir pour prouvé qu'ils séjournaient en Allemagne aux fins d'action politique illégale". Ils sont, est-il dit dans l'acte d'accusation, "envoyés par Moscou en Allemagne chargés de préparer une insurrection armée".
À la page 83 de l'acte d'accusation, il est dit : "Bien que Dimitrov ait déclaré avoir été absent de Berlin du 25 au 28 février, cela ne change rien, cela ne le dégage pas, lui, Dimitrov, de l'accusation de

participation à l'incendie du Reichstag." Cela ressort, – est-il dit plus loin dans l'acte d'accusation, – non seulement des dépositions de Helmer, d'autres faits témoignent également que…
Le président : Vous ne devez pas lire ici tout l'acte d'accusation, nous le connaissons parfaitement.
Dimitrov : Je dois dire que les trois quarts de tout ce qu'ont dit au procès le procureur et les défenseurs, est depuis longtemps connu de tout le monde et cependant ils l'ont répété ici. Helmer a témoigné que Dimitrov et van der Lubbe se trouvaient au restaurant Bayernhof. Plus loin, je lis dans l'acte d'accusation : "Si Dimitrov n'a pas été pris sur le lieu du crime, il n'en a pas moins participé à la préparation de l'incendie du Reichstag. Il s'était rendu à Munich pour se ménager un alibi. Les brochures trouvées chez Dimitrov montrent qu'il participait au mouvement communiste d'Allemagne." Telle est la base de cette accusation hâtive, qui s'est avérée une fausse couche.
Le président : [interrompant Dimitrov] Vous ne devez pas employer de ces expressions irrespectueuses en parlant de l'accusation.
Dimitrov : Je tâcherai de trouver d'autres expressions.
Le président : Mais pas aussi inadmissibles.
Dimitrov : Je reviendrai aux méthodes d'accusation et à l'accusation, à un autre point de vue. Le caractère de ce procès avait été déterminé par cette thèse que l'incendie du Reichstag est l'œuvre du Parti communiste allemand, de l'Internationale communiste. Cet acte anticommuniste – l'incendie du Reichstag – a été attribué aux communistes, comme devant proclamer le signal de l'insurrection communiste, le signal du renversement de la Constitution allemande actuelle. À l'aide de cette thèse on a conféré à tout le procès un caractère anticommuniste. L'accusation porte : "L'accusation s'en tient au point de vue que cet attentat criminel devait servir d'appel, de signal aux ennemis de l'État, qui voulaient déclencher ensuite l'attaque générale contre l'État allemand pour l'anéantir sur l'ordre de la IIIe Internationale et ériger à sa place la dictature du prolétariat, un État soviétique."
Messieurs les juges ! Ce n'est pas la première fois que semblable attentat est attribué aux communistes. Je ne peux citer ici tous les exemples de ce genre. Je rappelle l'attentat sur le chemin de fer ici, en Allemagne, près de Juterborg, attentat commis par un aventurier anormal, un provocateur. À ce moment, non seulement en Allemagne mais aussi dans les autres pays, on a, des semaines durant, accrédité le bruit que c'était là l'œuvre du Parti communiste allemand, que c'était

un acte de terrorisme des communistes. Plus tard on apprit que cela avait été fait par le fou, l'aventurier Matuchka. Celui-ci a été arrêté et condamné.
Et voici un autre exemple, l'assassinat du président de la République française [Paul Doumer] par Gorgoulov. Là aussi, on écrivit dans tous les pays qu'on y voyait la main des communistes. Gorgoulov était représenté comme un communiste, un agent soviétique. Quelle était la vérité ? Cet attentat s'est trouvé être organisé par les gardes blancs, et Gorgoulov s'est avéré un provocateur qui voulait obtenir la rupture des relations entre l'Union soviétique et la France.
Je rappellerai aussi la tentative de faire sauter la cathédrale de Sofia. Cet attentat n'avait pas été organisé par le Parti communiste bulgare, mais ce dernier n'en a pas moins été l'objet de poursuites. Deux-mille ouvriers, paysans et intellectuels furent sauvagement assassinés par les bandes fascistes sous le prétexte que les communistes avaient fait sauter la cathédrale. Cette provocation, l'explosion à la cathédrale de Sofia, avait été organisée par la police bulgare. Déjà en 1920, le chef de la police de Sofia, Proutkine, avait organisé pendant la grève des cheminots des attentats à l'aide de bombes, comme moyen de provocation contre les ouvriers bulgares.
Le président : [interrompant Dimitrov] Cela n'a rien à voir avec ce procès.
Dimitrov : Le fonctionnaire de police Heller a parlé ici de la propagande communiste des incendies, etc. Je lui ai demandé s'il ne connaissait pas des cas où des incendies, allumés par des entrepreneurs pour toucher le montant de l'assurance, avaient été ensuite imputés aux communistes. Le *Völkischer Beobachter* du 5 octobre a écrit que la police de Stettin…
Le président : Cet article n'a pas été présenté au procès [Dimitrov poursuit quand même]. Je vous interdis d'en parler ici, du moment que ce fait n'a pas été mentionné au procès.
Dimitrov : Toute une série d'incendies…
[À ce moment, le président Bünger coupa à nouveau la parole à Dimitrov et lui demanda de s'en tenir au procès.]
Dimitrov : On en a parlé à l'instruction, parce que toute une série d'incendies ont été imputés aux communistes. Par la suite, il s'est avéré que les propriétaires des immeubles les avaient allumés "pour donner du travail !". Je voudrais également traiter un instant de la question des faux documents. Il existe un grand nombre de faux qui ont été utilisés contre la classe ouvrière. Ces exemples sont nombreux. Je rappellerai

par exemple la fameuse lettre de Zinoviev[1232]. Cette lettre n'avait jamais été écrite par Zinoviev. On l'avait fabriquée. Et ce faux fut utilisé par les conservateurs anglais contre la classe ouvrière. Je rappellerai une série de faux qui ont joué un rôle dans la politique allemande.
Le président : Cela sort du cadre de ces débats.
Dimitrov : On a affirmé ici que l'incendie du Reichstag devait servir de signal à une insurrection armée. Et on a cherché à fonder cette affirmation comme suit : Göring a déclaré ici, au procès, que le Parti communiste allemand, au moment où Hitler a accédé au pouvoir, était obligé d'exciter l'effervescence des masses et d'entreprendre une action violente quelconque. Il a dit : "Les communistes étaient obligés de faire quelque chose – alors ou jamais !" Il a affirmé que le Parti communiste allemand avait depuis de longues années déjà appelé à la lutte contre le national-socialisme et que pour le Parti communiste allemand, au moment où les nationaux-socialistes accédaient au pouvoir, il ne restait rien d'autre à faire que de déclencher l'action – maintenant ou jamais. Le procureur général a essayé ici de formuler la même thèse de façon plus claire et plus ingénieuse.
Le président : Je ne permettrai pas que vous offensiez le procureur général.
Dimitrov : Ce que Göring a affirmé en qualité d'accusateur suprême, le procureur général l'a développé ici. Le procureur général, le docteur Werner, a dit : "Le Parti communiste se trouvait dans cette situation qu'il devait ou céder sans livrer combat ou accepter le combat, même si les préparatifs n'avaient pas été achevés. C'était la seule chance qui restait au Parti communiste dans les conditions données. Ou bien renoncer sans coup férir à son but, ou bien se décider à un acte risqué, jouer son va-tout, ce qui aurait pu modifier la situation en sa faveur.

1232 La lettre de Zinoviev est un document frauduleux publié par le journal britannique *Daily Mail* quatre jours avant les élections générales britanniques de 1924. Il se présentait comme une directive par laquelle Grigori Zinoviev, le chef de l'Internationale communiste (Komintern) ordonnait au Parti communiste de Grande-Bretagne de se livrer à toutes sortes d'activités séditieuses. Il disait que le rétablissement de relations diplomatiques entre le Royaume-Uni et l'Union soviétique par un gouvernement travailliste hâterait la radicalisation de la classe ouvrière britannique. Cette lettre, au cas où elle aurait été authentique, aurait constitué une interférence outrageante dans la politique britannique, dont la révélation aurait nui au parti travailliste. La lettre parut authentique à l'époque, mais selon un ouvrage de 2014, les derniers travaux historiques la considéraient comme un faux. Cette lettre profita au Parti conservateur, en hâtant l'effondrement des votes pour le Parti libéral, effondrement qui valut une victoire écrasante aux conservateurs.

L'affaire pouvait avorter, mais alors la situation n'aurait pas été plus mauvaise que si le Parti communiste avait reculé sans se battre."

La thèse, formulée ainsi et attribuée au Parti communiste, n'est pas une thèse communiste. Cette supposition montre que les ennemis du Parti communiste allemand le connaissent mal. Qui veut bien combattre son adversaire, doit bien le connaître. Interdire le Parti, dissoudre les organisations de masse, perdre la légalité, ce sont là évidemment des coups sérieux portés au mouvement révolutionnaire. Mais cela ne signifie pas encore, il s'en faut de beaucoup, que de ce fait tout soit perdu.

En février 1933, le Parti communiste était menacé d'interdiction. La presse communiste était interdite, l'interdiction du Parti communiste était imminente. Le Parti communiste allemand s'y attendait. On en parlait dans les tracts, dans les journaux. Le Parti communiste allemand savait bien que les partis communistes sont interdits dans nombre de pays, mais qu'ils n'en continuent pas moins à travailler et à combattre. Les partis communistes sont interdits en Pologne, en Bulgarie, en Italie et dans certains autres pays.

Je veux en parler, fort de l'expérience du Parti communiste bulgare. Ce dernier avait été interdit à la suite de l'insurrection de 1923, mais il continuait de travailler et, bien que cela lui ait coûté de nombreuses victimes, il est devenu plus fort qu'avant 1923. Cela tout homme doué d'esprit critique comprend l'importance de ce phénomène.

Le Parti communiste allemand même illégal peut, la situation s'y prêtant, accomplir la révolution. L'expérience du Parti communiste russe le prouve. Le Parti communiste russe était illégal, il subissait de sanglantes persécutions, mais la classe ouvrière, le Parti communiste en tête, a conquis le pouvoir. Les dirigeants du Parti communiste allemand ne pouvaient tenir ce raisonnement : devant l'interdiction de leur Parti tout était perdu et l'alternative se posait : ou bien l'insurrection, ou bien la fin. La direction du Parti communiste ne pouvait avoir une idée aussi stupide. Le Parti communiste savait pertinemment que le travail illégal coûterait de lourds sacrifices et exigerait de l'abnégation et du courage, mais il savait aussi que ses forces révolutionnaires se consolideraient et qu'il serait capable de réaliser les tâches qui lui incombent. Aussi la supposition que le Parti communiste allemand ait voulu dans cette période, jouer son va-tout, doit être absolument exclue. Par bonheur, les communistes n'ont pas la vue aussi courte que leurs adversaires, et ils ne perdent pas la tête dans les situations difficiles.

Il convient d'ajouter à cela que le Parti communiste allemand et les autres partis communistes sont des sections de l'Internationale communiste. Qu'est-ce que l'Internationale communiste ? Je me permettrai de citer un passage de ses statuts. Je cite ici le premier paragraphe : "L'Internationale communiste, Association internationale des travailleurs, est l'organisation des partis communistes des différents pays en un Parti communiste unique mondial. Guide et organisateur du mouvement révolutionnaire mondial du prolétariat, champion des principes et des buts du communisme, l'Internationale communiste lutte pour la conquête de la majorité de la classe ouvrière et des grandes couches de paysans pauvres, pour les principes et les buts du communisme, pour l'instauration de la dictature mondiale du prolétariat, pour la création d'une Fédération mondiale des Républiques socialistes soviétiques, pour l'abolition complète des classes et la réalisation du socialisme, première étape de la société communiste[1233]".

Dans ce parti mondial de l'Internationale communiste, comptant des millions de travailleurs, le Parti communiste de l'Union soviétique est le plus fort parti. Il est le parti dirigeant de l'Union soviétique, le plus grand État du monde. L'Internationale communiste, ce Parti communiste mondial, analyse la situation politique de concert avec la direction des partis communistes de tous les pays.

L'Internationale communiste devant laquelle toutes les sections sont directement responsables, n'est pas une organisation de conspirateurs, mais un parti mondial. Un tel parti mondial ne joue pas aux soulèvements et à la révolution. Un tel parti mondial ne peut dire officiellement à des millions de membres une chose, et en même temps faire secrètement le contraire. Un tel parti, mon excellent docteur Sack, ignore la comptabilité en partie double !

Maître Sack : Parfait, continuez votre propagande communiste !

Dimitrov : Un tel parti, quand il s'adresse aux millions de prolétaires, quand il prend ses décisions sur la tactique et les tâches immédiates, le fait sérieusement, avec la pleine conscience de sa responsabilité. Je citerai ici la décision de la XIIe assemblée plénière du Comité exécutif de l'Internationale communiste. Comme ces décisions ont été mentionnées au procès, j'ai le droit d'en donner lecture.

Conformément à ces décisions, la tâche essentielle du Parti communiste allemand consistait à mobiliser les millions de travailleurs pour la défense de leurs intérêts vitaux, contre leur pillage féroce par le capital monopoliste, contre le fascisme, contre les décrets-lois, contre le

---

[1233] *Programme de l'Internationale communiste,* suivi des *Statuts de l'I.C.,* p. 79.

nationalisme et le chauvinisme, en luttant pour l'internationalisme prolétarien, en développant les grèves économiques et politiques, les manifestations et en amenant les masses à la grève politique générale ; gagner les masses principales de la social-démocratie, liquider résolument les faiblesses du mouvement syndical. Le principal mot d'ordre que le Parti communiste allemand doit opposer à celui de la dictature fasciste ("le Troisième Reich"), de même qu'au mot d'ordre du Parti social-démocrate ("la deuxième République"), doit être : la République ouvrière et paysanne, c'est-à-dire de l'Allemagne socialiste, soviétique, assurant aussi la possibilité du rattachement volontaire des peuples d'Autriche et des autres régions allemandes.

Travail de masse, lutte de masse, résistance de masse, front unique, point d'aventures ! Voilà les bases de la tactique communiste.

On a trouvé chez moi, un appel du Comité exécutif de l'Internationale communiste. J'estime que l'on peut également le citer. Deux points sont particulièrement importants dans cet appel. Ainsi, on y parle des démonstrations qui se déroulent dans différents pays en liaison avec les événements d'Allemagne. On y parle des tâches du Parti communiste dans sa lutte contre la terreur national-socialiste, ainsi que pour la défense des organisations et de la presse de la classe ouvrière. Il est dit, entre autres, dans cet appel : "Le principal obstacle dans la voie de la réalisation du front unique de lutte des ouvriers communistes et sociaux-démocrates, a été et reste la politique de collaboration avec la bourgeoisie, suivie par les partis sociaux-démocrates, qui actuellement ont amené et exposé le prolétariat international aux coups de l'ennemi de classe. Cette politique de collaboration avec la bourgeoisie, connue sous le nom de politique dite du 'moindre mal', a, en fait, amené en Allemagne le triomphe de la réaction fasciste."

L'Internationale communiste et les partis communistes de tous les pays ont plus d'une fois affirmé leur volonté de lutter en commun avec les ouvriers sociaux-démocrates contre l'offensive du Capital, la réaction politique et la menace de guerre. Les partis communistes ont été les organisateurs de la lutte commune des ouvriers communistes, sociaux-démocrates qui brisaient systématiquement le front unique des masses ouvrières. Déjà le 20 juillet de l'année dernière le Parti communiste allemand, après l'effondrement du gouvernement social-démocrate prussien von Papen, adressait au Parti social-démocrate et à la Centrale syndicale d'Allemagne, la proposition d'organiser une grève commune contre le fascisme. Mais le Parti social-démocrate et la Centrale syndicale d'Allemagne, avec l'approbation de toute la IIe Internationale, qualifièrent cette proposition d'organiser la grève commune, de provocation. Le Parti communiste allemand renouvela sa proposition d'action commune au moment où Hitler accédait au pouvoir, invitant le Comité central du Parti social-démocrate et la direction de la Centrale syndicale allemande à organiser en commun la résistance au fascisme. Mais cette fois encore, sa proposition fut repoussée.

Bien plus, lorsqu'en novembre de l'an dernier les travailleurs des transports berlinois se mirent unanimement en grève contre la réduction des salaires, la social-démocratie torpilla le front unique de lutte. La pratique du mouvement ouvrier international est pleine d'exemples analogues.

Cependant l'appel du Bureau de l'Internationale ouvrière socialiste du 19 février de cette année, contient la déclaration des partis sociaux-démocrates, affiliés à cette Internationale, affirmant leur volonté d'établir le front unique avec les communistes pour la lutte contre la réaction fasciste en Allemagne. Cette déclaration est en contradiction flagrante avec tous les actes de l'Internationale socialiste et des partis sociaux-démocrates, jusqu'à ce jour. Toute la politique et l'activité de l'Internationale socialiste jusqu'à présent donnent à l'Internationale ouvrière et aux partis communistes le droit de ne pas croire à la sincérité de la déclaration du Bureau de l'Internationale ouvrière socialiste, lequel fait cette proposition au moment où, dans toute une série de pays, en Allemagne avant tout, la classe ouvrière elle-même prend déjà l'organisation du front unique de lutte dans ses propres mains.

Néanmoins, en présence du fascisme qui attaque la classe ouvrière d'Allemagne et dénoue toutes les forces de la réaction mondiale, le Comité exécutif de l'Internationale communiste appelle tous les partis communistes à faire encore une tentative pour établir le front unique avec les masses ouvrières sociales-démocrates par l'intermédiaire des partis sociaux-démocrates. Le Comité exécutif de l'Internationale communiste fait cette tentative dans la ferme conviction que le front unique de la classe ouvrière contre la bourgeoisie repousserait l'offensive du Capital et du fascisme et accélérerait grandement la fin inévitable de toute l'exploitation capitaliste.

Étant donné les conditions particulières de chaque pays et la diversité des tâches concrètes de lutte qui se posent devant la classe ouvrière dans chacun d'eux, l'accord entre les partis communistes et les partis sociaux-démocrates en vue d'actions déterminées contre la bourgeoisie, peut être réalisé avec le plus de succès dans le cadre de chaque pays. Aussi, le Comité exécutif de l'Internationale communiste recommandet-il aux partis sociaux-démocrates adhérents à l'Internationale socialiste, l'action commune contre le fascisme et l'offensive du Capital. Ces pourparlers doivent avoir pour base les conditions élémentaires de la lutte commune contre l'offensive du Capital et du fascisme. Sans un programme concret d'action contre la bourgeoisie, tout accord entre les partis serait dirigé contre les intérêts de la classe ouvrière...

Devant l'ensemble de la classe ouvrière internationale, le Comité exécutif de l'Internationale communiste formule ces propositions et appelle tous les partis communistes, le Parti communiste allemand en premier lieu, sans attendre le résultat des pourparlers et des accords sur la lutte commune avec la social-démocratie, à procéder immédiatement à l'organisation de comités de lutte communs, tant avec les ouvriers sociaux-démocrates qu'avec les ouvriers de toutes les autres tendances. Les communistes ont démontré par leur lutte de longues années qu'ils ont été et seront toujours aux premiers rangs de la lutte pour le front unique non en paroles mais en fait, dans les actions de classe contre la bourgeoisie. Le Comité exécutif de l'Internationale communiste est fermement convaincu que les ouvriers sociaux-démocrates et les sans-parti, indépendamment de l'attitude que les chefs de la social-démocratie observent à l'égard de la création du front unique, surmonteront tous les obstacles et réaliseront, en commun avec les communistes, le front unique non en paroles mais en fait. Maintenant surtout que le fascisme allemand a organisé, en vue d'écraser le mouvement ouvrier d'Allemagne, une provocation inouïe (l'incendie du Reichstag, faux relatif à l'insurrection, etc.), chaque ouvrier doit comprendre son devoir de classe dans la lutte contre l'offensive du Capital et de la réaction fasciste.

Cet appel ne dit rien d'une lutte immédiate pour la prise du pouvoir. Cette tâche n'a été posée ni par le Parti communiste allemand, ni par l'Internationale communiste. Il est naturellement vrai que l'appel de l'Internationale communiste n'écarte pas la possibilité d'une insurrection armée. Le tribunal en a faussement conclu que dès l'instant où le Parti communiste se propose comme but une insurrection armée, c'est donc que cette insurrection était préparée en fait et devait immédiatement éclater. Cela est illogique, inexact, pour ne pas dire plus.

Oui, bien entendu, lutter pour la dictature du prolétariat est la tâche des partis communistes du monde entier. C'est notre principe, c'est notre but. Mais c'est là un programme précis, pour la réalisation duquel sont nécessaires non seulement les forces de la classe ouvrière, mais encore des autres couches de travailleurs.

Que le Parti communiste allemand ait été pour la révolution prolétarienne, tout le monde le sait. Mais ce n'est point là la question qui doit être résolue à ce procès. La question est de savoir si réellement une insurrection armée avait été fixée au 27 février pour la prise du pouvoir, en liaison avec l'incendie du Reichstag.
Qu'est-il résulté de l'instruction judiciaire, messieurs les juges ? La légende visant à faire croire que l'incendie du Reichstag était l'œuvre des communistes, s'est effondrée complètement. Je ne vais pas citer les témoignages apportés, ainsi que l'ont fait les autres défenseurs. Mais cette question peut être considérée comme entièrement élucidée pour tout homme au jugement normal. L'incendie du Reichstag ne se trouve en aucune liaison avec l'activité du Parti communiste, non seulement avec une insurrection, mais avec une démonstration, une grève ou tout autre action de ce genre. Ceci a été parfaitement prouvé par l'instruction. L'incendie du Reichstag – je ne parle pas des affirmations de malfaiteurs et d'anormaux, – n'a été compris par personne comme le signal de l'insurrection. Personne n'a remarqué, en liaison avec l'incendie du Reichstag, aucun acte, action ou tentative d'insurrection. Personne n'avait alors rien entendu à ce sujet. Tous les racontars sur ce point se rattachent à une période beaucoup plus récente. La classe ouvrière se trouvait alors en état de défensive contre l'attaque du fascisme. Le Parti communiste allemand s'efforçait d'organiser la résistance des masses, leur défensive. Mais il a été démontré que l'incendie du Reichstag a fourni le prétexte, a été le prélude d'une campagne destructrice largement conçue contre la classe ouvrière et son avant-garde, le Parti communiste. Il a été irréfutablement prouvé que les représentants responsables du gouvernement n'avaient même pas songé les 27 et 28 février que l'insurrection communiste était imminente.
J'ai posé à ce sujet nombre de questions aux témoins cités ici. J'ai interrogé tout d'abord Heller, le fameux Karwahne, Frey, le comte Helldorf, les fonctionnaires de police. Malgré les différentes variantes, tous m'ont répondu qu'ils n'avaient pas entendu dire qu'une insurrection communiste dût éclater. Cela signifie que les milieux dirigeants n'avaient pris absolument aucune mesure contre la possibilité d'une telle insurrection.
Le président : Pourtant, le tribunal a reçu communication du chef du département occidental de la police sur ce point.
Dimitrov : Le chef du département occidental de la police, dans sa communication, rapporte que Göring l'avait mandé auprès de lui et lui

avait donné des instructions verbales sur la lutte contre les réunions communistes, grèves, démonstrations, campagne électorale, etc. Mais, même cette communication ne dit pas que des mesures avaient été prises contre l'insurrection communiste imminente. Hier, l'avocat Seifert a également parlé de cela. Il a fait cette conclusion que personne dans les milieux dirigeants ne s'attendait à une insurrection à ce moment. Seifert se référait à Goebbels, indiquant que ce dernier n'avait pas tout d'abord ajouté foi à la nouvelle de l'incendie du Reichstag. En a-t-il été ainsi ? C'est là une autre question.

À cet égard, une preuve est également fournie par le décret-loi du gouvernement allemand, en date du 28 février 1933. Ce décret fut promulgué aussitôt après l'incendie. Lisez-le. Que dit-il ? Il y est dit que tels ou tels articles de la Constitution sont supprimés, à savoir les articles concernant la liberté d'organisation, la liberté de la presse, l'inviolabilité de la personne, l'inviolabilité du domicile, etc. C'est là le fond du décret-loi, de son deuxième paragraphe. L'offensive contre la classe ouvrière…

Le président : Pas contre les ouvriers, mais contre les communistes…

Dimitrov : Je dois dire qu'en vertu de ce décret-loi on arrêta non seulement des communistes, mais aussi des ouvriers sociaux-démocrates et chrétiens, on interdit leurs organisations. Je voudrais souligner que ce décret-loi était dirigé non seulement contre le Parti communiste allemand, – quoique, bien entendu, avant tout, contre ce dernier, – mais aussi contre les autres partis et groupes d'opposition. Cette loi était nécessaire pour instaurer le régime d'exception, elle est directement, organiquement, liée à l'incendie du Reichstag.

Le président : Si vous continuez à attaquer le gouvernement allemand, je vous retirerai la parole.

Dimitrov : Dans ce procès, une question n'a pas du tout été éclaircie.

Le président : En parlant vous devez vous adresser aux juges, et non à la salle, autrement votre discours peut être considéré comme de la propagande.

Dimitrov : Une question n'a pas été éclaircie, ni par le ministère public, ni par la défense. Je ne m'étonne pas qu'ils n'aient pas jugé cela indispensable. Ils redoutent beaucoup cette question. C'est la question de savoir quelle était la situation politique en Allemagne en février 1933. Je dois m'arrêter sur ce point. Fin février, la situation politique était telle qu'à l'intérieur du camp du front national la lutte se livrait…

Le président : Vous vous engagez sur un terrain, que je vous ai déjà interdit plus d'une fois.

Dimitrov : Je tiens à rappeler la proposition que j'ai faite au tribunal, de citer des témoins tels que Schleicher, Brüning, Papen, Hugenberg, le vice-président du Casque d'acier, Duesterberg, etc.
Le président : Mais la Cour a refusé de faire comparaître ces témoins. Aussi ne devez-vous pas vous y arrêter.
Dimitrov : Je le sais et, de plus, j'en connais la raison.
Le président : Il m'est désagréable de vous interrompre sans cesse pendant votre dernière intervention, mais vous devez vous conformer à mes injonctions.
Dimitrov : Cette lutte intérieure dans le camp national se poursuivait en liaison avec la lutte menée dans les coulisses entre les dirigeants de l'économie allemande. La lutte se poursuivait entre les milieux de Thyssen et Krupp, qui ont financé des années durant le mouvement national-socialiste, et leurs concurrents qui devaient être refoulés au second plan.
Thyssen et Krupp voulaient établir dans le pays une dictature politique, une domination absolue, sous leur direction personnelle ; à cet effet, il fallait écraser le prolétariat révolutionnaire. Le Parti communiste s'efforçait, dans cette période, de créer le front unique pour rassembler toutes les forces en vue de résister aux tentatives des nationaux-socialistes pour anéantir le mouvement ouvrier. Une partie des ouvriers sociaux-démocrates sentaient la nécessité du front unique de la classe ouvrière. Ils s'en rendaient compte. Des milliers d'ouvriers sociaux-démocrates rejoignirent les rangs du Parti communiste allemand [cette affirmation ne se vérifie pas au niveau des chiffres électoraux, dans tous les cas cela ne fut pas une hémorragie]. Mais, en février et mars, la tâche consistant à établir le front unique ne signifiait nullement l'insurrection ni sa préparation, mais seulement la mobilisation de la classe ouvrière contre la campagne spoliatrice des capitalistes et contre la violence des nationaux-socialistes.
Le président : [interrompant Dimitrov] Vous avez toujours souligné que vous vous intéressez uniquement à la situation politique en Bulgarie ; or vos développements de tout à l'heure prouvent que vous avez manifesté un très grand intérêt pour les questions politiques d'Allemagne.
Dimitrov : Monsieur le président, vous m'adressez un reproche. À cela je ne puis que vous répondre ceci : comme révolutionnaire bulgare je m'intéresse au mouvement révolutionnaire de tous les pays. Je m'intéresse, par exemple, aux questions politiques sud-américaines, et je les connais peut-être aussi bien que les questions allemandes, bien

que n’ayant jamais été en Amérique. Au reste, cela ne veut point dire que si en Amérique du Sud, le siège de quelque Parlement vient à brûler, ce sera de ma faute. Je m’intéresse à la politique allemande, mais je ne me mêle pas des affaires politiques de l’Allemagne.
Au cours de ces débats, j’ai appris bien des choses et, grâce à mon sens politique, j’ai vu clair dans bien des détails. La situation politique de cette période comportait deux facteurs essentiels : le premier, c’est l’effort des nationaux-socialistes pour accéder au pouvoir ; le deuxième – à l’opposé du premier – c’est l’activité du Parti communiste visant à créer le front unique des ouvriers contre le fascisme. À mon avis, cela s’est révélé également pendant ces débats.
Les nationaux-socialistes avaient besoin d’une manœuvre de diversion, pour détourner l’attention des difficultés qui existaient à l’intérieur du camp national et briser le front unique des ouvriers. Le “gouvernement national” avait besoin d’un prétexte valable pour lancer son décret-loi du 28 février qui supprimait la liberté de la presse, l’inviolabilité de la personne, et inaugurait un système de répression policière, de camps de concentration et autres mesures de lutte contre les communistes [camps de concentration pour l’instauration desquels Dimitrov œuvra après la guerre dans les pays sous régime communiste].
Le président : [interrompant Dimitrov] Vous voilà arrivé à l’extrême limite, vous faites des allusions !
Dimitrov : Je veux simplement éclairer la situation politique en Allemagne à la veille de l’incendie du Reichstag, comme je la comprends.
Le président : Il n’y a pas place ici pour des allusions à l’adresse du gouvernement et pour des affirmations depuis longtemps réfutées.
Dimitrov : La classe ouvrière devait se défendre de toutes ses forces, et c’est pour cela que le Parti communiste a tenté d’organiser le front unique, en dépit de la résistance de Wels et de Breitscheid, qui maintenant, à l’étranger, poussent des clameurs hystériques.
Le président : Vous devez passer à votre défense, si vous le voulez ; autrement vous n’aurez pas assez de temps pour le faire.
Dimitrov : J’ai déjà déclaré que sur un point je suis d’accord avec l’acte d’accusation. Maintenant, il faut confirmer cet accord. C’est en ce qui concerne la question de savoir si van der Lubbe a organisé l’incendie seul ou s’il avait des complices. Le représentant de l’accusation Parisius a déclaré ici que, de la réponse à la question de savoir si van der Lubbe avait ou non des complices, dépendait le sort des accusés. Je réponds à cela : non, mille fois non : cette conclusion du procureur est illogique.

J'estime que van der Lubbe n'a réellement pas été seul à incendier le Reichstag. L'expertise et les données ressortant de ces débats m'amènent à conclure que l'incendie dans la salle des séances du Reichstag était d'un autre genre que celui allumé dans le restaurant du rez-de-chaussée, etc. Le feu a été mis à la salle des séances par d'autres gens et par un autre procédé. L'incendie allumé par van der Lubbe et l'incendie dans la salle des séances coïncident seulement pour le temps ; pour le reste ils sont foncièrement différents. Le plus probable, c'est que van der Lubbe a été l'instrument inconscient de ces gens, instrument dont on a abusé. Il ne dit pas toute la vérité ici. Maintenant encore il persiste dans son mutisme. Bien qu'il ait eu des complices, ce fait ne décide pas du sort des autres accusés. Van der Lubbe n'a pas été seul, c'est vrai, mais ceux qui étaient avec lui n'étaient ni Torgler, ni Popov, ni Tanev, ni Dimitrov.

N'est-il pas probable que, le 26 février, van der Lubbe a rencontré à Hoenigsdorf une personne à qui il a communiqué ses tentatives de mettre le feu à l'hôtel de ville et au palais ? Que cet homme lui a dit que tous ces incendies ne sont que des jeux d'enfants, qu'une affaire sérieuse, ce serait l'incendie du Reichstag pendant les élections ? Et n'est-il pas probable que c'est ainsi que de l'union secrète entre la démence politique et la provocation politique a surgi l'incendie du Reichstag ? L'allié du côté de la démence politique est au banc des prévenus. Quant aux alliés du côté de la provocation politique, ils sont en liberté. Tandis que le naïf van der Lubbe faisait ses tentatives malhabiles pour mettre le feu au restaurant, dans le corridor et au rez-de-chaussée, des inconnus se servant de ce liquide inflammable secret dont a parlé le docteur Schatz, ne perpétraient-ils pas l'incendie de la salle des séances ? [Van der Lubbe se mit à rire. Tout son corps fut secoué d'un rire silencieux. L'attention de toute la salle, des juges et des prévenus se porta alors sur lui.]

Dimitrov : [En désignant van der Lubbe] Les complices inconnus ont veillé à tous les préparatifs de l'incendie. Ce Méphistophélès a su disparaître sans laisser de traces. Et voilà qu'ici se trouve l'instrument stupide, le pitoyable Faust, tandis que Méphistophélès a disparu. Le plus probable, c'est qu'un pont a été jeté à Hoenigsdorf entre van der Lubbe et les représentants de la provocation politique, les agents des ennemis de la classe ouvrière.

Le procureur général Werner a déclaré ici que van der Lubbe était un communiste ; il a dit ensuite que si même il n'était pas communiste, il a accompli son œuvre dans l'intérêt du Parti communiste et en liaison

avec ce dernier. C'est là une affirmation fausse.
Qui est van der Lubbe ? Un communiste ? Pas du tout ! Un anarchiste ? Non. C'est un ouvrier déclassé, c'est une épave rebelle de la société, une créature dont on a abusé, qu'on a utilisée contre la classe ouvrière. Non il n'est pas communiste. Il n'est pas anarchiste. Pas un seul communiste au monde, pas un seul anarchiste ne se comporterait devant le tribunal comme le fait van der Lubbe. Les anarchistes commettent souvent des actes insensés, mais toujours devant les juges, ils revendiquent leurs responsabilités et expliquent leurs buts [ce que van der Lubbe fit, mais que Dimitrov occulte volontairement dans sa propagande]. Si un communiste avait fait quelque chose d'analogue, il ne se tairait pas devant le tribunal, alors que quatre innocents sont au banc des accusés à ses côtés. Non, van der Lubbe n'est pas un communiste, ni un anarchiste, il est l'instrument dont a abusé le fascisme.
Avec cet homme, avec ce misérable instrument dont on a abusé, que l'on a utilisé au préjudice du communisme, il ne peut y avoir rien de commun, il ne peut y avoir aucune relation entre lui et le président de la fraction communiste du Reichstag, entre lui et les communistes bulgares.
Je dois rappeler ici que le 28 février au matin, Göring a publié un communiqué sur l'incendie. Ce communiqué annonçait que Torgler et Koenen s'étaient enfuis des locaux du Reichstag à 10 heures du soir. Cette nouvelle fut radiodiffusée dans tout le pays. Le communiqué disait que l'incendie avait été allumé par les communistes. Toutefois, on n'a pas fait d'enquête sur les agissements de van der Lubbe à Hoenigsdorf. L'homme qui passa la nuit avec van der Lubbe au poste de police, n'a pas été retrouvé…
Le président : [interrompant Dimitrov] Quand avez-vous l'intention de finir vos discours ?
Dimitrov : Je veux parler encore une demi-heure. Je dois exposer ma façon de voir sur cette question…
Le président : On ne peut tout de même pas parler sans fin.
Dimitrov : Pendant les trois mois que dura le procès, monsieur le président, vous m'avez, un nombre incalculable de fois, contraint au silence, en me promettant qu'à la fin du procès je pourrais parler en détail pour me défendre. Cette fin du procès est arrivée. Mais contrairement à votre promesse vous limitez de nouveau mon droit de parole. La question de ce qui s'est passé à Hoenigsdorf est extrêmement importante. Waschinski, qui avait passé la nuit avec van der Lubbe, n'a

pas été retrouvé. Ma proposition de le découvrir a été reconnue inutile. L'affirmation que van der Lubbe s'est trouvé à Hoenigsdorf avec des communistes est un mensonge monté par un témoin national-socialiste. Si van der Lubbe avait été à Hoenigsdorf avec des communistes, la chose aurait été depuis longtemps élucidée, monsieur le président. Mais personne ne s'est préoccupé de découvrir Waschinski.

Le jeune homme, qui s'était présenté au commissariat de la porte de Brandebourg pour apporter la première nouvelle de l'incendie du Reichstag, n'a pas été recherché ; il reste jusqu'à présent inconnu. L'instruction a débouché sur une fausse voie. Le docteur Albrecht, député national-socialiste, qui avait quitté le Reichstag immédiatement après l'incendie, n'a pas été interrogé. On n'a pas cherché les incendiaires là où ils étaient, mais là où ils n'étaient pas. On les recherchait dans les rangs du Parti communiste, et on avait tort. Cela a permis aux vrais incendiaires de disparaître. On a donc décidé : du moment qu'on n'a pas pris et qu'on n'a pas osé prendre les vrais fauteurs de l'incendie, il faut en prendre d'autres, des "ersatz-incendiaires" pour ainsi dire, du Reichstag…

Le président : Je vous interdis de dire cela, et je vous donne encore dix minutes.

Dimitrov : J'ai le droit d'apporter et de motiver des propositions concernant le verdict. Le procureur général a traité toutes les dépositions des communistes comme indignes de foi. Je n'adopterai pas une position contraire. Je n'affirmerai pas, par exemple, que tous les témoins nationaux-socialistes sont des menteurs. Je pense que parmi les millions de nationaux-socialistes il se trouve aussi d'honnêtes gens…

Le président : Je vous interdis de pareilles remarques malveillantes.

Dimitrov : N'est-il pas significatif que tous les principaux témoins à charge sont des députés nationaux-socialistes, des journalistes et des partisans du national-socialisme ? Le député national-socialiste Karwahne n'a-t-il pas dit avoir vu Torgler en compagnie de van der Lubbe au Reichstag ? Le député national-socialiste Frey a déclaré avoir vu Popov avec Torgler au Reichstag. Le garçon de restaurant national-socialiste Helmer a témoigné qu'il avait vu van der Lubbe avec Dimitrov. Le journaliste national-socialiste Weberstedt aurait vu Tanev avec van der Lubbe. Est-ce un effet du hasard ? Le docteur Dröscher, qui est intervenu ici en qualité de témoin, et qui est en même temps collaborateur au *Völkischer Beobachter*, Zimmermann…

Le président : [interrompant Dimitrov] Cela n'est pas démontré.

Dimitrov : … a affirmé que Dimitrov est l'organisateur de l'explosion à la cathédrale de Sofia, ce qui a été démenti, et qu'il m'aurait vu avec Torgler au Reichstag. Je déclare, avec une certitude à cent pour cent, que Dröscher et Zimmermann, ce n'est qu'une et même personne...

Le président : Je le nie, cela n'est pas prouvé.

Dimitrov : Le fonctionnaire de police Heller a cité ici un poème communiste pris dans un livre édité en 1925, pour démontrer que les communistes ont mis le feu au Reichstag en 1933.

Je me permettrai également de citer des vers du plus grand poète d'Allemagne, Goethe :

Apprends à être plus intelligent.
L'aiguille de la grande balance
Du bonheur reste rarement en repos ;
Tu dois ou t'élever
Ou descendre ;
Tu dois dominer et gagner,
Ou bien servir et perdre.
Souffrir ou triompher,
Être l'enclume ou le marteau.

Oui, quiconque ne veut pas être l'enclume, doit être le marteau ! Cette vérité, la classe ouvrière allemande dans son ensemble, ne l'a comprise ni en 1918, ni en 1923, ni le 20 juillet 1932, ni en janvier 1933. La faute en est aux chefs sociaux-démocrates, aux Wels, Severing, Braun, Leipart, Grasseman. Aujourd'hui, bien entendu, les ouvriers allemands pourront la comprendre !

On a beaucoup parlé ici du droit allemand et de la légalité, et je tiens à dire mon opinion à ce sujet également. Le jugement d'un tribunal se ressent toujours, incontestablement, des combinaisons politiques du moment actuel et des tendances politiques dominantes.

Le ministre de la Justice Kerl est sans aucun doute pour le tribunal, une autorité compétente. Il a exprimé son opinion dans une interview publiée dans la presse.

La prévention du droit libéral formel, déclare-t-il, consiste à affirmer que la justice doit avoir le culte de l'objectivité. Maintenant, nous en sommes arrivés à la source d'éloignement entre le peuple et la justice et la faute de cet éloignement retombe toujours en fin de compte sur la justice. Qu'est-ce que l'objectivité au moment où le peuple lutte pour son existence ? Le soldat combattant, l'armée combattante connaissent-ils l'objectivité ? Le soldat et l'armée ne savent qu'une chose, ne savent qu'une considération, ne connaissent qu'une seule question : Comment dois-je sauver la liberté et l'honneur ? Comment sauver la nation ?

Ainsi, il va de soi que la justice d'un peuple qui combat dans une lutte à mort, ne peut avoir le culte d'une objectivité morte. Les dispositions du tribunal, du ministère public, des avocats doivent être dictées exclusivement par cette seule considération, à savoir : qu'est-ce qui importe pour la vie de la nation ? Qu'est-ce qui sauvera le peuple ?
Ce n'est pas l'objectivité invertébrée qui signifie le marasme et, par là même, la pétrification, l'éloignement vis-à-vis du peuple, non, tous les actes, toutes les mesures prises par la collectivité dans son ensemble et par chaque individu doivent être subordonnés aux besoins immédiats du peuple, de la nation. Ainsi, le droit est une notion relative…
Le président : Cela n'a pas de rapport avec le sujet. Vous devez faire vos propositions.
Dimitrov : Le procureur général a proposé d'acquitter les Bulgares accusés, faute de preuves. Mais cela ne saurait nullement me satisfaire. La question est loin d'être aussi simple. Cela n'écarterait pas complètement les soupçons. Au cours du procès, il a été démontré péremptoirement que nous n'avons rien de commun avec l'incendie du Reichstag et que, par conséquent, il n'y avait pas la moindre base pour justifier des soupçons contre nous. Nous, Bulgares, aussi bien que Torgler, devons être acquittés, non pas faute de preuves, mais parce que nous, communistes, n'avons rien et ne pouvions rien avoir de commun avec un acte anticommuniste.
Je propose donc de rendre le jugement que voici :
1. La Cour suprême reconnaît notre innocence dans l'affaire, et l'accusation injustifiée ; ceci est vrai pour nous : – pour moi, Torgler, Popov, Tanev.
2. Déclare que van der Lubbe a été un instrument utilisé au détriment et au préjudice de la classe ouvrière.
3. Qu'il convient de mettre en jugement les personnes coupables d'avoir porté de fausses accusations contre nous.
4. Et de nous dédommager aux dépens de ces coupables pour le temps perdu, la santé compromise et les souffrances endurées.
Le président : Ce que vous nommez vos propositions, le tribunal les aura en vue au cours de la délibération sur le verdict à prendre.
Dimitrov : Le temps viendra où ces comptes seront réglés avec intérêts. La pleine lumière sur la question de l'incendie du Reichstag et les véritables incendiaires c'est, évidemment, le tribunal du peuple de la future dictature du prolétariat qui s'en chargera.

Au XVIIe siècle, le fondateur de la physique scientifique Galileo Galilei, a comparu devant le sévère tribunal de l'Inquisition qui devait le

condamner, comme hérétique, à la mort, il s'est écrié avec une profonde conviction et résolution :
"Et pourtant la terre tourne !" Et ce principe scientifique est devenu plus tard le patrimoine de toute l'humanité.
[Le président interrompt brutalement Dimitrov, se lève, rassemble ses papiers, et s'apprête à sortir.]
Dimitrov : [poursuivant] Nous, communistes, pouvons aujourd'hui, proclamer avec non moins de résolution que le vieux Galilée :
"Et pourtant elle tourne !" La roue de l'histoire tourne, avance, vers une Europe soviétique, vers l'Union mondiale des Républiques soviétiques. Et cette roue, poussée par le prolétariat sous la direction de l'Internationale communiste, on ne parviendra à l'arrêter ni par des mesures d'extermination, ni par des condamnations aux travaux forcés, ni par des exécutions. Elle tourne et continuera à tourner jusqu'à la victoire définitive du communisme[1234] ! »
[Les policiers empoignent Dimitrov et le forcent à se rasseoir sur le banc des accusés. Le président et le tribunal s'éloignent pour délibérer sur la question de savoir si Dimitrov peut continuer son discours. Après délibération, ils reviennent et annoncent que la parole est définitivement retirée à Dimitrov.]

Blagoï Popov et Vassil Tanev

Fils d'un professeur bulgare, Blagoï Popov devint membre du Mouvement des jeunes communistes dès seize ans puis membre du Parti communiste bulgare à vingt ans[1235]. Il suivit des études de droit à Sofia, mais suite aux événements qui secouèrent la Bulgarie en 1923, il quitta son pays pour gagner l'URSS[1236] et échapper à la répression de la police en raison de son appartenance au Parti communiste interdit. Il s'impliqua pleinement dans des activités politiques et devint secrétaire de la jeunesse communiste bulgare en 1929 et retourna en Bulgarie dès 1930[1237]. En novembre 1931, il dut fuir à nouveau son pays natal, pourchassé pour son militantisme par les autorités bulgares et il regagna

---

[1234] Plaidoyer de Georgi Dimitrov, le 16 décembre 1933.
[1235] Marietta STANKOVA, *Georgi Dimitrov: A Life*, *opus cit.*
[1236] *Ibid.*
[1237] B. LAZITCH, M. DRACHKOVITCH, *Biographical Dictionary of the Comintern*, Stanford, 1973 ainsi que Jane DEGRAS, *The Communist International, 1919-1943,* documents, 3 vol., 1919-1922, I, 1956-1965, II, 1923-1928, III, 1929-1943.

de ce fait l'URSS[1238]. Il vécut là-bas sous le nom de Janko Petkoff. Popov arriva à Berlin le 30 octobre 1932 pour le compte du Komintern. Après le procès de l'incendie du Reichstag, il s'installa à Moscou et reprit avec ardeur ses activités politiques[1239]. Il fut ensuite arrêté par le NKVD[1240] (*Narodnii Komissariat Vnoutrennikh Diel*, Commissariat du peuple aux Affaires intérieures) qui était l'organisme d'État – l'équivalent d'un ministère – « chargé de combattre le crime et de

---

1238 *Ibid.* Popov écopa des sanctions suivantes : a) condamné à une amende en 1931 et en 1932 pour infraction fiscale à la législation de l'armée, b) par décision du tribunal de district de Sofia du 18 juin 1932 en vertu de l'article 2 de la loi sur la protection de l'État pour la formation et l'organisation du Comité central du parti communiste bulgare et des organisations interdites à 12 ans et demi d'emprisonnement, 15 ans de perte d'honneur.

1239 *Ibid.*

1240 Le rôle du NKVD était de contrôler la population et la direction de l'URSS. Ses chefs ne rendaient compte qu'à Staline, qui l'utilisa pour imposer et maintenir son autorité sur le pays. Il joua un rôle essentiel dans les grandes purges de 1936 à 1938 et acquit rapidement une réputation aussi redoutable que l'ancienne Guépéou. Le NKVD fut responsable, selon le général du KGB Alexandre Karbanov, de la mort de 3,5 millions de Soviétiques lors des Grandes Purges. Il gérait le système répressif en URSS, dont le Goulag. Le NKVD comptait plusieurs dizaines de milliers d'agents, allant des miliciens judiciaires jusqu'à des militaires en passant par les gardiens du Goulag et les commissaires politiques. Le NKVD formait aussi les troupes d'élite assez fiables pour effectuer des missions très dangereuses comme les infiltrations ou les parachutages derrière les lignes ennemies. Ces unités étaient à l'origine des *Spetsnaz*, forces spéciales soviétiques. Pendant la Seconde Guerre mondiale, le NKVD était chargé des camps de prisonniers de guerre, notamment polonais en 1939. Ce fut le NKVD qui perpétra le massacre de Katyń. Il avait ses propres divisions qui permettaient ainsi de maintenir son influence jusque sur la ligne de front, de faire appliquer les ordres du haut commandement et aussi de tirer sur les soldats de l'Armée rouge voulant refluer ou se rendre à l'ennemi. De ce fait, le rôle des unités du NKVD, qui ne combattaient, et dans le dos, que les soldats soviétiques, a été dénoncé après la guerre. Lors de la déstalinisation, le 14 février 1954, le procureur de l'URSS, le ministre de la Justice et le ministre de l'Intérieur envoyèrent une note à Nikita Khrouchtchev (1894-1971) communiquant des estimations des résultats des organes de la Tchéka, Guépéou, NKVD pour la période « entre le 1er janvier 1921 et le 1er février 1954 » : 3 777 380 condamnations pour « activités contre-révolutionnaires » par les « collèges spéciaux » et les « troïkas » de l'OGPU et du NKVD, le collège militaire de la Cour suprême et les tribunaux militaires. 642 980 personnes furent condamnées à mort. On ajoutera dans les années 1930-1932 la déportation de 1 800 000 paysans qualifiés de *koulaks* : parmi eux plusieurs centaines de milliers d'hommes, de femmes et d'enfants moururent. Cf Nicolas WERTH, *Les crimes de masse sous Staline (1930-1953)*, in *SciencesPo* du 28 décembre 2009, ainsi que Nicolas WERTH, *Goulag les vrais chiffres*, *L'Histoire*, n° 169, septembre 1993 p. 50, et *Le Livre noir du communisme, opus cit.*

maintenir l'ordre public » en URSS, puis il fut victime des terribles purges staliniennes en 1937[1241]. Popov passa alors dix-sept ans dans un goulag jusqu'à sa réhabilitation officielle en 1954 par les autorités communistes[1242].

Cordonnier de profession, Vassil Tanev naquit à Guevgueliya en Macédoine. La ville fut d'abord une étape pour les commerçants ottomans et elle comptait de nombreuses auberges. En 1873, la ligne ferroviaire reliant Thessalonique à Skopje fut construite et, en 1886, la ville reçut des fonctions administratives. L'industrie se développa, surtout entre 1860 et 1912, et s'ajouta aux activités agricoles traditionnelles, ce qui permit un essor de la ville et une augmentation de la population ouvrière.

Tanev s'impliqua très jeune dans des activités politiques. À vingt-deux ans, il rejoignit le Parti communiste bulgare[1243]. Suite à l'échec de l'insurrection communiste de 1923 qui suivit le coup d'État d'Alexandre Tsankov, il gagna le royaume de Yougoslavie où pourtant les communistes n'étaient pas en odeur de sainteté[1244]. En effet, dans la nuit du 29 au 30 décembre 1920, soit un mois après le succès des communistes aux élections, le gouvernement interdit le Parti communiste, officiellement jusqu'à l'adoption de la nouvelle constitution[1245]. Les possessions du parti furent saisies, et plusieurs dirigeants arrêtés[1246]. Le Parti communiste de Yougoslavie forma alors en juin 1921 une direction clandestine, pour continuer ses actions dans l'illégalité[1247]. Certains communistes réagirent en effet en formant l'organisation terroriste *Crvena Pravda* (Vérité rouge), qui organisa un

---

1241 Mikhaïl PANTELEÏEV, *La Terreur stalinienne au Komintern en 1937-1938. Les chiffres et les causes* in *Communismes*, n°40-41, 1995.

1242 Nicolas WERTH, *Les Procès de Moscou*, Bruxelles, Éditions Complexe 2006, ainsi que Nicolas WERTH, *L'Ivrogne et la marchande de fleurs. Autopsie d'un meurtre de masse 1937-1938*, Points Histoire, Le Seuil, Paris, 2011 et Nicolas WERTH, Alain BLUM, *La Grande Terreur des années 1937-1938 : un profond renouveau historiographique »*, *Vingtième Siècle : Revue d'histoire*, Paris, Presses de Sciences Po (PFNSP), no 107, Dossier : *La Grande Terreur en URSS,* juillet-septembre 2010, p. 3-19.

1243 Marietta STANKOVA, *Georgi Dimitrov: A Life*, *opus cit.*

1244 *Ibid*

1245 Dusan T. BATAKOVIC, *Yougoslavie : nations, religions, idéologies*, Paris, L'Âge d'Homme 1995.

1246 Paul GARDE, *Vie et mort de la Yougoslavie*, Paris, Fayard 2000.

1247 *Ibid*

attentat manqué contre le prince régent Alexandre, mais parvint à assassiner le ministre de l'Intérieur Milorad Draskovic, auteur de l'acte d'interdiction du parti[1248]. Le Parlement émit aussitôt une loi interdisant de manière définitive le Parti communiste[1249]. Tous les députés du parti furent arrêtés, ainsi que soixante-dix-mille militants [1250]. Le parti continua d'exister illégalement, mais sa direction était très divisée. En 1923, la tendance de gauche l'emporta et Triša Kaclerović devint le chef de la direction clandestine[1251]. Le parti développa ensuite la formation de ses cadres et infiltra des syndicats[1252]. L'Internationale communiste demeura cependant opposée à un mouvement communiste yougoslave unitaire, préférant la séparation du pays et la création d'États croates, slovènes et macédoniens indépendants[1253]. La faction de Belgrade, dirigée par Sima Marković, s'opposa au contraire à la dislocation de la Yougoslavie[1254].

Pour sa part, Vassil Tanev avait fui via Vienne pour se rendre à Moscou en 1926[1255], où il resta jusqu'en 1931. Il aurait d'abord travaillé dans une boutique de cordonnier, avant de recevoir une formation politique dans une école qui aurait été créée à Moscou par des émigrés bulgares. En octobre 1931, il rentra en Bulgarie. Dès novembre, il fut élu membre du Comité central du Parti communiste bulgare. Vassil Tanev travailla pour le Komintern sous les ordres directs de Georgi Dimitrov[1256]. En octobre 1932, il traversa la mer Noire pour se rendre à Moscou et passa de là, le 23 février 1933, à la frontière allemande de Tilsit, sous le nom de Teneff, avec un faux passeport et une fausse pièce d'identité. Il rejoignit Berlin le 24 février pour y retrouver Dimitrov[1257] et Popov qui l'accueillit. Après le procès de l'incendie du Reichstag, Tanev reprit ses activités politiques et trouva la mort en 1941 en

---

1248 *Ibid*

1249 *Ibid*

1250 *Ibid*

1251 *Ibid*

1252 *Ibid*

1253 *Ibid*

1254 *Ibid*

1255 En raison de son implication dans la constitution d'organisations illégales et de liens avec des personnes à l'étranger liées à ces organisations illégales, la peine de 12 ans et demi de prison et 15 ans de perte d'honneur fut infligée à Tanev.

1256 Pierre BROUE, *Histoire de l'Internationale communiste 1919-1943*, Paris, Fayard 1997.

1257 Marietta STANKOVA, *Georgi Dimitrov: A Life*, *opus cit.*

Bulgarie lors d'une mission pour le compte des communistes bulgares[1258].

Après le procès, les choses ne connurent pas un développement aisé pour les trois Bulgares. En effet, malgré leur acquittement, ils ne recouvrèrent pas la liberté séance tenante et leur situation s'enlisa : indécision du gouvernement allemand sur le sort de ces trois hommes, refus de la Bulgarie de les accueillir, tergiversations de l'URSS à leur propos[1259]. Dès le 28 décembre 1933, Dimitrov adressa un courrier au préfet de police de Leipzig pour demander sa libération et celle de ses deux camarades : « Je me vois fondé à demander mon expulsion immédiate vers la Tchécoslovaquie ou vers la France. Là seront éclaircies les possibilités de retour dans mon pays natal, la Bulgarie [1260]. » Mais les autorités bulgares n'avaient nulle envie d'accueillir les encombrants acquittés de l'incendie du Reichstag[1261]. À la fin janvier 1934, les trois hommes furent transférés à Berlin dans les sous-sols de la Prinz-Albrecht-Strasse [1262], le célèbre siège de la Gestapo[1263]. Plusieurs centaines de personnes y travaillaient chaque jour et trente-neuf cellules y avaient été installées dans les caves. Environ quinze-mille opposants au régime y furent emprisonnés et torturés. Là-bas, Dimitrov poursuivit ses réclamations par lettre, notamment auprès du ministre de l'Intérieur[1264]. La tension était vive entre l'Allemagne et de nombreux pays étrangers au sujet de la libération des trois Bulgares. Ainsi, l'ambassadeur allemand à Londres s'en fit l'écho le 27 décembre 1933 : « Tous les journaux expriment leurs inquiétudes sur le sort futur des acquittés et, quand on s'entretient avec des Anglais, cette question est chaque fois soulevée [1265]. » Finalement, les choses se clarifièrent le 15 février 1934, lorsque l'URSS décida d'accorder la nationalité soviétique aux trois

[1258] Pierre BROUE, *Histoire de l'Internationale communiste 1919-1943*, *opus cit.*
[1259] Charles A. MOSER, *Dimitrov of Bulgaria. A Political Biography of Dr. Georgi M. Dimitrov*, Caroline House 1979.
[1260] Marietta STANKOVA, *Georgi Dimitrov: A Life*, *opus cit.*
[1261] *Ibid.*
[1262] L'exposition permanente Topographie des Terrors, au 8 Niederkirchnerstrasse, 10963 Berlin, retrace la mise en place et le fonctionnement de l'appareil répressif nazi, les persécutions subies par les citoyens juifs et la traque des résistants.
[1263] Gilbert BADIA, *Feu au Reichstag ! opus cit.*, p. 240.
[1264] Charles A. MOSER, *Dimitrov of Bulgaria. A Political Biography of Dr. Georgi M. Dimitrov*, *opus cit.*
[1265] Gilbert BADIA, *Feu au Reichstag ! opus cit.*, p. 236.

hommes[1266]. Le lendemain, le secrétaire d'État Bernhard Wilhelm von Bülow [1267] précisait dans une note officielle : « L'ambassade russe demande que les trois Bulgares soient libérés pour qu'ils puissent gagner immédiatement la Russie. Si le gouvernement du Reich a l'intention d'envisager cette libération, le moment est particulièrement favorable. La demande des Russes nous permet de justifier leur détention jusqu'à ce jour en invoquant la citoyenneté incertaine des acquittés[1268]. » Après une nouvelle demande des Russes appuyée par plusieurs pays occidentaux, le gouvernement allemand décida de renvoyer les trois Bulgares vers l'URSS [1269]. Ils quittèrent ainsi l'Allemagne par avion le 27 février 1934, soit un an après l'incendie du Reichstag. Ils atterrirent à Moscou dans la soirée. Dès qu'il fut descendu de l'avion, Dimitrov fit une déclaration politique dans laquelle il flattait le prolétariat international [1270]. Staline reçut personnellement les trois hommes quelques jours plus tard[1271].

Après sa libération, Dimitrov écrivit depuis Moscou, le 4 mars 1934, un article pour la *Pravda*, l'organe du Parti communiste d'URSS. Le texte s'intitulait : « Une victoire de la solidarité prolétarienne ». Dimitrov écrivait : « L'incendie du Reichstag devait marquer et marqua effectivement l'origine d'une campagne terroriste du fascisme allemand contre le mouvement révolutionnaire du prolétariat. La provocation du 27 février 1933 visait à être le signal de "l'anéantissement" du marxisme, en entendant par là le mouvement du prolétariat allemand. Les arlequins fascistes voulaient mettre en ligne toutes les forces hostiles au mouvement révolutionnaire et à l'Union soviétique, ils comptaient faire apparaître à l'Europe capitaliste le "rôle historique" du fascisme allemand, son rôle de gendarme en face de la révolution prolétarienne. En d'autres termes, "le fascisme allemand de sang purement aryen" a repris à son compte, à l'époque de la révolution prolétarienne, ce que l'absolutisme tsariste considérait comme sa "mission historique" au temps de la révolution bourgeoise-

1266 Marietta STANKOVA, *Georgi Dimitrov: A Life*, *opus cit.*

1267 Erich J. C. HAHN, *Der Loyalitätskonflikt des Staatssekretärs Bernhard Wilhelm von Bülow im Frühjahr 1933*. In: *Vierteljahrshefte für Zeitgeschichte*. Band 20, 1972, p. 376–410.

1268 Hermann GRAML, *Bernhard von Bülow und die deutsche Außenpolitik. Hybris und Augenmaß im Auswärtigen Amt*, Munich, Oldenbourg 2012.

1269 Marietta STANKOVA, *Georgi Dimitrov: A Life*, *opus cit.*

1270 Gilbert BADIA, *Feu au Reichstag ! opus cit.*, p. 244.

1271 Marietta STANKOVA, *Georgi Dimitrov: A Life*, *opus cit.*

démocratique : être le bastion de la réaction européenne et le bourreau du mouvement révolutionnaire. L'incendie du Reichstag, provocation imaginée par les fascistes servit de prélude à d'innombrables actes de bestialité [...] qui soulevèrent toute l'humanité travailleuse contre la dictature fasciste[1272]. »

On ne peut qu'être vivement interpellé par une telle dénonciation finale des actes réels commis par les nazis, mais des actes dont – avant 1933 – les communistes étaient adeptes en Russie notamment et dont – après 1934 – ils se firent les chantres tout autour de la planète et dont Dimitrov ne fut pas le dernier à demander l'utilisation[1273]. De 1934 jusqu'en 1943, Dimitrov se vit propulsé secrétaire général du Komintern[1274]. Il prit également la direction du Parti communiste bulgare nouvelle formule et devint Premier ministre de la Bulgarie de 1946[1275] jusqu'à sa mort survenue le 2 juillet 1949 au sanatorium de Barvikha, près de Moscou[1276]. La succession de Dimitrov fut assurée par Valko Tchervenkov et Vassil Kolarov sans que la nature du régime politique n'en fût modifiée[1277]. À la suite du décès du fondateur de la République populaire de Bulgarie, un gouvernement collégial fut en effet mis en place, Tchervenkov étant secrétaire général du Parti communiste bulgare (PCB) et Vassil Kolarov président du Conseil des ministres[1278]. Après la mort de ce dernier en 1950 et avec l'aval de l'URSS, Tchervenkov cumula les deux fonctions les plus élevées en Bulgarie, fusionnant, de fait, l'État et le Parti communiste[1279]. Le corps de Dimitrov fut embaumé et un mausolée fut édifié à Sofia[1280]. Suite à l'effondrement du communisme, le mausolée fut détruit et son corps fut transféré au cimetière central de la capitale bulgare[1281]. L'action

---

[1272] *Pravda* du 4 mars 1934.

[1273] *Le Livre noir du communisme, opus cit.*

[1274] Marietta STANKOVA, *Georgi Dimitrov: A Life, opus cit.*

[1275] Les élections législatives du 27 octobre 1946, à la régularité contestée, accordèrent 70 % des voix au Front patriotique. Le parti communiste disposait à lui seul de la majorité absolue avec 275 sièges sur 468. Kolarov prit la Présidence de la République et Dimitrov devint le 21 novembre le chef d'un gouvernement très largement composé de communistes.

[1276] Marietta STANKOVA, *Georgi Dimitrov: A Life, opus cit.*

[1277] Georges CASTELLAN, Marie VRINAT-NIKOLOV, *Histoire de la Bulgarie : Au pays des Roses*, *opus cit.*

[1278] *Ibid.*

[1279] *Ibid.*

[1280] Marietta STANKOVA, *Georgi Dimitrov: A Life, opus cit.*

[1281] *Ibid.*

politique de Dimitrov fut notamment marquée dans l'immédiate après-guerre par des pratiques staliniennes : épuration des nazis à la Libération, élimination implacable de tous les opposants au communisme[1282] (surveillance rapprochée, procès politiques truqués, déportations, exécutions). À titre d'exemple, cette conversation du 10 mai 1945 entre Władysław Gomułka[1283], membre du Parti communiste polonais et futur membre du gouvernement d'union nationale en juin 1945, et Georgi Dimitrov. Ce dernier, au cours de cet entretien, reprocha à Gomułka de ne pas utiliser en Pologne de mesures punitives sévères, et ajouta : « On ne peut pas faire l'économie des camps de concentration[1284]. » Durant le régime communiste en Bulgarie, quarante-cinq « foyers de rééducation par le travail » furent construits dans le pays entre 1944 et 1962[1285]. Les documents du ministère de l'Intérieur publiés depuis 1989 ont révélé que, de 1944 à 1962, 23 531 personnes auraient été détenues dans des camps (21 442 hommes et 2 089 femmes), dont 14 647 pour des raisons politiques, 6 190 pour des crimes de droit commun, 2 694 pour des motifs inconnus[1286]. Le nombre de morts n'est pas connu.

Pour conclure sur Dimitrov et l'empreinte qu'il a laissée sur la société bulgare, citons Liliana Deyanova, professeur de sociologie à l'université de Sofia : « Le souvenir de Dimitrov est, d'une manière générale, le souvenir du 9 septembre 1944[1287] – "l'insurrection populaire" pour les uns, "un coup d'État assisté par l'Armée rouge" pour les autres – tracent la ligne de démarcation qui divise les Bulgares en deux grands groupes qui se comportent presque comme deux ethnies ennemies : bourreaux et victimes, vrais Bulgares et traîtres, communistes et fascistes, patriotes et agents de l'étranger, nous et eux,

---

1282 *Le Livre noir du communisme, opus cit.*

1283 André PIERRE, *« Wladyslaw Gomulka, le rescapé du stalinisme »* in *Le Monde diplomatique*, décembre 1956.

1284 Karel BARTOSEK, *Europe centrale et du Sud-Est* in *Le Livre noir du communisme, opus cit.*, p.476.

1285 Bernard LORY « Botchev (Stéphane), *Béléné. Souvenirs du goulag bulgare* », *Balkanologie* [En ligne], Vol. II, n° 1 | juillet 1998, mis en ligne le 02 juin 2008, http://journals.openedition.org/balkanologie/249

1286 *Ibid.*

1287 Dans la nuit du 8 au 9 septembre 1944, le Front patriotique (communistes, union agrarienne) fit un coup d'État. La Bulgarie déclara alors officiellement la guerre à l'Allemagne. Une vaste et brutale politique d'épuration fut immédiatement instaurée.

rouges et bleus [1288] (c'est la couleur de l'opposition anticommuniste)... »

Selon certaines sources, Ruth Fischer [1289] (de son vrai nom Elfriede Eisler), cofondatrice du Parti communiste d'Autriche (*Kommunistische Partei Österreichs*, KPÖ) puis dirigeante du KPD, prétendit qu'il existait un accord entre l'Allemagne et l'URSS dont Dimitrov fut informé et qu'ainsi il se permit de défier Göring et Goebbels lors du procès sans vraiment courir de risque en se montrant très favorable à une forte condamnation de van der Lubbe[1290]. Cet avis est partagé par Margarete Buber-Neumann[1291], écrivain et militante communiste qui vécut plusieurs années en URSS avant d'être mise à l'index par Staline et qui hébergea Dimitrov plusieurs années avant les faits. Elle admit comme probable « un accord entre la Gestapo et le Guépéou [1292] ». Cette thèse est reprise d'une certaine façon par l'historien Thierry Wolton qui évoque pour sa part un procès joué d'avance en raison d'un arrangement entre les nazis et le Komintern, avec en plus un jeu trouble de la Reichswehr destiné à déstabiliser la

---

[1288] Liliana DEYANOVA, *Le journal de Georgi Dimitrov et la mémoire post-communiste*, 2007.

[1289] Ruth Fischer occupa d'importantes fonctions au sein de l'appareil communiste, puis elle fut ensuite exclue de l'Internationale communiste. Au mois d'août 1936, elle fut accusée de trotskisme et condamnée à mort par contumace au « Procès des Seize » à Moscou. Elle devint plus tard, au début de la guerre froide, une anticommuniste engagée. Cf J. SCHEBERA, *Eisler. Eine Biographie in Texten, Bildern und Dokumenten,* Schott, Mayence 1998, ainsi que Kurt STIMMER, *Die Frau, die Stalin verärgerte, Eine Erinnerung an die Kommunistin Ruth Fischer* in *Wiener Zeitung* 25 mai 2001.

[1290] Ruth FISCHER, *Stalin and the German Communism,* Faber 1952, p.308-309.

[1291] Margarete Buber-Neumann survécut aux camps du Goulag en URSS et aux camps de concentration nazis. Lors d'un simulacre de procès, elle fut accusée d'activités contre-révolutionnaires, condamnée à cinq années d'emprisonnement dans un camp de travail et déportée à Karlag, goulag de Karaganda, au Kazakhstan, où elle passa deux années dans des conditions atroces. En 1940, lorsque Staline livra à l'Allemagne nazie les communistes allemands réfugiés en URSS, Margarete Buber-Neumann fut extradée et remise à la Gestapo sur le pont de Brest-Litovsk puis internée au camp de Ravensbrück. Cf Hermann WEBER, *Hotel Lux - Die deutsche kommunistische Emigration in Moskau*, Fondation Adenauer, no 443 (octobre 2006), p. 60, ainsi que René LEVY, *Margarete Buber-Neumann : du Goulag à Ravensbrück*, Paris, L'Harmattan 2015.

[1292] Margarete BUBER-NEUMANN, *Le Conspirateur sans mystères*, *Preuves* n°74, avril 1957.

SA et amoindrir sa puissance[1293]. Mais, peu d'éléments tangibles, concrets, sont avancés et l'ensemble paraît un peu compliqué et guère cohérent. Mais les thèses de Fischer et de Wolton sont vivement contestées par plusieurs historiens qui mettent plutôt en avant une violente dispute entre Hitler et Göring, survenue après la relaxe de Dimitrov, au sujet du fait de savoir si le gouvernement allemand devait ou non libérer les Bulgares[1294].

Ernst Torgler

Fils d'un gazier employé municipal, Ernst Torgler naquit à Berlin en 1893, l'année de la création de l'Association centrale des citoyens allemands de confession juive (*Central-Verein deutscher Staatsbürger jüdischen Glaubens*) et de l'ouverture du théâtre Appolo. Il devint employé de bureau dans une entreprise de confection pour hommes[1295]. Très attiré par la politique et sensible aux idées développées par la gauche, il rejoignit les rangs du SPD en 1910[1296]. Après la Première Guerre mondiale, il rompit avec le SPD et adhéra au Parti social-démocrate indépendant d'Allemagne [1297] (*Unabhängige Sozialdemokratische Partei Deutschlands*, USPD). Il ne fut pas le seul à faire ce choix. En août 1914, lorsque la majorité des dirigeants du SPD choisirent, contre toutes leurs positions antérieures, d'accepter la guerre et de voter les crédits militaires, une minorité s'y opposa fermement mais – contrainte par la discipline de parti – vota finalement pour[1298]. Lors du deuxième vote en décembre 1914, Karl Liebknecht passa outre la discipline interne et vota contre[1299]. Lors du troisième vote en

---

[1293] Thierry WOLTON, *Une histoire mondiale du communisme*, 3 vol., Paris, Grasset 2017, t3 : *les complices*.

[1294] Fritz TOBIAS, *Der Reichstagsbrand. Legende und Wirklichkeit, opus cit.*, p.512-516, ainsi que Nico JASSIES, *Marinus van der Lubbe et l'incendie du Reichstag, opus cit.*, p. 161.

[1295] Norbert PODEWIN, Lutz HEUER, *Ernst Torgler. Ein Leben im Schatten des Reichstagsbrandes 25. April 1893 Berlin – 19. Januar 1963 Hannover, opus cit.*

[1296] *Ibid.*

[1297] *Ibid.*

[1298] Hartfrid KRAUSE, *USPD. Zur Geschichte der Unabhängigen Sozialdemokratischen Partei Deutschlands,* Europäische Verlagsanstalt, Francfort/Main 1975.

[1299] Helmut TROTNOW, *Karl Liebknecht – eine politische Biographie.* Kiepenheuer & Witsch, Cologne 1980, ainsi que Annelies LASCHITZA, *Karl Liebknecht. Eine*

mars 1915, le reste de la minorité d'août 1914 décida de ne pas prendre part au vote (seul Otto Rühle[1300] rejoignit Karl Liebknecht en votant contre[1301]). Cette « dissidence », cette forte minorité au sein du SPD qui était farouchement opposée à la guerre, fut exclue du parti fin 1916[1302]. L'USPD fut fondé par les exclus en avril 1917[1303]. Hugo Haase en était le principal dirigeant[1304]. Les militants qui publiaient les *Lettres de Spartacus* (Ligue spartakiste) en étaient membres, tout en ayant leurs propres orientations politiques (tels Rosa Luxemburg, Karl Liebknecht, Leo Jogiches, Clara Zetkin, Paul Levi[1305]). On désignait alors le SPD comme « SPD majoritaire » et l'USPD comme « SPD indépendant »[1306]. L'USPD compta selon les périodes entre cent-mille et sept-cent-mille adhérents[1307]. Ernst Torgler quitta ensuite les rangs de l'USPD pour s'engager avec le KPD[1308]. Il fut élu en 1921 conseiller municipal de Berlin-Lichtenberg, puis en 1924 il obtint les suffrages pour entrer au Reichstag, toujours sous l'étiquette du KPD[1309]. En 1927, il grimpa dans la hiérarchie communiste et se hissa jusqu'au poste de président du groupe du KPD au Reichstag[1310]. Torgler prononça à ce titre des discours importants, notamment le 25 février 1932 où il s'opposa au chancelier Brüning et au président Hindenburg en accusant clairement Brüning d'être l'exécuteur de la volonté du grand capital et

---

Biographie in Dokumenten, Dietz Verlag, Berlin 1982.

[1300] Klaus RAVENBERG, *Otto Rühle (1874–1943). Sozialpädagogische Theoriebildung und Kritik am „autoritären Menschen“.* Fachhochschule Münster, Fachbereich Sozialwesen, Münster November 1999, Band 1: Diplomarbeit, und Band 2: Dokumentenanhang und Bibliographie.

[1301] Helmut TROTNOW, *Karl Liebknecht – eine politische Biographie, opus cit.,* ainsi que Annelies LASCHITZA, *Karl Liebknecht. Eine Biographie in Dokumenten, opus cit.*

[1302] Hartfrid KRAUSE, *USPD. Zur Geschichte der Unabhängigen Sozialdemokratischen Partei Deutschlands, opus cit.*

[1303] *Ibid.*

[1304] Kenneth R. CALKINS, *Hugo Haase. Demokrat und Revolutionär.* Colloquium, Berlin 1976.

[1305] William A. PELZ, *The Spartakusbund and the German working class movement, 1914-1919.* Edwin Mellen Press, Lewiston, N.Y. 1987.

[1306] Hartfrid KRAUSE, *USPD. Zur Geschichte der Unabhängigen Sozialdemokratischen Partei Deutschlands, opus cit.*

[1307] *Ibid.*

[1308] Norbert PODEWIN, Lutz HEUER, *Ernst Torgler. Ein Leben im Schatten des Reichstagsbrandes 25. April 1893 Berlin – 19. Januar 1963 Hannover, opus cit.*

[1309] *Ibid.*

[1310] *Ibid.*

des milieux financiers[1311]. Les députés communistes, à l'image ici de Torgler, se montraient très régulièrement véhéments, vindicatifs à la tribune ou sur les bancs du Reichstag comme le démontrent les travaux de l'historien Nicolas Patin : « La pratique de l'obstruction, que j'ai étudiée entre autres à travers une analyse des 1 582 rappels à l'ordre prononcés par la présidence du Reichstag entre 1919 et 1932, montre la part prédominante de la fraction communiste dans les blocages de l'Assemblée : les 203 députés communistes totalisent, pour les quatorze ans de la République, presque 60 % des interpellations ayant donné lieu à des rappels à l'ordre, depuis les bancs ou depuis le pupitre. Sur les vingt députés les plus rappelés à l'ordre, douze sont communistes, les plus offensifs étant Emil Höllein (élu de 1920 à 1929), Wilhelm Koenen (1919-1932) et Siegfried Rädel (1924-1933). De même, 62 % des expulsions prononcées contre des députés le sont contre des membres du KPD. Cependant, deux types d'arguments permettent de nuancer ce constat. Le premier consiste à ramener le nombre de rappels à l'ordre à la taille du groupe parlementaire. Le parti nazi apparaît alors comme beaucoup plus difficile à gérer : si les communistes reçoivent environ cinq rappels à l'ordre par parlementaire, le parti nazi, en 1928, en reçoit dix par député, pour un groupe de seulement douze membres[1312]. » De 1932 à 1933, Torgler publia aussi en compagnie de Wilhelm Pieck[1313], le journal parlementaire du KPD[1314].

Lors de l'incendie du Reichstag, apprenant qu'il était mis en cause par les nazis, il se rendit de lui-même aux autorités afin de démontrer sa complète innocence[1315]. Il choisit cette solution malgré la totale désapprobation de son parti[1316]. Torgler affirma au début du procès de l'incendie du Reichstag son profond attachement à ses idéaux politiques : « Je dois déclarer que la lutte pour le socialisme a constitué le sens et le contenu de mon existence. J'ai combattu pour les intérêts de la classe ouvrière avec tout l'idéalisme dont un homme est capable,

---

1311 *Ibid.*

1312 Nicolas PATIN, « *L'antiparlementarisme des députés communistes allemands*»,*ANRPAPRIK@2F*,18avril2014[enligne:http://anrpaprika.hypotheses.org/1625].

1313 Heinz VOSSKE, Gerhard NITZSCHE, *Wilhelm Pieck; biographischer Abriss*, Francfort/Main, Verlag Marxistische Blätter, 1975.

1314 Norbert PODEWIN, Lutz HEUER, *Ernst Torgler. Ein Leben im Schatten des Reichstagsbrandes 25. April 1893 Berlin – 19. Januar 1963 Hannover, opus cit.*

1315 *Ibid.*

1316 Benjamin CARTER HETT, *Burning the Reichstag. An investigation into the Third Reich's enduring mystery, opus cit.*

et je ne cesserai jamais de mettre ce qu'il y a de meilleur en moi au service de la classe ouvrière [1317]. » Les milieux communistes lui reprochèrent vivement d'être défendu par maître Alfons Sack, avocat très proche des nazis. Le KPD l'exclut de ses rangs en 1935 à la conférence de Bruxelles parce qu'il s'était volontairement rendu aux nazis et pour avoir accepté un avocat proche du régime. Les hautes instances communistes faisaient en l'occurrence semblant d'ignorer que le choix de cet avocat avait été dicté par les circonstances, que ce n'était absolument pas le choix originel de Torgler dont la liste des avocats fut rejetée par les autorités[1318].

La nuit de l'incendie du Reichstag, Torgler quitta le bâtiment vers 20 h 30 en compagnie de Wilhelm Koenen, un autre député communiste, nous l'avons vu précédemment[1319]. Ils furent les derniers politiques à quitter les lieux[1320]. Comme le souligne l'historien Gilbert Badia, ce départ tardif n'avait rien d'étonnant ou de suspect : « Depuis que leur siège avait été "visité" par la police, les candidats communistes aux élections membres du Parlement, travaillaient dans leurs bureaux où ils étaient relativement en sécurité. C'est là qu'ils rédigeaient les textes de propagande électorale ; c'est de là qu'ils expédiaient en province affiches et tracts [1321]. » Lorsque Torgler et Koenen quittèrent le Reichstag, ils furent rejoints par Anna Rehme[1322], la secrétaire du

---

[1317] Norbert PODEWIN, Lutz HEUER, *Ernst Torgler. Ein Leben im Schatten des Reichstagsbrandes 25. April 1893 Berlin – 19. Januar 1963 Hannover, opus cit.*

[1318] *Ibid.*

[1319] Hans MOMMSEN, *L'incendie du Reichstag et ses conséquences politiques* in *Le national-socialisme et la société allemande, opus cit.*

[1320] Gilbert BADIA, *Feu au Reichstag ! opus cit.*, p.29.

[1321] *Ibid.*

[1322] Anna Rehme, née à Wurzburg, était la fille d'un employé. Elle s'installa à Berlin, s'engagea dans des mouvements de jeunesse ouvrière et devint dactylographe et comptable au sein du cabinet d'avocats Oskar Cohn et Alfons Goldschmidt. Peu de temps après le déclenchement de la révolution allemande en 1918, elle devint secrétaire d'Emil Eichhorn au siège de la police de Berlin, puis sténographe et correspondante à la maison d'édition de l'USPD « *Freiheit* ». Elle fut cofondatrice du Spartakusbundes à Berlin et adhéra au KPD en 1920. De 1921 à 1928, elle travailla dans le bureau de Wilhelm Pieck, ami personnel de Clara Zetkin. De 1928 au 28 février 1933, elle fut secrétaire de la faction du KPD au Reichstag. Elle dut comparaître à titre de témoin dans le procès de l'incendie du Reichstag. Elle travailla ensuite à la maison d'édition du « *Journal officiel de l'Église* » de la province ecclésiastique de Brandebourg. En juin 1945, elle fut employée administrative au département des affaires sociales de la mairie du Grand Berlin.Après la guerre, elle fut membre du KPD / SED, et travailla en 1947 avec le magazine du Conseil fédéral de la FDGB *Die freie Gewerkschaft*, puis avec le quotidien *Tribune*. Elle était mariée

groupe parlementaire communiste, puis ils gagnèrent tous les trois la gare de la Friedrichstrasse où Rehme les quitta, et ils allèrent dîner non loin de là, au restaurant Aschinger qui se trouvait à l'angle de la Friedrichstrasse et de la Georgenstrasse[1323]. Ils apprirent une fois attablés la nouvelle de l'incendie[1324]. Un ami téléphona plus tard à Torgler pour l'informer que la radio venait d'annoncer son implication dans les événements[1325]. Après réflexion, Torgler décida donc de se rendre à la préfecture de Police accompagné par deux avocats afin de se blanchir des faits qui lui étaient reprochés[1326].

Lors du procès de l'incendie du Reichstag, Torgler n'adopta pas du tout la même attitude que les trois Bulgares, notamment Dimitrov. Il centra sobrement sa parole sur les faits, tout en défendant le KPD et en rejetant toute volonté d'insurrection manifestée par celui-ci : « Le Parti communiste n'avait aucun intérêt à espérer d'un acte de terrorisme [...] à une époque où le gouvernement national-socialiste avait en main tous les moyens de force de l'État et disposait, en outre, des milices hitlériennes. Il eut été fou de la part du parti de vouloir engager une action contre le gouvernement dans ces conditions. Les communistes avaient intérêt à ce que les élections se déroulassent dans le calme et sans incident[1327]. » Il ajouta également : « Si van der Lubbe était venu me trouver pour me proposer de m'associer à son projet criminel, j'aurais été le premier à le livrer à la police[1328]. » Torgler parvint habilement à ne pas mettre en cause les nazis, car pour lui se dresser alors face à Göring et Goebbels « c'était quasiment me suicider[1329] ».

Ernst Torgler, qui avait entretenu des liens apaisés avec son avocat, reçut la visite de celui-ci dans sa cellule après son acquittement. Maître Sack s'enquit de ses besoins et lui signifia qu'il n'allait certainement pas être libéré rapidement[1330]. Les autorités adoptèrent en effet une attitude contrastée envers Torgler et elles le traitèrent avec

---

à Otto Willert. Anna Rehme décéda le 21 janvier 1980 à Berlin-Est. Cf https://www.bundesstiftung-aufarbeitung.de

1323 Gilbert BADIA, *Feu au Reichstag ! opus cit.*, p.42.

1324 Norbert PODEWIN, Lutz HEUER, *Ernst Torgler. Ein Leben im Schatten des Reichstagsbrandes 25. April 1893 Berlin – 19. Januar 1963 Hannover, opus cit.*

1325 *Ibid.*, ainsi que Gilbert BADIA, *Feu au Reichstag ! opus cit.*, p.29.

1326 *Ibid.*

1327 *L'Humanité* du 9 novembre 1933.

1328 *L'Humanité* du 9 décembre 1933.

1329 *Die Zeit*, du 11 novembre 1948.

1330 Norbert PODEWIN, Lutz HEUER, *Ernst Torgler. Ein Leben im Schatten des Reichstagsbrandes 25. April 1893 Berlin – 19. Januar 1963 Hannover, opus cit.*

davantage d'égards qu'elles le firent avec les trois Bulgares[1331]. Torgler reçut également la visite de Göring dans sa cellule et ce dernier lui indiqua personnellement qu'il allait être transféré dans une prison et non pas dans un camp de concentration[1332]. Torgler fut libéré en 1936 après un peu plus de deux années passées en « détention protectrice[1333] ». Il réintégra la société civile et trouva un emploi de représentant de commerce[1334]. À la fin de la guerre, il essaya de renouer contact avec ses anciens amis communistes, mais il se vit opposer une fin de non-recevoir[1335]. Il adhéra alors au SPD en 1949, mais demeura en net retrait de la vie politique[1336]. Il accueillit favorablement les travaux de Fritz Tobias sur l'incendie du Reichstag qui allaient dans le sens de ce qu'il avait toujours pensé, à savoir que van der Lubbe avait agi seul et n'était téléguidé par personne[1337]. Ernst Torgler mourut à Hanovre en 1963.

1331 *Ibid.*

1332 *Der Spiegel*, novembre 1959.

1333 Norbert PODEWIN, Lutz HEUER, *Ernst Torgler. Ein Leben im Schatten des Reichstagsbrandes 25. April 1893 Berlin – 19. Januar 1963 Hannover, opus cit.*

1334 *Ibid.*

1335 *Ibid.*

1336 *Ibid.*

1337 *Der Spiegel*, novembre 1959.

V

LE *LIVRE BRUN* ET LE CONTRE-PROCÈS DE LONDRES

Dès mars 1933, les communistes allemands réfugiés à l'étranger, notamment en France, entreprirent de contrer le régime nazi et plus particulièrement au sujet de l'incendie du Reichstag[1338]. Au premier rang de ces communistes allemands très actifs se trouvait Wilhelm Münzenberg, propagandiste aguerri et l'un des *missi dominici*[1339] de Joseph Staline. Münzenberg fut incontestablement l'un des plus brillants et des plus influents propagandistes de l'Internationale communiste, bénéficiant d'une forte écoute d'un certain nombre d'intellectuels occidentaux d'avant-guerre[1340]. Il fut particulièrement habile et convaincant dans sa capacité à instrumentaliser l'antifascisme au service de l'État stalinien. Willi Münzenberg fut choisi par Lénine en 1921 pour superviser la propagande communiste en Occident[1341]. Il maîtrisa très rapidement l'« agit-prop [1342] » et la communication politique, et les mit en application avec beaucoup de brio. Il s'appuyait sur l'émotion et les bons sentiments pour susciter des comités de défense et de soutien, s'impliquant adroitement dans la négation des violences de la « terreur rouge » et de la collectivisation. L'argent obtenu par les actions de Münzenberg fut systématiquement détourné au service de l'URSS [1343]. Il mobilisa et manipula les milieux artistiques, communautaires, littéraires, grâce à des publications prétendument indépendantes et des organisations de façade [1344]. Münzenberg s'éloigna cependant du stalinisme en raison des grandes purges de Staline à partir de 1937[1345] et mourut de manière non élucidée

[1338] Klaus KINNER (dir.), *Der Deutsche Kommunismus - Selbstverständnis und Realität*, 4 vol., Berlin, Karl-Dietz-Verlag 1999 ainsi que Allan MERSON, *Kommunistischer Widerstand in Nazideutschland*, Bonn, Pahl-Rugenstein Verlag 1999.

[1339] Les *missi dominici,* terme latin signifiant littéralement « envoyés du maître » ou « envoyés seigneuriaux ».

[1340] Babette GROSS, *Willi Münzenberg. Eine politische Biographie,* Stuttgart 1967.

[1341] *Ibid.*

[1342] Agitprop est l'acronyme de отдел агитации и пропаганды (romanisé en *otdel agitatsii i propagandy*), c'est-à-dire *Département pour l'agitation et la propagande*, organe des comités centraux et régionaux du Parti communiste de l'Union soviétique. Ce département fut renommé plus tard « Département idéologique ».

[1343] Babette GROSS, *Willi Münzenberg. Eine politische Biographie, opus cit.*

[1344] *Ibid.*

[1345] Robert CONQUEST, *La Grande Terreur – Les purges staliniennes des années trente*, Cercle du Nouveau Livre d'Histoire, Paris, 1970, ainsi que Nicolas WERTH et Alain BLUM, *La Grande Terreur des années 1937-1938 : un profond renouveau historiographique*, *Vingtième Siècle : Revue d'histoire*, Paris, Presses de Sciences Po (PFNSP), no 107 « Dossier : La Grande Terreur en URSS », juillet-septembre 2010,

en 1940[1346]. Il fut le pendant propagandiste communiste de Goebbels et reste considéré comme un génie de la propagande politique. Selon les déclarations d'Arthur Koestler[1347], journaliste puis écrivain qui entra en 1931 au Parti communiste allemand (jusqu'en 1938) et fit plusieurs séjours en Union soviétique dans les années qui suivirent, mais rompit avec le stalinisme en 1938 en raison notamment de son opposition aux procès de Moscou [1348], Münzenberg fut : « l'éminence grise et l'organisateur invisible de la croisade mondiale antifasciste [...] et créa le Comité international d'aide aux victimes du fascisme hitlérien [...] qui possédait dans chaque pays, un conseil d'administration composé de personnages des plus honorables, depuis des duchesses anglaises jusqu'à des journalistes américains et des savants français qui n'avaient jamais entendu parler de Münzenberg et croyaient que le Komintern était un épouvantail inventé par Goebbels[1349]. » Léon Trotski critiqua sévèrement les agissements de Münzenberg, qu'il évoquait selon les termes suivants : « L'activité dans l'émigration des Münzenberg et Cie, les rapports faux, les correspondances mensongères, les congrès creux et factices destinés à jeter de la poudre aux yeux[1350] [...] ». Münzenberg créa le Secours ouvrier international [1351] et surtout le Comité

p. 3-19.

[1346] Le 17 octobre 1940, dans un bois du village de Montagne, près de Saint-Marcellin, des chasseurs découvrirent le corps de Willi Münzenberg partiellement décomposé au pied d'un chêne, une corde autour du cou. La gendarmerie de Saint-Marcellin fit une enquête, le médecin de service délivra le permis d'inhumer et le dossier fut peu après classé « suicide » par le parquet (Thomas Deltombe, *Willi Münzenberg. Artiste en révolution (1889-1940)*, Revue de l'ouvrage d'Alain Dugrand et Frédéric Laurent, juin 2009). D'après les témoignages de ses amis du camp, Münzenberg ne semblait pas déprimé lors de son séjour, ce qui laisse à penser qu'il a été assassiné par le NKVD sur ordre de Staline. Aujourd'hui la thèse de l'assassinat politique semble largement partagée. Cependant, le retour aux témoignages d'époque, la prise en compte du contexte local et l'absence de preuves ne permettent pas de formuler autre chose que des suppositions.

[1347] Michel LAVAL, *L'homme sans concessions. Arthur Koestler et son siècle*, Paris, Calmann-Lévy, 2005.

[1348] *Ibid.*

[1349] Arthur KOESTLER, *Hiéroglyphes*, 1954.

[1350] Léon TROTSKI, *Préface à la lettre ouverte de Maria Reese, La Vérité, 17 novembre 1933.*

[1351] Le Secours Ouvrier International fut créé en 1921, un an avant le SRI. C'était l'époque du vote du Komintern en faveur de la politique de front unique, entraînant le développement d'organisations de masse. C'était aussi l'époque de la grande famine en URSS. Le 13 juillet 1921, Maxime Gorki lança un appel international pour que l'on vint en aide aux affamés. De retour d'un voyage en URSS, Münzenberg créa

international d'aide aux victimes du fascisme hitlérien – qui joua un rôle important dans les suites de l'incendie du Reichstag – qu'il fit rapidement prospérer [1352]. Il obtint le parrainage de nombreux intellectuels et écrivains souvent – mais pas uniquement – proches des milieux communistes[1353]. Des personnalités comme Albert Einstein, André Gide, André Malraux, Romain Rolland, Louis Aragon, s'inscrivirent dans ce comité, dont l'action s'orienta vers la rédaction du *Livre brun sur l'incendie du Reichstag et la terreur hitlérienne*[1354] (*Braunbuch über Reichstagsbrand und Hitlerterror*). Toujours selon Arthur Koestler, impliqué lui-même en première ligne[1355], l'enjeu de la bataille que se livraient nazis et communistes était bien de « prouver que c'était l'autre qui avait mis le feu au Parlement allemand[1356] ». Le *Livre brun* consacre quatre-vingts pages à l'incendie du Reichstag et trois-cents pages à la répression et aux persécutions commises par les nazis. Le livre fut traduit en quinze langues et diffusé à des milliers d'exemplaires [1357], peut-être même un demi-million selon certaines sources[1358]. Le livre contient de nombreux documents photographiques et des fac-similés. L'équipe qui participa à la rédaction du livre autour de Münzenberg était composée d'Alexander Abusch [1359], Albert

l'*Internationale Arbeitershilfe* IAH, (SOI en français) rassemblant de nombreuses organisations de gauche et des personnalités du monde entier, comme Albert Einstein, Anatole France, Henri Barbusse. Bientôt partirent du monde entier des bateaux de vivres, sous les auspices du SOI. Le SOI devint tellement puissant qu'il installa toutes sortes d'usines en URSS, bâtit des immeubles, etc.

1352 Babette GROSS, *Willi Münzenberg. Eine politische Biographie, opus cit.*

1353 Alain DUGRAND, Frédéric LAURENT, *Willi Münzenberg : artiste en révolution (1889–1940)*, Paris, Fayard 2008.

1354 Willi MÜNZENBERG, *Livre brun sur l'incendie du Reichstag et la terreur hitlérienne, opus cit.*

1355 Michel LAVAL, *L'homme sans concessions. Arthur Koestler et son siècle, opus cit.*

1356 Arthur KOESTLER, *Œuvres autobiographiques : La Corde raide, Hiéroglyphes, Dialogue avec la mort, La Lie de la terre, l'Étranger du square*, Paris, Robert Laffont, coll. « Bouquins », édition établie par Phil Casoar, 1994.

1357 Tania SCHLIE, Simone ROCHE, *Willi Münzenberg (1889-1940). Ein deutscher Kommunist im Spannungsfeld zwischen Stalinismus und Antifaschismus,* Francfort/Main, Berlin 1995.

1358 Gilbert KREBS, *Exil et résistance au national-socialisme*, Paris, Université de la Sorbonne, Institut d'Allemand 1998.

1359 Alexander Abusch, écrivain et journaliste allemand, fut membre du SED (parti socialiste unifié d'Allemagne, *Sozialistische Einheitspartei Deutschlands*, SED). Député à la Chambre du Peuple, il fut, de 1958 à 1961, ministre de la Culture au sein du gouvernement de la RDA. Le Parti socialiste unifié d'Allemagne était un parti

Norden[1360], Rudolf Fürth[1361], Wilhelm Koenen, Max Schröder[1362], Alfred Kantorowicz[1363], Otto Katz[1364] et Arthur Koestler. Le travail

---

politique de la République démocratique allemande (RDA) d'obédience communiste. Abusch était le membre-dirigeant du Front national de la République démocratique allemande, coalition des partis autorisés par le régime est-allemand. En tant que seul grand parti autorisé, le SED joua en Allemagne de l'Est le rôle d'un parti unique, possédant le monopole de l'action politique au sein de ce pays. Cf Andreas MALYCHA, *Die SED. Die Geschichte ihrer Stalinisierung 1946–1953.* Ferdinand Schöningh, Paderborn 2000.

[1360] Albert Norden, journaliste et homme politique du KPD puis du SED. Cf Norbert PODEWIN, *Albert Norden. Der Rabbinersohn im Politbüro.* Edition Ost, Berlin 2003.

[1361] Rudolf Fürth, de son vrai nom Rudolf Feistmann émigra en France en mars 1933 où il devint rédacteur en chef du journal du KPD, *Unser Zeit.* Après le déclenchement de la Seconde Guerre mondiale, il fut interné en France, puis il parvint à fuir au Mexique en 1941. Il devint secrétaire du club Heinrich Heine, membre du mouvement Allemagne libre au Mexique, travailla en 1942 et 1943 en tant qu'éditeur du magazine Allemagne libre et plus tard du bureau de poste démocratique.

[1362] Max Schröder rejoignit le KPD en 1932. Il émigra en France en 1933, à Paris. De 1936 à 1939, il était directeur général de *German Information* (*Nouvelles d'Allemagne*). Au début de la Seconde Guerre mondiale, il fut interné en France et au Maroc.

[1363] Alfred Kantorowicz adhéra au KPD en 1931. En 1933, ses livres furent interdits de publication par les nazis. Il parvint à quitter l'Allemagne pour la France, combattit dans les Brigades internationales en Espagne, puis revint en France. Il fut interné comme les autres réfugiés allemands à la déclaration de guerre, mais parvint en 1941 à partir pour New York. Pendant l'exil, il participa à des organisations anti-nazies. Revenu à Berlin-Est, après la guerre, il enseigna la littérature allemande à la Humboldt-Universität, avant de passer à l'Ouest en 1957. Pendant son exil en France, Kantorowicz créa une bibliothèque des livres brûlés par les nazis, la *Deutsche Freiheitsbibliothek* (Bibliothèque allemande de la liberté). Cf Didier CHAUVET, *Les autodafés nazis : Mémoire du 10 mai 1933*, L'Harmattan 2017, p.99.

[1364] Otto Katz fut l'un des plus importants agents d'influence de l'URSS stalinienne dans les milieux intellectuels et artistiques des démocraties occidentales pendant les années 1930 et 1940. Connu pour ses nombreux pseudonymes, ses talents de séducteur, son cynisme et l'ampleur de son champ d'action, il participa à toutes les grandes campagnes de désinformation du Komintern dans les années 1930, sous la direction de Willi Münzenberg qu'il finit par supplanter après l'avoir épié comme officier du NKVD. Il devint un espion international inconditionnellement fidèle à Staline, et contrairement à nombre des intellectuels juifs communistes qui animaient à cette époque le Komintern, il accepta le pacte germano-soviétique et se vit chargé de certaines politiques secrètes de Staline. Son nom fut cité, avec de forts soupçons mais sans preuves décisives, aussi bien dans l'assassinat de Léon Trotski, comme agent traitant de Ramon Mercader, que dans celui, supposé, de Willi Münzenberg retrouvé pendu dans une forêt française. Diverses liquidations voulues par Staline lors de la guerre d'Espagne lui sont également imputées. Il fut inculpé, sous le nom d'André Simone, lors des procès de Prague, dits procès Slansky, et finit pendu dans les locaux

d'écriture du livre s'étala sur deux mois et, une fois achevé, l'ouvrage fut publié par les Éditions du Carrefour dont le propriétaire n'était autre que Münzenberg [1365]. Début août, l'édition allemande était en circulation[1366]. Les éditions dans les autres langues – français, anglais, russe, néerlandais, espagnol, italien, polonais, bulgare – furent disponibles à la fin du mois de septembre. La documentation utilisée provenait principalement de la presse allemande et étrangère, mais aussi de témoignages recueillis grâce à des enquêtes menées aux Pays-Bas par exemple[1367]. Gustav Regler[1368], écrivain communiste, fit aussi une découverte à la bibliothèque de Strasbourg, au cœur d'un livre de l'architecte Paul Wallot[1369], le constructeur du Reichstag[1370]. Ce livre publié en 1899 contenait les plans du bâtiment du Reichstag sur lesquels on pouvait voir le fameux couloir souterrain qui reliait le Reichstag à la résidence du président du Reichstag. Le postulat de départ du *Livre brun*, martelé jusqu'à la nausée dans toute la presse communiste, dans tous les meetings, les tractages, était que la victoire communiste était si proche que les nationaux-socialistes, avec la bénédiction des conservateurs et des milieux financiers et industriels, décidèrent d'engager une action majeure et marquante pour l'opinion publique, afin de briser ce supposé élan communiste : « La combativité croissante des ouvriers antifascistes rendait précaires les chances de succès de Hitler aux élections […] Les grandes masses populaires s'apercevaient que Hitler soutenait la politique des capitalistes les plus outranciers. La

---

de la prison de Ruzine. Cf Jonathan MILES, *Otto Katz, Vies et mort d'un espion*, Paris, Denoël 2012.

[1365] Petra Maria MAIRER, *Wilhelm Münzenberg und die Editions du Carrefour im französischen Exil,* Grin 2009.

[1366] *Ibid.*

[1367] Tania SCHLIE, Simone ROCHE, *Willi Münzenberg (1889-1940). Ein deutscher Kommunist im Spannungsfeld zwischen Stalinismus und Antifaschismus, opus cit.*

[1368] Les livres de Gustav Regler, *Im Kreuzfeuer* (*Sous un feu croisé*, sur le fragile statu quo dans la Sarre d'avant 1935), *Das große Beispiel* (*Le Grand Exemple*, sur la lutte des Brigades internationales pendant la guerre civile espagnole) et *Das Ohr des Malchus* (*L'Oreille de Malchus*, une autobiographie), décrivent d'une part les étapes de la lutte contre le fascisme qu'il mena à partir de 1930, et d'autre part le chemin qui, à l'instar de nombreux intellectuels européens, l'amena à rompre avec le stalinisme. Cf Alfred DIWERSY, *Gustav Regler. Bilder und Dokumente*. Saarbrücker Druckerei und Verlag, Sarrebruck 1983.

[1369] Paul Wallot fut également l'architecte du Sächsisches Ständehaus de Dresde, construit pour abriter le Parlement de l'État Libre de Saxe (Landtag) entre 1901 et 1907.

[1370] Gilbert BADIA, *Feu au Reichstag ! opus cit.*, p. 89.

déception des masses allait s'exprimer lors des élections du 5 mars 1933. On pouvait craindre un nouvel accroissement des voix communistes. Les chefs nationaux-socialistes se trouvèrent devant la nécessité urgente de changer cette situation, en montant une provocation de grande envergure[1371]. » Le *Livre brun* s'ouvre sur « le chemin du pouvoir » qui relate l'essor du parti nazi, puis les trois chapitres suivants analysent l'incendie du Reichstag et concluent que « Göring est l'organisateur de l'incendie du Reichstag. Son camarade de parti Goebbels a imaginé le plan. Göring l'a exécuté[1372]. » La suite du livre est consacrée à la brutalité des méthodes nazies : répression, camps de concentration, etc.

Le *Livre brun* rencontra d'emblée un large écho dans la presse internationale. Ainsi, le *Daily Mirror*, le *Manchester Guardian*, le *News Chronicle*, le *Daily Herald*, le *Daily Sketch*, le *Times*, l'*Economist*, le *Spectator* et le *New Statesman* s'appuyèrent sur le *Livre brun* pour dénoncer la politique nazie et la façon dont elle était appliquée, tout en précisant que l'ouvrage était l'œuvre de militants communistes. Évidemment, les nazis essayèrent d'empêcher la parution du livre, puis de réduire au maximum son audience et n'avaient de cesse de le vilipender[1373]. L'opinion publique allemande n'eut que très faiblement accès au livre[1374]. Le ministère de l'Intérieur du Wurtemberg, dans une note du 15 octobre 1933, parle de cent exemplaires confisqués par exemple à Stuttgart[1375]. Hitler en personne évoqua néanmoins le *Livre brun* à la tribune du palais des sports de Berlin, le 26 octobre 1933 : « Jusqu'ici il n'était pas courant que la pègre puisse influencer l'opinion publique des grandes nations. C'est hélas possible aujourd'hui. Quand on pense que paraît dans le monde un *Livre brun*, qui insulte et vilipende le peuple allemand tout entier en la personne de son gouvernement, je vous pose la question : que diraient donc les gouvernements des autres pays si nous agissons de la sorte en Allemagne ? On dirait : c'est intolérable ! Parce que nous avons nous aussi le sentiment de l'honneur, nous ne sommes pas disposés à nous

---

[1371] Willi MÜNZENBERG, *Livre brun sur l'incendie du Reichstag et la terreur hitlérienne, opus cit.*, p.40.
[1372] *Ibid.*, p.129.
[1373] Petra Maria MAIRER, *Wilhelm Münzenberg und die Editions du Carrefour im französischen Exil, opus cit.*
[1374] *Ibid.*
[1375] Gilbert KREBS, *Exil et résistance au national-socialisme*, *opus cit*, p.141.

laisser insulter par ces canailles[1376]. »

Mais, sans donner un quelconque écho aux thèses des nazis, il faut bien remarquer et dire que le *Livre brun* de Münzenberg et son équipe ne résiste pas à une analyse serrée et objective dans plusieurs domaines capitaux au sujet de l'incendie du Reichstag. Ainsi, l'idée développée d'une manipulation de van der Lubbe par les nazis en raison de ses relations intimes avec des dirigeants de la SA connus pour leur homosexualité n'est pas crédible et n'est étayée par aucun élément sérieux digne d'intérêt. C'est du roman complet. Ici, soit les auteurs se sont laissé abuser, soit ils ont menti délibérément pour monter leur accusation, ce qui semble le plus probable. Le point de départ de l'argumentation des auteurs du *Livre brun* vient du séjour de van der Lubbe à Munich en septembre 1931 et de sa rencontre avec Georg Bell, conseiller politique d'Ernst Röhm[1377]. Bell servait, selon le *Livre brun*, de « pourvoyeur » de jeunes gens à Röhm et à certains de ses amis. Mais c'est une affabulation totale que de mêler van der Lubbe à la vie privée de Röhm[1378]. Le *Livre brun* poursuit dans cette voie en accusant van der Lubbe d'homosexualité notoire et en présentant des faits assez délirants[1379]. Le *Livre brun* s'attache aussi à dénigrer complètement l'engagement politique de van der Lubbe, et la propagande stalinienne fit en effet un profond et durable travail dans ce sens. Ainsi, comme l'écrivent Yves Pagès et Charles Reeve : « Mais ceux qui, aidés en sous-main par les émissaires du Komintern, effacent sciemment les traces de l'engagement révolutionnaire jamais démenti de van der Lubbe, le font pour la "bonne cause". Aux yeux d'Arthur Koestler, il y eut sur le moment une part d'auto-intoxication et d'aveuglement dans cette fabrique du mensonge. À l'inverse, Bertolt Brecht – caricaturant van der Lubbe dans la peau d'un provocateur débile mental [...] dans sa pièce, *La Résistible Ascension d'Arturo Ui* – contribuera à introniser durablement les thèses du *Livre brun* en leur apportant une caution esthétique et culturelle[1380]. » Pour le soir de l'incendie, le livre de Münzenberg dénonce un plan conçu par Goebbels et dont les exécutants furent les chefs SA Heinrich von Helldorf, Edmund Heines et Paul

---

[1376] Gilbert BADIA, *Feu au Reichstag ! opus cit.*, p.92.

[1377] Andreas DORNHEIM, *Röhms Mann fürs Ausland. Politik und Ermordung des SA-Agenten Georg Bell*, Lit, Münster 1998.

[1378] Martin SCHOUTEN, *Marinus van der Lubbe – Eine Biografie, opus cit.*

[1379] Willi MÜNZENBERG, *Livre brun sur l'incendie du Reichstag et la terreur hitlérienne, opus cit.*, p.57.

[1380] *Carnets de route de l'incendiaire du Reichstag, opus cit.*, p.273.

Schulz. Les trois hommes étaient des personnages importants de la SA qui connurent par la suite des destins différents. Helldorf avait rejoint en 1931 les rangs de la SA, dont il fut ensuite le chef régional à Berlin[1381]. Son rôle s'accrut en 1933, lorsqu'il fut élu député au Reichstag. En mars 1933, il fut nommé préfet de police de Potsdam ; à partir de juillet 1935, il occupa la même fonction à Berlin[1382]. Il était très proche de Goebbels. En tant que chef de la police de Berlin, il joua un rôle important dans les persécutions antisémites[1383]. Dans son journal, Goebbels mentionne que Helldorf voulait créer un ghetto juif à Berlin, en faisant financer sa construction par les Juifs riches[1384]. Durant l'affaire Blomberg-Fritsch[1385], Helldorf retarda la transmission de pièces favorables à la disculpation des deux généraux contredisant les « preuves » apportées contre eux[1386]. À partir de 1938, Helldorf fut en contact avec les militaires membres de la résistance allemande au nazisme[1387], et avec Hans Bernd Gisevius. Lors de l'opération Walkyrie du 20 juillet 1944, son rôle fut d'empêcher les forces de police de s'opposer au coup d'État, puis de les mettre au service du nouveau

---

[1381] Peter LONGERICH, *Die braunen Bataillone. Geschichte der SA, opus cit.*

[1382] *Ibid.*

[1383] *Ibid.*

[1384] Joseph GOEBBELS, *Journal, opus cit.*, entrée du 2 juillet 1938.

[1385] L'affaire Blomberg-Fritsch est une suite d'événements qui, en 1938, permirent notamment à Adolf Hitler d'écarter le ministre de la Guerre, Werner von Blomberg, et le commandant en chef de l'armée de terre allemande, Werner von Fritsch. Les deux hommes, ainsi que le ministre des Affaires étrangères, Konstantin von Neurath, s'étaient opposés au calendrier des projets expansionnistes de Hitler. Blomberg et Fritsch furent contraints de démissionner, en raison, pour le premier, de son mariage avec une ancienne prostituée, et pour le second, d'une prétendue relation homosexuelle. Après l'exploitation politique de l'incendie du Reichstag et de la Nuit des longs couteaux, cette double éviction fut une étape majeure de la consolidation du pouvoir absolu de Hitler, particulièrement sur les forces armées, qui facilita les projets expansionnistes du Troisième Reich. Comme pour l'incendie du Reichstag, les circonstances exactes de l'affaire Blomberg-Fritsch font l'objet de controverses entre historiens, certains estimant qu'il s'agit d'une suite d'événements fortuits, d'autres évoquant une manœuvre orchestrée par de hauts responsables nazis comme Hermann Göring et Heinrich Himmler, manœuvre aussitôt exploitée par Hitler. Cf Hans Bernd GISEVIUS, *Jusqu'à la lie. De l'incendie du Reichstag à la crise Fritsch-Blomberg*, Lausanne, Payot, 1947.

[1386] Richard J. EVANS, *Le Troisième Reich. 1933-1939, L'avènement, opus cit.*, ainsi Ian KERSHAW, *Hitler, opus cit.*

[1387] Gerd R. UEBERSCHÄR, *Für ein anderes Deutschland – Der deutsche Widerstand gegen den NS-Staat 1933–1945,* Francfort/Main 2006.

gouvernement[1388]. Sa motivation réelle pour participer au complot est controversée, et relève vraisemblablement plus de l'opportunisme que d'une conviction personnelle. À la suite de l'échec de l'opération, il fut arrêté et jugé devant le *Volksgerichtshof* par Roland Freisler[1389]. Il fut ensuite pendu à la prison de Plötzensee, après avoir été témoin, sur ordre de Hitler, de la pendaison de ses camarades. Son corps, comme celui des autres, fut brûlé par les SS[1390]. Pour sa part, Edmund Heines adhéra au NSDAP et à la SA en 1925 et s'occupa particulièrement de la jeunesse au sein de la SA[1391]. Il fut condamné en 1929 à cinq ans de prison par une cour martiale d'exception pour avoir été mêlé à un meurtre, avant d'être rapidement amnistié[1392]. Cette même année, il devint gauleiter dans le Palatinat. En 1930, il fut élu au Reichstag sous l'étiquette du NSDAP. De 1931 à 1934, il fut SA-Führer de Silésie et suppléant d'Ernst Röhm, chef d'état-major de la SA, devenant ainsi le deuxième personnage le plus important de cette organisation[1393]. En mai 1933, il fut également nommé chef de la police de Breslau[1394]. Il était l'un des amis très proches d'Ernst Röhm. Au cours de la Nuit des longs couteaux, Heines fut arrêté par Adolf Hitler qui s'était déplacé en personne et ouvrit lui-même les portes des chambres de la pension Hanselbauer de Bad Wiessee, pistolet au poing[1395]. Heines y fut surpris en compagnie d'un jeune membre de la SA avec lequel il avait vraisemblablement passé la nuit[1396]. Emmené à Munich, il fut assassiné par un peloton d'exécution commandé par Sepp Dietrich[1397]. Quant à Paul Schulz, il était surtout connu comme étant un des responsables de la « Reichswehr noire » dans les années 1920[1398]. Il fut élu député au Reichstag en 1932 sous l'étiquette du NSDAP. Proche de Gregor Strasser, il échappa de peu à une action de la SS qui voulut de le

---

[1388] *Ted HARRISON, "Alter Kämpfer" im Widerstand. Graf Helldorff, die NS-Bewegung und die Opposition gegen Hitler,* p. 385-423.
[1389] *Ibid.*
[1390] *Ibid.*
[1391] Peter LONGERICH, *Die braunen Bataillone. Geschichte der SA, opus cit.*
[1392] *Ibid.*
[1393] *Ibid.*
[1394] *Ibid.*
[1395] Didier CHAUVET, *Hitler et la Nuit des longs couteaux : la Sturmabteilung (SA) décapitée, 29 juin-2 juillet 1934*, *opus cit.*
[1396] *Ibid.*
[1397] *Ibid.*
[1398] Bernhard SAUER, *Schwarze Reichswehr und Fememorde. Eine Milieustudie zum Rechtsradikalismus in der Weimarer Republik*, Berlin, Metropol Verlag 2004.

supprimer lors de la Nuit des longs couteaux et il parvint à quitter l'Allemagne[1399].

Les affirmations du *Livre brun* concernant ces trois hommes se heurtèrent aux très solides alibis qu'ils possédaient. Par exemple, Heines était à Breslau au moment des faits[1400]. Mais, comme l'avoua plus tard Arthur Koestler qui participa à la rédaction du livre, les auteurs du *Livre brun* avaient essentiellement échafaudé des théories à partir de déductions ou d'intuitions [1401] . De même, une partie de la documentation dont ils se servirent provenait du très controversé « memorandum Oberfohren [1402] ». Ce memorandum fut notamment publié les 26 et 27 avril 1933 dans le journal anglais *Manchester Guardian*, mais aussi dans les colonnes du journal *Arbeiter Zeitung*. Ernst Oberfohren était président du groupe parlementaire des nationaux-allemands du DNVP dirigé par Alfred Hugenberg[1403]. Il ne partageait pas l'avis de Hugenberg, même si celui-ci se montra parfois critique sur la politique nazie et sur Hitler[1404]. Oberfohren voulait davantage d'opposition de la part de son parti et non pas la complète allégeance qu'il dénonçait[1405]. Le 10 février 1933, il fit campagne pour la première fois ouvertement dans la réunion du groupe contre les positions défendues par Hugenberg[1406]. À la suite de ses déclarations, Il fut remplacé par un homme plus proche de Hugenberg[1407]. Le député Oberfohren fut ensuite retrouvé mort à son domicile le 5 mai 1933. L'enquête conclut rapidement à un suicide, mais la rumeur d'un meurtre commis par les nazis courut pendant de longues semaines [1408] , néanmoins rien ne vint jamais réellement l'étayer. Le fameux

---

[1399] Peter D. STACHURA, *Gregor Strasser and the rize of nazism*, Londres, Allen & Unwin 1983.

[1400] Hans MOMMSEN, *L'incendie du Reichstag et ses conséquences politiques* in *Le national-socialisme et la société allemande, opus cit.*

[1401] Arthur KOESTLER, *Œuvres autobiographiques, opus cit.*

[1402] *The Oberfohren Memorandum: What German Conservatives thought about the Reichstag fire (1933),* German Information Bureau, Londres 1933.

[1403] Peter WULF, *Ernst Oberfohren und die DNVP am Ende der Weimarer Republik,* in Erich Hoffmann und Peter Wulf [dir.]: „*Wir bauen das Reich.“ Aufstieg und erste Herrschaftsjahre des Nationalsozialismus in Schleswig-Holstein.* Wachholtz, Neumünster 1983.

[1404] *Ibid.*

[1405] *Ibid.*

[1406] *Ibid.*

[1407] John LEOPOLD, *Alfred Hugenberg*, New Haven: Yale University Press 1977.

[1408] Peter WULF, *Ernst Oberfohren und die DNVP am Ende der Weimarer Republik, opus cit.*

memorandum utilisé par le *Livre brun* revient sur des désaccords au sujet de l'incendie du Reichstag entre le DNVP et le NSDAP. Mais l'identité de l'auteur du texte fait débat[1409]. Il n'est en effet pas du tout certain qu'Oberfohren en soit véritablement l'auteur. Lors de sa déposition devant la Commission d'enquête internationale de Londres, le député SPD Rudolf Breitscheid déclara que le texte reproduisait plutôt fidèlement les idées d'Oberfohren, mais que le style lui était étranger[1410]. Ce texte est en fait peut-être l'œuvre du journaliste communiste Albert Norden[1411]. Le texte évoque les anciennes dissensions entre le DNVP et le NSDAP, mais insiste surtout sur celles de l'incendie du Reichstag, et l'article du *Manchester Guardian* révélait comme chose certaine que : « 1. Le plan de l'incendie avait été forgé par Goebbels et Göring ; 2. Les perquisitions successives au siège du KPD à Berlin avaient permis à la police d'y glisser des documents falsifiés ; 3. L'incendie du Reichstag avait été mis en scène pour permettre aux nazis d'agir contre les communistes et les sociaux-démocrates ; 4. Le commando chargé de mettre le feu au Reichstag qui avait opéré à partir du palais de la présidence occupé par Göring, et dont faisait partie van der Lubbe, était placé sous le commandement du chef des SA de Silésie, Edmund Heines[1412]. » Nous avons vu précédemment que Heines n'était pas à Berlin ce soir-là mais à Breslau à plus de 340 kilomètres de la capitale du Reich et que van der Lubbe n'était en aucun cas un agent nazi. Toutes ces accusations étaient donc infondées.

Toujours au sujet du memorandum Oberfohren, il est intéressant de lire les arguments de riposte publiés par le Comité de soutien à van der Lubbe et repris dans le journal *Terre libre* de mai 1935. Le Comité van der Lubbe revint également à cette occasion sur les « documents » Kruse et Ernst censés démontrer la responsabilité des nazis dans l'incendie du Reichstag et utilisés notamment par les communistes. Ces « documents » sont incohérents, rocambolesques, avec de très nombreuses erreurs, approximations et affabulations, et permettent surtout de lever le voile sur leur véracité qui paraît totalement illusoire. Ces « documents » montés à la hâte par les réseaux communistes ne

---

1409 *Ibid.*

1410 Detlef LEHNERT, *Rudolf Breitscheid (1874–1944). Vom linksbürgerlichen Publizisten zum sozialdemokratischen Parlamentarier,* in Peter Lösche, Michael Scholing, Franz Walter (dir.): *Vor dem Vergessen bewahren. Lebenswege Weimarer Sozialdemokraten.* Colloquium Verlag, Berlin 1988.

1411 Norbert PODEWIN, *Albert Norden. Der Rabbinersohn im Politbüro, opus cit.*

1412 *Manchester Guardian* du 26 avril 1933.

sont guère dignes d'intérêt pour la découverte de la vérité, mais ils le sont pour constater de façon irréfutable que les communistes eux aussi ne reculaient devant aucun procédé pour transmettre aux citoyens leur « vérité » complètement fallacieuse. L'article publié dans *Terre libre* parut sous le titre : « Marinus van der Lubbe, trois faux diplomatiques ». En voici le contenu :

« *Le document Oberfohren*

Parrainage du document. – Le *Livre brun*, rédigé pour les Éditions du Carrefour (Trust Münzenberg) sous la responsabilité du Comité mondial d'aide aux victimes du fascisme hitlérien, a publié les principaux passages du "document" et s'est en outre porté garant de son authenticité et de sa véracité (novembre 1932).

Auteur supposé. – Le Dr Oberfohren, leader du groupe national-allemand au Reichstag, mort (suicidé ?) le 3 mai 1932, aurait rédigé ce mémoire anonyme qui fut recopié à la machine et envoyé à diverses personnes. Un des exemplaires dactylographiés serait parvenu "par des voies détournées" en la possession des auteurs du *Livre brun*.

Le "document Oberfohren" se propose d'établir "la vraie signification de l'incendie du Reichstag, préparé par Hitler dans le but d'effrayer les partis parlementaires et de les rallier autour de lui par la crainte d'un prétendu putsch communiste".

Oberfohren, prétend le *Livre brun*, aurait été le confident de Hitler et au courant des préparatifs de l'incendie ! Ceux-ci auraient même été discutés en conseil de cabinet, et Oberfohren aurait protesté contre l'inutilité d'une alarme qui pouvait jeter inutilement le gouvernement dans une aventure, alors que les communistes se montraient parfaitement inoffensifs.

Le Dr Oberfohren devint le principal adversaire de Hitler dans le sein du parti national-allemand. Il est dit avoir participé à un complot militaire englobant les chefs du Casque d'acier, de la Reichswehr, et l'entourage immédiat du président Hindenburg, dans le but de s'emparer de la personne de Hitler et des principaux ministères, à la faveur d'un défilé triomphal des troupes dans Berlin. Cette tentative devait bénéficier de l'appui moral des partis parlementaires menacés par l'hitlérisme, car Oberfohren leur avait promis la légalité sous la dictature militaire projetée, laquelle conduirait éventuellement à la restauration de la monarchie.

C'est pour appuyer moralement le complot militaire qu'aurait été préparée la divulgation des "responsabilités hitlériennes dans l'incendie". Mais le projet lui-même semble n'avoir reçu aucun commencement d'exécution.

Récit de l'incendie. – Les détails donnés sur l'incendie résulteraient de ce que le document Oberfohren nomme "les informations officielles" (du parti national-allemand). De ces "informations" elles-mêmes, le *Livre brun* ne cite que quelques mots. Cependant, il les illustre par des schémas "criminologistes" et par des détails rocambolesques d'une grande "précision".

L'incendie du Reichstag est représenté comme une action collective de grande envergure, entreprise par des équipes nombreuses et sous la protection de sections d'assaut :

"Il fallait des hommes qui, d'une part, ne reculassent devant aucun crime et qui d'autre part fussent par de nombreux crimes, commis en commun, liés si fortement à la direction national-socialiste qu'aucune trahison ne fût à redouter. La direction national-socialiste est riche en hommes qui remplissent ces conditions. Dans ses rangs, se trouvent des assassins de la Vehme comme le lieutenant Heines et le lieutenant Schulz, des criminels comme le Dr Robert Ley[1413] et Karl Kaufmann[1414], des aristocrates dégénérés et pervertis comme le comte Helldorf. De cette masse d'hommes, enchaînée à la direction nazie, la colonne des incendiaires fut formée. La direction en fut confiée à l'assassin Heines. Son second fut l'assassin Schulz, et sous son commandement travaillait le chef des sections d'assaut de Berlin, le comte Helldorf."

"La première tâche de la colonne était le transport du matériel incendiaire. Pour cela, les incendiaires se servirent du couloir souterrain qui, de la maison de Göring, mène au Reichstag. Le chemin a dû être parcouru plusieurs fois. Ils commencèrent leur travail sur un signal convenu, qui faisait savoir que les derniers députés avaient quitté le Reichstag. Il n'y avait pas de danger d'être découvert par les fonctionnaires de service, ceux-ci ayant été renvoyés chez eux avant la

---

[1413] Robert Ley participa à la Première Guerre mondiale comme pilote d'avion. Inscrit au NSDAP en 1923, il devint un redoutable activiste pour le compte de Hitler et effectua notamment un travail d'agitateur à la Maison des chimistes. Il fut nommé en 1925 gauleiter de Rhénanie du sud et il fonda en 1928 un quotidien nazi régional, le *Westdeutscher Beobachter*. Il fut élu député NSDAP et en décembre 1932, il devint chef du département organisation du parti nazi. Il fut ensuite directeur du Front du Travail. La brutale mise au pas des syndicats allemands en mai 1933 fut son œuvre. Robert Ley était un homme assez instable, violent antisémite, qui parvint à acquérir une position élevée dans la hiérarchie nazie en raison justement de son extrémisme mais aussi grâce à d'indéniables talents d'organisateur.

[1414] Gauleiter nazi de Hambourg.

fin de leur service par l'inspecteur national-socialiste du personnel du Reichstag." – (*Livre brun*, pages 109-110).

Le *Livre brun* ajoute que Lubbe, pour satisfaire "sa mégalomanie", se plaça le premier de la colonne, ayant près de lui le comte Helldorf. Le "schéma criminologiste" n° 2 montre van der Lubbe débraillé, la torche en main, debout dans l'amphithéâtre des séances, au milieu d'une horde de pétroleurs nazis qui s'affairent autour de lui. Une sorte de tuyau de poêle figuré sous le péristyle du monument représente tant bien que mal le souterrain mystérieux, cependant qu'autour du palais de Göring, on aperçoit des corps de garde, des sentinelles armées de carabines et jusqu'à un bateau flottant sur la Spree (*Livre brun*, page 111). Toute cette mise en scène enfantine de révélations "criminologiques" s'accompagne de détails absolument ridicules. Car les torches non consumées, et le reste du "matériel incendiaire" abandonné dans le Reichstag en flammes sans parvenir à y brûler, représentaient, selon le *Livre brun* un poids de "plusieurs quintaux", qu'il fallut transporter "par camions".

Remarques. – Il suffit de constater l'invraisemblance de ce récit pour admettre qu'il n'a pas pour auteur un homme politique "sérieux", mais relève tout au plus de la psychologie d'un enfant de dix ans, abruti par la lecture du *Petit Journal illustré.*

C'est cependant sur cette base apocryphe et mensongère que s'élève tout l'édifice des "certitudes" construit par le Comité mondial d'aide aux victimes du fascisme dans un but qui n'a certes rien de commun avec la protection des antifascistes allemands.

Le document Kruse

Parrainage du document. – La *Deutsche Freiheit* organe du Front de la liberté en Sarre (Trust Münzenberg), et dont par ailleurs on connaît les attaches avec le Quai d'Orsay et le Comité des forges, a osé se porter garant devant ses lecteurs, d'un témoignage encore plus grotesque que le précédent, connu sous le nom de document Kruse (juillet 1934).

Auteur supposé. – Les valets de plume du Trust Münzenberg, constatant leur impuissance à confectionner des documents de haute politique, ont cru être plus heureux en empruntant la personnalité d'un simple larbin, le nommé E. Kruse, valet de chambre (?) de Röhm.

Après avoir réussi à échapper au massacre du 30 juin 1934 et à passer en Sarre, le nommé Kruse aurait éprouvé le besoin de rédiger une lettre au maréchal von Hindenburg et de glisser cette missive dans la boîte aux lettres de la *Deutsche Freiheit.* Cette lettre fut publiée en français sous les plus expresses réserves, par la *Tribune de Genève* du 26 juillet 1934.

Récit de l'incendie. – Voici le récit complet de l'incendie tel qu'il figure dans le "document Kruse" :

"Le 10 février 1933, on me convoqua en séance confidentielle avec neuf camarades. Les organisateurs en étaient Röhm et Heines. Le plan de l'incendie fut discuté avec précision et l'on posa la question à chacun concernant la participation à l'opération. On nous fit jurer d'observer le mutisme absolu et d'attendre les ordres. Un nommé Lobike, qui refusa sa participation, fut arrêté sur-le-champ, et personne ne l'a jamais revu."

"Van der Lubbe était une des relations amoureuses de Röhm et en même temps un type qui était frappé de mégalomanie. Partout il voulait être le premier. C'est pourquoi on lui donna des flambeaux en lui disant d'entrer dans le bâtiment par la fenêtre. Il ne savait rien de notre projet, car nous devions mettre le feu dans la grande salle au moyen de poudre explosive."

Notez ici une nouvelle version du rôle de Lubbe. En effet, il a été prouvé par notre camarade, malgré tous les efforts contraires de l'accusation, qu'il avait pénétré dans le Reichstag, sans aide extérieure, en fracturant une des fenêtres de l'étage principal, et opéré pour son propre compte. D'où la nécessité de concilier les prétentions du Comité mondial avec les faits indiscutablement établis à Leipzig, et d'inventer une équipe incendiaire distincte de Lubbe, ayant opéré séparément. Or, cette équipe ne pouvait avoir agi après Lubbe, puisque celui-ci fut pris sur le fait au moment où le Reichstag fut envahi par la police. Il faut donc imaginer que le véritable incendie était déjà organisé par les "véritables incendiaires" *avant l'entrée de Lubbe dans le Reichstag*. Bien que cette hypothèse soit inutile et même ridicule, elle forme le fond des prétendues révélations de Kruse et de Ernst qui ont été adoptées par le Comité mondial comme "confirmation" du *Livre brun* ou du moins comme positions de retraites après l'écroulement de la théorie tirée du "document Oberfohren".

"Nous avons fait deux fois des exercices pendant la nuit en courant par le couloir souterrain le plus vite possible. Nous étions deux groupes, chacun de cinq hommes, dont les chefs étaient Heines et Ernst. Les participants étaient les nommés : 1. Brähm ; 2. Stettmann : 3. Nagel ; 4. Sirop ; 5. Kummelsbach ; 6. Dierigen ; 7. Bratschke ; 8. Lehmann ; 9. Schmitz et 10. moi-même, Kruse.

Nous reçûmes l'ordre final dans la nuit du 27 février, alors que nous étions réunis dans la cave du palais de Göring. On nous prévint que van

der Lubbe était déjà devant le bâtiment. Chacun de nous avait un sac de cellophane dans lequel il y avait une espèce de poudre extrêmement légère ; en outre, un rouleau de ruban en celluloïd. Nous avions l'ordre de placer chacun à un endroit déterminé avec précision notre sac, et d'attacher notre ruban, dont une extrémité devait être mise dans les mains de nos chefs, c'est-à-dire à Ernst et Heines.
Après avoir constaté que van der Lubbe était bien dans le bâtiment, ils ont allumé les rubans. L'effet fut terrible. Les serpents de feu partirent, bientôt suivis d'une détonation légère, puis l'air se remplit comme de farine brûlante. Nous avions pris la fuite immédiatement. Quant à van der Lubbe, on lui avait promis qu'il pourrait, après une détention assez longue, s'évader avec l'aide de Röhm. En outre, il devait recevoir de l'argent pour passer en Amérique.
Je frémis quand je pense aux camarades. Ils ont tous disparu les uns après les autres. Juste avant le 30 juin, seuls Röhm, Heines, Ernst, Nagel et moi nous étions vivants ; aujourd'hui, je suis le dernier.
Göring et Goebbels sont les pères spirituels de l'incendie, et particulièrement Goebbels, qui voulait s'en servir en faveur de sa propagande. Voilà la vérité... Excusez-moi si cette lettre est un peu confuse, mais c'est la colère qui m'a surpris. Dieu m'est témoin.
Avec ma profonde vénération, votre soldat allemand et ancien membre des troupes d'assaut, toujours fidèle. *E. Kruse"*
Remarque. – Cette nouvelle "révélation" contribue certes à rendre "un peu confuse" la position du Trust Münzenberg. Il est à peine besoin de noter qu'avec "Kruse", rien ne subsiste du récit "authentique" précédemment donné par "Oberfohren" et le *Livre brun*. Rien, sinon l'affirmation, fort hors de propos, de l'homosexualité de Röhm et de Lubbe, et de leurs rapports amoureux. Une accusation de ce genre, incompréhensible, sous la plume d'un fidèle de Röhm, et ne jouant aucun rôle explicatif dans le récit, est vouée à un rôle parasite, d'autant que nos publications ont abondamment démontré la fausseté du *Livre brun* au sujet des déviations sexuelles attribuées à Lubbe et de ses prétendues rencontres avec Röhm. Une nouvelle retraite était donc nécessaire sur ce point. Et bientôt, abandonnant le récit "Kruse", la clique Münzenberg concentrait ses efforts dans la publication d'un nouveau faux, plus soigneusement rédigé.

Le document Ernst
Parrainage. – Le document Ernst, texte allemand, figure intégralement dans une publication officielle du Comité mondial et du Trust

Münzenberg, le *Weissbuch über die Erschiessungen des 30. Junis*[1415]. Dans cet ouvrage, il est présenté comme absolument authentique et véridique ; et c'est des mains du Comité que le document fut livré à la publicité de la presse, en décembre 1934.
Auteur supposé. – Ernst, principal lieutenant de Röhm, assassiné le 30 juin sur l'ordre de Hitler, aurait dicté le 3 juin ce document à son aide de camp Fiedler. Celui-ci devait en remettre à Heines, autre lieutenant de Röhm, la minute dactylographiée. M. le Dr Branting, membre du Comité mondial est censé avoir reçu copie du document, après la mort de Ernst, Heines et Fiedler (30 juin 1934), c'est-à-dire au moment même où s'élaborait la version Kruse.
Le "document Ernst" comprend un récit de l'incendie du Reichstag, et une lettre d'envoi (?), familièrement écrite à l'usage de Heines pour le mettre au courant.
Récit de l'incendie. – Nous citerons seulement la partie qui concerne l'exécution du plan d'incendie, et qui constitue à la fois un renversement et un perfectionnement de la version Kruse :
"À trois reprises, je visitai, en compagnie de Helldorf, le couloir souterrain pour me permettre de m'orienter. En temps, Göring nous avait communiqué le plan du palais, la distribution du personnel, ainsi que l'itinéraire des rondes. Deux jours avant l'attentat, nous avons caché dans un couloir latéral le matériel d'incendie qui nous avait été fourni par Göring. Il consistait en un certain nombre de bidons contenant un produit phosphoré auto-inflammable et en quelques litres de pétrole.
Je me suis demandé pendant longtemps qui je chargerais de la mise à feu. J'arrivai à cette conclusion que je devrais mettre moi-même la main à la pâte avec quelques compagnons très sûrs. Je parvins à convaincre Göring et Goebbels qui m'approuvèrent. Je suis d'avis aujourd'hui que, s'ils se déclarèrent d'accord avec moi, c'est parce qu'ils croyaient me tenir ainsi entre leurs mains. Je choisis deux camarades en qui j'avais toute confiance. Ces camarades, je les remercie de m'avoir assisté dans cette tâche difficile. Je les ai liés par serment – serment qu'ils ont tenu. Je savais qu'ils justifiaient ma confiance. Eux-mêmes décideront si leurs noms, qui figurent dans l'annexe ci-jointe, doivent être livrés à la publicité.
Quelques jours avant la date fixée, nous sûmes par Helldorf que sur le pavé de Berlin avait surgi un jeune homme qu'on pouvait à coup sûr

[1415] Livre blanc sur les exécutions du 30 juin.

décider à collaborer à l'incendie. Ce garçon était un communiste hollandais. Le monde depuis a connu son nom : van der Lubbe. Je ne l'ai pas vu avant l'attentat. Helldorf et moi réglâmes tous les détails. Le Hollandais devait agir seul dans la galerie avec des moyens de fortune. Mes amis et moi devions agir dans la salle des séances et dans celle des pas perdus. Le Hollandais devait commencer son travail à 9 heures et nous une demi-heure plus tôt.

La difficulté consistait à bien observer l'horaire. Le Hollandais devait pénétrer dans le Reichstag à une heure où nous devions déjà l'avoir abandonné et où le feu devait déjà être mis. Pour permettre au Hollandais de se familiariser avec les lieux, Helldorf lui fit visiter le Reichstag. Nous décidâmes que van der Lubbe pénétrerait par la fenêtre de la buvette, là où l'escalade était la plus facile à réaliser. Dût-il être pris que nous ne courions nous-mêmes aucun risque, même si nous devions avoir un retard de quelques minutes. Pour être certain que van der Lubbe ne reculerait pas à la dernière minute, Sander ne le quitta pas d'une semelle de tout l'après-midi. Il le conduisit au Reichstag et le suivit des yeux dans son escalade. Dès que Sander se fut rendu compte que cette escalade avait réussi, il avertit par téléphone Hanfstaengl, à l'hôtel Göring. Jusqu'à la dernière minute, van der Lubbe fut laissé dans la croyance qu'il travaillait tout seul.

Quant à moi, je rencontrai mes deux camarades à 8 heures [20 heures], au coin de la Neue-Wilhelmstrasse et de la Dorotheenstrasse. Nous étions en civil. Quelques minutes après, nous étions à l'entrée du palais, où nous pénétrâmes sans avoir été remarqués. Nous avions des bottes en caoutchouc pour ne pas nous faire entendre. Nous parvenons au couloir souterrain. À 8 h 45 [20 h 45], nous voici dans la salle des séances. Un des deux camarades revient encore au couloir souterrain pour amener le reste des matières incendiaires, cependant que l'autre et moi, alors, nous nous mettons au travail dans la salle Kaiser-Wilhelm. Nous préparons plusieurs foyers d'incendie dans cette salle Kaiser-Wilhelm, ainsi que dans la salle des séances. Nous badigeonnons les chaises et les tables avec le produit phosphoré. Les rideaux et les tapis sont imbibés de pétrole. Quelques minutes avant 9 heures [21 heures], nous retournons à la salle des séances. À 9 h 05 [21 h 05], tout est terminé et nous gagnons la sortie. Il était temps : l'auto-inflammation du produit phosphoré devait avoir lieu trente minutes après son application. À 9 h 15 [21 h 15], nous escaladons le mur de clôture.

Les imputations qui ont paru dans la presse du monde entier sont fausses. À nous trois, nous avons fait tout l'ouvrage. En dehors de

Göring, Goebbels, Heines, Killinger et, plus tard, Hanfstaengl et Sander, personne n'a rien su de notre projet. On prétend que ce n'est qu'après coup que le Führer a appris que ce sont ses sections d'assaut qui ont mis le feu au Reichstag. Je ne puis rien affirmer sur ce point. Je sers le Führer depuis onze ans ; je lui resterai fidèle jusqu'à la mort. Ce que j'ai fait, tout chef de section d'assaut l'accomplirait pour le Führer. Mais il est insupportable de penser que les SA soient trahies par ceux-là mêmes qu'elles ont portés au pouvoir. Je crois avec confiance que le Führer saura déjouer les machinations sinistres entreprises contre les sections d'assaut.

J'écris ce document pour ma sauvegarde contre les plans de Göring et de Goebbels. Ce document sera détruit par moi si les traîtres reçoivent la récompense qu'ils méritent. Berlin, 3 juin 1934. (signé) Karl Ernst, S-A-Gruppenführer."

L'annexe suivante est jointe au document :

"La présente déclaration ne devra être livrée à la publicité que sur mon ordre, sur l'ordre de l'un de mes camarades, Fiedler ou Mohrenschild, ou dans le cas où je périrais de mort violente. Mes camarades Fiedler et Mohrenschild, qui m'ont prêté leur concours, décideront seuls si leurs noms doivent être prononcés ou non. Nous trois, en agissant comme nous l'avons fait, avons rendu à la cause du national-socialisme le plus grand des services."

Remarques. – Plusieurs réserves s'imposent au sujet du document Ernst, indépendamment des invraisemblances du récit et sans préjudice d'une expertise de la signature figurant page 8 du document.

En premier lieu, il est parfaitement invraisemblable que Ernst puisse à la fois accuser les "traîtres" Göring et Goebbels de l'incendie comme d'un *crime* contre l'État allemand et s'en glorifier lui-même comme d'un acte de sauvetage national. Il est parfaitement invraisemblable qu'il puisse à la fois adresser ses "révélations" à son "chef bien-aimé" Adolf Hitler avec des protestations d'éternelle fidélité au nazisme, et en confier la copie à M. Branting, ministre social-démocrate, soit directement, soit par personne interposée. Il est parfaitement invraisemblable qu'Ernst ait pu fonder sa protection personnelle sur un document qui constitue un acte de haute trahison dans le cadre de la politique nazie, et dont la simple existence aurait été une "épée de Damoclès" suspendue sur sa tête.

La deuxième invraisemblance réside dans la conduite de Branting lui-même qui aurait attendu cinq mois (juillet-novembre) pour livrer à la publicité un document dont l'exploitation politique devenait inefficace en ce qui concerne la lutte politique en Allemagne, une fois passée la crise décisive et le tournant dangereux du 30 juin 1934. Il faut donc admettre que le document a été mûrement combiné et fabriqué entre juillet et novembre, et cela dans le but essentiel, non pas d'aggraver la crise intérieure allemande, mais de consolider la position critique de la clique Münzenberg devant l'opinion mondiale en ce qui concerne les calomnies répandues par elle sur van der Lubbe.

Un dernier mot
À l'heure actuelle, l'inquiétude des faussaires professionnels n'est pas encore calmée. Nous n'en voulons pour preuve que ces deux assertions cueillies au hasard dans un seul numéro de *Monde*, celui du 12 avril 1935. À propos des "journaux de prison" officiellement rédigés et ouvertement circulés [sic] par les fractions communistes dans les geôles politiques du Portugal (on donne même le nom des rédacteurs responsables), nous apprenons que l'une des questions sur lesquelles porte "l'éclaircissement idéologique" poursuivi parmi les prisonniers porte sur la question suivante : *Les anarchistes et van der Lubbe*. Que les prisonniers portugais aient besoin d'être "éclairés" sur ce point par le Parti communiste prouve que la vérité a fait beaucoup de chemin dans ce pays où cependant nous n'avons aucune relation directe. Un peu plus loin, lors de l'énumération des crimes réels ou supposés de la Gestapo en Suisse et en Angleterre, le nommé Paul Rax éprouve le besoin de nous faire savoir que les bourreaux de Leipzig, lors de l'exécution de van der Lubbe, ont guillotiné une simple poupée. Cette nouvelle ne manquera pas d'étonner ceux des lecteurs de *Monde* qui avaient appris, quelques mois auparavant que van der Lubbe avait eu "une crise de nerfs" en présence de la guillotine et s'était farouchement débattu jusque sous le couperet, en menaçant les juges nazis de procéder à des révélations *in extremis*... Elle ne saurait étonner ceux qui depuis deux ans sont à la recherche de la vérité et se heurtent chaque jour à de nouveaux mensonges, de la part des lâches et des traîtres qui ont livré le prolétariat allemand et qui ont choisi *Marinus van der Lubbe comme bouc émissaire de leurs péchés et de leurs crimes*.

Van der Lubbe mort a été reconnu par son demi-frère, Jan. Les traces de son long martyre étaient visibles sur son corps torturé. Sa tête est au musée de la police, à Berlin, dans un bocal d'alcool. Le reste est inhumé dans le cimetière des condamnés, à Leipzig. Les dernières heures de notre cher camarade ont été impassibles ; sa fin silencieuse et stoïque reste un défi éternel aux oppresseurs du peuple allemand et de tous les peuples. Les temps futurs démontreront la fertilité de son sacrifice[1416]."

Comité international Marinus van der Lubbe »

La publication du memorandum Oberfohren et des articles qui s'appuyaient sur lui firent grand bruit et les nazis réagirent vivement, comme en témoigne la tribune du *Völkischer Beobachter* : « Le journal anglais, *Manchester Guardian*, vient de se permettre de calomnier et de vilipender impudemment le gouvernement du Reich, ce qui a provoqué, nous venons de l'apprendre, une très vigoureuse protestation du gouvernement allemand auprès du gouvernement anglais. [...] Un prétendu correspondant particulier du journal précité publie sous le titre "L'Allemagne en avril", un article dans lequel il traite de l'incendie du Reichstag d'une façon tout à fait mensongère et calomnieuse. On produit contre le gouvernement du Reich un grief monstrueux en prétendant "que les incendiaires siègent dans le ministère lui-même". On prétend en outre "qu'en Allemagne circule sur l'incendie du Reichstag un memorandum secret". Nous tenons à dénoncer ici cette impudence incroyable du *Manchester Guardian.* Il n'y a pas d'autre exemple dans l'histoire des nations civilisées d'une accusation comme celle que profère le journal. Le gouvernement du Reich considère cette publication comme une insulte et, comme nous l'avons dit au début, il a chargé son ambassade à Londres d'élever la protestation la plus vigoureuse contre une publication de cette nature[1417]. » Suite au maintien de sa position de la part du journal anglais, Goebbels passa à l'offensive et publia un communiqué officiel : « Le journal libéral anglais *Manchester Guardian* poursuit sa campagne de calomnies contre le gouvernement national de notre pays. On sait qu'un premier article a eu pour conséquence une protestation vigoureuse du gouvernement du Reich auprès du gouvernement de Londres contre ces imputations calomnieuses. Au sujet du second article sur l'incendie du Reichstag publié par cette feuille, on déclare à Berlin de source bien informée : il est inconcevable qu'un journal anglais important accepte d'imprimer des insultes aussi monstrueuses à l'adresse d'un gouvernement étranger. On sait qu'une imprimerie clandestine du Parti

---

[1416] *Terre Libre*, n°13, mai 1935, Comité van der Lubbe, in Archivesautonomies.org
[1417] *Völkischer Beobachter* du 28 avril 1933.

communiste allemand a édité dès la mi-avril des récits fantaisistes et mensongers sur l'incendie du Reichstag et que ces textes ont été envoyés, comme s'il s'agissait d'informations, à de nombreux journalistes de la presse allemande et étrangère. On est surpris de constater que le contenu de ces récits mensongers sur l'incendie du Reichstag coïncide pour l'essentiel avec l'article publié par le *Manchester Guardian*. Quiconque a analysé les méthodes de lutte du Parti communiste au cours des dernières années dans tous les pays du monde sait que l'incendie du Reichstag se situe tout à fait dans leur ligne. Il n'y a naturellement rien de surprenant à ce que le Parti communiste veuille imputer ce crime à un gouvernement en qui il a trouvé un adversaire implacable qui l'anéantira. Par cette publication le *Manchester Guardian* se met ouvertement au service de la propagande communiste[1418]. »

Pendant la rédaction du *Livre brun*, Münzenberg et ses collaborateurs s'attelèrent à mettre en place une « Commission d'enquête sur les origines de l'incendie du Reichstag[1419] ». Une fois cette commission constituée[1420], elle organisa avec des juristes un contre-procès qui précéda le véritable procès. Ce contre-procès se déroula à Londres du 14 au 18 septembre 1933. Les débats eurent lieu dans la salle d'audience de la Société de droit de Londres et ce procès « alternatif » fut rapidement nommé par tout le monde le « contre-procès ». Des témoins furent interrogés, des dépositions et des documents furent étudiés. Le contre-procès s'ouvrit sous la présidence de l'avocat de la couronne britannique, Denis Nowell Pritt[1421]. Le point de vue de l'accusation fut exposé par Sir Stafford Cripps, de la Chambre des lords, conseiller du roi et futur ministre des Affaires étrangères de

---

1418 David AYERST, *The Manchester Guardian: biography of a newspaper,* Cornell University Press 1971, ainsi que Ernest BRAMSTED, *Goebbels and National Socialist Propaganda, 1925–1945*. Michigan State University Press 1965, et Joseph GOEBBELS, *Reden aus Kampf und Sieg – « Goebbels spricht »*. Verlag Gerhard Stalling, Oldenburg 1933 et Joseh GOEBBELS, *Vom Kaiserhof zur Reichskanzlei. Eine historische Darstellung in Tagebuchblättern, opus cit.*

1419 Babette GROSS, *Willi Münzenberg. Eine politische Biographie, opus cit.*

1420 On y trouvait notamment Francesco Nitti, un ancien Premier ministre italien opposé au fascisme, Georg Branting, cofondateur du parti social-démocrate suédois, ancien Premier ministre et prix Nobel de la paix en 1921, et deux célèbres avocats parisiens et hommes politiques radicaux, Vincent de Moro-Giafferri et Gaston Bergery.

1421 Gilbert KREBS, *Exil et résistance au national-socialisme, opus cit.*, p.141.

Grande-Bretagne[1422]. Dans la liste des témoins, on trouvait trois membres éminents du SPD, Paul Hertz[1423], Rudolf Breitscheid et Albert Grzesinski[1424], ancien ministre de l'Intérieur de Prusse et ancien préfet de police de Berlin[1425]. Très orienté politiquement, le contre-procès aboutit sans aucune surprise dans son rapport publié le 20 septembre à de « fortes présomptions de la culpabilité des dirigeants nazis ». Pour les juristes du contre-procès – la Commission était formée des juristes suivants : l'Anglais D. N. Pritt, le Hollandais Bakker-Nort, le Français Gaston Bergery[1426], du barreau de Paris, le Suédois G. Branting, l'Américain Hays, le Danois Huidt, le Français de Moro-Giafferri, l'Italien Francesco Saverio Nitti, ancien président du Conseil des ministres d'Italie et le Belge Vermeylen[1427] –, l'incendie fut dirigé par Göring qui avait agi selon les souhaits de Hitler[1428]. On retrouva l'idée selon laquelle un commando de SA avait utilisé le souterrain qui reliait la résidence de Göring au Reichstag[1429]. Ainsi, en marge du contre-procès, maître Vincent de Moro-Giafferri déclara : « Quel était à Berlin, le 27 février au soir, l'homme qui détenait les clés du Reichstag ? Quel était l'homme qui commandait la police ? Quel était l'homme qui détenait la clé du souterrain par lequel on semble avoir pénétré ? Cet homme, c'était à la fois le ministre de l'Intérieur de Prusse et le président du Reichstag : c'était Hermann Göring[1430]. » Cependant, contrairement au *Livre brun*, la Commission se contenta d'affirmer que de fortes présomptions existaient, mais sans nommer les exécutants de l'opération. Les attendus s'achevaient par des conclusions concises : « 1. Van der Lubbe n'est pas membre du Parti communiste, il en est l'adversaire. Il n'existe aucune relation entre le Parti communiste

---

[1422] *Ibid.*
[1423] Martin SCHUMACHER (dir.), *M.d.R. Die Reichstagsabgeordneten der Weimarer Republik in der Zeit des Nationalsozialismus. Politische Verfolgung, Emigration und Ausbürgerung, 1933–1945. Eine biographische Dokumentation.* 3., erheblich erweiterte und überarbeitete Auflage. Droste, Düsseldorf 1994.
[1424] Thomas ALBRECHT, *Für eine wehrhafte Demokratie. Albert Grzesinski und die preußische Politik in der Weimarer Republik,* Bonn, Dietz 1999.
[1425] Gilbert KREBS, *Exil et résistance au national-socialisme, opus cit.*
[1426] Philippe BURRIN, *La Dérive fasciste : Doriot, Déat, Bergery, 1933-1945*, Paris, Éditions du Seuil, coll. « Points. Histoire » 2015.
[1427] Gilbert KREBS, *Exil et résistance au national-socialisme, opus cit.*
[1428] *Ibid.*
[1429] *Ibid.*
[1430] Henri ROSSI, *D'enceintes judiciaires en arènes politiques : C'était le grand Moro ou l'éloquence en marche*, éditions EGC, 1999.

allemand et l'incendie du Reichstag. Les accusés Torgler, Dimitrov, Popov et Tanev, non seulement sont innocents du crime dont on les accuse, mais ils n'ont eu ni directement ni indirectement le moindre rapport avec le crime ; 2. Tous les éléments dont dispose la Commission permettent de constater que van der Lubbe ne peut pas avoir incendié seul le Reichstag ; 3. Il est très vraisemblable que les incendiaires ont utilisé le souterrain reliant le Reichstag au palais du président. L'incendie, au moment où il a été provoqué, était d'un grand profit pour le Parti national-socialiste. Pour cette raison, et pour d'autres exposées dans la IIIe section du rapport, la Commission est d'avis qu'il existe de graves présomptions que le Reichstag ait été incendié par des personnalités dirigeantes du Parti national-socialiste ou à leur instigation. La Commission est d'avis que, quelle que soit l'institution judiciaire, elle est dans l'obligation d'examiner cette présomption[1431]. » La presse internationale publia et commenta le rapport final de la Commission qui fut également adressé au Tribunal du Reich à Leipzig. La presse allemande revint aussi sur les travaux de la Commission pour les condamner, mais en optant parfois pour un langage un peu à double sens, à l'image du *Frankfurter Zeitung,* qui en 1933 avait encore une petite marge de manœuvre éditoriale, dont l'article disait : « On peut craindre malheureusement que les audiences de la Commission, même si la première ne s'est pas déroulée très régulièrement, ne suscitent une très grande attention de la part du public anglais. Dès le premier jour l'affluence a été telle qu'il a fallu admettre deux-cents personnes dans une salle qui n'est prévue que pour quatre-vingts auditeurs. [...] L'opinion publique anglaise est déjà très largement prévenue contre l'Allemagne. Il se peut que les dispositions anti-allemandes du peuple anglais soient exacerbées par la démarche de la commission de juristes[1432]. » En France également une certaine effervescence régna au début de l'automne comme le souligne l'historien Gilbert Krebs : « En France, si c'était, au début, essentiellement la presse communiste et socialiste qui informait ses lecteurs sur le déroulement de l'affaire, un tournant se produisit le 11 septembre. Ce jour-là, salle Wagram à Paris, Me de Moro-Giafferri, célèbre avocat d'assises, prononça la plaidoirie "qu'il aurait prononcée à Leipzig si le gouvernement allemand lui avait permis d'assurer la défense des inculpés". Après avoir apporté des preuves de l'innocence de Torgler et des trois Bulgares, l'avocat conclut

[1431] *Le Petit Parisien*, le 22 septembre 1933.
[1432] *Frankfurter Zeitung* du 15 septembre 1933.

par la phrase restée fameuse : "Göring, l'incendiaire c'est toi !" Toute la presse rendit compte de ce meeting, du *Temps*, à *Paris-Soir*, au *Petit Parisien* (le plus fort tirage des journaux du matin) qui concluait son article par "cette soirée fut d'une qualité rare", tandis que *Paris-Soir* affirmait "la cause est entendue[1433]". »

D'autre part, comme le souligne l'historien François Delpla, les auteurs du *Livre brun* et les membres du Comité lors du contre-procès ne rechignèrent pas à employer des arguments vifs et assez détestables à l'encontre de van der Lubbe, nous l'avons vu précédemment[1434] : « Cette mouvance n'est pas tendre non plus pour van der Lubbe, qui n'était pas communiste mais l'avait été [...] avant de rompre en reprochant au parti sa mollesse : c'est le thème du "trotskyste agent de la Gestapo", bientôt omniprésent dans les procès de Moscou, qui s'esquisse ici, redoublé d'accusations sexuelles aussi peu étayées que médiocrement révolutionnaires : le Hollandais a été l'amant du chef SA Ernst Röhm, et l'homosexualité, ce n'est pas beau du tout[1435]. »

Évidemment, le *Livre brun* et le contre-procès vinrent rapidement sur le devant de la scène lors du véritable procès de l'incendie du Reichstag. Le président Bünger parla de « nombreuses déformations parues à l'étranger[1436] », et le procureur Werner surenchérit plus tard en évoquant « les calomnies publiées dans une partie de la presse étrangère et dans le *Livre brun* contre les services gouvernementaux et contre des personnes, en particulier des adhérents du NSDAP[1437] ». Il parlait ici plus précisément d'Edmund Heines que le *Livre brun* accusait alors qu'il était prouvé qu'il était innocent des faits en question puisqu'il était à Breslau au moment de l'incendie, comme nous l'avons vu précédemment. Le *Livre brun* fut à nouveau cité lors des dépositions du comte Helldorf ou de Göring, si bien, comme le nota le journal conservateur britannique *Morning Post*, que : « Le procès qui devait être l'occasion d'établir la culpabilité des quatre révolutionnaires

---

[1433] Gilbert KREBS, *Exil et résistance au national-socialisme*, *opus cit.*, ainsi que Gilbert BADIA, *Feu au Reichstag ! opus cit.*, p118-166 qui évoque largement le meeting de Wagram.

[1434] Voir les paragraphes sur Marinus van der Lubbe dans le chapitre précédent.

[1435] François DELPLA, *Le terrorisme des puissants : de l'incendie du Reichstag à la nuit des Longs couteaux*, paru dans *Guerre et histoire* no 7, septembre 2002, " Un siècle de terrorisme " et également disponible avec beaucoup d'autres travaux de l'auteur sur son site www.delpla.org

[1436] Fritz TOBIAS, *Der Reichstagsbrand. Legende und Wirklichkeit, opus cit.*

[1437] *Ibid.*

accusés, prend de plus en plus l'allure d'un procès destiné à innocenter les personnes que le *Livre brun* met en accusation[1438]. »

Après le contre-procès, survint un nouveau rebondissement avec la protestation émise par Sylvia Pankhurst, membre de la Commission d'enquête du contre-procès de Londres et connue pour son rôle dans le mouvement des suffragettes, qui publia un avis très divergent des conclusions générales du contre-procès et notamment au sujet de van der Lubbe : « Je suis membre de la section britannique du Comité mondial pour l'aide aux victimes du fascisme hitlérien, par qui a été organisée, ici à Londres, la Commission juridique d'enquête sur l'incendie du Reichstag. Cette enquête avait été ouverte parce qu'on avait l'impression que les hommes accusés comme incendiaires ne trouveraient pas un jugement équitable en Allemagne dans les circonstances présentes et parce qu'on savait que des témoins importants pour la défense étaient réfugiés hors de l'Allemagne, dans l'impossibilité de témoigner. Cette enquête fut pour moi la bienvenue. J'assistai aux séances et pris note soigneusement des témoignages, avec un franc désir de connaître la vérité. À mesure que les travaux avançaient, se dessinait l'étrange, la solitaire figure de l'homme qui s'était obstinément déclaré l'unique auteur de l'attentat, Marinus van der Lubbe. […] Par moments, dans nos séances de notre tribunal de Carey Street, j'avais l'impression inquiétante que nos travaux contribuaient à serrer la corde autour de son cou. […] Comme la Commission, j'estime qu'il a été prouvé de façon concluante que Torgler, les Bulgares et leur parti sont pleinement innocents du fait. Mais, contrairement à la Commission, après mûres et sérieuses considérations, je suis convaincue que van der Lubbe est un fanatique honnête et que, si quelqu'un l'a aidé à mettre le feu, ce n'était pas les nazis, avec lesquels il était en opposition irréconciliable. Je suis convaincue que son acte, mis à part ses terribles effets, était une protestation bien intentionnée contre l'existence d'un parlement qui, à ses yeux, était une dérision et une honte. […] Après que la session fut close, je reçus des matériaux nouveaux que j'aurais eu le devoir de faire passer à la Commission juridique, s'ils m'avaient touchée à temps pour être portés en discussion.

Ces matériaux prouvent ceci : bien que van der Lubbe ait quitté le Parti communiste de l'obédience de Moscou, en 1931, et se soit par

---

[1438] *Morning Post* du 6 novembre 1933.

la suite fortement opposé à lui, ce fut au nom de ce qu'aux Pays-Bas on appelle *Radencommunist* (Communisme libre des Conseils ouvriers) qu'il combattit toujours ensuite. [...] Les camarades de l'accusé m'ont fait parvenir des déclarations de M. Duesberg, reporter [...] qui assista dans les premiers à la reconstitution de l'incendie et obtint ensuite l'autorisation de parler avec van der Lubbe emprisonné. D'après son opinion, la version donnée par van der Lubbe serait exacte [...] l'incendie fut provoqué par de nombreuses baguettes d'un produit d'allumage connu en Allemagne sous le nom de "kohleanzünder" [...] En plus de cela, il se serait servi de nappes et de tapis de table [...] et aurait disposé le tout de manière à mettre le feu au revêtement de bois dont les panneaux garnissaient toute la salle[1439] [...]. »

[1439] Protestation de Sylvia Pankhurst in *Carnets de route de l'incendiaire du Reichstag, opus cit.*, p. 248-253, ainsi que Sylvia PANKHURST, *Self-accused incendiary* in *Sunday Dispatch*, 24 septembre 1933, et *The E. Sylvia Pankhurst Papers, 1863-1960*, IISG Amsterdam, n°91; n°284-285.

VI

LA CONTROVERSE

« Confronté au problème de l'identification des responsables de l'incendie du Reichstag le soir du 27 février 1933 et à l'analyse des effets politiques de cet événement, l'historien se trouve dans une situation curieuse. Il doit en effet déchiffrer un processus qui, à quelques rares exceptions près, est resté une énigme pour les contemporains eux-mêmes. À la nuée de conjectures et de rumeurs qu'un tel événement ne pouvait manquer de susciter, il doit froidement opposer la question de ce qui peut être attesté par les faits. Il recourra à des hypothèses uniquement lorsque cela sera nécessaire pour établir un lien entre les faits attestés, sans perdre de vue le caractère ouvert des situations historiques. En revanche, ce n'est pas son affaire que de suivre des spéculations que le matériau ne permet pas de confirmer ne fût-ce qu'indirectement, quand bien même ces spéculations seraient contemporaines des faits [1440]. » Le grand historien allemand Hans Mommsen pose ici parfaitement le décor de l'action de l'historien, et souligne les écueils redoutables qui parsèment son parcours, encore plus au cœur de cette affaire de l'incendie du Reichstag.

Dès les premières heures qui suivirent l'incendie, une vive polémique s'installa autour du ou des auteurs de cet acte. Cette polémique opposa d'abord les appareils politiques du NSDAP et du KPD, avec la participation de ceux du DNVP et du SPD, puis vint le tour de la diplomatie, de la presse et des citoyens. Malgré un long procès officiel lui aussi très controversé et un contre-procès non moins controversé, la question ne fut pas tranchée. Enfin, après la fin de la guerre, ce fut au tour des historiens d'entrer dans « l'arène » et d'entretenir sur les cendres des précédentes une très vive controverse qui perdure encore de nos jours[1441]. Les nazis ont-ils mis le feu au Reichstag ? Ou bien les communistes ? Marinus van der Lubbe a-t-il agi seul ? Était-il un agent nazi ? Était-il manipulé à son insu par les nazis ? Y avait-il plusieurs équipes sur place cette nuit-là ? À la lecture des chapitres précédents, nous avons essayé de dégager la scène des interférences qui génèrent de l'opacité, nous avons exposé l'ensemble des faits, documents et témoignages. Aujourd'hui, il est possible d'affirmer que deux éléments seulement sont certains à 100 % :

[1440] Hans MOMMSEN, *L'incendie du Reichstag et ses conséquences politiques*, in Hans MOMMSEN, *Le National-socialisme et la société allemande, opus cit.*

[1441] Marcus GIEBELER, *Die Kontroverse um den Reichstagsbrand. Quellenprobleme und historiographische Paradigmen*, Munich, Martin Meidenbauer Verlag 2010.

1) Van der Lubbe était sur place et il a avoué à de multiples reprises avoir agi seul.
2) L'appareil communiste est complètement étranger à cet incendie.

Pour le reste, rien n'est certain, même si sur plusieurs aspects de cette affaire de nombreux doutes sont aujourd'hui quasiment levés et que, globalement, l'opacité tend à diminuer. Les chapitres précédents nous ont permis, nous l'avons évoqué plus haut, de faire le tour complet des faits, de connaître le détail des déclarations de chacun des protagonistes, d'examiner tous les documents disponibles, d'avoir accès à toutes les sources qui de près ou de loin ont un rapport avec cet incendie et ses suites, et de présenter nos propres conclusions. Maintenant, dans un souci de totale transparence et d'objectivité – ce qui, force est de le constater, ne fut pas toujours, loin de là, le cas dans de nombreux travaux ou articles relatifs à cette affaire –, nous allons présenter les avis de nombreux historiens internationaux et examiner leurs arguments et conclusions, car au fil des enquêtes, contre-enquêtes, hypothèses, réfutations, témoignages, faux témoignages, qui ne manquent pas et brouillent les pistes, débouchent des théories différentes selon notamment l'interprétation qui est faite des documents ou des déclarations. Deux gros blocs se font face, avec un troisième bloc neutre minoritaire entre les deux. Nous trouvons donc ceux qui penchent pour la culpabilité des nazis – avec des variantes – et d'une équipe sur place à l'insu de van der Lubbe – ou parfois avec le jeune Néerlandais avec eux – plus ou moins manipulé, et face à ces historiens d'autres historiens qui penchent eux pour la seule responsabilité de van der Lubbe. Pour notre part, il nous apparaît que cette seconde option est la plus plausible et la plus solide.

Dès 1948, l'hebdomadaire hambourgeois *Die Zeit* (*Le Temps*), dont l'ancien chancelier fédéral Helmut Schmidt fut l'un des directeurs de publication, aborda l'incendie du Reichstag dans ses colonnes. L'article n'apportait néanmoins aucun élément nouveau. Ce fut ensuite en 1959 et 1960 l'hebdomadaire d'investigation *Der Spiegel* (*Le Miroir*) qui replaça véritablement l'affaire de l'incendie du Reichstag sur le devant de la scène en publiant une série de onze articles écrits par Fritz Tobias[1442] et basés notamment sur des documents jusqu'alors

[1442] Fritz TOBIAS, *« Stehen Sie auf, van der Lubbe! »Der Reichstagsbrand 1933 – Geschichte einer Legende*, in *Der Spiegel* 43, 21. Oktober 1959, S. 45–60, sowie Fortsetzungen 44 (1959), 45 (1959), 46 (1959), 47 (1959), 48 (1959), 49 (1959), 50

demeurés dans l'ombre, comme les papiers et archives de maître Alfons Sack, l'avocat d'Ernst Torgler. Tobias retravailla également de fond en comble l'ensemble de l'affaire. Les travaux de Tobias furent repris sous forme de livre en 1962[1443]. Tobias avait travaillé jusqu'en 1933 dans la librairie des syndicats qui fut mise sous scellés par les nazis. À l'issue de la Deuxième Guerre mondiale, Tobias fit partie d'un service de dénazification, puis il entra dans la fonction publique en 1953 et adhéra au SPD. Lorsqu'il entreprit ses travaux, il avait l'intention de prouver la culpabilité des nazis. Mais l'étude de l'ensemble des documents le fit aboutir à une autre conclusion. Parmi ces documents, il y a donc les archives du docteur Sack qui comprennent principalement un très grand nombre de notes relatives aux témoignages, interrogatoires et expertises de l'instruction et du procès. Jusqu'au début des années 1960 et la publication des travaux de Tobias, la théorie d'un incendie perpétré par les nazis avec une manipulation plus ou moins importante de van der Lubbe était plutôt majoritaire chez les historiens – encore visiblement sous l'emprise des « théories » de Münzenberg – bien que les « preuves » fussent notoirement faméliques. Mais, les travaux de Tobias vinrent bouleverser beaucoup de choses plus ou moins établies et, aujourd'hui, la tendance s'est inversée et la thèse d'une responsabilité unique de van der Lubbe prédomine, bien qu'encore contestée avec vigueur par certains. Tobias affirme bien que le complot communiste était une totale invention des nazis, mais il affirme également que la responsabilité des nazis dans l'incendie lui-même n'était en aucun cas engagée. Il revient aussi sur les approximations, erreurs et mensonges délibérés du fameux *Livre brun* de Münzenberg. En effet, l'incontestable mérite de Fritz Tobias est aussi d'avoir tordu le cou aux témoignages sous influence communiste et de fait l'enquête de Tobias fut vivement rejetée en République démocratique allemande (RDA) où les thèses de Münzenberg et du *Livre brun* faisaient office de jugement sacré[1444]. La façon dont les travaux de Tobias furent accueillis n'est pas étonnante. Il venait remettre en cause beaucoup d'idées gravées dans le marbre. Pour certains historiens, il n'était pas envisageable que les nazis fussent contraints d'improviser suite à un incendie dans lequel ils n'étaient pas impliqués. Mais aussi, comme le souligne Hans Mommsen : « En acceptant les yeux fermés

(1959), 51 (1959), 52 (1959) und 1 (1960).

[1443] Fritz TOBIAS, *Der Reichstagsbrand. Legende und Wirklichkeit, opus cit.*

[1444] Hans MOMMSEN, *L'incendie du Reichstag et ses conséquences politiques* in *Le national-socialisme et la société allemande, opus cit.*, p.109, notes 19, 20, 21.

l'investigation judiciaire et en admettant le jugement [...] – en inversant simplement son interprétation –, la recherche a pratiquement empêché l'élucidation du problème. Elle n'a ainsi pas su se soustraire aux influences directes et indirectes des magistrales falsifications du *Livre brun* de Münzenberg, que l'on retrouve dans de nombreuses autobiographies, d'apparence totalement irréprochable sur ce point. C'est une des retombées importantes de l'analyse de Fritz Tobias que d'avoir expliqué l'effet indirect, qui persiste aujourd'hui encore, des falsifications communistes [1445]. » Après les attaques virulentes du travail de Tobias, la remarque de fond qui s'impose est que cette enquête s'inscrit dans le registre non des révélations montées en épingle, mais de la recherche sérieuse, même si l'on peut en contester les interprétations. Elle repose sur un matériel important, soigneusement rassemblé, qu'on ne peut balayer d'un revers de main. Yves Pagès et Charles Reeve écrivent également au sujet du travail de Tobias : « La publication en Allemagne des travaux de Fritz Tobias [...] aurait dû porter un coup mortel aux rumeurs, mythes et légendes entourant l'incendie du Reichstag. Il y est démontré qu'aucun témoignage probant, aucun élément matériel, aucun document écrit, même exhumé sur le tard, n'infirme les aveux détaillés de van der Lubbe[1446]. »

L'entrée directe de Hans Mommsen dans le débat, historien allemand majeur qui publia en 1964, dans la revue spécialisée *Vierteljahrshefte für Zeitgeschichte*[1447], un très long article dans lequel il salue la qualité du travail de Tobias et approuve ses conclusions avec de nombreux arguments, renflamma la controverse. Mommsen, proche de la gauche et antinazi convaincu, participa ensuite à des émissions à la télévision allemande pour appuyer les travaux de Tobias et pour prolonger la réflexion sur ses propres travaux. Mais les travaux de Tobias et de Mommsen furent contestés, notamment par un Comité international pour la recherche scientifique des origines et des conséquences de la Seconde Guerre mondiale qui fut créé en 1968 à Luxembourg. Ce Comité de Luxembourg comme il fut rapidement nommé regroupait des figures marquantes comme Eugen Kogon, sociologue et journaliste allemand, Willy Brandt, alors ministre des Affaires étrangères de la République fédérale d'Allemagne et futur

[1445] *Ibid.*, p.107.

[1446] *Carnets de route de l'incendiaire du Reichstag, opus cit.*, p.261.

[1447] Hans MOMMSEN, *Der Reichstagsbrand und seine politischen Folgen*, Vierteljahrshefte für Zeitgeschichte 12 (1964), p. 351-413.

chancelier, Pierre Grégoire, président du Parlement luxembourgeois ou encore André Malraux. La plupart de ces personnalités apportèrent leur renommée sans pour autant prendre une part très active dans les travaux du Comité. Ce fut notamment sur ce Comité de Luxembourg que s'appuya Edouard Calic, historien et journaliste yougoslave, pour contrer les travaux de Tobias et Mommsen. En vérité, les travaux publiés par ce comité étaient globalement très influencés par les thèses communistes. Calic publia en 1969 un livre intitulé *Le Reichstag brûle !*[1448] dont la couverture annonce de façon péremptoire : le grand signal nazi, les véritables incendiaires et leurs complices, témoins et survivants parlent, le dossier inédit de la plus grande provocation du siècle. Mais, le résultat des travaux de Calic ne fut pas particulièrement marquant pour la découverte de la vérité et surtout ne dégagea pas d'éléments nouveaux irréfutables crédibles contrairement au but annoncé [1449]. Calic reprend les grandes lignes du *Livre brun* en expurgeant la partie homophobe et il s'appuie également sur des entretiens avec Blagoï Popov, l'un des accusés, qui livre la bonne parole communiste sans que l'auteur n'en fasse un examen critique. Les documents présentés par Calic sont douteux, peut-être même faux[1450]. Les travaux de Calic furent dénoncés par plusieurs historiens de renom comme Uwe Backes[1451], mais défendus par d'autres comme Walther Hofer[1452]. D'autres éléments vinrent s'agréger à ces désaccords. Les journaux *Die Zeit* et *Die Welt* (*Le Monde*) révélèrent en effet que Calic avait probablement menti sur son internement au camp d'Oranienburg et que ses sources étaient largement téléguidées par la RDA communiste : « Le journaliste Edouard Calic a manipulé des sources historiques et probablement sa propre biographie. Un document émanant de l'autorité responsable des documents à la Stasi indique

---

[1448] Edouard CALIC, *Le Reichstag brûle !* Paris, Stock 1969.

[1449] Eduard CALIC, *Der Reichstagsbrand. Die Provokation des 20. Jahrhunderts. Forschungsergebnis. Mit Stellungnahmen über das Historische Ereignis des 27. Februar 1933*, Luxembourg 1978.

[1450] Voir, par exemple, à ce sujet : Nico JASSIES, *Marinus van der Lubbe et l'incendie du Reichstag, opus cit.*, p.99 à 110.

[1451] Uwe BACKES, Karl-Heinz JANSSEN, Eckhard JESSE, Henning KÖHLER, Hans MOMMSEN, Fritz TOBIAS, *Reichstagsbrand – Aufklärung einer historischen Legende,* Munich/Zurich, Piper 1986.

[1452] Walther HOFER, Karl STEPHAN, Friedrich ZIPFEL (dir.), *Der Reichstagsbrand. Eine wissenschaftliche Dokumentation. Band 1.*, Arani Verlag, Berlin 1972, et Walther HOFER, Christoph GRAF, Karl STEPHAN, Friedrich ZIPFEL (dir.), *Der Reichstagsbrand. Eine wissenschaftliche Dokumentation. Band 2.* Saur, Munich 1978.

désormais qu'il a même noirci des agents d'évasion. Pendant des décennies, le journaliste Calic a donc manipulé des documents historiques, principalement pour "prouver" la prétendue perpétration par les nazis de l'incendie du Reichstag en 1933 [...] En 1968, Calic publia aussi son livre "*Ohne Maske*[1453]" dans lequel il aurait publié deux transcriptions de conversations que le rédacteur en chef du *Leipziger Neuesten Nachrichten* aurait dû avoir en 1931 avec Adolf Hitler. Cependant, un témoin oculaire de la rencontre entre le journaliste libéral national et le chef du NSDAP a clairement indiqué : "La première interview est inventée dans une large mesure ; la deuxième conversation n'a jamais eu lieu." Peu de temps après, le journaliste hambourgeois Karl-Heinz Janßen prouva que "Hitler" dans le livre de Calic utilisait de nombreuses expressions qui étaient des transcriptions littérales du serbo-croate [...] Le livre entier était un faux. Les documents originaux supposés, qui devraient être conservés à Leipzig n'ont jamais existé. Mais Janßen et les autres critiques ne pouvaient pas arrêter Calic : il publia avec des coauteurs en 1972 et 1978 deux volumineux livres de documents à propos de l'incendie du Reichstag, qui ne contenaient presque rien de pertinent à l'exception d'une bonne demi-douzaine de documents en annexe, qui se sont avérés être des contrefaçons. "Sur la base de son autorité présomptueuse en tant qu'ancien détenu dans un camp de concentration, Calic a tenté de faire valoir sa position contre toute preuve [1454] [...]". » Calic, un redoutable faussaire. D'attaques en contre-attaques, l'affaire s'enlisa mais les conclusions et les travaux de Calic ont globalement perdu toute crédibilité. Walther Hofer fut aussi pris en défaut comme le souligne Nico Jassies : « Walther Hofer n'a pas été en mesure d'en fournir les "originaux" [des documents publiés dans son livre] aux archives de la République fédérale, assurant qu'ils auraient été détruits [1455] ... » Évidemment l'affirmation de Hofer entraîna une enquête et une réaction des Archives fédérales allemandes qui déclarèrent : « Étant donné l'ampleur et l'accumulation des inexactitudes, des bizarreries, des contradictions, des absurdités et des singularités dans les faits aussi bien que dans la logique, [...] tout porte à conclure que les constatations présentées par les auteurs de cette publication, sur le plan du contenu autant que de la forme, démentent formellement l'authenticité de ces

[1453] Eduard CALIC, *Ohne Maske. Hitler-Breiting-Geheimgespräche 1931.* Francfort/Main, Societäts-Verlag 1969.
[1454] https://www.welt.de › Geschichte
[1455] Nico JASSIES, *Marinus van der Lubbe et l'incendie du Reichstag, opus cit.*, p.106.

documents controversés sur l'incendie du Reichstag[1456]. »

Du côté des historiens sérieux qui penchent pour la culpabilité nazie, on trouve William Lawrence Shirer, journaliste américain, contemporain des faits : « Dans la nuit du 27 février, Karl Ernst, ancien chasseur d'hôtel devenu chef des SA de Berlin, conduisit, par le souterrain construit pour faire passer les canalisations du chauffage central du Reichstag, un petit détachement de troupes d'assaut vers les sous-sols du Reichstag, où ils répandirent de l'essence et des produits chimiques s'allumant seuls, après quoi ils s'empressèrent de regagner le palais en empruntant le chemin par lequel ils étaient venus. Simultanément, un communiste hollandais à demi idiot, un maniaque incendiaire, Marinus van der Lubbe, s'était rendu dans le grand bâtiment plongé dans l'ombre [...] pour y allumer de son côté de petits incendies. Ce pyromane fut une bénédiction pour les nazis. Il avait été arrêté par les SA quelques jours plus tôt, après qu'on l'eut entendu se vanter dans un bar d'avoir tenté de mettre le feu à divers bâtiments publics et annoncé qu'il allait s'attaquer au Reichstag. La coïncidence qui veut que les nazis aient trouvé un communiste pyromane prêt à faire exactement ce qu'eux-mêmes avaient décidé d'entreprendre peut paraître incroyable mais les preuves ne manquent pas à l'appui de cette thèse[1457]. » Malheureusement, ici, Shirer évoque des « preuves » qu'il ne fournit pas car elles n'existent pas. Globalement, son argumentaire est approximatif, bourré de clichés, et comme trop souvent avec cet auteur très peu ou pas sourcé. Shirer se base sur des propos et des « témoignages » très contestés au niveau de leur authenticité. Le souterrain bien entendu existait, mais il ne peut prouver qu'il fut utilisé par des SA. Il accorde aussi beaucoup de crédit aux rapports des experts dont nous avons vu que les travaux furent faits à sens unique. De plus, il évoque une arrestation de van der Lubbe tout à fait rocambolesque quelques jours avant l'incendie. Les travaux de Shirer furent largement écartés par de nombreux historiens en raison notamment d'un manque de rigueur et de précision. Ainsi, William O. Shanahan, dans sa recension pour l'*American Historical Review*, écrit qu'il [Shirer] « ne dépasse pas le niveau de compréhension le plus ordinaire » et « n'a

---

[1456] Josef HENKE, « Erhellung statt Volkspädagogik – zum Umgang mit der Geschichte des Reichstagsbrandes, *Zeitschrift für Parlamentsfragen* n°21, 1990, cité dans l'article d'Eckhard JESSE, *Der Reichstagsbrand : 70 Jahre danach. Eine leidige Kontroverse ohne Ende*, in *Mut*, n°428, avril 2003.

[1457] William Lawrence SHIRER, *The Rise and Fall of the Third Reich: A History of Nazi Germany*, New-York, Simon & Schuster 1960, p.65-66.

aucunement approfondi notre connaissance de Hitler et de son action politique ». Shanahan pointe notamment une « structure historique ultra-simplifiée » et : « [de ne pas prendre] la peine d'explorer les thèmes historiques et les systèmes politiques du vingtième siècle. [...] De vastes lectures – parfois biaisées et avec d'importantes omissions – de sources et de travaux de seconde main ne l'ont pas conduit vers des aspects inexplorés du Troisième Reich, et il n'a pas été impressionné par la subtilité et la sophistication qui caractérisent les meilleures études sur ce thème. » Shanahan souligne également la place accordée aux informations secondaires : « La plupart des détails ont été développés car ils sont divertissants ; la plupart des choses importantes ont été écartées car elles risquaient d'ennuyer[1458]. »

Pour Pierre Milza, la culpabilité des nazis est également évidente, mais avec des variantes : « Utilisant le délire pyromane d'un jeune chômeur d'origine hollandaise, Marinus van der Lubbe, qui se dit communiste, les hommes de Göring l'ont laissé allumer un petit incendie dans le Reichstag, tandis qu'eux-mêmes inondaient les sous-sols d'essence[1459]. » Là encore, le même crédit est accordé aux experts et aux témoignages pour le moins contestables. Pour Serge Bernstein : « De fortes présomptions laissent supposer que l'incendie est l'œuvre des nazis eux-mêmes[1460]. » Pour Jacques Delarue[1461], l'incendie a été perpétré par un commando de SA avec à sa tête Karl Ernst et Edmund Heines, sous le contrôle de Göring[1462]. L'auteur, dont le travail sur la Gestapo est remarquable, semble ici très influencé par les mensonges du *Livre brun* dont il reprend en grande partie les conclusions.

Pour Gilbert Badia, il est impossible qu'un homme isolé comme van der Lubbe, dépourvu de tout soutien ait seul perpétré l'incendie du Reichstag, notamment compte tenu du fait qu'« on trouva dans le Reichstag assez de matériel incendiaire pour remplir un camion[1463] » et

---

[1458] William O. SHANAHAN, *The Rise and Fall of the Third Reich: A History of Nazi Germany' by William L. Shirer*, *The American Historical Review*, vol. 68 no 1, octobre 1962, p. 126-128.

[1459] Pierre MILZA, *Les Fascismes*, Paris, Imprimerie Nationale 1985.

[1460] Serge BERNSTEIN, *L'Allemagne de Hitler*, Paris, Seuil 1991.

[1461] Jacques Delarue enquêta en 1970 sur Paul Touvier à la suite de la demande de grâce déposée par celui-ci. Il fut témoin de l'accusation au procès de Klaus Barbie en 1987 et déposa vingt ans plus tard, à la Bibliothèque de documentation internationale contemporaine, ses notes préparatoires pour sa déposition et le reste de ses documents relatifs à l'affaire Barbie.

[1462] Jacques DELARUE, *Histoire de la Gestapo*, *opus cit.*

[1463] Gilbert BADIA, *Feu au Reichstag ! opus cit.*

d'une déclaration de Göring au général Franz Halder dans laquelle il aurait affirmé : « Le seul qui connaisse bien le Reichstag, c'est moi ; j'y ai mis le feu. » La phrase de Göring n'a sans doute jamais été prononcée comme il s'en expliqua en détail lors du procès de Nuremberg en 1946. Au sujet du matériel incendiaire, crédit est donné par l'auteur à des témoignages farfelus qui ne sont pas plausibles. Néanmoins, malgré quelques partis pris idéologiques gênants, le livre de Gilbert Badia est un excellent travail global sur l'incendie du Reichstag, l'enquête et le procès. Les travaux historiques de Badia sont d'ailleurs de grande qualité. Avec d'autres chercheurs liés au Parti communiste français (PCF), il a participé notamment à la traduction de la correspondance Marx-Engels. Il s'est aussi attaché à l'histoire des antifascistes allemands et a contribué au *Dictionnaire critique du marxisme* pour ce qui concerne le *luxemburgisme*.

Pour François Delpla, premier biographe français de Hitler[1464] et auteur également de plusieurs livres majeurs sur Churchill[1465] : « Si la thèse de la culpabilité des nazis laisse, l'anticommunisme aidant, bien des gens sceptiques dans les années trente, elle devient majoritaire au lendemain de la guerre, bien que l'implication de Göring ait été envisagée lors du procès de Nuremberg, et n'ait pas été retenue [...] Si on examine ce travail avec une parcelle de l'esprit critique dont lui-même [Tobias] accable la plupart de ses devanciers, on est vite intrigué par des curiosités méthodologiques. Il s'intéresse peu aux faits, et bien plus aux failles des théories adverses. Il écarte ce qui gêne sa démonstration avec une brutalité radicale : ainsi, tous les témoignages sont récusés, au motif que tous auraient été pollués par les théories en vigueur[1466]. » François Delpla poursuit son argumentation pour aboutir à une culpabilité des nazis et il met en avant dans sa biographie de Hitler les travaux de Calic. Même si on ne partage pas les convictions et les conclusions de Delpla, on ne peut que remarquer et saluer l'aspect constructif de sa pensée.

Pour Charles Bloch, par ailleurs auteur du bon *Troisième Reich et*

[1464] François DELPLA, *Hitler*, Paris, Grasset 1999.

[1465] François DELPLA, *La Face cachée de 1940 : comment Churchill réussit à prolonger la partie*, Éditions François-Xavier de Guibert, coll. « Histoire », 2003, ainsi que François DELPLA, *Churchill et Hitler*, Paris, Tempus Perrin 2013.

[1466] François DELPLA, *Le terrorisme des puissants : de l'incendie du Reichstag à la nuit des Longs couteaux,* paru dans *Guerre et histoire* no 7, septembre 2002, " Un siècle de terrorisme ". Lire aussi sur Delpla.org.

le monde[1467], qui revient sur l'incendie du Reichtag dans son livre consacré à la Nuit des longs couteaux[1468], en suivant de près les thèses du Comité du Luxembourg et en accordant du crédit à des témoignages très controversés, la culpabilité des nazis ne fait aucun doute. Bloch soutient aussi la thèse qui veut que certains SA aient été supprimés lors de la Nuit des longs couteaux en raison de leur participation à l'incendie du Reichstag.

Pour Lionel Richard, le point de vue est un peu le même[1469] : « Les analyses de Tobias, déjà fortement mises en cause par un groupe d'historiens quand elles ont été publiées, ne jouissent plus d'aucun crédit. Il a été démontré [?] que son information documentaire n'était pas fiable. En l'occurrence Kershaw aurait pu, au moins, prendre sérieusement en considération les travaux d'Alexander Bahar[1470]. » Lionel Richard est très offensif dans son propos, catégorique même, mais les travaux de Bahar qu'il met en avant et qui reposent beaucoup sur ceux de Hofer – proche de Calic – sont eux-mêmes très contestés. Bahar met en avant la culpabilité de Hans Georg Gewehr, mais bien évidemment aucune preuve, aucun élément tangible ne vient pour soutenir cette culpabilité. Le livre est parsemé de supputations dont des preuves viendront prochainement asseoir la véracité, est-il annoncé. Malheureusement, ces preuves ne vinrent jamais.

Pour Benjamin Carter Hett, les travaux de Tobias sont approximatifs et contestables : « Il commença à mener des recherches sur l'incendie du Reichstag pour défendre Walter Zirpins, à la demande officielle du ministère de l'Intérieur de Basse-Saxe. Plus tard, ses hauts représentants, parmi lesquels le ministre de l'Intérieur Borowski et le ministre-président Kopf, ont vu dans le travail de Tobias un outil puissant pour défendre la Basse-Saxe (et l'Allemagne de l'Ouest) contre l'Allemagne de l'Est et les critiques formulées par la gauche au sujet de la vaste présence d'anciens nazis au sein de la police et des services de l'État[1471]. » L'auteur se place là davantage dans la

---

1467 Charles BLOCH, *Le Troisième Reich et le monde*, Paris, Perrin 2015.

1468 Charles BLOCH, *La Nuit des longs couteaux. 30 juin 1934 : Hitler liquide les siens*, Paris, Archives Julliard 1967.

1469 Lionel RICHARD, *Goebbels : portait d'un manipulateur*, Paris, éditions André Versailles 2008.

1470 Alexandre BAHAR, Wilfried KUGEL, *Der Reichstagsbrand, Das Ende einer Legende*, Papyrossa Verlags 2013.

1471 Benjamin CARTER HETT, *Burning the Reichstag. An investigation into the Third Reich's enduring mystery*, *opus cit.*

polémique politicienne que dans le débat autour des faits.

En 1999, le magazine *Historia* publia un article du sociologue allemand Hersch Fischler[1472]. Sous le titre « L'incendiaire du Reichstag enfin innocenté », l'auteur reprend les grandes lignes des travaux de Hofer et Calic, égratignant au passage les travaux de Tobias. Il s'appuie sur certains documents discutables et tire des conclusions pour le moins controversées.

D'autres historiens optent pour une prudente neutralité à l'image d'Alfred Wahl : « Les provocations nazies à l'encontre du KPD ne servirent pas ; Goebbels avait beau annoncer que les communistes allaient mettre l'Allemagne à feu et à sang, ceux-ci ne bougèrent pas, mais se préparaient à l'illégalité. Enfin, le 27 février [...] un incendie ravagea le Reichstag. [...] Le caractère providentiel de l'incendie survenu en pleine hystérie anticommuniste a de suite fait dire que les nazis, et notamment Göring, étaient bien capables de l'avoir allumé. Faute de preuves matérielles, il est généralement admis que van der Lubbe était bien l'auteur. Peut-être fut-il manipulé par un groupe nazi non identifié à ce jour1473. » La dernière phrase écrite par Wahl permet de comprendre que pour lui les pistes Heines, Ernst et Helldorf mises en avant notamment par le *Livre brun* ne sont pas recevables puisqu'il évoque – éventuellement – « un groupe nazi non identifié à ce jour ».

Pour Pierre Ayçoberry, la situation est la suivante : « Quant à déterminer qui a allumé le feu, Marinus van der Lubbe seul ou une équipe de nazis l'utilisant comme leurre, la controverse fait rage depuis un demi-siècle, émaillée d'incidents fâcheux, allusions au passé politique des uns et des autres, accusations de faux, abus de pouvoirs... Sur le plan scientifique, on constate que chaque camp a cherché à démontrer la fragilité des arguments de l'autre plutôt que d'en apporter de nouveaux. Là-dessus est venue se greffer une autre controverse, celle opposant les "intentionnalistes" et les "structuralistes" : pour les premiers, Hitler et son entourage auraient programmé d'avance cette provocation, donc envoyé des incendiaires par le fameux souterrain [...] ; pour les seconds, ils auraient seulement réagi aux circonstances, dont l'acte solitaire d'un pauvre benêt leur aurait fourni la plus favorable. Comment conclure ? Il est vrai que les auteurs de l'exposition "Questions à l'histoire allemande", organisée par le Bundestag en 1996, ont pris position pour la thèse de l'incendiaire

---

[1472] *Historia* n°630 juin 1999.

[1473] Alfred WAHL, *L'Allemagne de 1918 à 1945, opus cit.*, p.100.

unique, de même que, deux ans après, Ian Kershaw dans sa biographie de Hitler. Mais que vaut l'argument d'autorité [1474] ? » On peut remarquer en lisant Ayçoberry que la description d'un van der Lubbe idiot a la vie dure...

Pour Peter Longerich, aucune des trois solutions n'est convaincante : « Les dessous de cet événement restent à ce jour inexpliqués et ne seront vraisemblablement jamais élucidés. [...] Longtemps privilégiée par la recherche, la [...] théorie que l'incendie du Reichstag était l'œuvre d'un loup solitaire, Marinus van der Lubbe prédomina. [...] Il est toutefois difficilement concevable qu'un incendiaire isolé ait pu mettre le feu et détruire un édifice de cette taille. [...] La théorie qui prétend qu'il s'agissait d'un complot des nationaux-socialistes possiblement organisé par Göring, semble certes plausible au regard des persécutions systématiques qui s'ensuivirent, mais ne peut être démontrée de manière satisfaisante[1475]. » Longerich poursuit en évoquant les différentes théories sur la planification ou l'improvisation de la politique nazie[1476]. Il est possible d'objecter à Peter Longerich que ce n'est pas tout le Reichstag qui brûla cette nuit-là, mais essentiellement la salle des débats. Les autres parties de l'édifice furent relativement épargnées. Il se fixe trop sur une destruction totale du Reichstag qui n'eut pas lieu.

Les défenseurs de la thèse d'un incendiaire unique, à savoir Marinus van der Lubbe, sont également nombreux et prestigieux : Hans Mommsen, Ian Kershaw, Volker Ullrich... Pour Ian Kershaw : « La question des auteurs de l'incendie du Reichstag a suscité une controverse des plus véhémentes. À l'époque, la version nazie suivant laquelle il s'agissait d'un complot communiste laissa largement incrédules les observateurs critiques. Elle ne se révéla même pas assez convaincante pour obtenir la condamnation des dirigeants communistes que la Cour suprême de Leipzig devait juger en grande pompe. [...] L'idée que les nazis, qui avaient le plus à gagner à cette opération, avaient eux-mêmes mis le feu au Reichstag se répandit parmi les diplomates et les journalistes étrangers ainsi que dans les milieux libéraux allemands. La thèse d'une initiative nazie telle que la développa la contre-propagande communiste orchestrée par Willi Münzenberg, dans son livre [Le *Livre brun*] a longtemps emporté la

---

[1474] Ce texte de Pierre Ayçoberry est extrait de ses annotations rédigées pour l'édition française du *Journal* de Joseph Goebbels.

[1475] Peter LONGERICH, *Hitler. Biographie, opus cit.*

[1476] *Ibid.*

conviction. Dans les années 1960, cependant, Fritz Tobias a réuni et évalué une grande masse de matériaux établissant que van der Lubbe avait agi seul. Confirmées par l'analyse savante de Hans Mommsen, ses conclusions sont désormais largement acceptées. [...] La plupart des spécialistes jugent irrecevables les objections du Comité de Luxembourg suivant lesquelles les nazis seraient les véritables auteurs de l'incendie. Naturellement, les conséquences de l'incendie ont toujours eu plus d'importance que la question de ses instigateurs. Celle-ci n'en avait pas moins une certaine portée, puisque l'enjeu était de savoir si les nazis suivaient des plans mûrement réfléchis pour instaurer un régime totalitaire ou s'ils réagissaient en improvisant à des événements qui les prenaient de court[1477]. » L'avis de Kershaw est partagé par Yves Pagès et Charles Reeve : « L'Histoire l'a montré, une des qualités majeures des politiciens nazis fut leur capacité à rebondir sur les événements et situations, à rationaliser leurs actions *a posteriori*. Leur réaction après l'incendie du Reichstag en fournit un excellent exemple[1478]. »

Pour Heinrich Winkler, l'incendie est bien l'œuvre de van der Lubbe seul : « Cet incendie fut-il l'œuvre exclusive de l'anarcho-syndicaliste hollandais van der Lubbe, ou celui-ci avait des complices dans les rangs des nationaux-socialistes ? Selon l'opinion dominante, la première version serait la bonne[1479]. »

Pour Sven Felix Kellerhoff, auteur d'un livre particulièrement intéressant sur l'incendie du Reichstag[1480], il est certain que les nazis ne participèrent pas à la mise à feu du bâtiment et que van der Lubbe fut le seul incendiaire. Kellerhoff s'appuie sur une minutieuse étude des témoignages notamment. Il revient largement sur le rôle de Göring et sur le témoignage de Schwerin von Krosigk qui, au cours de l'été 1945, interrogea Göring avant le procès de Nuremberg au sujet de l'identité des responsables de l'incendie : « À moi, vous pouvez dire la vérité sans crainte[1481] » lança Schwerin von Krosigk. À cette demande Göring répondit alors sans tergiverser : « Je serais fier d'avoir mis le feu au Reichstag, mais hélas, je suis totalement innocent[1482]. »

[1477] Ian KERSHAW, *Hitler, opus cit.*

[1478] *Carnets de route de l'incendiaire du Reichstag, opus cit.*, p.263.

[1479] Heinrich A. WINKLER, *Histoire de l'Allemagne, opus cit.*, p.475.

[1480] Sven Felix KELLERHOFF, *Reichstagsbrand. Die Karriere eines Kriminalfalls, opus cit.*

[1481] *Ibid.*, ainsi que BA Coblence N 1276/40.

[1482] *Ibid.*

Dans la patrie de van der Lubbe, la controverse fut farouche également, mais les travaux de Tobias recueillirent beaucoup de soutiens, en premier lieu desquels l'historien Nico Jassies qui a publié un travail remarquable sur van der Lubbe. Pour Jassies le doute n'a pas sa place : « Une chose est sûre à propos de l'incendie du Reichstag : la version que van der Lubbe a donnée de son acte et de ses motifs est la seule à n'avoir jamais pu être contredite en aucun point. Elle est la seule qui soit complète, cohérente, et qui ait été passée au crible d'une contradiction patiente et rigoureuse[1483]. »

Le duo Yves Pagès et Charles Reeve rejette complètement la thèse de la culpabilité directe ou indirecte des nazis pour adhérer à celle de l'action individuelle de van der Lubbe : « Depuis 1933, le jeune incendiaire est présenté comme un "simple d'esprit" et l'instrument, plus ou moins consentant, d'une provocation ayant porté au pouvoir le national-socialisme. Aujourd'hui encore, cette thèse complotiste – largement remise en cause en Allemagne et en Hollande depuis le début des années 1960 – prévaut en France. Comme si, selon de mauvaises habitudes policières, il suffisait de se demander à qui profite le crime pour éclaircir le cours de l'Histoire. L'affaire du Reichstag nous met pourtant en garde contre ces fausses pistes de l'évidence, contre cette façon de penser les événements socio-politiques à travers le seul prisme du roman d'espionnage[1484]. »

La culpabilité de van der Lubbe sans avoir bénéficié d'aucune complicité de quiconque est également relevée par l'historien et documentariste britannique Laurence Rees qui s'appuie sur les travaux de Tobias et Mommsen[1485]. Johann Chapoutot et Christian Ingrao dans leur livre *Hitler* rejoignent également la thèse de l'action individuelle et non manipulée de van der Lubbe[1486].

Pour terminer ce tour d'horizon, citons Volker Ullrich, le plus récent biographe de Hitler, pour qui il ne fait aucun doute que la thèse de Tobias, relayée par Mommsen et Kershaw notamment, est bien celle qu'il faut retenir : « La question de la responsabilité de l'incendie du Reichstag a déclenché une controverse qui a duré des décennies et ne s'est pas éteinte aujourd'hui. Comme l'événement tombait extraordinairement bien pour les nationaux-socialistes, on les a rapidement soupçonnés d'avoir mis le feu eux-mêmes. […] La thèse la

---

[1483] Nico JASSIES, *Marinus van der Lubbe et l'incendie du Reichstag, opus cit.*, p.114.
[1484] *Carnets de route de l'incendiaire du Reichstag, opus cit.*, p.9.
[1485] Laurence REES, *Ils ont vécu sous le nazisme,* Paris, Perrin 2008, p.52.
[1486] Johann CHAPOUTOT, Christian INGRAO, *Hitler, opus cit.*, p.112.

mieux élaborée est toujours celle qu'a formulé, en premier lieu, Fritz Tobias au début des années 1960, selon laquelle le communiste des Conseils néerlandais, Marinus van der Lubbe, arrêté sur les lieux mêmes de l'incendie, aurait agi de son propre chef sans qu'aucun manipulateur l'ait incité à commettre cet acte[1487]. »

Dans un article paru en 2013, le journal quotidien berlinois *Der Tagesspiegel* (*Le Miroir quotidien*) demandait la réouverture du dossier de l'incendie du Reichstag : « L'élucidation de l'incendie du Reichstag devrait être enfin remise entre les mains d'une institution se trouvant au-dessus des partis politiques. La victime de l'incendie du Reichstag sur un plan politique et matériel, est le souverain, le peuple, représenté par le Bundestag allemand. [...] Il est difficile de comprendre pourquoi personne n'en a encore jamais eu l'idée[1488]. » Mais, pour Volker Ullrich, l'essentiel est ailleurs : « Une question cependant plus pertinente que la querelle permanente sur le caractère solitaire du crime de van der Lubbe est celle du profit que les nationaux-socialistes tirèrent de l'incendie du Reichstag[1489]. » Néanmoins, il est également important de déterminer quel fut le rôle des nazis dans cet incendie, pour analyser aussi de quelle nature réelle fut leur réaction politique. Comme l'analyse parfaitement Hans Mommsen : « Lorsque, après la publication de la série du *Spiegel* [les travaux de Tobias], Martin Broszat [historien allemand] estima qu'il était finalement de peu d'importance pour l'histoire que les nationaux-socialistes aient été simplement des "virtuoses de la saisie au vol d'une occasion" ou qu'ils aient fait le travail eux-mêmes[1490], il évacuait la vraie question découlant du fait que les nationaux-socialistes n'étaient pas les instigateurs de l'incendie : la direction national-socialiste a-t-elle effectivement récupéré en virtuose un événement en aucune façon attendu sous cette forme ? Hitler et ses proches étaient-ils vraiment des manipulateurs de génie ? Durent-ils au discernement politique ou à l'affolement politique le succès que représentèrent l'incendie du Reichstag et son effet dans le public lors de la campagne électorale ? Il ne s'agit pas dans l'examen du complexe baptisé "incendie du Reichstag", de justifier la direction national-socialiste sur tel ou tel point, mais bien de comprendre que tout n'a pas été une action

---

1487 Volker ULLRICH, *Adolf Hitler une biographie, opus cit.*

1488 *Der Tagesspiegel* du 25 février 2013.

1489 Volker ULLRICH, *Adolf Hitler une biographie, opus cit.*, p.505.

1490 Karl-Dietrich BRACHER, *Stufen der nationalsozialistischen Machtergreifung*, VfZ 4 (1956).

concertée, planifiée, pesée, qui lui permit de cimenter son pouvoir[1491]. » En effet, l'histoire ne doit pas oublier en chemin l'évidence que le national-socialisme contrairement au communisme n'avait pas des objectifs précis, mais qu'il agissait souvent de manière chaotique, dans le feu de l'action. Cet aspect est parfois balayé pour mieux faire ressortir la « capacité de ruse et de manœuvre des nazis[1492] ». En tendant au maximum à l'objectivité, c'est ce que ce livre s'est attaché à faire sans négliger aucun des différents aspects de cette affaire.

[1491] Hans MOMMSEN, *L'incendie du Reichstag et ses conséquences politiques* in *Le national-socialisme et la société allemande, opus cit.*, p.106.
[1492] *Ibid.*

ANNEXES

DISCOURS DE GÖRING DEVANT LE REICHSTAG AU SUJET DES ARTICLES DE LA PRESSE ÉTRANGERE

Deuxième séance du 23 mars 1933

Extrait

« De cette tribune je voudrais fournir une réponse à l'étranger et réfuter toutes les fausses informations que l'on y reçoit d'Allemagne par des voies souterraines... Quand on répand à l'étranger des nouvelles horrifiques, quand on raconte que chaque jour des douzaines de cadavres flottent sur le Landwehrkanal1493, quand on raconte qu'on a coupé les oreilles au député Torgler [jamais aucun journal n'a écrit ça], quand on raconte que j'aurais mis le feu au Reichstag moi-même, quand on dit qu'ici on assommerait les sociaux-démocrates, qu'on les molesterait et les torturerait, de cette tribune je repousse toutes ces allégations. Je suis disposé, si c'est nécessaire, à montrer à n'importe quelle commission étrangère [ce qu'il ne fit pas] que tous les prisonniers dont on a dit là-bas qu'ils étaient torturés et morts depuis longtemps sont en bonne santé [...] Si Monsieur Torgler fait de la dépression parce que ses partisans désertent par milliers, cela ne dépend pas de nous. Je ne peux quand même pas me soucier de le mettre de bonne humeur [...] J'affirme donc, en tant que ministre responsable de toutes ces questions dans l'État allemand le plus étendu [Göring parle ici de la Prusse], que toutes ces informations horrifiques sont des mensonges, que tout ce qui a été répandu sur ce sujet est faux[1494]. »

[1493] Le Landwehrkanal est un canal situé à Berlin qui fait office de bras secondaire de la Spree.

[1494] *Völkischer Beobachter* du 24 mars 1933.

LETTRE DE JAN VAN DER LUBBE À SON FRÈRE MARINUS

12 mars 1933

« Nous avons appris par les journaux que tu as été arrêté et que tu es accusé d'avoir mis le feu au Reichstag. Hier, un commissaire de police de Berlin est venu ici, à Leyde, pour enquêter et interroger la famille et les amis sur ton passé, tes origines et ton caractère. Il est aussi venu me voir et je lui ai déclaré que tu avais un caractère bon, sensible, droit et honnête et que cela faisait déjà quelque temps que tu discutais et tu travaillais avec les communistes. Je leur ai dit (il était accompagné d'un inspecteur de Leyde) que toutes ces dernières années tu avais dû vivre avec seulement une allocation de 7 florins par semaine de la Caisse Nationale d'Assurance Sociale, alors que les autres reçoivent de l'argent et de l'aide, mais que toi tu étais partout exclu, que ce soit du Fonds de Solidarité ou de l'Assistance publique et qu'ici, à Leyde, tu étais considéré comme le mouton noir, qu'on te faisait la vie dure et que ce n'était pas étonnant d'avoir des idées anarchistes dans des circonstances pareilles. Je leur ai aussi dit que lorsqu'il y a eu cet incendie, tu te trouvais probablement là-bas depuis à peine deux semaines et que je ne voyais pas comment tu aurais pu connaître suffisamment les lieux pour préparer une telle action. Et que si, malgré tout, tu avais commis ce délit, je pensais que tu n'en étais pas responsable et que tu avais dû te laisser entraîner dans l'un ou l'autre complot pour te retrouver impliqué là-dedans. Je leur ai dit qu'étant donné tes conditions de vie et ton isolement tu étais bien capable de prendre toute la responsabilité sur toi, même si tu n'as rien fait. C'est ainsi, tu as sans doute agi sous hypnose ou quelque chose de la sorte, tu n'avais sûrement pas toute ta raison pour faire quelque chose comme ça, c'est tout à fait impossible. Mais mon cher Rienus, ce qui est fait est fait, tu es et tu restes mon frère, celui dont je me suis toujours senti très proche. Je t'écrirai de temps en temps et ensuite, si cela est possible, je viendrai te rendre visite. Cet après-midi, je suis allé chez Jo avec Mien, elle avance gentiment et je joins à cette lettre ses salutations chaleureuses ainsi que celles de Koos et des enfants. Mien aussi te remet bien le bonjour. Mon cher Rienus, tiens bon[1495]... »

[1495] In *Carnets de route de l'incendiaire du Reichstag, opus cit.*, p.165-166.

VERORDNUNG DES REICHSPRÄSIDENTEN ZUM SCHUTZ VON VOLK UND STAAT. VOM 28. FEBRUAR 1933

Auf Grund des Artikels 48 Abs. 2 der Reichsverfassung wird zur Abwehr kommunistischer staatsgefährdender Gewaltakte folgendes verordnet:

§ 1

Die Artikel 114, 115, 117, 118, 123, 124 und 153 der Verfassung des Deutschen Reichs werden bis auf weiteres außer Kraft gesetzt. Es sind daher Beschränkungen der persönlichen Freiheit, des Rechts der freien Meinungsäußerung, einschließlich der Pressefreiheit, des Vereins- und Versammlungsrechts, Eingriffe in das Brief-, Post-, Telegraphen- und Fernsprechgeheimnis, Anordnungen von Haussuchungen und von Beschlagnahmen sowie Beschränkungen des Eigentums auch außerhalb der sonst hierfür bestimmten gesetzlichen Grenzen zulässig.

§ 2

Werden in einem Lande die zur Wiederherstellung der öffentlichen Sicherheit und Ordnung nötigen Maßnahmen nicht getroffen, so kann die Reichsregierung insoweit die Befugnisse der obersten Landesbehörde vorübergehend wahrnehmen.

§ 3

Die Behörden der Länder und Gemeinden (Gemeindeverbände) haben den auf Grund des § 2 erlassenen Anordnungen der Reichsregierung im Rahmen ihrer Zuständigkeit Folge zu leisten.

§ 4

Wer den von den obersten Landesbehörden oder den ihnen nachgeordneten Behörden zur Durchführung dieser Verordnung erlassenen Anordnungen oder den von der Reichsregierung gemäß § 2 erlassenen Anordnungen zuwiderhandelt oder wer zu solcher Zuwiderhandlung auffordert oder anreizt, wird, soweit nicht die Tat nach anderen Vorschriften mit einer schwereren Strafe bedroht ist, mit Gefängnis nicht unter einem Monat oder mit Geldstrafe von 150 bis zu 15.000 Reichsmark bestraft.

Wer durch Zuwiderhandlung nach Abs. 1 eine gemeine Gefahr für Menschenleben herbeiführt, wird mit Zuchthaus, bei mildernden Umständen mit Gefängnis nicht unter sechs Monaten und, wenn die Zuwiderhandlung den Tod eines Menschen verursacht, mit dem Tode, bei mildernden Umständen mit Zuchthaus nicht unter zwei Jahren

bestraft. Daneben kann auf Vermögenseinziehung erkannt werden.
Wer zu einer gemeingefährlichen Zuwiderhandlung (Abs. 2) auffordert oder anreizt, wird mit Zuchthaus, bei mildernden Umständen mit Gefängnis nicht unter drei Monaten bestraft.

§ 5

Mit dem Tode sind die Verbrechen zu bestrafen, die das Strafgesetzbuch in den §§ 81 (Hochverrat), 229 (Giftbeibringung), 307 (Brandstiftung), 311 (Explosion), 312 (Überschwemmung), 315 Abs. 2 (Beschädigung von Eisenbahnanlagen), 324 (gemeingefährliche Vergiftung) mit lebenslangem Zuchthaus bedroht.

Mit dem Tode oder, soweit nicht bisher eine schwerere Strafe angedroht ist, mit lebenslangem Zuchthaus oder mit Zuchthaus bis zu 15 Jahren wird bestraft:

1. Wer es unternimmt, den Reichspräsidenten oder ein Mitglied oder einen Kommissar der Reichsregierung oder einer Landesregierung zu töten oder wer zu einer solchen Tötung auffordert, sich erbietet, ein solches Erbieten annimmt oder eine solche Tötung mit einem anderen verabredet;
2. wer in den Fällen des § 115 Abs. 2 des Strafgesetzbuchs (schwerer Aufruhr) oder des § 125 Abs. 2 des Strafgesetzbuchs (schwerer Landfriedensbruch) die Tat mit Waffen oder in bewußtem und gewolltem Zusammenwirken mit einem Bewaffneten begeht;
3. wer eine Freiheitsberaubung (§ 239) des Strafgesetzbuchs in der Absicht begeht, sich des der Freiheit Beraubten als Geisel im politischen Kampfe zu bedienen.

§ 6

Diese Verordnung tritt mit dem Tage der Verkündung in Kraft.

Berlin, den 28. Februar 1933.

Der Reichspräsident
von Hindenburg
Der Reichskanzler
Adolf Hitler
Der Reichsminister des Innern
Frick
Der Reichsminister der Justiz
Dr. Gürtner

GESETZ ZUR BEHEBUNG DER NOT VON VOLK UND REICH

Der Reichstag hat das folgende Gesetz beschlossen, das mit Zustimmung des Reichsrats hiermit verkündet wird, nachdem festgestellt ist, daß die Erfordernisse verfassungsändernder Gesetzgebung erfüllt sind:

Artikel 1 Reichsgesetze können außer in dem in der Reichsverfassung vorgesehenen Verfahren auch durch die Reichsregierung beschlossen werden. Dies gilt auch für die in den Artikeln 85 Abs. 2 und 87 der Reichsverfassung bezeichneten Gesetze.

Artikel 2 Die von der Reichsregierung beschlossenen Reichsgesetze können von der Reichsverfassung abweichen, soweit sie nicht die Einrichtung des Reichstags und des Reichsrats als solche zum Gegenstand haben. Die Rechte des Reichspräsidenten bleiben unberührt.

Artikel 3 Die von der Reichsregierung beschlossenen Reichsgesetze werden vom Reichskanzler ausgefertigt und im Reichsgesetzblatt verkündet. Sie treten, soweit sie nichts anderes bestimmen, mit dem auf die Verkündung folgenden Tage in Kraft. Die Artikel 68 bis 77 der Reichsverfassung finden auf die von der Reichsregierung beschlossenen Gesetze keine Anwendung.

Artikel 4 Verträge des Reiches mit fremden Staaten, die sich auf Gegenstände der Reichsgesetzgebung beziehen, bedürfen für die Dauer der Geltung dieser Gesetze nicht der Zustimmung der an der Gesetzgebung beteiligten Körperschaften. Die Reichsregierung erläßt die zur Durchführung dieser Verträge erforderlichen Vorschriften.

Artikel 5 Dieses Gesetz tritt mit dem Tage seiner Verkündung in Kraft. Es tritt mit dem 1. April 1937 außer Kraft, es tritt ferner außer Kraft, wenn die gegenwärtige Reichsregierung durch eine andere abgelöst wird.

DÉCRET LOI DE FUSION DES POUVOIRS DE CHANCELIER ET DE PRÉSIDENT DU REICH

Le gouvernement du Reich a adopté la loi suivante, qui est promulguée par les présentes :

Article unique : La charge de président du Reich est unie à celle de chancelier du Reich.

Par conséquent, les pouvoirs que le président du Reich exerçait jusqu'à présent sont remis au Führer et au vice-chancelier. Le Führer choisit son suppléant.

Cette loi entre en vigueur dès la mort du président du Reich von Hindenburg.

ÉVOLUTION DU NOMBRE DES VOIX DU NSDAP ET DU KPD

Pourcentage par rapport aux suffrages exprimés de 1924 à 1933.

	NSDAP	KPD
04/05/24	1 918 000 / 6,6 % *	3 963 000 / 12,6 %
07/12/24	903 000 / 3 % *	2 712 000 / 9 %
10/05/28	810 000 / 2,6 %	3 265 000 / 10,6 %
14/09/30	6 379 000 / 18,3 %	4 592 000 / 13,1 %
31/07/32	13 800 000 / 37,3 %	5 283 000 / 14,3 %
06/11/32	11 700 000 / 33,1 %	5 980 000 / 16,9 %
05/03/33	17 277 000 / 43,9 %	4 848 000 / 12,3 %

* → Y compris les autres mouvements ultra-nationalistes.

GOUVERNEMENT HITLER ET SES MODIFICATIONS

Le cabinet constitué le 30 janvier 1933 est largement dominé par les milieux conservateurs traditionnels : outre la chancellerie, les nazis n'y détiennent que deux portefeuilles : le ministère de l'Intérieur et un ministère sans portefeuille.

Composition initiale du cabinet Hitler : au 30 janvier 1933

COMPETENCE	TITULAIRE	PARTI
Chancelier du Reich	Adolf HITLER	NSDAP
Vice-chancelier	Franz von PAPEN	Conservateur indépendant (membre du Zentrum de 1921 à 1932)
Ministre de l'Intérieur	Wilhelm FRICK	NSDAP
Ministre de la Justice	Franz GÜRTNER	DNVP
Ministre des Affaires étrangères	Konstantin von NEURATH	Conservateur indépendant (NSDAP à partir de 1937)
Ministre de l'Économie et de l'Agriculture	Alfred HUGENBERG	DNVP
Ministre des Finances	Lutz Schwerin von KROSIGK	Conservateur indépendant (NSDAP à partir de 1937)
Ministre de la Défense	Werner von BLOMBERG	Conservateur indépendant
Ministre du Travail	Franz SELDTE	Stahlhelm, NSDAP à partir d'avril 1933
Ministre des Postes et des Transports	Paul von ELTZ-RÜBENACH	Conservateur indépendant
Ministre sans portefeuille	Hermann GÖRING	NSDAP

REMANIEMENTS MINISTÉRIELS ET ÉVÉNEMENTS IMPORTANTS ASSOCIÉS

→Mars 1933 : Joseph Goebbels devient membre du cabinet en tant que ministre de l'Éducation du Peuple et de la Propagande, poste nouvellement créé.

→Avril 1933 : Franz Seldte devient membre du NSDAP ; Göring prend le portefeuille de ministre de l'Aviation, poste nouvellement créé.

→Juin 1933 : Kurt Schmitt succède à Alfred Hugenberg comme ministre de l'Économie ; Richard Walther Darré est nommé ministre de l'Alimentation, poste nouvellement créé.

→Décembre 1933 : Ernst Röhm et Rudolf Hess sont nommés ministres sans portefeuille.

→Mai 1934 : Bernhard Rust devient membre du cabinet comme ministre de la Science et de l'Éducation, poste nouvellement créé.

→Juin 1934 : Hanns Kerrl rejoint le cabinet en tant que ministre sans portefeuille. La nuit des Longs Couteaux, au cours de laquelle de nombreux assassinats politiques sont perpétrés, commence le soir du vendredi 29 juin : Ernst Röhm est arrêté dans la nuit du 29 au 30 juin ; Kurt von Schleicher, le prédécesseur de Hitler à la chancellerie, est exécuté chez lui, avec son épouse, le samedi 30 juin.

→Juillet 1934 : Ernst Röhm est finalement assassiné le lundi 2 juillet. Hermann Göring obtient le portefeuille de ministre des Forêts, poste nouvellement créé.

→Août 1934 : le vice-chancelier Franz von Papen quitte le cabinet, sans être remplacé. Hjalmar Schacht succède à Kurt Schmitt comme ministre de l'Économie.

→Décembre 1934 : Hans Frank rejoint le cabinet en tant que ministre sans portefeuille.

→Mai 1935 : la dénomination du ministère de la Défense est modifiée en ministère de la Guerre, Werner von Blomberg restant titulaire du poste.

→Juillet 1935 : Hanns Kerrl devient ministre des Affaires religieuses, poste nouvellement créé.

→Février 1937 : Wilhelm Ohnesorge succède à Paul von Eltz-Rübenach comme ministre des Postes et Julius Dorpmüller comme ministre des Transports.

→Novembre 1937 : Hermann Göring succède à Hjalmar Schacht comme ministre de l'Économie, Schacht restant ministre mais sans portefeuille.

→Décembre 1937 : Otto Meissner devient membre du cabinet comme ministre d'État, à la tête de la chancellerie.
→Janvier 1938 : Walther Funk succède à Hermann Göring comme ministre de l'Économie.
→Février 1938 : à la suite de l'affaire Blomberg-Fritsch, Joachim von Ribbentrop remplace Konstantin von Neurath comme ministre des Affaires étrangères, Neurath restant ministre mais sans portefeuille ; Werner von Blomberg démissionne de son poste de ministre de la Guerre, lequel poste est supprimé et ses compétences sont reprises par Adolf Hitler.
→Mai 1939 : Arthur Seyss-Inquart entre au cabinet en tant que ministre sans portefeuille.
→Mars 1940 : Fritz Todt devient ministre de l'Armement et des Munitions, poste nouvellement créé.
→Janvier 1941 : Franz Schlegelberger succède à Franz Gürtner comme ministre de la Justice.
→Mai 1941 : après sa fuite en Angleterre, Rudolf Hess est suspendu.
→Juillet 1941 : Alfred Rosenberg entre au cabinet comme ministre aux Territoires occupés de l'Est, poste nouvellement créé.
→Décembre 1941 : Hanns Kerrl, ministre des Affaires religieuses meurt et n'est pas remplacé.
→Février 1942 : à la mort accidentelle de Fritz Todt, Albert Speer lui succède comme ministre de l'Armement et des Munitions.
→Mai 1942 : Herbert Backe succède à Richard Walther Darré comme ministre de l'Alimentation.
→Juin 1943 : l'autorité du ministère d'Albert Speer est étendue à l'industrie de guerre, il devient ainsi ministre de l'Armement et de la Production de guerre.
→Août 1942 : Otto Georg Thierack succède à Franz Schlegelberger comme ministre de la Justice.
→Août 1943 : Heinrich Himmler succède à Wilhelm Frick comme ministre de l'Intérieur.
→Juillet 1944 : Hjalmar Schacht quitte le cabinet.
→Avril 1945 : soupçonnés de trahison par Adolf Hitler, Hermann Göring et Heinrich Himmler sont démis de leurs fonctions. Göring est remplacé par Robert von Greim. Le 29 avril, dans le bunker de la chancellerie, Hitler se marie avec Eva Braun ; il se suicide le lendemain avec son épouse au même endroit. Leurs corps auraient été extraits et brûlés en plein air, mais aucun reste n'a jamais été formellement identifié.

SIGLES

DDP : Deutsche Demokratische Partei (Parti démocrate allemand).

DNVP : Deutschnationale Volkspartei (Parti populaire national allemand).

DVP : Deutsche Volkspartei (Parti populaire allemand).

GIC : Groep van internationale communisten (Groupe des communistes internationalistes).

KPD : Kommunistische Partei Deutschlands (Parti communiste d'Allemagne).

LAO : Linksche arbeiders opposite (Opposition ouvrière de gauche).

NSDAP : Nationalsozialistische Deutsche Arbeiterpartei (Parti national-socialiste des travailleurs allemands).

SA : Sturmabteilung (Section d'assaut).

SPD : Sozialdemokratische Partei Deutschlands (Parti social-démocrate d'Allemagne).

SS : Schutzstaffel (Escadron de protection).

CHRONOLOGIE DE L'ANNÉE 1933

3 janvier ► Mort de l'ancien chancelier (1922-1923) Wilhelm Cuno à Aumühle, près de Hambourg.
4 janvier ► Rencontre secrète entre Franz von Papen et Adolf Hitler chez le banquier Schröder à Cologne. Papen propose une sorte de gouvernement à deux têtes (gouvernement de concentration nationale) dans lequel serait inclus Alfred Hugenberg (DNVP). Hitler accepte le principe. Le même jour, le président Paul von Hindenburg reçoit Gregor Strasser et recommande son entrée dans le gouvernement.
6 janvier ► L'ex président de la Prusse, Otto Braun (SPD), demande au chancelier Kurt von Schleicher sa réintégration à son poste.
7 janvier ► Von Papen présente aux milieux d'affaires le projet de gouvernement de « concentration nationale ».
9 janvier ► Lors d'une entrevue avec le président Hindenburg, von Papen cherche à le convaincre de l'entrée de Hitler au gouvernement. Hindenburg approuve implicitement la formation d'un triumvirat Papen-Hitler-Hugenberg, et non une chancellerie de Hitler.
11 janvier ► Le comte Kalckreuth du Landbund se plaint auprès de Hindenburg du « bolchevisme agraire » du chancelier. Le président fait des remontrances au chancelier Kurt von Schleicher, mais celui-ci maintient sa politique. Les agrariens se tournent alors vers Papen et Hitler qui se rencontrent le même jour chez Joachim von Ribbentrop à Dahlem.
12 janvier ► Décision des milieux d'affaires de soutenir financièrement le projet d'un gouvernement de « concentration nationale ».
15 janvier ► Élections dans le Land de Lippe. Le NSDAP gagne 6 000 voix par rapport à novembre et 40 % des suffrages, mais il lui manque encore 3 000 voix par rapport à juillet. Ce demi-succès est transformé en triomphe à grand renfort de propagande. Mais, plus que la progression du NSDAP, celle du SPD confirme les milieux d'affaires dans l'urgence qu'il y a à leurs yeux à promouvoir Hitler.
17 janvier ► Hitler rencontre Alfred Hugenberg (DNVP), pour décider de la répartition des postes dans le futur ministère de « concentration nationale » dont il assurera la direction, secondé par von Papen.
18 janvier ► Nouvelle rencontre Papen-Hitler en présence de Hermann Göring, Ernst Röhm et Heinrich Himmler. Papen est contraint d'avouer que le président n'est pas disposé à confier le poste de chancelier à

Hitler qui reste sur ses positions.
19 janvier ► Hitler et Papen rencontrent l'industriel Fritz Thyssen et lui soumettent leur projet de composition du gouvernement de « concentration nationale ».
20 janvier ► Manifestation des SA devant le siège berlinois du KPD.
21 janvier ► Le chancelier von Schleicher tente de composer avec Hitler et Papen qui refusent. En même temps, le DNVP retire sa confiance au chancelier.
22 janvier ► Oskar Hindenburg, le fils du président, et Otto Meissner, secrétaire particulier de Hindenburg, rencontrent Papen, Hitler, Göring et d'autres dirigeants nazis chez Ribbentrop. Les deux hommes sortent de l'entrevue convaincus qu'il faut confier la chancellerie à Hitler.
23 janvier ► Schleicher réclame au président Hindenburg la dissolution du Reichstag, l'état d'urgence et les pleins pouvoirs. Hindenburg refuse, tout en récusant également la solution Hitler. Le blocage est total à droite. Le président Hindenburg refuse de négocier avec le SPD.
25 janvier ► Otto Meissner met au point une action décisive en faisant recevoir le général Werner von Blomberg par le président Hindenburg. Celui-ci ne sait pas que son ancien subordonné est déjà acquis à Hitler.
26 janvier ► Le chancelier von Schleicher exige que le président Hindenburg proclame la dissolution du Reichstag et lui accorde les pleins pouvoirs.
28 janvier ► Hindenburg refuse la demande des pleins pouvoirs pour le chancelier Schleicher et celle de dissolution. Kurt von Schleicher démissionne dans la foulée, seulement 57 jours après sa nomination. 29 janvier ► Devant les rumeurs faussement répandues par Papen d'une intervention imminente de la Reichswehr en faveur de Schleicher, Blomberg est intronisé ministre de la Reichswehr par le président Hindenburg. Entretien Papen-Hugenberg-Hitler pour la formation d'un nouveau gouvernement.
30 janvier ► Le président Hindenburg appelle Adolf Hitler au poste de chancelier pour former un nouveau gouvernement. Outre Hitler, seuls deux nazis sont au pouvoir, mais à des postes clés, à savoir Wilhelm Frick à l'Intérieur et Hermann Göring à l'Aviation et au commissariat à l'Intérieur pour la Prusse. Von Papen est vice-chancelier. Les autres postes reviennent à des membres du DNVP (Hugenberg à l'Agriculture et à l'Économie, Franz Gürtner à la Justice), à des proches de ce parti (Seldte est ministre du Travail) ou aux barons comme von Neurath (qui demeure aux Affaires étrangères), von Krosigk (Finances), von

Blomberg à la Reichswehr. Le KPD propose aux syndicats et au SPD une grève générale. Nuit de victoire (retraite aux flambeaux) pour 15 000 militants nazis (SA, SS et Stahlhelm) qui défilent à Berlin de la porte de Brandebourg à la Chancellerie.
31 janvier ► Refusant de sortir de la légalité tant que le gouvernement ne la viole pas, le SPD récuse la grève générale du KPD et appelle ses militants à rester sur le terrain de la Constitution. Hitler déclare au peuple : « Donnez nous quatre années.»
1er février ► Ne pouvant gouverner sans majorité, et devant le « refus» (en vérité une manipulation inventé par Hitler) du Zentrum de s'allier à lui, le chancelier Hitler demande au président Hindenburg de nouvelles élections. Hindenburg dissout le Reichstag. Les élections sont fixées au 5 mars.
2 février ► Le nouveau gouvernement promulgue une ordonnance qui interdit toute manifestation. Göring interdit toute démonstration du KPD en Prusse.
3 février ► Hitler harangue les généraux rassemblés chez Hammerstein-Equord. Il annonce que la Reichswehr restera indépendante des partis et promet le réarmement ainsi qu'une offensive contre les communistes et les pacifistes. Il laisse même entendre aux généraux qu'ils seraient appelés à conquérir des territoires à l'est.
4 février ► Décret-loi sur « la protection de la nation allemande », restreignant les libertés de la presse, de parole et de réunion. Le président Hindenburg autorise le pouvoir à interdire des journaux ou des rassemblements sous prétexte qu'ils diffusent de fausses nouvelles nuisant aux intérêts de l'État ou diffament les autorités et les fonctionnaires. La campagne électorale se déroule sous la terreur nazie. Les meetings et la presse communiste sont interdits, les réunions des sociaux-démocrates troublées, et plus de 50 antinazis sont assassinés. Dernière édition du journal SPD Vorwärts.
5 février ► Le président Hindenburg signe un décret qui dessaisit Braun de ses prérogatives au profit de Papen. La dissolution du Landtag de Prusse est acquise. Le Land tombe sous la coupe de Göring (ministre de l'Intérieur). Göring dissout les assemblées régionales de Prusse afin de disposer d'un Conseil d'État favorable. Mais il ne peut dissoudre le Landtag, les députés s'y opposent de même que le « collège des trois », formé de Braun, Adenauer (président du Conseil d'État) et du président nazi du Landtag (deux voix contre une).
6 février ► Sur demande de Hitler, Hindenburg donne à von Papen tout pouvoir pour dissoudre le Landtag de Prusse, ouvrant ainsi la voie à de

nouvelles élections en Prusse.
8 février ► Le gouvernement décide de privilégier le budget militaire.
10 février ► Au Sportpalast de Berlin, Hitler termine son discours par un surprenant « Amen » qui, entendu à la radio et aux actualités cinématographiques, émeut et sécularise de larges couches de la population.
11 février ► Le Stahlhelm et le DNVP s'unissent pour former une coalition, le Kampffront Schwarz-Weiß-Rot, qui décide de se lancer dans la campagne électorale pour soutenir Hitler.
12 février ► Journée sanglante à Eisleben où les SA assaillent les communistes.
16 février ► Heinrich Mann démissionne de son poste de président de l'Académie des Beaux Arts de Prusse, sous la pression du NSDAP.
17 février ► En Prusse, Göring autorise par décret les policiers à tirer à volonté pour réprimer les manifestations.
18 février ► Hitler lance le programme autoroutier.
20 février ► Göring invite les représentants du monde économique à une rencontre avec Hitler au Reichstag. Parmi les 25 invités, le président de la Reichsbank Hjalmar Schacht, le banquier Kurt von Schröder et les industriels Gustav Krupp von Bohlen und Halbach, Albert Vögler ainsi que d'autres représentants de l'industrie lourde, du bâtiment et des banques. Hitler leur présente son programme, qu'ils saluent avec enthousiasme. Ce programme comprend l'édification d'un État autoritaire et le démantèlement des syndicats marxistes, quel que soit le résultat du scrutin du 5 mars. En conclusion de la réunion, Schacht invite les industriels et banquiers à financer la campagne électorale du NSDAP. Les magnats de l'industrie offrent immédiatement 3 millions de marks.
22 février ► Göring créé en Prusse une force de police auxiliaire de 50 000 hommes, dont 40 000 sont des SA et des SS et des hommes du Stahlhelm. Il leur recommande l'usage « avec zèle » des armes (« fleißiger Gebrauch der Schußwaffe »). La police de Prusse se trouve entièrement aux mains des nazis.
23 février ► Figure marquante du KPD, Wilhelm Pieck demande dans sa dernière intervention officielle, la formation d'un front uni contre Hitler.
27 février ► A 21 heures, incendie du Reichstag allumé par un chômeur d'origine néerlandaise, Marinus van der Lubbe. Les nazis accusent les communistes. 4 000 d'entre eux sont arrêtés à travers tout le pays et le KPD subit des dommages décisifs. Incarcération du

président du groupe parlementaire communiste, Ernst Togler, qui s'est spontanément présenté à la police pour disculper son parti.
28 février ► Sur demande de Hitler, Hindenburg suspend par le décret sur « la protection du Peuple et de l'État » la liberté des personnes, l'inviolabilité du domicile, la liberté d'opinion, de réunion, de presse, le secret postal et légalise l'internement préventif ou définitif d'individus jugés « dangereux ». Ce décret ouvre la voix aux arrestations arbitraires et légalise celles de la nuit précédente. Le paragraphe 2 du décret autorise l'intervention dans les Länder qui n'appliquent pas les mesures. Un autre décret instaure la répression contre la trahison envers le peuple allemand. Le gouvernement est autorisé à poursuivre toute personne soupçonnée de s'opposer à lui, ce qui entraîne des milliers d'arrestations. La presse antinazie est interdite, comme le journal Vorwärts, l'organe du SPD.
3 mars ► Trahi par un proche, Ernst Thälmann, le leader du KPD, est mis en état d'arrestation.
4 mars ► En Prusse, Göring organise une répression d'une ampleur sans précédent contre les opposants politiques. La police reçoit l'ordre de « stopper, par tous les moyens, l'action des organisations antinationales » et « en cas de nécessité de faire usage de ses armes de service ».
5 mars ► Dernières élections législatives pluripartites au Reichstag. Participation de 88,8 %. NSDAP 43,9 % (17 277 000 voix et 288 sièges, +93), SPD 18,3 % (7 181 000 voix et 120 sièges), KPD 12,3 % (4 848 000 voix et 81 sièges), Zentrum 11,2 % (4 425 000 voix et 74 sièges), DNVP 8 % (3 136 000 voix et 52 sièges), BVP 2,7 % (1 074 000 voix et 18 sièges), DVP 1,1 % (432 000 voix et 2 sièges), Christlicher Volksdienst (383 000 voix et 4 sièges), Staatspartei 0,9 % (334 000 voix et 5 sièges), autres 0,6 % (3 sièges). La coalition du NSDAP avec le DNVP obtient 51,9 % des voix. Mais, même avec l'apport des sièges des nationalistes de Hugenberg, Hitler ne dispose pas des 2/3 de la majorité nécessaire pour obtenir du Reichstag les pleins pouvoirs. A noter que plus de 16 millions d'électeurs (sans prendre en compte le vote KPD) n'ont pas voté pour le NSDAP. Les résultats en Prusse sont pratiquement équivalents. Un commissaire du Reich nazi est nommé à Hambourg.
6 mars ► Occupation des sièges du SPD, du KPD, des syndicats et des éditeurs. Des commissaires du Reich nazis sont nommés à Brême et à Lübeck.
7 mars ► Nomination d'un commissaire du Reich nazi en Hesse.

8 mars ► Nomination de commissaires nazis en Saxe, Wurtemberg et Bade. Usant très largement de la loi d'exception, Hitler fait annuler les sièges du KPD au Reichstag. Le ministre de l'Intérieur, Wilhelm Frick, annonce la fondation de camps de concentration.
9 mars ► Le Bulgare Georgi Dimitrov, secrétaire du Bureau occidental du Comité exécutif de l'Internationale communiste, est arrêté à Berlin pour complicité dans l'incendie du Reichstag avec Popov et Tanev.
9 mars ► Sur ordre du ministre de l'Intérieur, Wilhelm Frick, la SA et la SS veillent à ce que les responsables administratifs soient remplacés par des fonctionnaires nazis sur l'ensemble du territoire. Les nazis occupent le Landtag de Bavière et en expulsent les députés. Le général von Epp est nommé gouverneur de Bavière. A Chemnitz, les SA arrêtent Bernhard Kuhnt, député SPD, ancien président de l'Oldenburg, et le promènent triomphalement dans toute la ville.
12 mars ► Le président Hindenburg interdit le drapeau de la république de Weimar, noir-rouge-or.
13 mars ► Joseph Goebbels est nommé ministre de l'Éducation populaire, de l'Information publique et de la Propagande (Ministeriums für Volksaufklärung und Propaganda), poste nouvellement créé.
15 mars ► Interdiction du KPD. Toute personne exprimant des idées communistes sera mise en état d'arrestation.
16 mars ► Le chef du gouvernement de Bavière, Heinrich Held, se retire, ses ministres ayant subi des violences. Heinrich Himmler, assisté de Reinhard Heydrich, devient chef de la police de Bavière. Il fonde le grand camp de concentration SS à Dachau (20 mars), au nord-ouest de Munich.
16 mars ► Après avoir émis des doutes concernant la question du financement du réarmement, le président de la Reichsbank, Hans Luther, ancien chancelier, est remplacé par Hjalmar Schacht et envoyé à Washington comme ambassadeur.
17 mars ► Création de la garde de Hitler, la Leibstandarte Adolf Hitler, forte de 120 hommes, dirigée par Joseph «Sepp» Dietrich.
19 mars ► Von Papen se plaint auprès du chancelier des violences commises contre des étrangers par les nazis. Hitler réagit en défendant ses SA et en lançant des menaces voilées contre les conservateurs.
20 mars ► Hitler négocie le soutien du Zentrum pour recevoir les pleins pouvoirs. Le Zentrum formule des exigences d'ordre religieux et politique. Reconnaissance des concordats du Vatican avec les Länder, maintien de l'influence religieuse à l'école d'une part, maintien des pouvoirs du président, des garanties quant à la justice et à la fonction

publique d'autre part. Hitler promet mais ne signe rien d'officiel. Heinrich Brüning réclame des promesses écrites. Arrestation d'élus communistes et sociaux-démocrates.
20 mars ► Ouverture du camp de concentration de Dachau, près de Munich.
21 mars ► Journée de Potsdam organisée par Joseph Goebbels pour la rentrée solennelle du nouveau Reichstag et pour démontrer à l'opinion publique que la droite nationaliste et les nazis sont unis. La manifestation, entièrement radiodiffusée et filmée, a lieu en présence de toutes les forces sociales et religieuses, à l'exception des gauches. Participation du président Hindenburg, du prince héritier Guillaume de Hohenzollern, de l'armée, du clergé et des représentants du corps diplomatique. La mise en scène débute par des cérémonies religieuses et une commémoration des martyrs du NSDAP présidée par Hitler. A midi, le chancelier serre la main du président devant l'église de la Garnison, geste symbolisant l'union de la Prusse et du national-socialisme. Dépôt d'une couronne sur la tombe de Frédéric II.
21 mars ► Des tribunaux d'exception sont instaurés.
21 mars ► Ouverture du camp de concentration d'Oranienburg (Brandebourg).
22 mars ► Inauguration officielle avec annonce par voie de presse du camp de concentration de Dachau, réservé aux détenus politiques. Il est surveillé par les SA et la police. Les premiers détenus sont des prisonniers politiques, communistes et sociaux-démocrates.
23 mars ► Réunion du Reichstag à l'opéra Kroll. La SS et la SA entourent celui-ci et réclament de la part des députés un vote positif en proférant des menaces. Le Reichstag vote à une écrasante majorité (444 voix pour et 94 contre, dont les voix du Zentrum qui n'a pourtant pas reçu la lettre de confirmation de ses exigences promises par Hitler) la Loi d'habilitation (Ermächtigungsgesetz ou Gesetz zur Behebung der Not Von Volk und Reich). Cette loi abroge de facto la Constitution de Weimar. Adolf Hitler, en tenue SA, reçoit les pleins pouvoirs pour quatre ans (seul le SPD, par la voix d'Otto Wels, ose encore condamner la violence et s'opposer aux projets nazis). Hitler devient légalement dictateur du Reich.
24 mars ► Le Syndicat patronal remercie Hitler d'avoir sauvé l'économie allemande.
24 mars ► Loi abolissant la démocratie parlementaire. Goebbels imagine de confisquer la journée symbolique du 1er mai au profit des nazis.

25 mars ▶ A Londres, l'Alliance internationale contre l'antisémitisme décide le boycott des marchandises allemandes.
28 mars ▶ Joseph Goebbels organise le boycott des magasins tenus par des Juifs à Berlin.
28 mars ▶ Les évêques catholiques diffusent la déclaration de Fulda qui appelle au soutien du nouvel ordre. La destruction du libéralisme et du marxisme satisfait pleinement la hiérarchie.
29 mars ▶ Le Testament du Dr Mabuse de Fritz Lang est interdit par les nazis.
31 mars ▶ Hitler décrète la dissolution des diètes de tous les États à l'exception de celle de Prusse. Il s'agit de la « mise au pas » du pays ou « Gleichschaltung der Länder mit dem Reich ». Un nouveau décret nomme à la tête des Länder un Gouverneur (Gauleiter) chargé de suivre la politique générale fixée par le chancelier du Reich. Les mandats communistes dans les Länder et les communes sont purement et simplement supprimés. Les lois suivent le 7 avril.
1er avril ▶ Mise en œuvre du boycott contre les « violences juives », dirigé par le gauleiter de Franconie, Julius Streicher, selon les vœux de Goebbels. Des SA se postent devant les magasins juifs et cherchent à interdire aux clients d'y pénétrer en déployant des pancartes incitant à ne pas acheter chez les Juifs. Les mêmes scènes de boycott se déroulent devant les pharmacies, les cabinets médicaux ou locaux d'avocats. Dans la soirée, un défilé des organisations nazies à Berlin proteste contre les « agissements des Juifs ». Hitler explique qu'il a préféré prendre les devants pour éviter que la population ne se livre spontanément à des débordements. En fait, la population ne montre aucun empressement à suivre ce boycott. De nombreuses personnes protestent. Le mouvement est alors stoppé. Hitler interdit les actions antisémites de ce type.
4 avril ▶ Walter Darré prend la direction des associations agricoles fusionnées et mises au pas. Hitler créé le Conseil de défense du Reich et obtient le soutien de nombreux hauts gradés.
5 avril ▶ Baldur Von Schirach, chef des Jeunesses Hitlériennes, occupe les locaux du Comité national des associations de jeunesse.
7 avril ▶ Promulgation de la loi Gesetz zur Wiederherstellung des Berufsbeamtentums aussi nommée Arierparagraph. Elle organise le renvoi des fonctionnaires « d'ascendance non Aryenne » (toute personne comptant un Juif ou plus parmi ses parents directs ou grands parents). Suite à l'intervention du président Hindenburg, les Juifs anciens combattants de 14-18 conservent leur poste jusqu'en 1935. Les

propriétaires sont autorisés à résilier les baux de location consentis à des avocats juifs radiés. Le même jour, promulgation de la deuxième loi sur la mise au pas des régions. Hitler impose un Reichsstatthalter à la place des anciens gouvernements. Ce nouveau gouverneur est chargé du contrôle économique et exerce généralement simultanément la fonction de « chef de district » (Gauleiter), d'ordre politique. Le patronat est autorisé à licencier le personnel suspect d'activités politiques ou syndicales contraires à la bonne marche des affaires de l'État.
11 avril ► Hermann Göring est nommé ministre-président de Prusse (jusqu'au 23 avril 1945).
16 avril ► La revue satirique allemande, *Simplicissimus*, créée en avril 1896 à Munich par Albert Langen, est mise au pas.
18 avril ► Ernst Röhm et les radicaux du NSDAP prônent « la seconde révolution » contre la droite, les affaires, les Junkers, l'aristocratie...
20 avril ► Numerus clausus limitant l'accès des écoles, lycées et universités aux Juifs. Ouverture des Napola, écoles d'élite chargées de préparer en internat durant six années et à partir de l'âge de douze ans aux carrières de l'armée. Darré prend au nom du NSDAP le contrôle du mouvement coopératif agricole.
21 avril ► Adolf Hitler nomme son ami Rudolf Hess « suppléant du Führer au sein du parti » (« Stellvertreter des Führers in der Parteiführung »).
26 avril ► Le SPD désigne deux présidents, Otto Wels et Hans Vogel. Beaucoup de cadres du SPD sont emprisonnés ou ont émigré.
26 avril ► Hermann Göring créé la Gestapo (Geheime Staatspolizei), la police secrète d'État, ainsi qu'un tribunal spécial pour les crimes politiques. Le leader du Stahlhelm, Franz Seldte, adhère au NSDAP avec l'ensemble de son mouvement. Il se place directement sous l'autorité de Hitler.
30 avril ► Le SPD annonce sa rupture avec la IIe Internationale et dénonce les attaques de sa presse contre Hitler pour sauver son existence. Ludwig Müller, un aumônier militaire protestant, est chargé de fonder une Église protestante unique (Reichskirche) dans le cadre de la « mise au pas ». Alfred Rosenberg crée le Service de politique étrangère du NSDAP.
1er mai ► Le gouvernement décrète ce jour « jour du travail national». Une grande manifestation, organisée techniquement par l'architecte Albert Speer, a lieu à Berlin à laquelle le syndicat ADGB (proche du SPD) accepte de participer. Lancement du programme de construction

des autoroutes (Autobahn).
2 mai ▶ A l'initiative de Robert Ley, la police, la SA et la SS occupent les locaux de l'Allgemeiner Deutscher Gewerkschaftsbund (ADGB). Les locaux des syndicats sont occupés et le patrimoine saisi tandis que les dirigeants sont arrêtés. Dissolution des syndicats et fondation du Deutsche Arbeitsfront (Front allemand du travail). La DAF est désormais le seul syndicat allemand. Aucune justification légale ne suit. Un décret ultérieur interdit les grèves (16 mai) et redonne tout pouvoir aux patrons.
3 mai ▶ L'industriel Krupp reçoit les pleins pouvoirs pour réorganiser le secteur industriel dans l'esprit souhaité par le gouvernement de «concentration nationale». Theodor Adrian Von Renteln est élu nouveau président du patronat allemand (Reichsverband der deutschen Industrie ou RDI).
5 mai ▶ Naissance d'un organisme d'assistance et d'entraide, la National-sozialistische Volkswohlfahrt (NSV), qui tolère à titre exceptionnel jusqu'en 1936 la poursuite des activités des organismes traditionnels comme Caritas ou la Croix-Rouge.
5 mai ▶ Hermann Göring devient ministre du tout nouveau ministère de l'Air. A Moscou, l'Allemagne et l'URSS prolongent le traité de paix signé en 1926.
5 mai ▶ Dissolution du Deutsche Reichsausschuss für Leibesübungen.
8 mai ▶ La Société allemande des gens de lettres devient une simple organisation professionnelle, sous le contrôle des sympathisants nazis. Tous ses membres suspects de tiédeur à l'égard du régime sont radiés.
9 mai ▶ Création du Service de sécurité, le SD (Sicherheitsdienst).
10 mai ▶ Plusieurs villes universitaires d'Allemagne sont le théâtre d'une nuit d'autodafés (Bücherverbrennung). La « littérature nuisible et prohibée » (20 000 livres, dont des œuvres majeures de l'esprit allemand) est brûlée en place publique, lors d'une cérémonie présidée à Berlin par Joseph Goebbels.
15 mai ▶ Loi sur les propriétés paysannes, déclarées biens héréditaires du Reich.
16 mai ▶ Suppression du droit de grève en Allemagne nazie. Déportations de députés de Karlsruhe.
17 mai ▶ Hitler prononce un « discours de paix » devant le Reichstag. Il se déclare prêt à désarmer, à condition que les autres nations en fassent autant. Les députés du SPD siégeant encore approuvent par leur vote la déclaration de politique extérieure de Hitler. Le gauleiter Bohle prend la direction de l'organisation pour l'étranger du NSDAP. Le

Reichssportführer Hans Von Tschammer und Osten fonde la Ligue gymnique du Reich (Deutscher Reichsbund für Leibesübungen), afin d'exercer un contrôle idéologique sur les associations sportives allemandes. Toutes les organisations de jeunesse sont désormais soumises à l'autorité du Reichsjugendführer Baldur von Schirach. Il entreprend de dissoudre toutes les organisations de jeunesse, hormis les catholiques, qui restent autonomes jusqu'en 1937.
17 mai ► Fondation à Prague par les dirigeants sociaux-démocrates en exil (Wels, Ollenhauer, Stampfer) de la SOPADE.
19 mai ► Institution à la tête des « quatorze régions économiques » de quatorze curateurs, administrateurs du travail (Reichstreuhänder) qui dépendent du ministre du Travail et qui doivent contrôler les salaires et donc les revenus des salariés.
22 mai ► Le SPD est interdit, ses biens confisqués. Les membres du parti sont interdits d'emploi dans la fonction publique.
26 mai ► Promulgation d'une loi sur la saisie des biens du KPD.
28 mai ► Walther Darré devient chef de la paysannerie du Reich (Reichsbauernführer).
30 mai ► Dissolution du KPD. La Société des Nations (SDN) condamne la politique anti-juive du gouvernement allemand.
1er juin ► Plan Reinhardt. Loi sur la réduction du chômage, qui prélude au programme des grands travaux de rénovation des villes d'Allemagne.
2 juin ► Création par les industriels d'un fonds de soutien au NSDAP (Adolf-Hitler-Spende).
5 juin ► Dissolution de tous les partis politiques allemands, hormis le NSDAP.
19 juin ► Le RDI, dissout un mois plus tôt, devient la Corporation de l'industrie allemande. Krupp conserve la présidence et l'organisation préserve une certaine autonomie.
20 juin ► Le chancelier autrichien Engelbert Dollfuss interdit le parti nazi et le parti communiste dans son pays. Le parti nazi autrichien est dissout.
21 juin ► Les SA investissent le quartier ouvrier de Berlin-Köpenick et y déchaînent une « semaine sanglante » qui fait 91 victimes et plusieurs centaines de blessés, majoritairement des communistes et des socialistes.
26 juin ► Loi pour la prévention de la progéniture héréditairement malade dans le Reich.
28 juin ► Le ministre de l'Économie et de l'Agriculture, Alfred Hugenberg, président du DNVP, est contraint de démissionner du

gouvernement suite aux attaques incessantes du NSDAP. Il se retire entièrement de la vie politique. Il est remplacé à l'Économie par Kurt Schmitt. Le DVP s'auto-dissout.
29 juin ► Walther Darré devient ministre de l'Agriculture. Il cumule désormais la direction des affaires agricoles de l'État, celle des affaires agricoles au sein du parti ainsi que celle des organisations professionnelles avec titre de ministre et Reichsbauernführer.
30 juin ► Ordonnance qui offre à Goebbels la responsabilité de « tout ce qui concerne l'apport intellectuel à la nation, la propagande pour l'État, la culture et l'économie, l'information du public allemand et étranger et l'administration de tous les organismes mis en place à cette fin ».
1er juillet ► L'ingénieur Fritz Todt est nommé responsable du programme autoroutier.
3 juillet ► Les Juifs commencent à être exclus de la fonction publique. Hitler déclare lors d'une journée de hauts dignitaires SA et SS, que la SA ne représente aucune concurrence pour la Wehrmacht.
4 juillet ► Le DVP et le Zentrum prononcent leur auto-dissolution. Désormais le NSDAP est le seul parti en Allemagne.
6 juillet ► Devant les Statthalter, Hitler proclame la « fin de la révolution » et déclare qu'il faut « conduire le courant incontrôlé de la révolution (les SA) dans le lit tranquille de l'évolution ». Ernst Röhm parle de trahison des buts de la révolution, alors que Goebbels rentre dans le rang.
7 juillet ► Le ministre Wilhelm Frick supprime tous les mandats du SPD au Reichstag et dans toutes les autres instances.
12 juillet ► Ouverture du camp de concentration de Sachsenhausen. 14 juillet ► Promulgation de la loi interdisant la création de nouveaux partis. Le NSDAP devient officiellement parti unique. Une autre loi fait du référendum l'unique mode de consultation populaire. Le gouvernement décide dans la foulée de plusieurs autres lois, notamment sur la définition des « dégénérés », sur la stérilisation des malades mentaux et des incurables, sur la confiscation des biens des ennemis de la Communauté raciale populaire, sur le retrait de la nationalité allemande aux exilés et aux réfugiés juifs d'Europe de l'Est, sur l'intégration de l'église évangélique à l'État.
14 juillet ► Signature à Rome, sur l'initiative de Mussolini du « Pacte à quatre » (ou Pacte d'entente et de collaboration). Conclu pour 10 ans, il prévoit que les quatre puissances (Allemagne, France, Italie et Grande-Bretagne) se concerteront régulièrement et feront tous leurs

efforts pour collaborer au maintien de la paix dans le cadre de la SDN.
15 juillet ► Fondation d'un Conseil général de l'industrie allemande autour de Krupp, Thyssen, Vögler, Bosch, Siemens, Schröder.
20 juillet ► Signature d'un Concordat entre l'Allemagne et le Vatican, qui voit en Hitler un moyen efficace pour briser le communisme. L'Église catholique allemande conserve le droit d'avoir des écoles et de pratiquer le culte, mais est neutralisée puisque ses prêtres doivent se tenir à l'écart de la politique.
25 juillet ► Promulgation d'une loi de stérilisation des malades mentaux afin « d'améliorer la race allemande ».
30 juillet ► Le professeur Jakob Wilhelm Hauer von Tübingen et le comte von Reventlow fondent un nouveau culte basé sur les anciennes traditions germaniques, antichrétien et antisémite, le Mouvement pour une foi allemande (*Deutsche Glaubensbewegung*).
31 juillet ► Six mois après l'accession au pouvoir des nazis, les premiers camps de concentration sont déjà pleins à craquer. Selon une information ministérielle, 26 789 prisonniers politiques y sont détenus.
1er août ► Premières condamnations à mort de militants communistes. Apparition des premières brochures clandestines antinazies.
4 août ► Nuremberg est la première grande ville en Allemagne à interdire aux Juifs l'accès aux bains publics.
10 août ► Sous la pression du NSDAP, Ludwig Mies van der Rohe ferme l'école du Bauhaus à Berlin.
22 août ► Le bureau du Reich de l'industrie allemande impose le salut hitlérien dans les entreprises.
23 août ► La nationalité allemande est retirée à de nombreux opposants qui ont émigré. Parmi eux, Philip Scheidemann, Kurt Tucholsky et Ernst Toller.
25 août ► La direction du SPD en exil à Prague communique le chiffre des internés dans des camps de concentration. Il y aurait dans les 65 camps plus de 45 000 prisonniers.
31 août-3 septembre ► Congrès du NSDAP à Nuremberg.
1er septembre ► Aux journées du parti à Nuremberg, le NSDAP effectue de grandes démonstrations de force. Cette propagande est habilement filmée par Leni Riefenstahl.
10 septembre ► Ratification du Concordat signé en juillet entre l'Allemagne et le Vatican.
11 septembre ► Le pasteur et théologien luthérien Martin Niemöller, opposant au national-socialisme, créé l'Association des pasteurs en détresse, qui doit par « un engagement total et inconditionnel »

combattre toute atteinte à la confession évangélique et aider matériellement les frères opprimés. Dietrich Bonhoeffer participe à la création de l'association.
13 septembre ► Création du Service d'entraide d'hiver pour assister les membres de la Communauté raciale populaire dans la détresse, ainsi que de la Corporation nourricière du Reich à laquelle doivent obligatoirement adhérer toutes les professions touchant à l'agriculture. Planification très stricte de la production et du marché afin d'assurer l'autarcie.
21 septembre ► Ouverture devant la Cour suprême de Leipzig du procès de l'incendie du Reichstag. Parmi les accusés, outre l'incendiaire présumé, le Néerlandais Marinus van der Lubbe, on remarque Ernst Torgler, président du groupe communiste à l'assemblée et trois communistes bulgares.
22 septembre ► Création de la Chambre culturelle du Reich présidée par Joseph Goebbels et à laquelle doivent obligatoirement adhérer tous les « travailleurs de l'esprit ». Elle est composée d'une chambre littéraire, d'une chambre de la presse, d'une chambre de la radiodiffusion, d'une chambre théâtrale, d'une chambre musicale, d'une chambre des Beaux-Arts, d'une chambre du cinéma. La Chambre culturelle du Reich contrôle toutes les sphères de la vie culturelle dans l'ensemble de l'Allemagne.
24 septembre ► Le Stahlhelm se soumet officiellement à Hitler.
27 septembre ► Lors d'un synode à Wittenberg, la ville de Martin Luther, l'Eglise évangélique évince le pasteur von Bodelschwingh et nomme Ludwig Müller évêque du Reich (Reichsbischof). L'Église évangélique allemande soutient officiellement le régime nazi.
29 septembre ► Loi sur les fermes héréditaires (Erbhofgesetz). Cette loi a pour but de consolider la moyenne propriété en faire valoir direct. Elle prévoit l'intégrité des exploitations de 7,5 ha à 125 ha grâce à une protection multiple. La ferme héréditaire passe intégralement à un seul héritier mâle et ne peut être saisie en cas de dette. Même la vente volontaire est soumise à autorisation. Inscrits sur une liste prioritaire de terres après la colonisation de l'Est européen, les héritiers spoliés s'en iront grossir les rangs de la SS et de l'armée.
1er octobre ► Le général Ludwig Beck devient chef d'état-major général de l'armée allemande. Theodor Eicke fixe le règlement du camp de Dachau. Ouverture du camp de Brandebourg. Konrad Henlein fonde en Tchécoslovaquie la Sudetendeutsche Heimatfront (Front patriotique des Allemands des Sudètes) très proche de l'État nazi.

3 octobre ▶ Le chancelier autrichien Dollfuss est grièvement blessé par balle par un nazi. Il en réchappe.
4 octobre ▶ Hitler met fin à la liberté de la presse et menace les journalistes de prison. Les rédacteurs en chef juifs sont exclus des rédactions des journaux, car désormais pour être rédacteur en chef, « il faut être politiquement et racialement insoupçonnable ».
10 octobre ▶ La Société des Nations (SDN) crée un Haut-commissariat chargé des problèmes des réfugiés, afin de venir en aide aux Allemands antinazis qui ont dû fuir leur pays. Le chef du KPD de Berlin, Walter Ulbricht, émigre à Paris où il fait partie de la direction du KPD en exil.
14 octobre ▶ L'Allemagne décide de se retirer de la Société des Nations (SDN) et d'interrompre les pourparlers sur le désarmement. Adolf Hitler annonce que les Allemands seront appelés à ratifier cette décision par référendum. Le jour même, maniant le chaud et le froid, Hitler propose des accords bilatéraux de sécurité.
1er novembre ▶ Ordonnance du Reich rendant obligatoire l'adhésion à la Chambre de la culture pour tous ceux dont l'activité relève de la production, la reproduction, la distribution ou la conservation de biens culturels.
12 novembre ▶ Première élection au Reichstag pour le parti unique national qui obtient 92,1 % des voix, soit 39 655 224 suffrages. Les votes invalides sont 7,89 % soit 3 398 249 suffrages. Par ailleurs 89,9 % des votants approuvent par référendum le retrait de l'Allemagne de la Société des Nations (SDN).
15 novembre ▶ Inauguration de la Chambre culturelle du Reich. Son président, Joseph Goebbels, prononce un discours sur la fonction désormais dévolue à la culture « elle sera nazie ou ne sera pas... »
25 novembre ▶ Rassemblement du mouvement protestant de résistance contre la politique nazie en matière ecclésiastique.
27 novembre ▶ Afin de planifier et de contrôler les loisirs du peuple allemand, le Front du travail (DAF) crée l'organisation La force par la joie (KdF ou Kraft durch Freude) sur le modèle fasciste italien.
29 novembre ▶ Lois sur la Gleichschaltung (mise au pas) de l'artisanat.
1er décembre ▶ Loi « sur l'unité du parti et de l'État ». Le gouvernement Hitler approuve la loi faisant du NSDAP le « dépositaire de la notion allemande de l'État » et institutionnalisant son rôle d'instrument de la domination du nazisme sur l'État et la société. Le NSDAP devient un organe d'état de plein droit. Ainsi est réalisée l'unité du Parti et de l'État.
1er décembre ▶ Ernst Röhm, chef des SA, et Rudolf Hess sont

nommés ministres sans portefeuille sur décision d'Adolf Hitler.
4 décembre ► Ludwig Müller, nommé Reichsbischof, reçoit autorité de Hitler sur les « chrétiens allemands », malgré l'opposition d'une grande partie de l'église évangélique (Niemöller, Bonhoeffer…). Il intègre la Jeunesse évangélique aux Jeunesses hitlériennes.
12 décembre ► Le Reichstag nazi élit Hermann Göring comme président de l'Assemblée.
23 décembre ► La Cour suprême de Leipzig prononce son verdict pour l'incendie du Reichstag après un procès très controversé. L'incendiaire présumé, Marinus van der Lubbe, est condamné à mort. Les quatre accusés communistes (Torgler, Dimitrov, Popov, Tanev) sont relaxés faute de preuve, puis les trois Bulgares quittent l'Allemagne pour gagner l'URSS.
23 décembre ► L'État signe un contrat avec IG Farben pour la fabrication d'essence en lui apportant des garanties financières.

INDEX

A

B

C

D

E

F

G

H

J

K

L

M

N

O

P

Q

R

S

T

Z

BIBLIOGRAPHIE

Cette bibliographie n'entend pas être exhaustive. Elle comprend les sources et les principaux ouvrages utilisés pour l'écriture de ce livre.

Archives

Bundesarchiv Koblenz, BAK, (Archives fédérales, Coblence).
Institut für Zeitgeschichte, IfZ, München (Institut d'Histoire contemporaine, Munich).

Documents

Akten der Reichkanzlei : Das Kabinett Papen. 1. Juni bis 3. Dezember 1932, 2 vol., KH Minuth (ed), Boppard am Rhein 1989.
Akten der Reichkanzlei : Das Kabinett Schleicher. 3. Dezember 1932 bis 20. Januar 1933, Anton Golecki (ed), Boppard am Rhein 1986.
Akten der Reichkanzlei : Die Regierung Hitler. Parties 1 et 2 : 1933/1934, KH Minuth (ed), Boppard am Rhein 1983.

Minutes du Procès de Nuremberg, tribunal militaire international, 1946 (les détails se trouvent dans les notes du livre).
Minutes du Procès de Leipzig, procès de l'incendie du Reichstag, 1933 (les détails se trouvent dans les notes du livre).

BAYNES, Norman H. *Ed.* (1942). *The Speeches of Adolf Hitler, April 1922-August 1939 V1.* Londres, Oxford University Press.
BAYNES, Norman H. *Ed.* (1942). *The Speeches of Adolf Hitler, April 1922-August 1939 V2.* Londres, Oxford University Press.
DOMARUS, Max. *Ed.* (1990). *Hitler: Speeches and Proclamations 1932 - 1934 V1.* Bolchazy-Carducci Publishers, Inc.
DOMARUS, Max *Ed.* (1992). *Hitler: Speeches and Proclamations 1935 - 1938 V2.* Bolchazy-Carducci Publishers, Inc.
DOMARUS, Max *Ed.* (1996). *Hitler: Speeches and Proclamations 1939 - 1940 V3.* Bolchazy-Carducci Publishers, Inc.
DOMARUS, Max *Ed.* (2004). *Hitler: Speeches and Proclamations 1941 - 1945 V4.* Bolchazy-Carducci Publishers, Inc.

Adolf Hitler. *Reden, Schriften, Anordnungen*, Februar 1925 bis Januar 1933, 6 vol., Institut für Zeitgeschichte 1992-2003.

Sur l'incendie du Reichstag

Uwe BACKES, Karl-Heinz JANSSEN, Eckhard JESSE, Henning KÖHLER, Hans MOMMSEN, Fritz TOBIAS, *Reichstagsbrand – Aufklärung einer historischen Legende,* Munich/Zurich, Piper 1986.

Gilbert BADIA, *Feu au Reichstag ! L'acte de naissance du régime nazi*, Paris, Editions Sociales 1983.

Alexandre BAHAR, Wilfried KUGEL, *Der Reichstagsbrand, Das Ende einer Legende*, Papyrossa Verlags 2013.

Karl-Heinz BIERNAT, *Der Reichstagsbrand brennt*, Dietz Verlag 1960.

Eduard CALIC, *Der Reichstagsbrand. Die Provokation des 20. Jahrhunderts. Forschungsergebnis. Mit Stellungnahmen über das Historische Ereignis des 27. Februar 1933*, Luxembourg 1978.

Edouard CALIC, *Le Reichstag brûle !* Paris, Stock 1969.

Carnets de route de l'incendiaire du Reichstag, documents traduits du néerlandais, présentés et annotés par Yves Pagès et Charles Reeve, Verticales 2003.

Benjamin CARTER HETT, *Burning the Reichstag. An investigation into the Third Reich's enduring mystery*, Oxford University Press, Oxford 2014.

Comité international van der Lubbe (France), *A propos d'un acte individuel. Notes sur l'installation de l'hitlérisme. Sur le chemin de la vérité. Van der Lubbe et les mensonges du « Livre brun »* in *La Revue anarchiste*, n°19, mars 1934.

Comité international van der Lubbe (PB), *Marinus van der Lubbe, prolétaire ou provocateur ?* Éditions du Semeur 1934.

Dieter DEISEROTH (dir.) *Der Reichstagsbrand und der Prozess vor dem Reichsgericht*, Berlin, Verlagsgesellschaft Tischler, 2006.

François DELPLA, *Le terrorisme des puissants : de l'incendie du Reichstag à la nuit des Longs couteaux,* paru dans *Guerre et histoire* no 7, septembre 2002.

Alain DUGRAND, Frédéric LAURENT, *Willi Münzenberg : artiste en révolution (1889–1940)*, Paris, Fayard 2008.

Mona FOSCOLO, *Georges Dimitrov et la prise de pouvoir communiste en Bulgarie 2004.*

Marcus GIEBELER, *Die Kontroverse um den Reichstagsbrand. Quellenprobleme und historiographische Paradigmen,* Munich, Martin Meidenbauer Verlag 2010.

Babette GROSS, *Willi Münzenberg. Eine politische Biographie,* Stuttgart 1967.

Walther HOFER (dir), *Der Reichstagsbrand. Eine wissenschaftliche*

Dokumentation, 2 vol., Berlin, Ahriman Verlag 1992.
International van der Lubbe Comite, *Roodboek, van der Lubbe en de Rijksdagbrand*, Amsterdam 1933.
Nico JASSIES, *Marinus van der Lubbe et l'incendie du Reichstag*, Paris, Editions Antisociales 2004.
Eckhard JESSE, *Reichstagsbrand und Reichstagsbrandprozess*. In: Bayerische Landeszentrale für politische Bildungsarbeit (dir.): *Die Anfänge der braunen Barbarei,* Munich 2004.
Sven Felix KELLERHOFF, *Reichstagsbrand. Die Karriere eines Kriminalfalls. be.bra, Berlin 2008.*
Le Semeur, « *Numéro spécial de la défense van der Lubbe* », Falaise, septembre 1933.
Hans MOMMSEN, *L'incendie du Reichstag et ses conséquences politiques* in *Le national-socialisme et la société allemande*, Paris, éditions de la Maison des sciences de l'Homme 1997.
Hans MOMMSEN, *Van der Lubbe Weg in den Reichstag – der Ablauf der Ereignisse* in Uwe BACKES et al., *Reichstagbrand. Aufklärung einer historischen Legende,* Munich/Zurich , Piper 1986.
Willi MÜNZENBERG, *Livre brun sur l'incendie du Reichstag et la terreur hitlérienne*, Paris, Le Carrefour, 1933.
Norbert PODEWIN, Lutz HEUER, *Ernst Torgler. Ein Leben im Schatten des Reichstagsbrandes 25. April 1893 Berlin – 19. Januar 1963 Hannover,* Trafo, Berlin 2006.
Alfons SACK, *Der Reichstagsbrandprozess*, Berlin, Verlag Ullstein 1934.
Jürgen SCHÄDECKE et al., *Der Reichstagsbrand- prozess in neuem Licht,* HZ, 269 (1999).
Hans SCHNEIDER, *Neues vom Reichstagsbrand – Eine Dokumentation. Ein Versäumnis der deutschen Geschichtsschreibung.* Berliner Wissenschafts-Verlag, 2004.
Martin SCHOUTEN, *Marinus van der Lubbe – Eine Biografie*, Francfort/Main, Verlag Neue Kritik 1999.
Marietta STANKOVA, *Georgi Dimitrov: A Biography*. I.B.Tauris 2010.
Petr STOJANOFF, *Reichstagsbrand. Die Prozesse in London und Leipzig*, Vienne/Francfort/Zurich, Europa Verlag 1966.
Fritz TOBIAS, *Der Reichstagsbrand. Legende und Wirklichkeit,* Grote, Rastatt/Baden 1962.
Marinus VAN DER LUBBE, *Le Carnet de route d'un sans-Patrie*, Comité international van der Lubbe (France), Paris 1934.

Sur le nazisme

Pierre AYÇOBERRY, *La Société allemande sous le IIIe Reich. 1933-1945*, Paris, Seuil, coll. « Points Histoire » 1998.

Josef et Ruth BECKER (ed), *Hitlers Machtergreifung. Dokumente vom Machtantritt Hitlers 30 Januar 1933 bis zur Besiegelung des Einparteienstaats 14 Juli 1933*, Munich, DTV Verlag 1983.

Karl Dietrich BRACHER, Wolfgang SAUER, Gerhard SCHULZ, *Die nationalsozialistische Machtergreifung. Studien zur Errichtung des totalitären Herrschaftssystems in Deutschland 1933/34*, Berlin, Ullstein 1974.

Martin BROSZAT, *Der Nationalsozialismus. Weltanschauung, Programm und Wirklichkeit.* 4. Auflage, Deutsche Verlags-Anstalt, Stuttgart 1961.

Martin BROSZAT, *L'État hitlérien. L'origine et l'évolution des structures du Troisième Reich*, Paris, Fayard 1985.

Hans-Norbert BURKERT, Klaus MATUSSEK, Wolfgang WIPPERMANN, *Machtergreifung Berlin 1933*, Berlin, éditions Hentrich 1982.

Johann CHAPOUTOT, Christian INGRAO, *Hitler,* Paris, PUF 2018.

Didier CHAUVET, *Hitler et la Nuit des longs couteaux :la Sturmabteilung (SA) décapitée*, Paris, L'Harmattan 2016.

Didier CHAUVET, *Hitler et le putsch de la brasserie : Munich 8/9 novembre 1923*, Paris, L'Harmattan 2012.

Claude DAVID, *Hitler et le nazisme*, Paris, PUF 1979.

Jacques DELARUE, *Histoire de la Gestapo*, Paris, Fayard 1962.

Sefton DELMER, *Trail Sinister*, Londres 1961.

François DELPLA, *Hitler*, Paris, Grasset 1999.

Rudolf DIELS, *Lucifer ante portas : von Severing bis Heydrich*, 1950.

Richard J. EVANS, *Le Troisième Reich : L'avènement*, Paris, Flammarion 2009.

Thierry FERAL, *Justice et nazisme*, Paris, L'Harmattan 1997.

Thierry FERAL, *Le National-socialisme*, Paris, Ellipses 1999.

Joachim FEST, *Hitler. Le Führer*, Paris, Gallimard 1973.

Ernst FRAENKEL, *Der Doppelstaat. Recht und Justiz im « Dritten Reich »,* Francfort/Main, 1974.

Norbert FREI, *Der Führerstaat. Nationalsozialistische Herrschaft 1933 bis 1945.* Neuausgabe, Beck'sche Reihe, Munich 2013.

Hans-Bernd GISEVIUS, *Jusqu'à la lie : 1. De l'incendie du Reichstag à la crise Fritsch-Blomberg*, 1947.

Joseph GOEBBELS, *Journal 1923-1933*, Paris, Tallandier 2007.

Joseph GOEBBELS, *Vom Kaiserhof zur reichskanzlei*, Zentralverlag der NSDAP Franz Eher Nachf.
Georges GORIELY, *1933. Hitler prend le pouvoir*, Bruxelles, Complexe, coll. « La mémoire du siècle », 1991.
Ernst HANFSTAENGL, *Zwischen Weissem und Braunen Haus. Memoiren eines polistischen Aussenseiters*, Munich, Piper 1970.
Sven Felix KELLERHOFF, *Die NSDAP. Eine Partei und ihre Mitglieder.* Klett-Cotta, Stuttgart 2017.
François KERSAUDY, *Herman Göring,* Paris, Perrin 2009.
Ian KERSHAW, *Hitler,* Paris, Flammarion 1999.
Ian KERSHAW, *L'opinion allemande sous le nazisme. Bavière 1933-1945*, Paris, éditions CNRS 1995.
Ian KERSHAW, *Le Mythe Hitler*, Paris, Flammarion 2013.
Guido KNOPP, *Göring. Eine Karriere.* Goldmann, Munich 2007.
Peter LONGERICH, *Die braunen Bataillone. Geschichte der SA,* Munich, Beck 1989.
Peter LONGERICH, *Hitler. Biographie,* Munich, Siedler 2015.
Rudolf MORSEY (dir.), *Das „Ermächtigungsgesetz" vom 24. März 1933. Quellen zur Geschichte und Interpretation des „Gesetzes zur Behebung der Not von Volk und Reich",* Düsseldorf, Droste 1992.
Klaus-Jürgen MÜLLER, *Das Heer und Hitler Armee und nationalsozialistische Regime 1933-1940*, DVA, Stuttgart 1988.
Yves MÜLLER, Reiner ZILKENAT (dir), *Bürgerkriegsarmee. Forschungen zur nationalsozialistischen Sturmabteilung (SA),* Francfort/Main, Lang 2013.
Günter NELIBA, *Wilhelm Frick: Der Legalist des Unrechtsstaates.* Schöningh, Paderborn u. a. 1992.
Richard OVERY, *Hermann Göring. Machtgier und Eitelkeit,* Munich, Heyne 1986.
Kurt PATZOLD, Manfred WESSBECKER, *Geschichte der NSDAP 1920-1945*, Papyrossa, Cologne 1998.
Gerhard PAUL, *Aufstand der Bilder. Die NS-Propaganda vor 1933*, Bonn 1990.
Gerhard PAUL, Klaus-Michael MALLMANN (dir.), *Die Gestapo. Mythos und Realität.* Darmstadt, Primus-Verlag 1996.
Ralf Georg REUTH, *Goebbels*, Munich/Zurich 1990.
Lionel RICHARD, *Goebbels : portrait d'un manipulateur*, Paris, éditions André Versailles 2008.
Gerhard SCHULZ, *Aufstieg des Nationalsozialismus. Krise und Revolution in Deutschland,* Francfort/Main 1975.

William L. SHIRER, *Le IIIe Reich : des origines à la chute*, Paris, Presses de la cité 1990.
Martin SOMMERFELDT, *Ich war dabei. Die Verschwörung der Dämonen 1933–1939. Ein Augenzeugenbericht,* Darmstadt, Drei Quellen 1949.
Marlis STEINERT, *Hitler*, Fayard 1991.
Henry A. TURNER, *Hitlers weg zur Macht. Der Januar 1933*, Munich 1996.
Volker ULLRICH, *Adolf Hitler une biographie, L'ascension 1889-1939*, Paris, Gallimard 2017, 2 vol.
Rainer ZITELMANN, *Adolf Hitler. Eine politische Biographie.* Musterschmidt, Göttingen 1989.

Sur la République de Weimar

Christian BAECHLER, *L'Allemagne de Weimar 1919-1933*, Paris, Fayard 2007.
Karl-Dietrich BRACHER, *Die Aufösung der Weimarer Republik: eine Studie zum Problem des Machtverfalls in der Demokratie,* Düsseldorf, Droste 1984.
Karl Dietrich BRACHER, Manfred FUNKE, Hans JACOBSEN, *Die Weimarer Republik 1918-1933. Politik. Wirtschaft. Gelleschaft*, Düsseldorf, Droste 1998.
Martin BROSZAT, *Die Machtergreifung. Der Aufstieg der NSDAP und die Zerstörung der Weimarer Republik,* Munich, Deutscher Taschenbuch-Verlag 1994.
Ursula BÜTTNER, *Weimar. Die überfordete Republik 1918-1933*, Stuttgart 2008.
James M. DIEHL, *Paramilitary Politics in Weimar Germany*, Indiana University Press 1977.
Karl D. ERDMANN, *Die Weimarer Republik*, Munich, DTV 1992.
Jürgen FALTER et al., *Wahlen und Abstimmungen in der Weimar Republik. Materialen zum Wahlverhalten 1919-1933,* Munich 1986.
Eberhard KOLB (dir), *Die Weimarer Republik*, Oldenburg/Munich, Wissenschaftsverlag 2000.
Peter LONGERICH, *Deutschland 1918-1933. Die Weimarer Republik*, Fackelträger, Hanovre 1995.
Peter LONGERICH, *Die erste Republik: Dokumente zur Geschichte des Weimarer Staates*, Munich, Piper 1992.
Otto MEISSNER, *Staatssekretär unter Ebert, Hindenburg, Hitler: Der Schicksalsweg des deutschen Volkes von 1918 - 1945, wie ich ihn*

erlebte, Hambourg 1950.
Horst MÖLLER, *Parlamentarismus in Preußen 1919–1932,* Düsseldorf, Droste 1985.
Horst MÖLLER, *Weimar. Die unvollendete Demokratie*. Munich, Deutscher Taschenbuch-Verlag 1985.
Hans MOMMSEN, *Aufstieg und Untergang der Republik von Weimar 1918–1933*. Berlin 1998.
Hans MOMMSEN, *L'échec de la République de Weimar* in *Le National-Socialisme et la société allemande,* Paris, Editions de la Maison des sciences de l'homme 1997.
Franz von PAPEN, *Mémoires*, Paris, Flammarion 1953.
William PATCH, *Heinrich Brüning and The Dissolution of the Weimar Republic*, New York, Cambridge University Press 1998.
Joachim PETZOLD, *Franz von Papen. Ein deutsches Verhängnis*, Berlin 1995.
Friedrich-Karl von PLEHWE, *Reichskanzler Kurt von Schleicher. Weimars letze Chance gegen Hitler*, Berlin, Ullstein 1990.
Wolfram PYTA, *Hindenburg. Herrschaft zwischen Hohenzollern und Hitler,* Munich, Siedler 2007.
Gerhard SCHULZ, *Von Brüning zu Hitler. Der Wandel des politischen Systems in Deutschland 1930-1933,* Berlin/New York 1992.
Dirk SCHUMANN, *Political Violence in the Weimar Republic, 1918-1933: Fight for the Streets and Fear of Civil War*, Berghahn Books 2009.
Heinrich WINKLER, *Weimar 1918-1933. Die Geschichte der ersten deutschen Demokratie*, Munich, Beck 1993.
Peter WULF, *Ernst Oberfohren un die DNVP am Ende der Weimarer Republik*, Wacchholtz, Neumünster 1983.

Sur le communisme

Günter BARTSCH, *Kommunismus, Sozialismus, Anarchismus, Wurzeln, Unterschiede und Gemeinsamkeiten,* Fribourg-en-Brigsau, Bâle, Vienne, Herder-Verlag 1976.
Pierre BROUE, *Histoire de l'Internationale communiste 1919-1943*, Paris, Fayard 1997.
Edward H. CARR, *La révolution bolchevik*, 3 vol., Paris, Ed. de Minuit 1974.
Robert CONQUEST, *La Grande Terreur – Les purges staliniennes des années trente*, Cercle du Nouveau Livre d'Histoire, Paris, 1970.
Ruth FISCHER, *Stalin and German Communism.* Cambridge,

Massachusetts, Harvard University Press, 1948.
Ossip FLECHTHEIM, *Die Kommunistische Partei Deutschlands in der Weimarer Republik,* Offenbach Bollwerk-Verlag Karl Drott 1969.
Bert HOPPE, *In Stalins Gefolgschaft. Moskau und die KPD 1928–1933*. Oldenbourg, Munich 2007.
Peter HUBER, *L'appareil du Komintern 1926-1935* in *Communisme* n°40-41, 1995.
Klaus KINNER, *Der deutsche Kommunismus. Selbstverständnis und Realität*. vol 1: *Die Weimarer Zeit*. Dietz, Berlin 1999.
B. LAZITCH, M. DRACHKOVITCH, *Biographical Dictionary of the Comintern*, Stanford, 1973.
Livre noir du communisme : crimes, terreur, répression, Paris, Robert Laffont 1997.
Klaus-Michael MALLMANN, *Kommunisten in der Weimarer Republik. Sozialgeschichte einer revolutionären Bewegung.* Wissenschaftliche Buchgesellschaft, Darmstadt 1996.
Constance MICALEF, *Le KPD et le Comintern (1919-1933)* in Bulletin n°20, automne 2004, Université Paris 1 Panthéon-Sorbonne.
David PRIESTAND, *Red Flag: A History of Communism*, New York, Grove Press 2009.
Klaus Rainer ROHL, *Nähe zum Gegner. Kommunisten und Nationalsozialisten im Berliner BVG-Streik von 1932,* Francfort/Main, Campus Verlag 1994.
Günter ROSENFELD, *Sowjetrussland und Deutschland 1917-1922/1922-1933*, 2 vol., Cologne, Akademie Verlag 1984.
Eve ROSENHAFT, *Beating the Fascists? The German Communists and Political Violence 1929-1933*, Cambridge University Press 1983.
Horst SCHUMACHER, *Die Kommunistische Internationale (1919–1943)*. Dietz Verlag, Berlin 1989.
Hermann WEBER, *Die Wandlung des deutschen Kommunismus - die Stalinisierung der KPD in der Weimarer Republik*, 2 vol., Francfort/Main, Europäische Verlagsanstalt 1969.
Thomas WEINGARTNER, *Stalin und der Aufstieg Hitlers. Die Deutschlandpolitik der Sowjetunion und der Kommunistischen Internationale 1929 - 1934*, Berlin De Gruyter 1970.
Nicolas WERTH, *La terreur et le désarroi. Staline et son système*, Paris, Perrin 2007.
Thierry WOLTON, *Une histoire mondiale du communisme*, 3 vol., Paris, Grasset 2017.

Divers

Philippe BOURRINET, *La Gauche communiste hollandaise, du tribunisme au conseillisme*, Paris 1992.
Sefton DELMER, *Die Deutschen und Ich*, Hambourg, Nanen 1962.
Jacques DROZ, *Le Socialisme démocratique 1864-1960,* Paris, Armand Colin 1968.
André FRANCOIS-PONCET, *Souvenirs d'une ambassade à Berlin, septembre 1931-octobre 1938*, Paris, Flammarion 1946.
Michael GEYER, *Aufrüstung oder Sicherheit. Die Reichswehr in der Krise der Machtpolitik 1924-1936*, Wiesbaden, Franz Steiner Verlag 1998.
Helga GOTSCHLICH, *Zwischen Kampf und Kapitulation. Zur Geschichte des Reichsbanners Schwarz-Rot-Gold*, Berlin 1987.
Sebastian HAFFNER, *Histoire d'un Allemand : souvenirs 1914-1933*, Actes Sud 2003.
Joseph ROVAN, *Histoire de l'Allemagne : des origines à nos jours*, Paris, Seuil 1994.
Alfred WAHL, *L'Allemagne de 1918 à 1945*, Paris, Armand Colin 2015.
Heinrich WINKLER, *Histoire de l'Allemagne, XIXe-XXe siècle : le long chemin vers l'Occident*, Paris, Fayard 2005.
Thierry WOLTON, *Rouge-brun, le mal du siècle*, Paris, Jean-Claude Lattès 1999.

Journaux

Les collections des journaux suivants :
Berliner Morgenpost
Berliner Tageblatt
De Tribune
Der Spiegel
Frankfurter Zeitung
Hamburger Tageblatt
L'Impartial
La Tribune de Genève
Le Figaro
L'Humanité
Manchester Guardian
Völkischer Beobachter

Vossische Zeitung

NB : Toutes les notes bas de page sont de l'auteur. Tous les éléments entre crochets sont de l'auteur.

TABLE DES MATIÈRES

Structures éditoriales du groupe L'Harmattan

L'Harmattan Italie
Via degli Artisti, 15
10124 Torino
harmattan.italia@gmail.com

L'Harmattan Hongrie
Kossuth l. u. 14-16.
1053 Budapest
harmattan@harmattan.hu

L'Harmattan Sénégal
10 VDN en face Mermoz
BP 45034 Dakar-Fann
senharmattan@gmail.com

L'Harmattan Cameroun
TSINGA/FECAFOOT
BP 11486 Yaoundé
inkoukam@gmail.com

L'Harmattan Burkina Faso
Achille Somé – tengnule@hotmail.fr

L'Harmattan Guinée
Almamya, rue KA 028 OKB Agency
BP 3470 Conakry
harmattanguinee@yahoo.fr

L'Harmattan RDC
185, avenue Nyangwe
Commune de Lingwala – Kinshasa
matangilamusadila@yahoo.fr

L'Harmattan Congo
67, boulevard Denis-Sassou-N'Guesso
BP 2874 Brazzaville
harmattan.congo@yahoo.fr

L'Harmattan Mali
Sirakoro-Meguetana V31
Bamako
syllaka@yahoo.fr

L'Harmattan Togo
Djidjole – Lomé
Maison Amela
face EPP BATOME
ddamela@aol.com

L'Harmattan Côte d'Ivoire
Résidence Karl – Cité des Arts
Abidjan-Cocody
03 BP 1588 Abidjan
espace_harmattan.ci@hotmail.fr

L'Harmattan Algérie
22, rue Moulay-Mohamed
31000 Oran
info2@harmattan-algerie.com

L'Harmattan Maroc
5, rue Ferrane-Kouicha, Talaâ-Elkbira
Chrableyine, Fès-Médine
30000 Fès
harmattan.maroc@gmail.com

Nos librairies en France

Librairie internationale
16, rue des Écoles – 75005 Paris
librairie.internationale@harmattan.fr
01 40 46 79 11
www.librairieharmattan.com

Lib. sciences humaines & histoire
21, rue des Écoles – 75005 Paris
librairie.sh@harmattan.fr
01 46 34 13 71
www.librairieharmattansh.com

Librairie l'Espace Harmattan
21 bis, rue des Écoles – 75005 Paris
librairie.espace@harmattan.fr
01 43 29 49 42

Lib. Méditerranée & Moyen-Orient
7, rue des Carmes – 75005 Paris
librairie.mediterranee@harmattan.fr
01 43 29 71 15

Librairie Le Lucernaire
53, rue Notre-Dame-des-Champs – 75006 Paris
librairie@lucernaire.fr
01 42 22 67 13

Achevé d'imprimer par Corlet Numéric, Z.A. Charles Tellier, 14110 Condé-en-Normandie
N° d'Imprimeur : 163623 - Dépôt légal : janvier 2020 - *Imprimé en France*

www.ingramcontent.com/pod-product-compliance
Lightning Source LLC
LaVergne TN
LVHW011141061026
849535LV00003B/553

* 9 7 8 2 3 4 3 1 9 2 0 7 9 *